CB003970

Mitos sobre a fundação dos Estados Unidos

Ray Raphael

Mitos sobre a fundação dos Estados Unidos

A verdadeira história da independência norte-americana

TRADUÇÃO DE
Maria Beatriz de Medina

Rio de Janeiro
2006

COPYRIGHT © 2004, by Ray Raphael

TÍTULO ORIGINAL
Founding Myths: Stories that Hide our Patriotic Past

CAPA
Evelyn Grumach

PROJETO GRÁFICO
Evelyn Grumach e João de Souza Leite

CIP-BRASIL. CATALOGAÇÃO-NA-FONTE
SINDICATO NACIONAL DOS EDITORES DE LIVROS, RJ.

R165m
Raphael, Ray
    Mitos sobre a fundação dos Estados Unidos: a verdadeira história da independência norte-americana / Ray Raphael; tradução de Maria Beatriz de Medina. – Rio de Janeiro: Civilização Brasileira, 2006.

    Tradução de: Founding myths: stories that hide our patriotic past
    ISBN 85-200-0728-7

    1. Estados Unidos – História – Revolução, 1775-1783. 2. Estados Unidos – História – Erros. I. Título.

06-1528

CDD – 973.3
CDU – 94(73)

Todos os direitos reservados. Proibida a reprodução, armazenamento ou transmissão de partes deste livro, através de quaisquer meios, sem prévia autorização por escrito.

Direitos exclusivos desta edição reservados pela
CIVILIZAÇÃO BRASILEIRA
Um selo da
EDITORA RECORD LTDA.
Rua Argentina 171 – 20921-380 – Rio de Janeiro, RJ – Tel.: 2585-2000

PEDIDOS PELO REEMBOLSO POSTAL
Caixa Postal 23.052 – Rio de Janeiro – 20922-970

Impresso no Brasil
2006

*À minha família — Marie, Neil, Kelli, Maia
e um exército de Guillemins, Raphaels, Ridley-McKennas e
Evensons — e para Nick, que vive em nosso coração.*

"Quem escreverá a história da Revolução Americana? Quem pode escrevê-la? Quem algum dia será capaz de escrevê-la?"

John Adams a Thomas McKean,
30 de julho de 1815

Sumário

AGRADECIMENTOS *13*

INTRODUÇÃO: INVENTANDO O PASSADO *15*

PARTE I
Heróis e heroínas *21*

CAPÍTULO 1
A cavalgada de Paul Revere *23*

CAPÍTULO 2
Molly Pitcher *41*

CAPÍTULO 3
O homem que fez uma revolução: Sam Adams *59*

PARTE II
Davi e Golias *79*

CAPÍTULO 4
O tiro ouvido no mundo inteiro: Lexington e Concord *81*

CAPÍTULO 5
O inverno em Valley Forge *99*

PARTE III
Os sábios   *121*

CAPÍTULO 6
A Declaração de Independência de Jefferson   *123*

CAPÍTULO 7
Os fundadores: a maior de todas as gerações   *143*

PARTE IV
Na batalha   *161*

CAPÍTULO 8
"Dai-me a liberdade ou dai-me a morte"   *163*

CAPÍTULO 9
"Não atirem antes de ver o branco dos olhos deles"   *177*

PARTE V
O bem contra o mal   *193*

CAPÍTULO 10
Escravos patriotas   *195*

CAPÍTULO 11
Britânicos brutais   *213*

PARTE VI
Finais felizes   *229*

CAPÍTULO 12
A batalha final em Yorktown   *231*

SUMÁRIO

CAPÍTULO 13
Marcha do povo americano *249*

CONCLUSÃO: PAÍS DE CONTO DE FADAS, OU POR QUE CONTAMOS HISTÓRIAS FANTASIOSAS *269*

UMA NOTA AOS PROFESSORES *301*

NOTAS *303*

ÍNDICE REMISSIVO *367*

Agradecimentos

Como sempre, agradeço à minha mulher, Marie Raphael, por dividir comigo suas idéias, imaginar as expressões mais importantes e corrigir parte do manuscrito. Gilles Carter fez uma leitura cuidadosa da obra toda e apresentou muitas sugestões úteis. Marc Favreau e Cathy Dexter deram uma excelente contribuição à forma final do texto. Anthony Arnove, Jeff Pasley, Howard Zinn e Hugh Van Dusen acalentaram a idéia em seu estágio de formação e Jeff Kleinman convenceu-me a ampliá-la. Vários especialistas comentaram partes do manuscrito pertinentes a seus campos de pesquisa: Al Young, Pauline Maier, Gary Nash, Colin Calloway, James Merrell, Andrew Burstein e Cassandra Pybus. Espero ter feito justiça às suas sugestões; nem sempre as minhas próprias opiniões são iguais às deles. Outros ofereceram palavras amigas de conselho e encorajamento: Mike McDonnell, Eric Foner, David Hackett Fischer e Gary Kornblith. David McCullough forneceu uma fonte fundamental. Agradeço a Jack Bareilles, Gayle Olson-Raymer e Delores McBroome por envolver professores no projeto e agradeço aos integrantes do programa "Teaching American History", que ofereceram voluntariamente seu tempo para preparar planos de aula. Mais uma vez, minha pesquisa não seria possível sem a ajuda de Julia Graham e do Departamento de Empréstimos entre Bibliotecas da Humboldt State University.

Introdução

Inventando o passado

Quando os colonos do outro lado do Atlântico chegaram ao litoral leste da América do Norte, sentiram que estavam em território desconhecido. Do Velho Mundo importaram as tradições que os definiam como povo, já que o Novo Mundo, que tratavam como uma lousa em branco, parecia não ter história própria.

Lentamente, durante mais de um século e meio, os colonos desenvolveram em casa as suas histórias locais. Elas se mantiveram separadas e distintas até que de repente, com um evento cataclísmico, se fundiram. A Guerra Revolucionária forneceu aos americanos as histórias de um passado comum. Este passado, desde então, serviu aos interesses da formação da nação. Durante mais de dois séculos, a tão repetida história de como os Estados Unidos obtiveram sua independência uniu os americanos.

Todas as nações gostam de louvar sua origem, mas a origem dos Estados Unidos é uma história especialmente irresistível. Os Estados Unidos têm uma "fundação" claramente definida, obra de uma única geração. A maioria das nações não é tão afortunada. A história da criação da Grã-Bretanha envolveria séculos e incluiria a invasão normanda (1066), a Magna Carta (1215), a Revolução Gloriosa (1688) e a Lei da União (1707). A fundação da China incluiria o surgimento das antigas dinastias, a Revolução Nacionalista em 1911 e a Revolução Comunista em 1949 — coisa demais para contar numa só fábula. O México tem somente dois momentos em sua criação, a independência em 1821 e a revolução no início do século XX, mas estão separados por noventa anos. O Canadá transformou-se em nação de forma tão branda que mal tem uma história para contar.

MITOS SOBRE A FUNDAÇÃO DOS ESTADOS UNIDOS

A história norte-americana, pelo contrário, é simples mas grandiosa. O seu enredo é fácil de acompanhar: os colonos americanos resistiram à opressão britânica, travaram uma guerra, conquistaram a independência e criaram seu próprio governo. Essa estrutura simples e direta pode ser enfeitada como quisermos, mas a trama propriamente dita é clara e eficiente. Resolve o serviço. Cria uma identidade distinta para o povo norte-americano.

O modo como escolhemos contar essa história ajuda a definir a nossa nação. Todos os dias os políticos invocam os "nossos fundadores" em apoio a alguma causa totalmente estranha à experiência norte-americana do final do século XVIII. Põem o passado — mais exatamente, um passado que imaginam — a serviço do presente político.

A princípio as histórias da Revolução Americana foram transmitidas boca a boca e essas descrições folclóricas, infinitamente flexíveis, constituíram solo fértil para a invenção da história. Antes da Revolução, colonos zangados e dispostos reuniam-se em tabernas e casas de oração para reclamar das leis do Parlamento; depois que a luta acabou, essa mesma gente engoliu caneca após caneca de sidra trocando velhas histórias de guerra. Durante décadas, homens e mulheres da nova república contaram e recontaram o que aconteceu, aumentando e enriquecendo o esboço de suas recordações dos fatos reais, removendo o que doía demais lembrar (e aqui não houve escassez) e enfeitando o que poderia ser considerado heróico (nada de escassez aqui também). Em funerais ou comemorações do Quatro de Julho, os oradores usavam histórias da Revolução como base da sua retórica. Enquanto o público aplaudia e os críticos lhes avaliavam o desempenho, esses pregadores cívicos competiam na arte e no esporte da expressão patriótica. Esta vibrante tradição oral ajudou a produzir uma história detalhada, embora desregrada. Despida de toda necessidade de documentação, ia livremente para onde queria.

As artes visuais, assim como a tradição oral, deram ao passado um lugar no presente. Durante e depois da Revolução, gravuras e litografias descreveram os principais acontecimentos para uma platéia popular. Mais flexíveis que a fotografia, essas formas artísticas permitiam tolerância na interpretação. No início do século XIX, grandiosas pinturas românticas forneceram imagens indeléveis de batalhas e processos políticos importantes. As gerações subseqüentes, ao ver as reproduções em livros de

1 6

INTRODUÇÃO

história para o povo e livros didáticos, usaram essas imagens para ajudar a formar uma "lembrança" coletiva da Revolução. Postas na tela muito depois de a guerra acabar, tornaram-se símbolos nacionais. Hoje, os dois reflexos visuais predominantes da Revolução Americana são o quadro *A declaração de independência, 4 de julho de 1776*, de John Trumbull, pintado em 1818, e a obra-prima de 1851 de Emmanuel Leutze, *Washington cruza o Delaware* — ainda que não tenha havido nenhuma cerimônia de assinatura da Declaração em 4 de julho e a bandeira exibida com destaque no barco de Washington ainda não tivesse sido criada.

A tradição oral e a imaginação artística preencheram as lacunas deixadas pela documentação incompleta e seletiva. Embora um punhado de homens instruidíssimos produzisse muitos volumes de declarações, cartas, diários e memórias, esses textos brotavam de um segmento muito pequeno da população que não representava o todo. Muitos desses relatos em primeira pessoa foram postos no papel décadas depois de os fatos terem acontecido. Devido à seleção tendenciosa, ao viés pessoal e aos efeitos do tempo sobre a memória, nem sempre podem ser aceitos pelo que parecem ser.

Fontes escritas seletivas, tradições orais e visuais ricas mas muito livres e a invasão da política e da ideologia — tudo isso constituiu um convite declarado à imaginação histórica. Com criatividade mas sem muita exatidão, inventamos um passado que gostaríamos de ter tido.

A ficção separou-se do fato bem no comecinho. Pouco depois da Guerra Revolucionária, Charles Thomson, secretário do Congresso Continental, pôs-se a escrever uma história do conflito. Munido de informações preciosas, Thomson tinha muito a revelar — mas aí, surpreendentemente, abandonou a obra. "Não devo desiludir as gerações futuras", explicou depois. "Não poderia contar a verdade sem ofender muito. Que o mundo admire os nossos patriotas e heróis."[1]

Se pessoas como o sr. Thomson preferiram não contar a verdade, o que poderiam contar no lugar dela? Em 1790, Noah Webster deu uma resposta: "Todas as crianças da América", disse o decano da língua anglo-americana, "assim que abrissem os lábios, (...) deveriam ensaiar a história do seu país; deveriam balbuciar o elogio da Liberdade e daqueles heróis e estadistas ilustres que elaboraram uma revolução a seu favor".[2]

MITOS SOBRE A FUNDAÇÃO DOS ESTADOS UNIDOS

Assim começou o romance. A partir das décadas que se seguiram à Revolução e, a seguir, durante boa parte do século XIX, escritores e oradores esconderam a verdade nua de uma guerra civil sangrenta atrás de fábulas glamourosas construídas a partir de meros fiapos de indícios. Esses clássicos ainda são contados hoje em dia — a cavalgada de Paul Revere, "Dai-me a liberdade ou dai-me a morte", o tiro ouvido no mundo inteiro em Lexington e Concord — e supomos que são a representação fiel de acontecimentos reais. A mera freqüência da repetição parece confirmar-lhes a autenticidade.

A nossa confiança é indevida. Na verdade, a maioria das histórias foi criada até cem anos depois dos acontecimentos que supostamente narram. Somente círculos locais conheciam Paul Revere até 1861, quando Henry Wadsworth Longfellow o tornou imortal distorcendo todos os detalhes da sua hoje famosa cavalgada. O discurso "liberdade ou morte", de Patrick Henry, foi publicado pela primeira vez em 1817, em circunstâncias misteriosas, 42 anos depois de ele ter supostamente pronunciado aquelas palavras. O "tiro ouvido no mundo inteiro" só passou a ser conhecido assim em 1836, 61 anos depois de ter sido disparado.

A lista continua. Sam Adams, o nosso mais amado agitador, descansou na obscuridade durante a primeira metade do século XIX e só foi ressuscitado como mente inspiradora da Revolução 3/4 de século depois de o fato ocorrido. Thomas Jefferson só passou a ser visto por todos como arquiteto da "igualdade" americana quando Abraham Lincoln lhe conferiu esse papel, 27 anos mais tarde. Durante 30 anos o inverno em Valley Forge não foi louvado. Os livros didáticos só começaram a falar em "Só atirem ao ver o branco dos olhos deles" depois da Guerra Civil. Mary Pitcher, a heroína revolucionária cujo retrato hoje enfeita a maioria dos livros didáticos da escola primária e secundária, é uma total invenção. Sua lenda só tomou a forma de um indivíduo histórico específico quando da comemoração do centenário da nação, em 1876.

Essas histórias, inventadas há muito tempo, persistem em nossos livros didáticos e de divulgação histórica apesar dos recentes avanços do conhecimento, que refutam sua autenticidade. Um livro didático popular inclui todas as fábulas apresentadas neste livro, com exceção de duas, e várias dessas histórias, ainda aceitas como se fossem palavras divinas, aparecem em todos os livros modernos.[3]

INTRODUÇÃO

Por que nos agarramos a essas invencionices? Há três razões, estreitamente interligadas: elas nos dão uma identidade coletiva, são boas de contar e achamos que são patrióticas.

Gostamos de ouvir histórias sobre o começo da nossa nação porque elas ajudam a nos definir como povo. Os americanos sempre usaram a palavra "nós", ressaltando a sensação de ter um passado comum. Do mesmo modo, este livro usa a primeira pessoa do plural quando se refere a crenças generalizadas. Esse uso é mais do que apenas uma conveniência lingüística; ele dá destaque a hábitos cognitivos reais. Somos protagonistas da história. Poucos norte-americanos lêem sobre a Guerra Revolucionária ou sobre a Segunda Guerra Mundial sem se identificar com o nosso lado. George Washington, contam-nos de várias maneiras, é o pai do nosso país, quer os nossos ancestrais tenham vindo da Inglaterra, da Polônia ou do Vietnã.[4]

Como os boatos, as fábulas são boas demais para não serem contadas. São elaboradas com todo o cuidado para caber num molde comprovado pelo tempo. As histórias de sucesso têm heróis ou heroínas, enredos claros e finais felizes. O bem combate o mal, Davi vence Golias e os sábios vencem os tolos. As histórias da criação do nosso país se misturam bem com essas formas narrativas. Os revolucionários norte-americanos, dizem, foram melhores e mais espertos que os europeus decadentes. Os colonos, em menor número, venceram Golias, o império mais poderoso da Terra. O bem predominou sobre o mal e a guerra teve um final feliz com o nascimento dos Estados Unidos. Mesmo que não contem a história verdadeira, essas fantasias funcionam como histórias. Muito do que achamos que é "história" não é movido pelos fatos, mas sim por essas exigências narrativas.

Esse passado inventado, consagrado como "patriótico", pinta um auto-retrato elogioso da nossa nação. Posamos diante do espelho com as nossas melhores roupas. Quando fitamos os nossos galantes heróis da Revolução, louvamos o que achamos que é ser americano. Tornamos o nosso país perfeito — se não agora, pelo menos no passado mítico — e, por meio da idéia reconfortante de uma América ideal, fixamos o nosso posicionamento. Sentimo-nos mais seguros no mundo confuso e em constante mudança de hoje em dia quando conseguimos nos basear numa tradição honrada.

Mas isso é de fato "patriotismo"? Só de um ponto de vista estreito e desatualizado podemos vê-lo assim. Embora promova a boa cidadania, o

MITOS SOBRE A FUNDAÇÃO DOS ESTADOS UNIDOS

nosso passado inventado leva na direção oposta. Aparentemente, encoraja-nos a agir com heroísmo, mas, na verdade, tira-nos nossa força. Amesquinha a soberania popular, o espírito revolucionário que impulsionou os norte-americanos rumo à independência. Deixa-nos assombrados com astros super-humanos. Encoraja-nos a seguir líderes que ostensivamente sabem mais do que nós. Desencoraja o cidadão comum a agir em seu próprio nome. Promove uma nostalgia passiva por um passado irrecuperável. Estimula o militarismo e glorifica a guerra.

Talvez, se examinarmos mais de perto quem éramos, quem somos e quem queremos ser, possamos ter coisa melhor. Não temos de nos confinar a um auto-retrato tão restritivo. A nossa nação foi uma criação cooperativa, obra de centenas de milhares de patriotas dedicados — mas excluímos a maioria deles da história quando repetimos as fábulas tradicionais.[5] Pior ainda, distorcemos a própria natureza de seu projeto monumental. Os Estados Unidos foram criados não por atos isolados de heroísmo individual, mas pelas atividades revolucionárias combinadas de pessoas que aprenderam como é forte o trabalho conjunto. Essa herança rica e muito democrática continua a ser pouco aproveitada exatamente porque a sua história é grande demais, e não pequena demais. Ela transcende os limites artificiais da tradição de contar histórias. Há heróis demais a incluir e o seu patriotismo é demasiado forte, demasiado real para ser reduzido a simples fábulas morais. Essa história precisa ser contada; mas o nosso passado inventado, limpinho e arrumadinho, tirou-a do campo de visão.

As nossas histórias da criação nacional refletem o individualismo romântico do século XIX e amesquinham o nosso país. Estão estranhamente dessincronizadas tanto dos ideais comunitários da América Revolucionária quanto dos valores democráticos de hoje em dia. A imagem de uma América perfeita num passado mítico oculta as nossas raízes revolucionárias, e não precisamos disso.

A noção de soberania popular, pelo contrário, é mais apropriada para o século XXI. Todos podem assumir o controle do seu próprio destino político — a Revolução Americana serve de exemplo, um modelo para todas as épocas. "O governo agora foi transferido para o povo", escreveu um *tory* conservador e irritado em 1774, "e este parece estar disposto a usá-lo".[6] Esta é uma história que não temos de inventar, e que grande épico ela é!

PARTE I   Heróis e heroínas

CAPÍTULO 1 A cavalgada de Paul Revere

Em 1860, com a aproximação da Guerra Civil, os americanos que apoiavam a preservação da União estavam à cata de um novo herói revolucionário. Antes, na virada do século XIX, escritores patriotas como Mason Weems tinham ajudado a unificar a nação deificando George Washington (ver conclusão), mas, com os norte-americanos profundamente divididos quanto à questão da escravatura, as credenciais de Washington ficaram sob suspeita. É verdade que era o indiscutível Patrono da nação, mas possuíra centenas de escravos. Os secessionistas do Sul, embora ameaçassem destruir a União, podiam com todo o direito considerá-lo um dos seus e lucrar com o seu prestígio.[1] O fato de Washington ter possuído escravos ameaçava dividir ainda mais o povo, em vez de torná-lo mais unido. Os americanos que tinham esperança de curar a nação com um apelo às tradições teriam de procurá-las noutra parte.

Em 5 de abril, caminhando pela Old North Church, em Boston, Henry Wadsworth Longfellow ouvia um amigo, George Sumner, contar-lhe a tradição folclórica da cavalgada de Paul Revere à meia-noite. A história emocionou-o e, no dia seguinte, com o destino dos Estados Unidos pendendo na balança, começou a pôr no papel as suas idéias.[2] Longfellow tirou inspiração do início dramático da Revolução Americana, quando "o destino da nação" (como logo escreveria) parecia depender de um único ato corajoso. Para Longfellow, Revere foi um herói oportuno: o cavaleiro solitário que deu o toque da alvorada. Se Revere já levantara a nação uma vez, talvez conseguisse fazê-lo de novo, agora cavalgando a batida rítmica dos versos de Longfellow:

> E Paul Revere cavalga na noite
> Foi na noite o alarme, o seu grito
> Middlesex, a aldeia, o infinito
> Um clamor na batida da porta
> De uma voz que jamais será morta!
> Pois nascida do vento de outrora
> No futuro prevê nova aurora.
> Sendo assim, quando o medo surgir
> Aplicando terrível açoite
> Voltará todo o povo a ouvir
> Paul Revere gritando na noite.[3]

Numa repetição do esforço do próprio Revere, Longfellow passou a notícia da cavalgada a todas as famílias das estradas principais e secundárias dos Estados Unidos, dando o seu alarme, verso a verso, enquanto distorcia todos os detalhes da façanha verdadeira. No processo, criou Paul Revere.

O próprio Longfellow fez história, de dois modos: inventou eventos que nunca aconteceram e criou um novo ritual patriótico. No século que se seguiria, quase todos os alunos das escolas dos Estados Unidos ouviriam ou recitariam a "Cavalgada de Paul Revere" em seus estudos de história e leriam narrativas resumidas em prosa da história de Longfellow, sem métrica mas com as distorções ainda intactas. Até hoje, um verso continua em nosso léxico popular, conhecido por quem nunca leu nem ouviu o poema inteiro: "Um, se por terra, dois, se por mar". Essas palavras, sozinhas, recordam toda a história e a cavalgada de Paul Revere continua a ser a façanha heróica mais conhecida da Revolução Americana.

OS PRIMEIROS ANOS

Antes de Longfellow, Paul Revere não era considerado um dos principais atores da saga revolucionária. Era conhecido por suas gravuras (principalmente pela representação do Massacre de Boston), pelo seu trabalho como ourives de prata e por suas atividades políticas em Boston antes da guerra. John Singleton Copley pintou o seu retrato, que mostrava Revere exibindo a sua prataria — mas isso foi vários anos *antes* da cavalgada à meia-noite.[4] Em termos locais, Revere também era lembrado como o patriota que montou num cavalo e saiu em disparada com um aviso — mas façanhas semelhantes foram realizadas por muitos outros durante a Guerra Revolucionária. Embora fosse com certeza respeitado pelos vários papéis que desempenhou, não era exatamente louvado. Os livros didáticos não faziam menção a Revere nem a sua proeza.

Pouco depois do acontecido, Paul Revere fez a sua própria descrição da cavalgada que um dia o tornaria famoso. Três dias depois que as tropas regulares britânicas avançaram sobre Lexington e Concord, o Congresso da Província de Massachusetts autorizou a coleta de relatos em primeira mão dos participantes ou observadores.[5] Paul Revere se apresentou para contar o que sabia.

A versão de Revere — em prosa simples, não em versos — divergia bastante da de Longfellow. Por volta das 10:00 da noite de 18 de abril de 1775, declarou Revere em seu depoimento, o dr. Joseph Warren pediulhe que fosse a Lexington com uma mensagem para Samuel Adams e John Hancock: "alguns soldados" pareciam avançar em sua direção. Revere partiu imediatamente. Foi "levado", cruzando o rio Charles, até Charlestown, onde "conseguiu um cavalo". Depois de lhe avisarem que nove oficiais britânicos tinham sido avistados pelo caminho, partiu para Lexington. Antes sequer de chegar a Charlestown, avistou dois, que foi capaz de evitar. "Segui para Lexington por Mistick", declarou Revere simplesmente, "e avisei o sr. Adams e o cel. Hancock."

E foi só; Revere dedicou apenas uma frase curta à cavalgada que mais tarde o tornaria tão famoso. Os acréscimos viriam depois. Em nenhum trecho do depoimento, Revere mencionou os sinais com a lanterna na igreja de Old North, questão que lhe pareceu mais trivial do que para Longfellow. Por outro lado, Revere incluiu muitas informações concretas que Longfellow mais tarde suprimiria, como o fato de o dr. Warren ter mandado um segundo mensageiro, um certo "sr. Daws" (William Dawes), por outro caminho.

Para Revere, a noite conteve uma experiência angustiante que Longfellow, por razões estritamente particulares, achou melhor deixar de lado. Depois de entregar a mensagem a Adams e Hancock, Revere e mais dois outros parti-

MITOS SOBRE A FUNDAÇÃO DOS ESTADOS UNIDOS

ram rumo a Concord para avisar o povo de lá — mas ele não se afastara muito quando foi capturado por oficiais britânicos. Na maior parte do seu depoimento, Revere falou dessa captura, de como cinco vezes os oficiais ameaçaram matá-lo, três vezes prometendo "explodir o seu cérebro". Embora tivesse levado muitas mensagens de cidade em cidade, Revere jamais correra perigo tão grave.[6] Para ele, esse foi o principal acontecimento da história.

O sofrimento de Revere terminou sem nenhuma calamidade pessoal. Depois de lhe tomar o cavalo, os oficiais o soltaram. A pé, ele voltou para Lexington, onde ouviu a primeira rajada de fogo. Talvez por não ter afirmado claramente que os britânicos atiraram primeiro, o Congresso da Província achou que o depoimento de Revere tinha pouca importância e preferiu não incluí-lo no relatório oficial, *A Narrative of the Excursion and Ravages of the King's Troops* (*Narrativa da excursão e das ações violentas dos soldados do rei*).

Parecendo concordar com a avaliação do Congresso, outros deram a Revere apenas um lugar secundário na história. William Gordon, o primeiro historiador a fazer as suas próprias entrevistas locais nas semanas que se seguiriam, não inclui a cavalgada de Paul Revere em seu detalhado relato dos acontecimentos de Lexington e Concord. "Enviaram-se mensageiros para alertar o campo, alguns deles presos pelos oficiais na estrada" — foi tudo que se deu o trabalho de dizer.[7] Gordon aumentou seu relato na história completa que publicou 13 anos depois, mas nem assim mencionou alguma façanha heróica de Paul Revere:

> O dr. Warren, por puro acaso, dera-se conta [da mobilização britânica] bem a tempo de enviar mensageiros pelo promontório e por balsa até Lexington antes que as ordens de impedir a saída de qualquer pessoa da cidade fossem executadas. Os oficiais interceptaram vários, mas alguns, estando bem montados, escaparam à sua vigilância; e o alarme, uma vez dado, espalhou-se com rapidez, pelo toque de sinos e o disparo de tiros e salvas de aviso.[8]

Todos os primeiros historiadores da Revolução concordam: Revere não foi um ator principal no início das hostilidades. David Ramsay, que escreveu em 1789, disse apenas que "informações" foram "enviadas à milícia da região

2 8

sobre o que estava acontecendo".[9] John Marshall (1804) mencionou Warren, mas não Revere: "A região foi avisada por mensageiros enviados pelo dr. Warren, alguns dos quais escaparam à vigilância das patrulhas".[10] Mercy Otis Warren (1805) escreveu simplesmente que "um relatório chegou bem cedo às cidades vizinhas".[11] Para os quatro historiadores de maior destaque na época, o transporte de uma mensagem do dr. Warren a Samuel Adams e John Hancock pareceu ter importância menos duradoura do que quase tudo o mais que aconteceu durante os eventos históricos de 18 e 19 de abril de 1775.

Embora a cavalgada de Paul Revere não tenha tido efeito sobre as primeiras obras de história, os amigos, vizinhos e colegas maçons de Revere conheciam-na e louvavam-na. Joshua Fowle, que passou a infância perto de Revere na Boston pós-revolucionária, ouvira falar dos sinais com lanternas e da cavalgada à meia-noite em sua juventude: "Ouvi contarem o caso muitas vezes e nunca duvidei", recordou mais tarde. "Era uma história comum."[12] Bem cedo, apesar de negligenciada pela história formal, a fábula germinou no folclore e, em 1795, um poeta que se assinou "Eb. Stiles" criou um protótipo de poemeto:

> Por campo e mato seu corcel lançou
> No rio, nem buscou vau,
> Na torrente de espuma o cavalo arrojou
> Juntos cruzaram a nado.
>
> Morro e charco cruzou sem parar,
> Tesas rédea e espora
> Até que em Concord parou a gritar
> Na igreja, do lado de fora.[13]

No poema de Stiles a história assume vida própria, ricamente enfeitada por morros, charcos e torrentes espumosas inexistentes. Finalmente, vinte anos depois do acontecido, Stiles permitiu a Revere atingir a igreja de Concord — destino que lhe escapou em 19 de abril de 1775.

Talvez em resposta a esse folclore em ascensão, Jeremy Belknap, secretário correspondente da Sociedade Histórica de Massachusetts, pediu a

MITOS SOBRE A FUNDAÇÃO DOS ESTADOS UNIDOS

Revere que fornecesse uma descrição detalhada da cavalgada. Revere acedeu, mas assinou o texto como "Um Filho da Liberdade do ano de 1775" e depois acrescentou: "não publique o meu nome". Quando Belknap publicou o artigo nas *Collections* da sociedade, com data de 1º de janeiro de 1798, descumpriu o desejo de Revere e pôs o seu nome em letra de imprensa.

Nesse relato, feito quase 1/4 de século depois do primeiro depoimento, Revere abreviou a saga que já fora traumática da sua captura, mas incluiu a história dos sinais com lanternas, talvez a pedido do povo. Também escreveu longamente sobre a suposta traição da igreja de Benjamin, desconhecida na época do seu depoimento original.[14] Já que o novo relato de Revere, assim como o seu predecessor, era, sem dúvida alguma, menos dramático que as descrições folclóricas, pode na verdade ter retardado o crescimento da lenda incipiente.

Quando Revere morreu em 1818, o seu obituário no *Boston Intelligencer and Weekly Gazette* não mencionou a cavalgada à meia-noite.[15] Ainda assim, os entusiastas da história local mantiveram viva a sua memória. Até meados do século, surgiram e ressurgiram notícias de sua cavalgada. No 15º aniversário das batalhas iniciais da Guerra Revolucionária, William Munroe, que guardara a casa onde ficaram Adams e Hancock, citou o papel de Paul Revere: "Disse a ele que a família tinha acabado de se deitar e tinham pedido para não ser incomodados por nenhum barulho perto da casa. 'Barulho!', disse ele, 'Vocês terão barulho suficiente daqui a pouco. Os ingleses estão chegando'".[16] Em 1849, Richard Frothingham publicou a primeira descrição abrangente do alerta na região e incluiu o papel de Paul Revere. Ao basear seu relato nos depoimentos de Revere e de outros participantes, Frothingham demonstrou que pelo menos quatro mensageiros diferentes foram enviados a Lexington na noite de 18 de abril, inclusive Paul Revere, e três deles entregaram as suas mensagens.[17]

Com os fatos expostos, a história de Revere abriu caminho lentamente até a narrativa central da Revolução. Em seu *Pictorial Field-Book of the Revolution*, de 1851, Benson Lossing mencionou pelo nome tanto Paul Revere quanto William Dawes e incluiu o caso de William Munroe.[18] Em 1854, George Bancroft fez uma descrição bastante exata da história: tanto Revere quanto Dawes entregaram suas mensagens em Lexington, disse, mas somente Samuel Prescott conseguiu escapar dos oficiais britânicos e levar o aviso a Concord.[19]

Embora o caso começasse a receber atenção além das fronteiras locais, ainda era apenas um dentre muitos. Três quartos de século depois da sua cavalgada, Paul Revere ainda não se tornara um nome conhecido de todos — e com boas razões. Revere não se distinguiu como herói militar. Não foi um estadista famoso — na verdade, não foi sequer um dos signatários da Declaração de Independência. Não fez nenhum discurso memorável, não agitou nenhuma multidão, não fez pronunciamentos públicos de importância duradoura. Na década de 1850, não havia razões para suspeitar que Paul Revere estava prestes a entrar para o panteão de heróis revolucionários — um dos cinco ou dez personagens mais louvados da sua geração.

Ainda assim, Revere encontrara um nicho adequado nos anais da história. Nessa época, os escritores tratavam a história como uma série de relatos — momentos distintos que faziam o passado voltar à vida —, e a história da cavalgada à meia-noite ajustava-se direitinho ao padrão.[20] Em conjunto, Lossing e Bancroft divulgaram literalmente milhares desses casos, momentos isolados que mostravam feitos individuais a serviço da Revolução.[21] Era aí que a cavalgada de Paul Revere poderia estar hoje em dia — apenas uma cena curta num épico gigantesco — se Henry Wadsworth Longfellow não tivesse descoberto o atorzinho revolucionário e dado a ele um papel principal.

LICENÇA POÉTICA

A "Cavalgada de Paul Revere", de Longfellow, foi publicada pela primeira vez no número de janeiro de 1861 do *Atlantic*. O poema começava com uma invocação carinhosa:

> Escutai, crianças, e conhecereis
> A cavalgada noturna de Paul Revere (...)

Então, na cadência galopante do tetrâmetro anapéstico — duas sílabas breves seguidas por uma longa, repetidas quatro vezes —, Longfellow criou uma fábula inesquecível que encantou igualmente adultos e crianças. Mesmo naquela época, nada poderia sensibilizar mais o público do que uma caçada excitante:

> Um rumor, um corcel, uma aldeia, um luar
> Recortando um semblante na escuridão
> E a fagulha num seixo riscado no chão
> Prenuncia um destino, quimera no ar;
> Foi então de que de breve lampejo feliz
> Foi seu fogo inflamar quando o povo bem quis;
> Como árvore forte em segura raiz,
> Em clarão majestoso a nação a lutar.*

Para Longfellow, um homem sozinho tinha nas mãos "o destino da nação". A noção de que um herói individual pudesse gerar uma "fagulha" que poria em chamas o povo era fundamental na visão de mundo do romantismo do século XIX. Também combinava com a fórmula das narrativas bem-sucedidas. Contador de histórias por excelência, Longfellow enfatizou, naturalmente, a força motivadora da ação individual.[22]

Embora a "Cavalgada de Paul Revere" tenha sido mais divulgada que qualquer outro poema histórico da cultura americana, está cheia de distorções, que não são ocasionais; são a própria razão de a história ter durado quase um século e meio. Quatro erros históricos são especialmente importantes:

1) Estranhamente, em 130 versos Longfellow não diz uma única palavra sobre a detenção por oficiais britânicos, foco principal do relato do próprio Paul Revere. Isso revelaria a presença britânica na vizinhança de Lexington e Concord — qual a necessidade, então, de um mensageiro? Para a história funcionar, todos os soldados britânicos tinham de estar estacionados na retaguarda de Revere e seu cavalo. "Os casacos-vermelhos estão chegando" perde o efeito dramático se sabemos que alguns casacos-vermelhos já chegaram.

---

*No original: "A hurry of hoofs in a village street, / A shape in the moonlight, a bulk in the dark, / And beneath, from the pebbles, in passing, a spark / Struck out by a steed flying fearless and fleet; / That was all! And yet, through the gloom and the light, / The fate of a nation was riding that night; / And the spark struck out by that steed, in his flight, / Kindled the land into flame with its heat." (N. do T.)

2) Para obter o máximo efeito, Longfellow faz Revere visitar todas as aldeias e fazendas de Middlesex. Embora alguma licença deva ser permitida à hipérbole, Longfellow sabia com certeza que seu protagonista nunca chegara a Concord, destino dos soldados britânicos e cidade que mais precisava ser avisada. O Revere verdadeiro tentou e não conseguiu chegar lá. É compreensível que Longfellow não quisesse sobrecarregar sua história com o reconhecimento sóbrio de que o herói foi impedido de atingir seu objetivo final.

3) O Revere de Longfellow elabora os dois lados da tática dos sinais com lanternas, que ocupa mais da metade do poema. Antes de cruzar o rio Charles, Revere explica a um "amigo" como dar o sinal; então, depois de chegar à margem oposta, Revere espera para recebê-lo, "impaciente para montar e partir". Durante 16 versos, Revere acalma o cavalo, perscruta a paisagem e bate o pé no chão, tentando fazer o tempo passar até que finalmente avista duas luzes. Na verdade, não foi isso o que aconteceu. Não sabemos quem esperou para receber o sinal na margem oposta, mas sabemos que não foi Paul Revere. Depois de ser despachado por Joseph Warren mas antes de cruzar o rio, o próprio Revere deu um jeito de acender duas lanternas, de modo que alguém pudesse vê-las em Charlestown e partir para avisar outros patriotas. *Outra* pessoa? Mais uma vez, os fatos foram alterados para caber na história. Não haveria outro cavaleiro na "Cavalgada de Paul Revere".

4) Exceto por dois atores secundários — o cavalo e o amigo que acendeu as lanternas —, o Revere de Longfellow agiu sozinho. Na verdade, houve muitos outros. Em 1994, o historiador David Hackett Fischer reconstruiu o evento com o elenco completo de personagens, tais como:

- Um moço de estábulo, um cavalariço e pelo menos dois outros bostonianos que avisaram a Revere que os soldados britânicos preparavam uma ofensiva.
- Alguém do círculo mais íntimo do general Gage (talvez a sua própria esposa, Margaret Kemble Gage), que informou o dr. Joseph Warren da ofensiva.

MITOS SOBRE A FUNDAÇÃO DOS ESTADOS UNIDOS

- O dr. Warren, que, em nome do Comitê de Boston, pediu a Revere que levasse o aviso a Samuel Adams e John Hancock.
- William Dawes, que levou a mesma mensagem por uma rota diferente, também a pedido de Joseph Warren.
- Três "amigos" diferentes, que organizaram o esquema clandestino dos sinais de lanternas: John Pulling, Robert Newman e Thomas Bernard.
- Dois barqueiros, que levaram Revere pelo rio Charles.
- O coronel Conant e outros patriotas de Charlestown, que esperaram pacientemente para receber o sinal das lanternas que tinham combinado com Revere dois dias antes.
- Um mensageiro não identificado e despachado de Charlestown assim que o sinal das lanternas foi recebido. (Como este mensageiro nunca chegou a Lexington nem a Concord, todo o esquema dos sinais das lanternas não levou a uma conclusão satisfatória.)
- Richard Devens, de Charlestown, que recebeu Revere na margem do rio e avisou-o de que oficiais britânicos patrulhavam a estrada para Lexington e Concord.
- Devens, Abraham Watson, Elbridge Gerry, Charles Lee e Azor Orne, membros do Comitê de Segurança da Província, que mandaram um bilhete para Hancock, em Lexington, avisando-o de que oficiais britânicos seguiam para lá.
- Um mensageiro anônimo, que conseguiu entregar esta mensagem por volta das 8:00 da noite, três horas antes que Revere montasse o seu cavalo.
- O estalajadeiro da Taberna Black Horse em Menotomy (hoje Arlington), que mais tarde, naquela mesma noite, avisou a Gerry, Lee e Orne que tinham chegado soldados britânicos, permitindo-lhes fugir pela porta dos fundos.
- Solomon Brown, de Lexington, que avisou a William Munroe, sargento da milícia da cidade, que oficiais britânicos se dirigiam para lá e mais tarde tentou alertar o povo de Concord da presença dos oficiais, mas foi logo capturado.

- Munroe e mais oito milicianos, que ficaram de guarda a noite toda na casa de Jonas Clarke, pastor de Lexington, onde estavam Adams e Hancock.
- Trinta outros milicianos de Lexington, que se reuniram na Taberna de Buckman para cuidar da crise às 9:00 da noite, duas horas antes da partida de Revere em sua famosa cavalgada.
- Elijah Sanderson e Jonathan Loring, da milícia de Lexington, voluntários para vigiar os oficiais britânicos.
- Josiah Nelson, fazendeiro que morava na estrada de Concord e teve a cabeça atingida pela espada de um dos oficiais britânicos e depois alertou todos os vizinhos.
- John Larkin, de Charlestown, que emprestou a Revere um cavalo que pertencia ao seu pai, Samuel.
- Outro mensageiro não identificado de Charlestown, que partiu ao mesmo tempo que Revere rumo ao norte. Esse cavaleiro chegou a Tewksbury, a quarenta quilômetros de Boston, mais ou menos na hora em que o próprio Revere foi aprisionado pelos oficiais britânicos.
- Capitão John Trull, de Tewksbury, que, ao receber a notícia do cavaleiro de Charlestown, deu três tiros da janela do quarto — sinal sem a delicadeza das lanternas da igreja de Old North, mas que teve impacto maior. O comandante da milícia de Dracut, na fronteira de New Hampshire, ouviu os tiros e convocou seus milicianos várias horas antes da aurora sangrenta em Lexington.
- Samuel Tufts, de East Cambridge, que partiu em sua própria cavalgada depois que a vizinha, Elizabeth Rand, lhe disse que avistara a coluna britânica.
- Solomon Bowman, tenente da milícia de Menotomy, que imediatamente convocou a companhia da sua cidade ao ver os soldados britânicos.
- Isaac Hull, capitão da milícia de Medford, que recebeu a mensagem de Revere e convocou sua companhia.
- O dr. Martin Herrick, que partiu de Medford para avisar Stoneham, Reading e Lynn. Essas cidades, por sua vez, enviaram seus próprios cavaleiros; ao amanhecer, todo o litoral norte da baía de Massachusetts estava de prontidão e em processo de mobilização.

MITOS SOBRE A FUNDAÇÃO DOS ESTADOS UNIDOS

- Outro mensageiro de Medford, que partiu rumo ao leste para Malden e daí para Chelsea.
- Mais outro mensageiro de Medford que viajou até Woburn e outro ainda de Woburn para a paróquia mais acima, hoje Burlington, e assim por diante, *ad infinitum*, até que quase todas as aldeias e fazendas de Middlesex fossem avisadas por uma vasta rede de mensageiros e sinais — tudo nas primeiras horas da manhã de 19 de abril de 1775.
- Finalmente, Samuel Prescott, médico de Concord, que conseguiu levar ao povo de sua cidade natal a notícia de que centenas de soldados britânicos vinham em sua direção para tomar os armazéns militares. Embora Revere, Dawes e Prescott tenham sido capturados na estrada entre Lexington e Concord, Prescott, sozinho, conseguiu escapar e completou a missão.[23]

Paul Revere não estava tão solitário, afinal de contas. Quando a principal coluna britânica se aproximou de Lexington, sinos e tiros ecoaram à frente e na retaguarda. Toda a região estava pronta e mobilizada. Não foi o trabalho de um só homem, mas de uma rede complexa de ativistas patriotas que se comunicavam entre si havia anos. Desde a derrubada da autoridade britânica no final do verão de 1774 (ver o capítulo 4), vinham se preparando para o confronto militar. Prevendo um evento como a batalha de Lexington e Concord, tinham-na ensaiado. Todos os homens de todas as cidades sabiam com quem entrar em contato e para onde ir quando chegasse a hora — e agora chegara a hora. Como Paul Revere, uma infinidade de patriotas deu o seu alarme local e se preparou para agir.

UM CONTO DURADOURO

Os fatos pouco importam quando há uma boa história em jogo. Desde a época da primeira publicação, a "Cavalgada de Paul Revere" foi um clássico nacional e os leitores supuseram que contava fatos reais. Os livros didáticos reiteraram com confiança as distorções de Longfellow. De acordo com um livro de 1888, *A History of the United States and its People, for the Use of Schools* (*Uma história dos Estados Unidos e seu povo, para uso das escolas*), Revere "esperou em Charlestown até ver uma luz pendurada na torre de uma igreja, sinal de que os britânicos estavam em movimento". Citava devidamente a fonte, indicando aos alunos o "famoso poema de Longfellow sobre o assunto".[24] Embora alguns textos observassem que o poema não era "estritamente histórico", outros aceitavam candidamente o enredo alterado por Longfellow. Um texto de 1923, *History of our Country, for Higher Grades* (*História do nosso país para turmas mais adiantadas*) afirmava de forma imaginosa: "Naquela noite, havia em Charlestown, na margem do rio oposta a Boston, um americano de ascendência huguenote que segurava pelas rédeas o seu cavalo enquanto esperava o sinal de uma lanterna na torre de uma igreja. Seu nome era Paul Revere e ficou famoso como 'o mensageiro da Revolução'".[25] Os livros de 1935 e 1946 também puseram Revere a esperar pelo sinal da lanterna, acompanhado, para variar, de William Dawes, que na verdade nunca passou por Charlestown.[26]

A ficção, em mãos conscienciosas, costuma seguir a história, mas aqui a história inquestionavelmente seguiu a ficção. Até estudiosos sérios entraram na fila atrás do poeta. Em 1891, John Fiske, um dos mais destacados historiadores de sua geração, contou como Paul Revere cruzou "o rio largo num barquinho" e depois esperou "na outra margem até saber, por uma lanterna suspensa no campanário da igreja do Norte, para onde tinham ido os soldados".[27]

A partir da década de 1920, críticos iconoclastas ridicularizaram o Revere de Longfellow. William Dawes, um dos outros cavaleiros, teve um certo renascimento quando seu descendente Charles Dawes se tornou vice-presidente dos Estados Unidos, no governo de Calvin Coolidge. Os tradicionalistas revidaram: em 1922, um capitão do exército, E. B. Lyon, despejou panfletos patrióticos de um avião militar seguindo a trilha da cavalgada de Paul Revere.[28]

Entretanto, o questionamento mais sério não veio de críticos nem de historiadores progressistas, mas de educadores progressistas que se opunham à rotina de memorização. Mas, quando as recitações do poema de

Longfellow começaram a sumir do currículo-padrão, Esther Forbes soprou vida nova na história de Revere com o seu *Paul Revere and the World He Lived In* (*Paul Revere e o mundo em que viveu*), que ganhou o Prêmio Pulitzer. Ressuscitado, o seu Revere é um artesão simples que leva uma vida comum. Embora Forbes usasse Revere para louvar o homem comum, reiterou a opinião tradicional de que Revere fora o "cavaleiro solitário" que salvara os patriotas.[29]

Foi só em 1994 que os erros de Longfellow foram postos para descansar em *Paul Revere's Ride* (*A cavalgada de Paul Revere*), obra-prima de investigação histórica que influenciou a redação dos livros didáticos. Revere não é mais retratado como o mensageiro solitário que remou para cruzar o rio, esperou para receber os sinais da lanterna e alertou a região sozinho. (Uma exceção notável é *A History of US* [*Uma história dos EUA*], de Joy Hakim, que ainda segue Longfellow palavra por palavra.[30]) Outros foram envolvidos, dizem agora os textos em sua maior parte — mas não com muito vigor. "Paul Revere, um dos Filhos da Liberdade, cavalgou até Lexington para avisar Hancock e Adams", diz um texto — e então, quase como algo lembrado depois, acrescenta: "Revere foi acompanhado por William Dawes e Samuel Prescott".[31] O acompanhamento visual, é claro, mostra uma estátua de Revere, não de Dawes nem de Prescott. De acordo com outro livro, "Paul Revere, ourives de Boston, e um segundo mensageiro, William Dawes, foram encarregados de espalhar a notícia do movimento dos soldados britânicos. (...) Quando os britânicos se moveram, o mesmo fizeram Revere e Dawes. Galoparam pela região em sua 'cavalgada da meia-noite', espalhando a notícia".[32] Nessas versões diluídas, um cavaleiro se transformou em dois ou três. O romance se foi, mas não há nenhuma indicação da complexa rede de comunicação ativada naquela noite importantíssima.

É digno de nota que todos os livros didáticos de história atuais dos Estados Unidos, seja no ensino básico, seja no ensino médio, ainda incluam o caso da cavalgada de Paul Revere. (Isto inclui textos adiantados que não vão além de uma revisão superficial da Revolução Americana.[33]) A fábula propriamente dita passou a fazer parte da nossa herança e nenhuma história do início da nossa nação ousaria ignorá-la.

A CAVALGADA DE PAUL REVERE

A história da "cavalgada de Paul Revere" não precisa apenas de correção, mas também de contextualização. Cento e vinte e duas pessoas perderam a vida horas depois do ato heróico de Revere e quase o dobro se feriu.[34] A cavalgada de Revere não foi o principal acontecimento do dia nem o aviso de Revere foi assim tão importante para deflagrar o banho de sangue. Os fazendeiros patriotas vinham se preparando para opor-se aos britânicos há quase um ano. O próprio Paul Revere contribuíra para esses preparativos com outras cavalgadas importantes. No mês de setembro anterior viajara de Boston a Filadélfia levando a notícia de que o interior de Massachusetts tinha se levantado numa revolta; o Primeiro Congresso Continental, depois de ouvir Revere, deu o seu selo de aprovação. No mês de dezembro anterior, quatro meses antes dos tiros em Lexington, ele instigara a primeira ofensiva militar da Revolução cavalgando até Portsmouth, em New Hampshire. A sua cavalgada até Lexington deu prosseguimento a essa tradição mas, como nas viagens anteriores, só teve importância porque outros ativistas políticos, como Revere, tinham se dedicado à causa.

Paul Revere foi um dentre dezenas de milhares de patriotas de Massachusetts que se ergueram para combater os britânicos. A maioria dessas pessoas vivia fora de Boston e, ao contrário do que se costuma dizer, não eram os primos rurais de seus colegas urbanos. Eram rebeldes por conta própria, embora raramente se conte a sua história. Nós os negligenciamos em parte porque a cavalgada de Paul Revere conquistou toda essa fama; um homem de Boston, diz a história, despertou os fazendeiros adormecidos e só então os fazendeiros viram o perigo e lutaram.

Na verdade, o povo do campo tinha se erguido por si mesmo e até tentou sua própria Revolução, mais de meio ano antes. (Ver o capítulo 4.) A história da cavalgada de Paul Revere marca o final, não o começo, dessa história inspiradora. Cobre a lacuna entre dois eventos portentosos: o levante político que destronou a autoridade britânica em 1774 e a deflagração das hostilidades formais em 19 de abril de 1775. Mas, ironicamente, em sua forma romantizada, a fábula ajudou a obscurecer a revolução do povo que ocorreu antes e depois. A verdadeira história da resistência patriótica é mais profunda e mais rica do que Henry Wadsworth Longfellow, com a sua ênfase no heroísmo individual, jamais ousou imaginar.

39

CAPÍTULO 2 Molly Pitcher

Que bom seria descobrir uma verdadeira heroína da Revolução Americana. Tentamos Betsy Ross, a mulher que supostamente fez a primeira bandeira americana, mas hoje essa história está desacreditada.[1] Homenageamos Abigail Adams, que convenceu o marido com o seu "Lembre-se das damas", mas Abigail entra na história como esposa de um homem famoso e nunca chegou perto de um campo de batalha.[2] Gostaríamos de louvar Deborah Sampson, que se vestiu de homem para alistar-se no exército, mas, para dizer a verdade, algumas mulheres soldados foram injustamente expulsas para a "marcha das meretrizes" depois de ter a identidade descoberta.[3]

A nossa heroína favorita, se conseguíssemos encontrá-la, teria enfrentado o fogo inimigo numa batalha famosa — vestida de mulher e não de homem. Isso não é coisa difícil de imaginar. Tentemos conceber, por exemplo, a Batalha de Monmouth, em que os homens sofriam tanto com o calor quanto com o fogo inimigo. Uma mulher passa pelos soldados sedentos e feridos com um jarro de água boa e fresca. Quando o marido cair ao carregar um canhão, talvez a nossa heroína lhe tome o lugar e continue a disparar a arma. É claro que isso inspira o restante dos soldados a continuar lutando em face do perigo mortal. No final, depois que a batalha termina, George Washington naturalmente confere uma medalha à nossa dama guerreira — talvez até a promova a oficial.

Essa é a heroína que gostaríamos de festejar — e o fazemos. Não só sonhamos essa história como nos convencemos de que é verdadeira. Embora isso pudesse chocar todos os seus contemporâneos, um livro didático atual de nível médio afirma claramente que Mary Ludwig Hays McCauly, uma pobre "vivandeira" natural de Carlisle, na Pensilvânia, foi a mulher "mais famosa" a servir nos campos de batalha da Guerra Revolucionária.[4] Outro texto conta

MITOS SOBRE A FUNDAÇÃO DOS ESTADOS UNIDOS

a sua história: "Mary Ludwig Hays McCauly assumiu o lugar do marido num canhão quando ele foi ferido na Batalha de Monmouth. Conhecida por carregar jarros de água [em inglês, *pitchers*] para os soldados, McCauly recebeu o apelido de 'Molly Pitcher'. Mais tarde, o general Washington promoveu-a a praça por seus feitos de bravura".[5] Um terceiro texto mostra uma imagem de duas mulheres soldados, uma usando vestido comprido e a outra, uma farda militar moderna. A legenda diz: "Passado: Molly Pitcher" e "Presente: fuzileiras navais serviram na Guerra do Golfo".[6]

Estamos tão ansiosos para ter uma heroína revolucionária que transformamos Molly Pitcher, uma lenda folclórica, numa pessoa real. Dentre seis livros didáticos para o ensino fundamental, todos publicados em 2002, cinco incluem a história de Molly Pitcher e quatro mostram ilustrações chamativas, inclusive uma com o vestido de Molly flutuando ao vento enquanto ela enfia o soquete na boca de um canhão.[7] Essas imagens foram pintadas na segunda metade do século XIX; hoje, graças à reprodução colorida de alta qualidade, dão aos nossos livros didáticos "provas" visuais da presença feminina na Guerra Revolucionária. Como essas pinturas parecem devidamente antiquadas e pitorescas, fica fácil esquecer todas as diferenças entre as épocas revolucionária e vitoriana. O conceito básico — o que realmente inspirou os artistas — é a justaposição das imagens masculina e feminina: uma figura com traços femininos bem destacados (em algumas pinturas, os seios de Molly estão parcialmente expostos) enfrenta as privações do campo de batalha para dominar o soquete e o canhão. Se uma mulher de verdade pode lutar assim, dizem-nos esses artistas, homens de verdade não podem deixar de fazer o mesmo.[8]

Um volume da "Famous Americans Series", da Macmillan, voltada para o público juvenil, revela a mistura perfeita de virtudes masculinas e femininas de Molly Pitcher. Assim que os soldados sedentos de Monmouth começavam a perder as esperanças, ouviram uma mulher dizer:

— Deixe que eu lhe sirva um pouco d'água — disse uma voz. — Eu levanto a sua cabeça. Vamos, agora beba do meu jarro.

Eles beberam e viveram. Depois mais soldados caídos beberam daquele jarro. E outros e mais outros, até esvaziá-lo.

— Vou buscar mais — disse a mulher. — O poço fica perto. Bem do outro lado da estrada. Chamem se quiserem mais. Gritem "Molly" e eu virei até vocês.

Os doentes sussurraram seu nome para os outros. Não demorou e muitas vozes fracas chamavam: "Molly! Molly! Pitcher! Pitcher!". Às vezes os gritos eram apenas "Molly Pitcher, Molly Pitcher". (...)

Cem homens caídos mantiveram-se vivos com aquela água. Alguns conseguiram voltar a lutar. Todos abençoaram a mulher que os salvou.

Quando o marido também foi vencido pelo calor, continua a história, Molly ofereceu-se para disparar o canhão em seu lugar:

As balas caíam em torno de Molly. Mas ela limpou, carregou e disparou. O sol quente a queimava, mas ela limpava, carregava e disparava.

O seu vestido ficou preto de pólvora. Havia manchas em seu rosto e suas mãos. Ela nem ligou. O seu canhão precisava disparar!

Assim que a batalha terminou, o comandante-em-chefe homenageou pessoalmente a nova heroína do exército:

O general Washington pegou a mão manchada de pólvora da moça entre as suas. Sorriu para ela e falou com toda a gentileza:

— Sra. Hays, a coragem que a senhora demonstrou ontem nunca foi igualada por nenhuma outra mulher. A sua gentileza nunca foi superada. A senhora foi um anjo de misericórdia para os homens que sofriam. Foi um bastião de força no canhão, com a habilidade de um artilheiro experiente. (...) Portanto, faço da senhora sargento deste exército. E agora lhe concedo esta medalha de honra.

Houve silêncio até que tudo terminou. Então mil soldados começaram a dar hurras.

— Hurra para o sargento Molly! — gritaram. — Hurra para Molly Pitcher![9]

Eis a grandiosa história. Nessa biografia para crianças, Molly Pitcher ocupa um lugar ao lado de Abraham Lincoln, Albert Einstein, Babe Ruth e trinta outros "americanos famosos" apresentados na mesma série. No

MITOS SOBRE A FUNDAÇÃO DOS ESTADOS UNIDOS

entanto, há uma diferença importante entre Molly Pitcher e os outros: eles são pessoas reais, enquanto Molly é apenas um mito.

COMO CRIAR UMA LENDA

Para começar, os fatos:

Na Batalha de Monmouth, em meio ao calor escaldante, 37 soldados morreram de ataque cardíaco. Isso representou mais de 1/3 das baixas no campo de batalha.[10] Várias centenas de mulheres estavam no campo de batalha ou bem perto dele. Eram as "vivandeiras", mulheres que seguiam o exército e ajudavam na logística da vida cotidiana. Em dias normais, cozinhavam, lavavam e carregavam coisas; durante as batalhas, cuidavam dos feridos e levavam suprimentos para a linha de frente. Sem dúvida, algumas cuidaram de soldados sedentos e derreados pelo calor. Muito provavelmente, algumas ajudaram a disparar canhões.

Uma das mulheres presentes em Monmouth pode ter sido Mary Hays, de Carlisle, Pensilvânia, mas não temos prova definitiva de que estava lá e não sabemos muita coisa sobre a sua vida antes e durante a Guerra Revolucionária. Na verdade, nem sequer sabemos a identidade do marido que ela supostamente acompanhava na batalha. Alguns historiadores afirmam que era Casper Hays, que se casou com Mary Ludwig em 1769; alguns dizem que era John Hays, que se alistou no exército em 1775; outros, que era William Hays, que se alistou na artilharia em 1777. Não há registro da época que confirme se John Hays, Casper Hays ou William Hays caíram durante a Batalha de Monmouth ou de que uma mulher chamada Mary Hays tenha tomado o lugar do marido disparando um canhão.[11]

Os registros tributários de 1783 mostram que havia um casal, William e Mary Hays, morando em Carlisle com John, o filho de três anos. Depois que William Hays morreu em 1786, Mary Hays desposou um trabalhador chamado John McCalla, nome escrito de várias maneiras em registros contemporâneos e posteriores como McKolly, McKelly, McCauly, McCauley, McAuley, McCawley, McCaley e McCalley.[12] Em 1810 John morrera ou desaparecera e Mary, na época com pelo menos 55 anos, sustentava-se

46

caiando prédios públicos, fazendo faxina e lavando roupa. Em 1822, 44 anos depois de Monmouth, passou a receber uma pequena pensão do governo.[13]

Mary Hays McCauly nunca foi "promovida a praça por seus feitos de bravura". Não recebeu fama nem riqueza depois da Guerra Revolucionária. Anos mais tarde, um contemporâneo descreveu-a como "uma pessoa muito masculina, de aparência e caráter grosseiros; baixa e pesada, com pêlos no nariz, e sabia beber e praguejar". Ela "bebia grogue e usava linguagem não muito educada", disse outro. Uma mulher recordou que Mary era "uma velha vulgar, profana, bêbada (...) Eu tinha medo dela".[14]

Não há registro de que alguém tenha chamado Mary Hays de "Molly Pitcher" enquanto estava viva. Quando morreu, em 1832, os seus obituários não mencionaram "Molly Pitcher", nome que lhe seria atribuído décadas depois. Um deles afirmou que "para os doentes e feridos foi ajuda eficiente", mas nenhum falou de sua presença em Monmouth ou de ter disparado um canhão. A lenda de "Molly Pitcher" ainda não se prendera a essa mulher sem suspeitas, que morreu com uma pensão modesta mas nenhum outro reconhecimento.[15]

Não temos descrições em primeira mão, registradas na época, de mulheres em Monmouth. Temos um relato em segunda mão, escrito cinco dias depois da batalha. Albigence Waldo, médico do exército, afirmou que um oficial ferido lhe contara ter visto uma mulher pegar a "arma e os cartuchos" de seu "acompanhante" ferido; então, "como uma heroína espartana", "lutou com bravura espantosa, descarregando a peça com a mesma regularidade dos outros soldados presentes". Esta mulher atirou com um mosquete, não com um canhão, porque canhões não usavam "cartuchos".[16]

Há um relato em primeira mão de uma mulher em Monmouth disparando um canhão, mas não foi registrado na época. Em 1830, 52 anos depois de o fato ter acontecido, Joseph Plumb Martin recordou ter visto uma mulher e seu marido guarnecendo uma peça de artilharia em Monmouth: "Um tiro de canhão do inimigo passou bem entre as pernas dela sem causar dano maior do que lhe arrancar toda a parte de baixo do vestido (...) olhando com aparente despreocupação, ela observou que teve sorte de não passar um pouco mais para cima, pois nesse caso poderia ter levado embora outra coisa, e dado fim a ela e à sua ocupação".

MITOS SOBRE A FUNDAÇÃO DOS ESTADOS UNIDOS

Mas a protagonista de Martin não combina com a descrição de "Molly Pitcher": não levava água a soldados sedentos e não partiu para a ação porque o marido caíra — ela ajudou desde o princípio.[17]

Temos provas diretas de que uma mulher assumiu o lugar do marido caído junto a um canhão, mas não em Monmouth. Em Fort Washington, em 16 de novembro de 1776, Margaret Corbin substituiu o marido John, que acabara de ser morto. A própria Margaret foi ferida por três balins de lanterneta durante a batalha e perdeu o uso de um braço para o resto da vida. Mais tarde, passou a fazer parte do "Regimento Inválido" de West Point e, em 6 de julho de 1779, o Supremo Conselho da Pensilvânia concedeu uma pensão vitalícia, "metade do soldo mensal recebido por um soldado", à mulher que fora "ferida e incapacitada no ataque a Fort Washington, onde heroicamente ocupou o posto do marido que morreu a seu lado guarnecendo uma peça de artilharia".[18] Embora isso esteja de acordo com partes da história de "Molly Pitcher", o local e a época estão errados e não há nada sobre matar a sede de soldados desidratados.

Isso é tudo o que existe no registro histórico, mas há dois outros fragmentos da história, aparentemente periféricos, que podem ter contribuído para o enredo. Uma das mulheres mais famosas do final do século XVIII foi Moll Dimond Pitcher, vidente que morava em Lynn, no estado de Massachusetts. Marinheiros e armadores vinham de longe para consultar Moll Pitcher antes de lançar-se ao mar. John Greenleaf Whittier publicou um poema sobre ela em 1832 e um melodrama popular intitulado *Moll Pitcher, ou a vidente de Lynn* foi encenado nos palcos de Boston, Nova York e Filadélfia de 1839 até a Guerra Civil.[19] É claro que esta Moll Pitcher nada tinha a ver com Mary Hays, Margaret Corbin ou a Batalha de Monmouth, mas o seu nome estava no ar, era muito familiar. Talvez o renome dessa profetisa, uma lenda por conta própria, tenha cumprido alguma função na evolução do folclore revolucionário. No final do século XIX, a heroína de Monmouth foi chamada com freqüência de "Moll Pitcher".[20]

Podemos também conjeturar um vínculo entre a história de Molly Pitcher e outra semelhante das Guerras Napoleônicas. Em 1808-9, quando o exército francês sitiava a cidade espanhola de Saragoça, uma moça chamada Augustina Domonech deu de beber aos soldados sedentos e de-

4 8

pois tomou o lugar de um artilheiro morto. Mais tarde, quando o seu marido ou amante foi morto, tomou-lhe o fuzil e assumiu seu posto na batalha. Em seguida, a "Donzela de Saragoça" tornou-se quase uma sensação; ao contrário de Mary Hays, não teve de esperar até depois da morte para receber os seus encômios. A semelhança entre a Donzela de Saragoça e a evolução final da história de Molly Pitcher pode não ser coincidência — quando a fama de Molly cresceu durante o século XIX, foi muitas vezes comparada à sua versão européia.[21]

Não sabemos nem jamais saberemos como esses fiapos de "provas" se fundiram em reminiscências populares para produzir "Molly Pitcher", mas podemos acompanhar a evolução da lenda em relatos escritos.

O enredo se consolidou antes do nome. Curiosamente, "Molly Pitcher" começou a sua vida lendária como "capitã Molly". Meio século depois da Batalha de Monmouth, George Washington Parke Custis, neto de Martha Washington pelo primeiro casamento dela, publicou as linhas gerais da história:

> Enquanto a capitã Molly servia água para refrescar os homens, seu marido recebeu um tiro na cabeça e caiu sem vida sob as rodas da peça. A heroína jogou longe o balde d'água e, gritando para o consorte morto: "Fica aí, meu querido, enquanto eu te vingo", agarrou o soquete que a mão sem vida do pobre homem acabara de soltar, socou a carga e gritou para os outros que preparassem e atirassem. Isso foi feito. Então, enfiando a lanada na boca fumegante do canhão, a heroína realizou com perfeição os deveres do mais experiente artilheiro, enquanto os tiros retumbantes dos soldados cruzavam a linha (...) e o fogo da bateria tornou-se mais vivo do que nunca. (...)
>
> Na manhã seguinte (...) Washington recebeu-a com toda a educação, deu-lhe uma peça de ouro e garantiu-lhe que os seus serviços não seriam esquecidos. Essa mulher notável e intrépida sobreviveu à Revolução, sem jamais deixar de lado nem por um instante o apelido que conquistara com tanta nobreza (...) a famosa capitã Molly da Batalha de Monmouth.[22]

Esse esboço grosseiro de conto histórico desvia-se da versão final de duas maneiras. Em primeiro lugar e mais visível, há a denominação de Molly. Em segundo lugar, Custis faz Molly levar um balde. Durante a batalha, é

MITOS SOBRE A FUNDAÇÃO DOS ESTADOS UNIDOS

claro que a água era transportada num balde e não num delicado jarro usado à mesa do jantar — mas anos depois, quando Molly adquiriu o sobrenome Pitcher, o balde teve de sumir.

Em 1850, Benson Lossing visitou Custis em sua casa em busca de histórias e artefatos para exibir em seu *Pictorial Field-Book of the Revolution* (*Diário pictórico da Revolução*), que estava para sair. Lá descobriu uma pintura intitulada O *campo de Monmouth,* que mostrava George Washington montado num cavalo e a capitã Molly socando a carga num canhão. O próprio Custis, claramente encantado com a história, pintara o quadro. Quando Lossing publicou o seu livro dois anos depois, incluiu uma gravura baseada na pintura de Custis, acompanhada do detalhamento da história da capitã Molly.[23]

Em outros pontos de sua viagem, enquanto seguia rumo às Hudson Highlands perto de West Point, Lossing conversou com três informantes que afirmaram ter conhecido ou visto uma mulher chamada capitã Molly.[24] Aqui, a lenda toca a realidade, pois houve mesmo uma mulher conhecida como "capitã Molly" que residiu nas Hudson Highlands pouco depois da Guerra Revolucionária. Segundo os registros oficiais do exército, entre 1785 e 1789 o governo forneceu à "capitã Molly" itens como um "saco de dormir" e uma "tenda comum velha". Ela era incapaz de cuidar de si mesma e o dinheiro para o seu sustento era pago diretamente a quem cuidava dela.[25]

Quem era essa "capitã Molly"? Com certeza não era Mary Hays McCauly, que morava a centenas de quilômetros de distância em Carlisle, na Pensilvânia. Mas poderia ser, e provavelmente era, Margaret Corbin, a heroína de Fort Washington. Corbin recebia uma pensão militar e também foi a única mulher do Regimento Inválido de West Point, desmobilizado em 1783. Encontramos a "capitã Molly", dois anos depois, nos registros militares, a apenas oito quilômetros de onde Corbin morava.

No entanto, Margaret Corbin não esteve presente em Monmouth; na verdade, já era debilitada na época dessa batalha. Mas as histórias mostraram-se mais móveis que as mulheres específicas envolvidas. A lendária capitã Molly moveu-se livremente de um campo de batalha a outro, empurrada pela fragilidade da memória ou pelos caprichos da imaginação. Sabemos com certeza que Margaret Corbin tomou o lugar do marido caído em Fort Washington. Com o tempo, esse indiscutível ato de heroísmo atribuído à capitã Molly, das Hudson Highlands, foi transposto para Monmouth e ligado a uma das mulheres que levavam baldes de água no calor. A história também fez uma visitinha a outros campos de batalha. Depois da guerra, uma carta do Departamento do Comissariado ambientou as façanhas de Corbin em Brandywine.[26] Um dos informantes de Lossing colocou a "capitã Molly", que conhecera nas Hudson Highlands, não só em Monmouth como também em Fort Clinton, onde supostamente disparou o último canhão antes da retirada americana.[27]

Talvez mais de uma mulher tenha tomado o lugar do marido ou do amante durante a batalha. Muito provavelmente, várias mulheres participaram das guarnições dos canhões.[28] Com certeza, muitas mulheres levaram água e tudo o mais que era necessário à logística da guerra. Em meados do século XIX, todas essas façanhas foram atribuídas a uma só mulher: capitã Molly.

A capitã Molly "real", entretanto, não era uma boa candidata a heroína. Segundo um dos informantes de Lossing, era também conhecida como "Dirty Kate" ("Kate Suja") (ver nota 24, página 310) e "teve morte terrível devido aos efeitos da doença sifilítica".[29] Em 1850, quando Elizabeth Ellet procurou mulheres para incluir na saga da Guerra Revolucionária, deixou de incluir capitã Molly, uma pobre enferma. Suas histórias encheram três volumes; mas é espantoso que a história que logo os apequenaria estava ausente.[30] Até George Bancroft, em sua obra capital em vários volumes sobre a história da Revolução, nada disse sobre a capitã Molly, heroína de Fort Washington e suposta heroína de Monmouth, Fort Clinton e Brandywine. Embora louvada no folclore, a capitã Molly precisava de uma *persona* mais atraente antes de ser entronizada como principal mulher guerreira da Guerra Revolucionária.

A HISTÓRIA APRIMORADA

A nova imagem de Molly veio na forma de um nome. As primeiras citações registradas de "Molly Pitcher" são atribuídas a artistas plásticos, não a escritores. Nathaniel Currier, se não foi o primeiro a usar o nome, esteve

MITOS SOBRE A FUNDAÇÃO DOS ESTADOS UNIDOS

com certeza na frente de batalha. Em 1848, setenta anos depois da batalha, chamou uma tela de *Molly Pitcher, a heroína de Monmouth*. Na década de 1850, Dennis Malone Carter seguiu-lhe o exemplo com duas
pinturas, uma de Molly ao lado de um canhão e a outra de Molly sendo
apresentada a Washington. Em 1860, as reproduções de gravuras começaram a trazer a legenda "Molly Pitcher" em vez de "capitã Molly".[31]

Na década de 1860, vários relatos por escrito da Guerra Revolucionária incluíam descrições dos atos heróicos de Molly Pitcher em Monmouth
usando a trama básica de Custis, mas mudando o nome da protagonista. A
edição revista de 1862 do *Military Journal of the American Revolution*
(*Diário militar da Revolução Americana*), do dr. James Thacher, publicado
pela primeira vez décadas antes, continha material novo — o caso de Molly
Pitcher —, ainda que o próprio Thacher tivesse morrido em 1844.

A mudança de nome fez maravilhas. Molly não era mais uma pobre e
vulgar vivandeira, mas uma mulher respeitável a serviço dos homens. Tro-
cara seu pesado balde por um recipiente mais delicado, de acordo com o
seu novo sobrenome. Definida por um canhão e um jarro de água, Molly
agora apresentava uma mistura perfeita de atributos masculinos e femininos. O fato de tal criatura ser encontrada no meio de um campo de batalha revolucionário foi causa de espanto e louvor.

A lenda era quase perfeita, a não ser por um elemento: uma heroína
de verdade, uma pessoa que já tivesse vivido e respirado. Quando Molly
Pitcher tomou vida na mente dos seus muitos fãs, exigiu ser reificada. As
pessoas começaram a se perguntar: afinal de contas, quem *era* Molly
Pitcher?

Pouco antes da comemoração do centenário da independência americana em 1876, na cidade de Carlisle, um antigo morador chamado Wesley
Miles deu uma resposta. Lembrava-se de que, 44 anos antes, comparece-
ra ao funeral de uma mulher do local, que segundo ele fora enterrada com
honras militares. Escreveu ao jornal local: "Leitor, o assunto desta remi-
niscência é o protótipo da 'Donzela de Saragoça'. A heroína de Monmouth,
Molly Pitcher".[32]

Foi o que bastou. Os patrocinadores da cidade imediatamente reivin-
dicaram como seu o personagem lendário. Depois que Miles identificou

52

o túmulo sem nome, os moradores de Carlisle contribuíram com cem dólares para colocar uma nova lápide sobre os ossos de sua heroína esquecida:

MOLLY MCCAULEY
FAMOSA NA HISTÓRIA COMO
"MOLLY PITCHER"
A HEROÍNA DE MONMOUTH
MORREU EM 22 DE JANEIRO DE 1833
AOS 79 ANOS[33]

Anos depois, alguém ressaltou que a data da morte na lápide estava um ano errada. E se o lugar do túmulo indicado por Wesley Miles também estivesse errado? Em 1892, só para ter certeza, os preocupados cidadãos de Carlisle abriram o túmulo e encontraram o esqueleto de uma mulher adulta; enterraram-no de volta com todo o cuidado, certos de que aqueles ossos já tinham carregado um canhão em Monmouth.[34]

Depois que Carlisle descobriu e declarou a verdadeira identidade de Molly Pitcher, moradores idosos começaram a se apresentar com histórias que nunca tinham contado. Uma ex-vizinha, ainda menina quando Mary Hays McCauly já era idosa, lembrou-se de que ela dizia: "Vocês, meninas, deviam ter estado comigo na Batalha de Monmouth para aprender como se dispara um canhão." Outra se lembrou de repente que conhecera Mary em 1826, quando "era chamada de 'Molly Pitcher'".[35] (Na verdade, isso aconteceu durante o reinado da "capitã Molly", duas décadas antes do primeiro uso registrado de "Molly Pitcher".) Num livro publicado em 1905 pelos Patriotic Sons of America, o historiador local John B. Landis usou essas novas recordações para confirmar que a teoria de Carlisle sobre Molly Pitcher era "real". "Molly Pitcher não foi uma heroína imaginária", escreveu Landis, "mas uma moça de verdade, robusta, uma mulher forte, firme, corajosa".[36] Hoje em dia, se alguém de repente aparecer com novas recordações das façanhas dos soldados durante a Guerra Hispano-Americana de 1898, a veracidade de suas histórias será questionada; mas na época pouca gente pareceu se importar

MITOS SOBRE A FUNDAÇÃO DOS ESTADOS UNIDOS

com o fato de que mais de um século se passara entre a façanha e a recordação. Em 1911, quando o prestigiado *Journal of American History*
publicou os achados de Landis, a conexão McCauly/Molly Pitcher foi
ungida com um selo de aprovação quase oficial.[37]

Com a sua identidade revelada e confirmada, Molly Pitcher começou
a acumular artefatos físicos. Em 1903, uma tataraneta de Mary Hays
McCauly ofereceu um generoso presente à sociedade histórica local: "o
jarro de Molly Pitcher", uma peça ornamentada com pagodes orientais,
algum tipo de fortificação e personagens flutuando no ar.[38] Em 1905, os
Patriotic Sons of America colocaram um mastro de bandeira e um canhão
no túmulo de Molly; o canhão, comprado num arsenal de Watertown,
em Massachusetts, foi supostamente usado em Monmouth.[39] Enquanto
isso, em Monmouth, os fãs da história construíram dois marcos indicado-
res do "Poço de Mollie Pitcher" de cada lado da fonte de água que ela
supostamente usou para encher o seu jarro. (Anos depois, o historiador
mais famoso de Monmouth, William Stryker, revelou que o poço marcado fora cavado cinqüenta anos depois da batalha.[40])

Em meio a toda a fanfarra, um homem não comprou a idéia. Jeremiah
Zeamer, ele mesmo morador de Carlisle, não achava adequado homenagear uma mulher que fora descrita como vulgar e profana enquanto muitos
"heróis revolucionários que levaram vidas úteis e respeitadas" continuavam obscuros. "Molly McCauley não é um personagem histórico ou moral
digno de inspirar a emulação das jovens americanas", argumentou. Usando uma pesquisa genealógica cuidadosa, foi em frente e achou "furos" na
equação Molly Pitcher = Mary Hays McCauly.[41]

Mas o público não deu atenção aos protestos de Jeremiah Zeamer. Em
vez de descartar a lenda, os que acreditavam em sua heroína local preferiram mudar sua imagem. Assim como a vulgar capitã Molly fora transformada na mais distinta Molly Pitcher, Mary Hays McCauly adotou uma
persona mais bondosa. O novo monumento instalado em 1916 no seu
túmulo referia-se a ela como "enfermeira do exército", famosa por "seus
muitos atos de gentileza". Anos depois, um artigo de jornal descreveu a
"Heroína Revolucionária Número Um da Pensilvânia" como uma pessoa
"alegre".[42] Não mais uma velha beberrona e de boca suja com pêlos no

MOLLY PITCHER

nariz; Mary agora estava em condições de tornar-se uma heroína respeitável, um modelo adequado para mocinhas impressionáveis.

Estimulada pela espetacular ascensão da sua compatriota de Carlisle à fama, Margaret Corbin — a "verdadeira" capitã Molly — teve um certo renascimento. Em 16 de março de 1926, sob as instâncias das Daughters of the American Revolution, seus ossos voltaram a ver a luz do dia. ("Algumas fibras apodrecidas de madeira e vários pregos enferrujados feitos à mão eram os únicos vestígios do caixão", escreveu uma testemunha da exumação. "Os ossos do esqueleto estavam completos, com exceção dos ossículos dos pés e dos ossos da mão direita, que tinham se desintegrado.") Vinte minutos depois, os restos mortais de Margaret Corbin foram colocados de volta debaixo da terra no cemitério da Academia Militar dos Estados Unidos, em West Point, a poucos quilômetros do lugar original do seu túmulo. Uma placa identificava-a definitivamente como "Capitã Molly".[43]

E assim foi. Em 1926, tanto a capitã Molly quanto Molly Pitcher tinham sido identificadas, adequadamente ressepultadas e homenageadas com os devidos monumentos. Suas lendas estavam seladas em pedra. Um caso, contudo, superou o outro. Embora a "verdadeira" capitã Molly tivesse substituído o marido em Fort Washington, esse feito heróico não era suficiente. Era preciso o canhão e o jarro juntos para garantir o título de "Heroína Revolucionária Número Um".

Depois que John Landis e a cidade de Carlisle fizeram de Molly Pitcher um personagem seu, a sua história apegou-se com firmeza a uma mulher morta e real.[44] O *Dictionary of American Biography (DAB)*, de 1948, tinha um verbete sobre Mary Ludwig Hays McCauley, "mais conhecida como Molly Pitcher".[45] O recentemente atualizado *American National Biography*, que substituiu o antigo *DAB*, levou adiante o processo de reificação ao incluir um verbete sobre "PITCHER, Molly (13 out. 1754?-22 jan. 1832)". John K. Alexander, o autor, trata "Molly Pitcher" como verdadeira moradora de Carlisle, na Pensilvânia, com datas de nascimento e morte. Os detalhes de sua vida, admite ele, continuam incertos — "somente o seu primeiro nome real, Mary, é aceito como definitivo" — mas, como os outros verbetes que enchem os 24 volumes

5 5

desta reverenciada obra de referência presente nas prateleiras da maioria das bibliotecas respeitáveis, "PITCHER, Molly" é considerada uma pessoa real.[46]

Hoje em dia, Molly Pitcher é tão louvada quanto no final do século XIX. Na época em que este livro foi escrito, uma busca no Google, pela internet, trazia 16.300 sites sobre ela — e este número vem aumentando rapidamente. Os estudantes que quiserem redigir trabalhos sobre heroínas revolucionárias podem encontrar um tesouro de informações na internet, inclusive reproduções digitalizadas de quadros sobre Molly Pitcher e o poema gravado em sua lápide em Carlisle:

> No campo de Monmouth, de sangue e agonia,
> Com água refrescante e palavras de alegria
> Passou uma mulher que medo não sentia,
> A mulher de Hays, o artilheiro. (...)[47]

Muitos desses jovens acadêmicos empreendedores, seguindo uma tradição folclórica adequada aos nossos tempos, põem na internet as suas próprias minibiografias de Molly Pitcher. Também de acordo com os hábitos modernos, Molly agora empresta o nome àqueles que esperam manter viva a nossa economia: mollypitcher.com promete ligar os consumidores a tudo o que possam precisar nos ramos de hipotecas residenciais, jogos, busca de empregos, cruzeiros, seguros de vida, golfe, tratamento de pele, celulares, bichinhos de estimação, encontros e divórcio.

O RETORNO DA CAPITÃ MOLLY

Ainda que a sua lenda seja falsa, Molly Pitcher colocou as "vivandeiras" na narrativa principal da Guerra Revolucionária. Mas essas mulheres — havia milhares delas — entram na história com desculpas esfarrapadas. Na verdade, eram mais como a histórica capitã Molly das Hudson Highlands do que como a imaginária Molly Pitcher. Eram pobres e "vulgares", como se dizia na época. Como Mary Hays, Margaret Corbin e os próprios soldados, muitas bebiam e praguejavam. Faziam parte da vida da tropa, não estavam acima dela. Como já se disse, levavam água não em delicados jarros, mas em pesados baldes de madeira — e levavam todas as outras coisas também. Cuidavam de todos os aspectos da logística da guerra, tanto dentro quanto fora do campo de batalha. Cozinhavam e lavavam, mas também carregavam e disparavam canhões, quer os seus maridos tivessem morrido ou não. Basta perguntar a Joseph Plumb Martin, que não demonstrou surpresa com o fato de uma mulher guarnecer a artilharia.

Ao contrário da famosa Molly Pitcher, essas mulheres nunca foram homenageadas por Washington pelos seus feitos. Bem ao contrário. A partir de 4 de julho de 1777, primeiro aniversário da Declaração de Independência, Washington deu ordens para que as mulheres que acompanhavam o Exército Continental não viajassem nas carroças. Repetiu várias vezes essas ordens: as mulheres deveriam andar, não cavalgar, e ficar na retaguarda com a bagagem. Para um general que tentava montar um exército respeitável, as vivandeiras seriam no máximo toleradas — e quanto menos melhor, pelo menos no que dizia respeito ao comandante-em-chefe. "O grande número de mulheres", escreveu ele em 1777, "é um empecilho a todos os movimentos. (...) Os oficiais que comandam brigadas e corpos [deveriam] usar todos os métodos sensatos ao seu alcance para livrar-se de todas que não sejam absolutamente necessárias."[48]

Os soldados rasos, por outro lado, apreciavam as mulheres entre eles. Contrariando as ordens do general, deixaram as mulheres viajarem nas carroças até o fim da guerra. A única "recompensa" concedida às vivandeiras foi o respeito dos colegas homens. Depois da guerra, eles mantiveram viva a lembrança da "capitã Molly". Quando contavam as velhas histórias, recordavam as suas próprias "capitãs Molly", aquelas vivandeiras corajosas que enfrentaram o calor da ação em Fort Washington, Fort Clinton, Brandywine, Monmouth e outros campos de batalha históricos. Décadas mais tarde, quando essas histórias se cristalizaram numa só e foram publicadas, os veteranos ainda vivos declararam com orgulho: "Sim, deve ter sido ela. Eu vi essa mulher. Eu mesmo conheci a heroína".[49]

Embora a capitã Molly tenha lugar legítimo na história do nascimento do nosso país, Molly Pitcher não tem. Essa heroína inventada não pas-

MITOS SOBRE A FUNDAÇÃO DOS ESTADOS UNIDOS

sa de uma fantasia masculina: uma mulher que serve aos homens mas também pode lutar com toda a firmeza. Ela não representa devidamente a presença feminina na Guerra Revolucionária. O problema é que ninguém pode representá-la. A contribuição das mulheres, por mais real e importante que seja, não pode revelar-se facilmente com histórias heróicas e marciais, pois foi marcada pelo trabalho duro, não por atos teatrais.

Preferimos imaginar coisa diferente. Hoje, alguns americanos gostariam de demonstrar que as mulheres podem ser tão guerreiras como os homens. Outros preferem enfatizar uma imagem mais tradicional do serviço feminino. Molly Pitcher agrada aos dois lados, e assim continuamos a contar a sua história, muito embora ela não tenha existido e apesar de a sua fábula inventada mascarar o trabalho duro de centenas de milhares de mulheres *de verdade* que labutaram durante oito anos enquanto a nossa nação lutava pela independência.

CAPÍTULO 3 O homem que fez uma revolução:
Sam Adams

No famoso livro de A. J. Langguth *Patriots: The Men Who Started the American Revolution* (*Patriotas: os homens que iniciaram a Revolução Americana*), um patriota se destaca do resto. Samuel Adams é o instigador de todos os acontecimentos revolucionários de Boston, enquanto todos os outros patriotas são apenas seus "recrutas", suas "legiões", o seu "rol", o seu "bando".[1] Em *Liberty!*, livro que acompanha a série de 1997 da rede de TV PBS sobre a Revolução Americana, Thomas Fleming afirma, orgulhoso: "Sem Sam Adams, de Boston, jamais haveria uma Revolução Americana".[2] O autor de livros infantis Dennis Fradin declara o seu ponto de vista com ênfase ainda maior: "Durante a década anterior ao início da guerra, Samuel Adams foi basicamente a revolução de um homem só".[3]

Samuel Adams não foi sempre o herói que hoje fazemos dele. "Se a Revolução Americana foi uma bênção e não uma maldição", escreveu John Adams, primo de Samuel, em 1819, "o nome e o caráter de Samuel Adams deveriam ser preservados. Houve uma campanha sistemática durante trinta anos para desmoralizá-lo."[4] Desde a época revolucionária até meados do século XIX, o ídolo mais louvado de Boston não foi Samuel Adams, mas o seu colega e amigo íntimo dr. Joseph Warren, o primeiro mártir da nação. O quadro de 1786 de John Trumbull, conhecido hoje em dia como *A batalha de Bunker Hill*, intitulava-se na verdade *A morte do general Warren na batalha de Bunker's Hill*. Hoje raramente se louva o eminente dr. Warren, enquanto nos orgulhamos bastante do nosso mais famoso criador de problemas, o endiabrado sr. Adams. Uma biografia moderna intitula-se afetuosamente *A revolução de Samuel Adams, 1765-1776: com a ajuda de George Washington, Thomas Jefferson, Benjamin Franklin, John Adams, Jorge III e o povo de Boston.*

Por que a mudança? Logo depois da guerra pela independência, os americanos sentiam vergonha de qualquer nuança de radicalismo e, assim, não falavam com bons modos de ativistas políticos famosos. Mas, com o passar do tempo, os radicais, como os gângsteres, podem se transformar em heróis. Os americanos de hoje, bem estabelecidos e em segurança, não têm por que se sentir ameaçados por histórias de atividades ilegais e esquisitas como a destruição de carregamentos de chá. Na verdade, as histórias sobre a juventude transviada da nossa nação nos excitam. A Festa do Chá de Boston provoca sorrisos esclarecidos e Sam Adams, o nosso *bad boy* revolucionário e agitador popular favorito, inspira sentimentos carinhosos.

Ironicamente, esse criador de problemas dá à Revolução Americana objetivo e propósito. Há dois componentes fundamentais em sua história mítica: ele defendeu a independência muitos anos antes de qualquer outra pessoa ousar alimentar a idéia e levou o povo de Boston a um frenesi para atingir seu objetivo. Esses dois componentes não são acidentais na forma como contamos a Revolução Americana; o nosso ponto de vista sobre a concepção do nosso país baseia-se muito neles. Como Adams, supostamente, teve a capacidade de prever e imaginar a independência, somos capazes de ver as ações tumultuadas da multidão na Boston pré-revolucionária como acontecimentos interligados e coerentes que apontam para o rompimento final com a Inglaterra. Sem esse elemento de intenção pessoal, a rebelião seria uma confusão vazia e sem sentido, puramente reativa, sem nenhuma idéia de missão. Sem um autor, o roteiro fica frágil; sem um diretor, a multidão fica incontrolável; mas Sam Adams, artífice da independência, mantém a Revolução na linha. Escreveu o roteiro, dirigiu o elenco e montou um espetáculo de mestre.

A beleza da história é que Adams não era nenhum autocrata superior e distante do povo que dirigia. Era um a mais na multidão — um de nós. Talvez seja por isso que gostamos de chamar Samuel de "Sam", embora nenhum dos seus contemporâneos o fizesse. (Neste livro, "Sam" denota a lenda, "Samuel", a pessoa histórica.) Ao contrário de muitos patriarcas revolucionários, sentia-se supostamente à vontade nas ruas, misturando-se ao povo, brindando nas tabernas. É bem apropriado que hoje o seu rosto não enfeite nenhuma moeda ou nota, mas sim uma marca de cerveja.

Sam Adams, que ao mesmo tempo representa e controla a multidão, nos permite louvar "o povo". Ou assim parece. Na verdade, embora pareça louvar o povo, a história de Sam Adams não o leva a sério. É por isso que a história foi inventada pelos *tories* adversários de Adams, que tiraram "o povo" do roteiro e colocaram Adams, vilão único e diabólico, como responsável por toda a agitação popular. Para entender as conseqüências danosas da história de Sam Adams e ver como ela distorce o que realmente aconteceu na Boston revolucionária, temos de examinar a sua gênese.

A FÁBULA DOS *TORIES*

Por não querer legitimar nenhuma forma de protesto, os conservadores das décadas de 1760 e 1770 sustentavam que todos os problemas de Boston eram maquinações de um só indivíduo. Nas palavras de Peter Oliver, juiz supremo nomeado pela Coroa e mais tarde exilado, o próprio povo "era como a mobilidade de todos os Países, máquinas perfeitas, postas a funcionar por qualquer mão que primeiro empunhe a alavanca". Incapaz de pensar e de agir por conta própria, precisava de um diretor que pudesse "fabricar a estrutura da rebelião a partir de uma só palha".[5]

Segundo essa visão mecanicista, um homem liderava e o resto todo seguia. A princípio, esse mestre da manipulação não foi Samuel Adams, mas sim James Otis Jr. Segundo Oliver, Otis, mentalmente perturbado, jurara em 1761 "que, se seu pai não fosse nomeado juiz do Supremo Tribunal, poria a província em chamas". Isso ele passou a fazer, usando a ralé turbulenta mas flexível de Boston para travar a sua batalha.[6] Thomas Hutchinson, que foi nomeado em vez de James Otis pai, contou história semelhante, embora de forma menos bombástica que Oliver.[7]

Quando a insanidade de Otis o tornou pouco eficiente, o papel de titereiro foi supostamente assumido por Samuel Adams, também motivado pela lealdade familiar: há muitos anos seu pai fora fraudado no esquema progressivo de aquisição de terras do Land Bank e Samuel jurara buscar justiça depondo o regime que dera fim aos sonhos do pai. Bem cedo, segundo Oliver e Hutchinson, Adams decidiu promover uma revolução que

MITOS SOBRE A FUNDAÇÃO DOS ESTADOS UNIDOS

levaria à independência. Os distúrbios ligados à Lei do Selo de 1765, a revolta do *Liberty* em 1768, a resistência aos soldados da ocupação, o Massacre de Boston de 1770, a Festa do Chá de 1773 e várias manifestações menos conhecidas foram todas orquestradas por Samuel Adams, o mestre-estrategista revolucionário.

"O seu poder sobre mentes fracas era verdadeiramente de surpreender", escreveu Oliver. Algumas "mentes fracas" manipuladas por Adams pertenciam a bostonianos da classe baixa:

> Ele entendia a natureza humana, na vida humilde, tão bem que podia virar a mente do grande vulgo tão bem quanto a do pequeno vulgo para qualquer rumo que viesse a escolher (...) & nunca deixou de empregar os seus talentos para os mais vis propósitos.

Mas, entre os títeres cujas cordas puxava, também estavam os patriotas mais ilustres de Boston, gente como John Hancock:

> O sr. Hancock (...) era tão intimamente apegado à parte mais traseira do sr. Adams quanto o chocalho está preso ao rabo da cascavel. (...) Sua mente era uma mera tábula rasa, & tivesse ele conhecido um bom artista teria nela estampado um caráter tal que faria dele um membro muito útil da Sociedade. Mas o sr. Adams, incansável em seus esforços para perturbar a paz da sociedade & que sempre se dispunha a procurar quem pudesse devorar, tomou-o por sua presa & estampou-lhe tais lições em sua mente que até agora ainda não foram apagadas.[8]

Ao atribuir todos os eventos revoltosos primeiro a Otis e depois a Adams, *tories* mal-humorados como Oliver e Hutchinson ostentavam a clássica negação do protesto social comum aos conservadores: o povo, se deixado por sua própria conta, jamais se rebelará sozinho. Sem adestradores, organizadores, agitadores, criadores de problemas ou ativistas vindos de fora, o *status quo* não será questionado, porque nada está basicamente errado. Todos os protestos e rebeliões podem ser desdenhados; nunca é preciso levar a sério exigências e queixas.

64

É fácil ver por que os adversários *tories* puseram Samuel Adams no papel principal. Adams era um político maravilhoso em todos os aspectos, tão à vontade nas câmaras políticas quanto na orla marítima de Boston. Escritor talentoso, demonstrou o seu domínio da arte da polêmica política num fluxo constante de artigos publicados nos jornais locais. Também sabia negociar e manipular nos bastidores. Como membro respeitado do grupo de líderes parlamentares de Boston, exercia influência considerável sobre a nomeação para cargos locais e sobre o rumo das assembléias da cidade; como funcionário da Câmara de Representantes de Massachusetts, figurava com destaque na resistência constante daquele órgão aos ditames dos governadores nomeados pela Coroa. Era, em suma, um defensor eficientíssimo do "partido popular" e isso provocava muita exasperação em seus adversários do "partido da Corte". Nas palavras de um bostoniano da época, John Andrews: "A maior vontade e desejo do elevado partido do governo é tirar Samuel Adams do caminho quando acham que podem realizar todos os seus planos".[9]

Para "tirar Adams do caminho", os seus adversários acusaram-no de traição. Em 25 de janeiro de 1769, um informante *tory* chamado Richard Sylvester jurou num depoimento oficial que sete meses antes, no dia seguinte ao protesto de uma grande multidão contra a tomada do navio *Liberty*, de John Hancock, ouvira Adams dizer a um grupo de sete homens na rua: "Se são homens, comportem-se como homens. Vamos pegar em armas imediatamente e nos libertar e prender todas as autoridades do rei". Mais tarde, Sylvester afirmou que Adams dissera, numa de suas muitas visitas à sua casa: "Destruiremos todos os soldados que ousarem pôr os pés em terra. Sua Majestade não tem o direito de mandar soldados aqui para invadir o país. Vejo-os como inimigos estrangeiros".[10]

As alegações inventadas por Sylvester foram enviadas a Londres, mas os indícios pareciam questionáveis e a acusação de traição não foi aceita.[11] O depoimento de Sylvester foi então arquivado; muitos anos depois, em meados do século XIX, o importante historiador George Bancroft encontrou o depoimento, aceitou-o como fato e repetiu-o palavra por palavra, sem ressalvas: "[Adams] raciocinou que bastaria destruir todos os soldados cujos pés tocassem a terra. 'O rei', diria ele, 'não tem o direito de mandar soldados aqui para invadir o país; se vierem, virão como inimigos estrangeiros'."[12] Desde então, os historiadores aceitaram Bancroft sem questionamento, assim como Bancroft aceitou Sylvester. Hoje em dia, essa acusação desacreditada continua a ser a "documentação" básica de que Adams era um revolucionário apocalíptico, "líder" da "multidão", incitando desordens em toda oportunidade que se apresentasse.

A REVOLUÇÃO DE SAM ADAMS

Com base nas palavras dos *tories* seus inimigos, concedemos a Samuel Adams poderes super-humanos. Esse único homem, dizemos, pôs Boston em chamas — mas o registro histórico conta uma história diferente. Analisemos as várias histórias sobre Sam Adams que surgiram ao longo dos anos.

Distúrbios da Lei do Selo: a "Gangue da Beira-Mar de Adams"

Em 1765, a massa da população de Boston se reuniu em duas ocasiões diferentes para protestar contra o novo Imposto do Selo. Em 14 de agosto, uma multidão de cerca de 3 mil colonos queimou uma efígie de Andrew Oliver, o coletor de impostos, e destruiu seu escritório. Doze noites depois, uma multidão mais violenta demoliu a casa do rico funcionário *tory* Thomas Hutchinson. Seguindo pelo caminho de Hutchinson e de outros *tories* da época, os escritores modernos atribuem essas ações da população à "gangue da beira-mar de Adams". Segundo William Hallahan em *The Day the American Revolution Began* (*O dia em que começou a Revolução Americana*), Sam Adams "vingou-se de Hutchinson por ter humilhado o seu pai".[13]

Na verdade, Adams não teve nada a ver com nenhum dos eventos. Aprovara a manifestação de 14 de agosto depois de acontecida, mas não a organizou — isso foi obra dos Loyal Nine, os Nove Leais, grupo de ativistas de Boston ao qual Adams não pertencia. Ficou horrorizado com o distúrbio de 26 de agosto por causa de sua "natureza verdadeiramente *turbulenta* e agiu com rapidez "para auxiliar ao máximo o magistrado a impedir ou suprimir qualquer nova desordem".[14]

O *Massacre de Boston: "Uma multidão inspirada por Adams"*

Em *Red Dawn at Lexington* (*Aurora vermelha em Lexington*), o escritor Louis Birnbaum afirma que o confronto que resultou no Massacre de Boston foi obra de "uma multidão inspirada por Adams" — mas não há nada no registro histórico que indique que Adams teve alguma coisa a ver com os marinheiros, trabalhadores e aprendizes que jogaram bolas de neve nos soldados britânicos e os insultaram até que atirassem.[15]

Adams realmente se envolveu no período posterior ao massacre. A assembléia da cidade de Boston exigiu que as autoridades reais removessem dois regimentos da cidade para uma ilha no porto de Boston e indicou Adams para ser um dos seus porta-vozes. Quando o comandante militar ofereceu-se para remover um regimento, Adams respondeu: "Se ele podia remover o 29º regimento, podia remover o 14º também, e seria por sua própria conta e risco que se recusaria". Segundo Thomas Hutchinson, governador interino na época, Adams disse que, se os soldados não fossem removidos, "a raiva do povo vai fugir ao controle" — não só contra os soldados, mas contra Hutchinson "em particular".[16] Mais tarde, escritores e historiadores usaram esse incidente da forma relatada por Hutchinson para provar os imensos poderes de Samuel Adams, pois os soldados de fato partiram. Na verdade, como o próprio Adams seria o primeiro a observar, Hutchinson cedeu não devido às palavras de um só homem, mas porque temia "a raiva do povo" que aguardava a sua reação.

A Festa do Chá de Boston: "O sinal"

Em 16 de dezembro de 1773, quando havia três navios carregados de chá atracados no porto, vários milhares de patriotas irritados se reuniram na Old South Meeting House para decidir o que fazer. De repente, Sam Adams subiu num banco (ou assim diz a versão mítica) e anunciou à multidão: "Esta assembléia nada mais pode fazer para salvar o país". Todos sabiam o que ele queria dizer: era o sinal para começar a "Festa do Chá". "Um pandemônio instantâneo explodiu entre hurras, gritos e clamores de guerra", declara uma narrativa recente. "A multidão saiu da Old South Meeting [House] e seguiu para o Cais de Griffin."[17]

Essa história, hoje incluída em praticamente todas as narrativas da Festa do Chá de Boston (inclusive no meu *People's History of the American Revolution*), foi criada 92 anos mais tarde para promover a imagem do todo-poderoso Sam Adams que controlava com firmeza a multidão de Boston. Segundo o relato testemunhal mais completo, Adams realmente afirmou "que conseguia pensar em mais nada a fazer", mas isso não foi nenhum "sinal", pois a hora estava errada. Foi só dez ou quinze minutos mais tarde que gritos indígenas provocaram o êxodo em massa da assembléia e nesse momento Adams e outros tentaram conter a maré, acalmar a multidão e continuar a assembléia.[18] George Bancroft, que escreveu em 1854, tomou a informação dessa fonte e abreviou o tempo decorrido, sugerindo assim um elemento de causalidade; ao afirmar que o "clamor de guerra" se seguiu imediatamente, insinuou que Adams dera algum tipo de sinal.[19] Em 1865, William V. Wells, primeiro biógrafo de Adams, aceitou a insinuação de Bancroft e criou o que a partir daí seria aceito como dogma: a declaração de Adams fora "o sinal para a Festa do Chá de Boston", afirmou peremptoriamente. "No mesmo instante, ouviu-se um grito na porta da igreja daqueles que vinham esperando atentamente pela voz de Adams. O clamor de guerra ressoou. Quarenta ou cinqüenta homens disfarçados de índios (...)"[20] Esta é a história final de Sam Adams: o povo de Boston fora treinado para seguir uma mensagem secreta e codificada dada pelo seu senhor.

Lexington: "Oh! Que manhã gloriosa!"

Em Lexington, 19 de abril de 1775, Samuel Adams e John Hancock, enquanto fugiam dos soldados britânicos, ouviram a primeira rajada de fogo. Como um menino ansioso por uma briga, Sam supostamente virou-se para John e exclamou: "'Oh! Que manhã gloriosa esta!', na crença de que acabaria libertando a colônia de toda sujeição à Grã-Bretanha".[21] Hoje, essas palavras se repetem no escudo oficial da cidade de Lexington: "WHAT A GLORIOUS MORNING FOR AMERICA" (que manhã gloriosa para a América), entre aspas.

Essa história vem de William Gordon, que, em 1788, publicou uma história da Revolução Americana em quatro volumes. Como Gordon foi contemporâneo dos fatos, os historiadores supuseram, desde então, que fosse uma fonte digna de crédito.[22] Não era. Como Gordon poderia ter sido informado dessa conversa particular? Na verdade, como qualquer um poderia vir a saber dela? Hancock não escreveu nada sobre isso nem, é claro, Adams. Não está nos relatos em primeira mão de Paul Revere sobre a fuga de Adams e Hancock de Lexington.[23] O próprio Gordon não incluiu a história numa descrição detalhada do início das hostilidades em Lexington, escrita somente um mês depois do fato e baseada em entrevistas pessoais com informantes cujas lembranças ainda estavam frescas; em vez disso, acrescentou o incidente 13 anos mais tarde, bem depois de o fato ter ocorrido.[24]

O mais provável é que Gordon tenha recolhido essa história sobre Sam Adams do folclore local — e os primeiros a imaginá-la foram provavelmente os *tories*, que tinham o interesse velado de desacreditar o homem que achavam ser seu maior inimigo. Imaginem o horror daquele momento: armas disparando, homens e rapazes correndo, oito milicianos mortos. Imaginem então a grande tristeza, o luto, dos habitantes de Lexington que testemunharam a cena, amigos e parentes dos falecidos. Foi nesse contexto que, supostamente, Samuel Adams se alegrou. Na época, qualquer insinuação de que Adams comemorara o massacre dos seus conterrâneos só poderia vir de seus dedicados inimigos, aqueles que diriam qualquer coisa para acabar com ele. A história que hoje comemoramos seria considerada desrespeitosa e o próprio Adams cairia em desgraça. Só depois que o luto passou, depois que as recordações fizeram os seus truques com os acontecimentos, é que uma história dessas, inventada por seus inimigos, passaria a ter um matiz patriótico.[25]

O artífice da independência

Alguns dizem 1765, outros, 1768, mas todas as versões populares da história de Sam Adams afirmam categoricamente que ele defendia a independência vários anos antes que fosse declarada em 1776 e muito antes que qualquer outro patriota alimentasse a idéia.[26] Supõe-se que

MITOS SOBRE A FUNDAÇÃO DOS ESTADOS UNIDOS

tenha sido isso o que fez dele um líder tão eficaz — tinha um ponto de vista e apegou-se a ele. Também é por isso que o promovemos a nosso herói — ele dá força e sentido à saga que termina com o nascimento de uma nova nação.

No entanto, segundo seus próprios textos, Samuel Adams só passou a defender a independência no inverno de 1775-6, na mesma época em que muitos outros começaram a adotar a idéia. Seguindo a historiadora Pauline Maier, podemos acompanhar o registro documental de Adams sobre a questão da independência:[27]

- Em 1765, Adams afirmou que os colonos eram e sempre tinham sido "bons súditos", que "adotavam todos eles os direitos & leis do Estado metropolitano"; gabou-se de que jamais tinham feito nenhuma "reivindicação de independência", apesar do seu isolamento geográfico.[28] Naquela época, não havia razão para que Adams e seus colegas colonos sequer pensassem em abandonar o país que consideravam como o mais livre do mundo.
- Em 1768, quando soldados britânicos começaram a ocupar Boston, Adams escreveu vigorosamente que os colonos deveriam ter "restaurados os direitos, privilégios e imunidades de *súditos livres*".[29] Os problemas de Boston, afirmou, eram causados "pelas insinuações vis de homens cruéis na América", não por alguma irregularidade estrutural da Constituição britânica.[30]
- Em 1771, Adams afirmou: "Segundo o nosso pacto com o nosso rei, no qual está contida a regra do seu governo e a medida da nossa submissão, temos todas as liberdades e imunidades dos ingleses. (...) É nosso dever, portanto, lutar por elas, sempre que houver tentativas de violá-las."[31]
- Em 1773, Adams ainda se agarrava à idéia de que os problemas com o governo britânico brotavam de "alguns homens nascidos & educados entre nós & dominados pela avareza & pela ânsia de poder." Se esses homens — gente como Thomas Hutchinson e Peter Oliver — pudessem ser "removidos do serviço e da confiança de Sua Majestade aqui", a paz poderia ser restaurada.[32]

- Em 1774, escrevendo do Primeiro Congresso Continental, Adams instou Joseph Warren, seu colega em Boston, a se opor aos radicais do país que se movimentavam "para estabelecer uma outra forma de governo". Mesmo nesta data tardia, e escrevendo para o seu compatriota mais íntimo, descartou como "sem base" as acusações de que Adams, Warren e outros patriotas de Boston visavam à "independência total".[33]

Só quando os patriotas e os casacos-vermelhos se envolveram em batalhas ferrenhas durante a maior parte do ano é que Samuel Adams defendeu publicamente o rompimento total com a Grã-Bretanha.[34] Nessa época, como afirmou o próprio Adams, declarar a independência era uma questão quase acadêmica. Não temos como determinar quando ele começou pessoalmente a desejar a independência. Ainda que tenha sido antes do que indicam os seus pronunciamentos públicos, é provável que a sua crescente radicalização tenha brotado do desapontamento com a obstinação britânica, não de uma visão grandiosa que possuísse desde o princípio.

O homem que fez uma revolução

Sam Adams dá à nossa Revolução uma certa força. Os outros patriotas famosos, com exceção de Patrick Henry e Tom Paine, ficaram famosos como homens cautelosos e racionais. Muitos também eram riquíssimos. Esses dignitários são fundadores admiráveis mas maus revolucionários — e assim nos voltamos para Sam Adams, comprovado incendiário.

O verdadeiro Samuel Adams não correspondia à imagem de um revolucionário inflamado. Durante uma carreira política que se estendeu por quatro décadas, opôs-se a atos violentos que ameaçassem uma sociedade ordeira:

- Em 1765, condenou vigorosamente os distúrbios da noite de 26 de agosto, que destruíram propriedades privadas. Na assembléia que se seguiu, realizada na cidade, concordou com a "consternação universal" e a "rejeição" do acontecido.[35]

MITOS SOBRE A FUNDAÇÃO DOS ESTADOS UNIDOS

- Em 1768, em resposta à ação da turba provocada pela tomada do *Liberty*, navio de John Hancock, Adams escreveu na *Boston Gazette*: "Não sou chegado a '*distúrbios, tumultos e assembléias ilegais*'."[36] Além disso, afirmou que a maioria dos colonos eram "habitantes *ordeiros* e *pacíficos*", cuja única meta era gozar os direitos dos ingleses.[37]

- Em 1772, Adams disse a um compatriota que "temia que esta disputa infeliz entre a Grã-Bretanha e a América termine em rios de sangue" e apelou aos patriotas para que fizessem tudo em seu poder "para impedir, se possível, calamidade tão pavorosa".[38]

- Em 1774, Adams aconselhou o amigo James Warren "a evitar sangue e tumulto" e a se opor a "espíritos temerários" que pudessem, "com sua impetuosidade, nos envolver em dificuldades insuperáveis".[39]

- Em 1776, Adams declarou com grande prazer que a independência fora conseguida "sem grandes tumultos internos & convulsões violentas".[40]

- Em 1780, Adams participou de um comitê tripartite para esboçar a constituição de Massachusetts, que exigia a posse de muitos bens para votar. Somente homens de boas condições financeiras poderiam ser senadores — isso era importante, disse Adams, porque o próprio povo era propenso a "paixões e caprichos" excessivos que tinham de ser restringidos pelo interesse dos proprietários.[41]

- Em 1786 e 1787, Adams defendeu a repressão ao levante popular conhecido como Rebelião de Shays. Como presidente do Senado do estado, insistiu na suspensão do direito ao *habeas corpus*. Em seguida, quando muitos contemporâneos defendiam a tolerância, Adams queria enforcar os rebeldes. Em 1794, Adams endossou mais uma vez o esmagamento da Rebelião do Uísque. Num governo republicano, declarou, o povo não deveria jamais violar as leis, e sim trabalhar para modificá-las por meios legais.

- Na década de 1790, Samuel Adams cumpriu três mandatos como governador de Massachusetts. Não agitou muito durante o tempo em que ocupou o cargo; em vez disso, continuou a declarar, como sempre fizera, que a piedade e a virtude eram os ingredientes essenciais da vida pública. Biografias, livros didáticos e histórias populares costumam ignorar os últimos anos da vida política de Adams, que não podem distorcer para combinar com o perfil de um revolucionário.

Samuel Adams nunca defendeu a "revolução" no sentido moderno, a derrubada completa do governo e a reestruturação radical da ordem social. Era de fato um "revolucionário" no dizer da época — um firme seguidor dos valores promovidos pela Revolução Gloriosa de 1688 da Inglaterra, que fez a soberania nascer do povo e não do monarca —, mas lemos a história de trás para a frente quando superpomos significados mais modernos a épocas mais antigas.[42]

A leitura errada de Adams atingiu o seu auge com a biografia *Sam Adams: Pioneer in Propaganda* (*Sam Adams: pioneiro da propaganda*), de John Miller, que continua a influenciar até hoje a história popular. (Miller foi o primeiro a mudar o nome de Samuel para "Sam".) Miller, que escreveu na década de 1930, baseou seu retrato num conceito de "revolução" comum na época. Já que supostamente Adams era um revolucionário, era "por natureza (...) apaixonado, excitável e violento". Esse "famoso amante de distúrbios (...) inundava constantemente o país de propaganda". "Convocava" a assembléia da cidade "com qualquer propósito que desejasse". Citando como fatos as acusações de Sylvester, Miller escreveu que Adams era ativo nas ruas, convencendo os ouvintes "a fazer um ousado ataque ao governo real". O seu domínio sobre o povo era absoluto: "Boston era controlada por uma multidão treinada e (...) Sam Adams era o seu guardião". De acordo com essa leitura, um único homem sozinho era responsável por toda a agitação — todos os outros foram "levados ao movimento revolucionário contra a sua própria (...) vontade".[43]

Em todas as histórias sobre Sam Adams, distorcemos o registro histórico. É curioso que as releituras apresentem uma estranha semelhança com a dos opositores políticos de Adams. "Sem Sam Adams, de Boston, jamais haveria uma Revolução Americana", disseram os *tories* certa vez e dizemos hoje de novo.[44] Isso não é um bom sinal. A razão pela qual podemos fazer as histórias dos *tories* passarem por verdade é que adotamos inconscientemente o seu modo de ver o processo político. O modo *tory* de pensar, ao qual regredimos, considera as pessoas comuns como "máquinas perfeitas" que precisam de alguém que lhes diga o que fazer. Um homem lidera e o resto segue em adoração.[45] Thomas Hutchinson e Peter Oliver com certeza concordavam com esta noção hierárquica, mas por que nós também o fazemos?

UM CASO COLETIVO

Os bostonianos tinham todo tipo de razão para se opor às políticas britânicas, e não precisavam de Samuel Adams para tomarem uma atitude.

Mercadores-contrabandistas como John Rowe, William Molineaux, Solomon Davis, Melatiah Bourn, Edward Payne e William Cooper tinham muito a ganhar opondo-se às políticas mercantis britânicas que restringiam o livre-comércio. Com toda a certeza esses homens, articulados e politicamente eficientes, eram capazes de agir por conta própria — na verdade, já faziam isso havia vários anos antes que Samuel Adams chegasse a uma posição de influência em 1765. Cinco anos antes, tinham se organizado na Boston Society for Encouraging Trade and Commerce, que enviou várias petições ao Parlamento. Durante o movimento de 1768 contra a importação, um grupo ressurgente chamado Merchants and Traders veio promover os interesses coletivos dos seus integrantes. "Sentimos pela metrópole o mesmo que por nós mesmos", escreveu Cooper, "mas a caridade começa em casa."[46] Em 1770, um terceiro grupo, o Body of the Trade, passou a incluir todos da cidade com interesse em questões comerciais — mas Samuel Adams não teve nenhum papel na sua organização.

Durante os distúrbios da Lei do Selo, as classes mais baixas de Boston tinham os seus próprios motivos para saquear a casa de Thomas Hutchinson, que justificava a pobreza porque produzia "trabalho e frugalidade". Segundo William Gordon, "nobres senhores do exército que viram cidades saqueadas pelo inimigo declaram nunca ter visto antes um caso de tamanha fúria".[47] Esta fúria era deles, não de Adams.

A partir de 1768, operários e marinheiros tinham razões pessoais para ressentir-se da presença de soldados britânicos em seu meio. Os soldados costumavam pará-los nas ruas, bater-lhes ou exigir doses de rum. Em suas horas de folga, competiam com os trabalhadores locais pelos serviços nas docas. Não admira que essa gente ridicularizasse os casacos-vermelhos sempre que podia.

Os estivadores e marinheiros tinham boas razões para se opor às restrições britânicas ao comércio. O transporte marítimo era a coluna vertebral da economia de Boston; se os navios não zarpassem, os portuários não teriam trabalho. Não admira que homens comuns atrás de emprego reagissem ao confisco do *Liberty* ou à monopolização do comércio do chá pelos britânicos.

Essas pessoas não obedeciam às ordens de um único líder autoritário. Os patriotas trabalharam juntos numa grande quantidade de grupos ativistas e organizações políticas, e todos esses grupos se envolveram em processos colaborativos. O Boston Caucus, grupo de parlamentares e políticos, vinha se reunindo desde a década de 1720 para promover candidatos favoráveis a questões populares, tais como a disponibilidade de moeda metálica; na década de 1770, dezenas de cidadãos atuavam em três desses grupos, um para o norte, outro para o centro e um terceiro para o sul de Boston. Em 1765, os Nove Leais, grupo de artesãos e lojistas que se reuniam na destilaria de Speakman, cresceram e formaram os Sons of Liberty; em conjunto com grupos semelhantes de outras colônias, formaram uma infra-estrutura emergente para a resistência coordenada. Durante as décadas de 1760 e 1770, a Loja Saint Andrews de Franco-Maçons reunia-se na Taberna do Dragão Verde para discutir política e planejar ações políticas. Assim como os Filhos da Liberdade, a comunidade maçom ajudou a dar uma idéia de coesão e propósito à agitação revolucionária.

Samuel Adams não era maçom nem membro dos Filhos da Liberdade, mas pertencia ao Clube Long Room, grupo de 17 patriotas, em sua maioria profissionais liberais, que se reuniam no andar de cima da gráfica de John Gill e Benjamin Edes, editores da patriótica *Boston Gazette*. Foi também um dos fundadores do Comitê de Correspondência de Boston, que

MITOS SOBRE A FUNDAÇÃO DOS ESTADOS UNIDOS

se uniu a grupos semelhantes de outras cidades de Massachusetts e de outras colônias para levantar a tocha da resistência na década de 1770. Garry Wills, uma das mentes mais respeitadas dos últimos tempos, chama os comitês de correspondência de "serviço telegráfico próprio" de Adams,[48] mas tal organização, como todas as outras, reunia muitos patriotas dedicados e talentosos numa causa comum: James Warren, um dos primeiros a sugerir a idéia; Joseph Warren, médico de Harvard com retórica inflamada; Josiah Quincy, advogado jovem e talentoso; Joseph Greenleaf, impressor que chamou a presença de soldados britânicos em Boston de "clara declaração de guerra" à liberdade; e Thomas Young, experiente veterano político a quem muitos pediam conselhos.[49]

Muitos outros comerciantes, artesãos e trabalhadores se reuniam nas tabernas de Boston para envolver-se na ação coletiva. Açougueiros, padeiros e artesãos de couro enviaram petições ao Tribunal Geral e aos administradores de Boston. Diariamente, durante a pausa das 11:00 da manhã, os trabalhadores dos estaleiros se reuniam em tabernas e nas ruas para conversar sobre o estado de coisas. Essas pessoas, trabalhando em conjunto, tornaram-se atores políticos.[50]

Todos eles e muitos mais se reuniram para a assembléia da cidade de Boston, organização governante local que convidou à participação "todo o conjunto do povo"; no auge do fervor revolucionário, isso chegou a incluir aprendizes, mulheres e outros que não tinham o direito formal de votar. A cada ano, a assembléia da cidade elegia seus deputados para a Câmara de Representantes de Massachusetts e a cada ano essas pessoas recebiam instruções específicas, aprovadas pela assembléia da cidade, sobre como deveriam responder às questões mais importantes da época.

A estrutura, como um todo, tinha bastante peso em sua base. Aquela era uma população politizada, e isso era parte do problema: as autoridades britânicas e os *tories* locais achavam difícil aceitar e até compreender o grau de participação popular na política da Boston revolucionária.

Samuel Adams agiu dentro desse arcabouço. Era um dos líderes do Boston Caucus, do Clube Long Room e dos Comitês de Correspondência. Às vezes servia de mediador da assembléia da cidade. Com o seu cargo de escriturário da Câmara dos Representantes, tinha poder considerável

7 6

no nível da província. Mais polemista que líder das ruas, redigia muitas cartas e resoluções, dando expressão concreta a sentimentos que eram comuns a muita gente. Era inteligente, dedicado, convincente e esperto — um ativista eficiente e excelente político.[51]

Mas não dirigiu o espetáculo, porque ninguém poderia fazê-lo. A Boston revolucionária simplesmente não funcionava assim, e nenhum patriota digno do nome, com certeza não Samuel Adams, *queria* que funcionasse assim. O governo autoritário era visto como problema, não como solução.

As autoridades da Coroa e os *tories* nunca entenderam a distinção que os revolucionários faziam entre "o conjunto do povo" e uma multidão sem cérebro. Como não conheciam outro modo, interpretaram a política de Boston como uma cadeia de comando de cima para baixo. No processo, transformaram Samuel Adams num demônio detestável. Hoje, homenageamos o personagem mitológico que os seus inimigos criaram.

Mercy Otis Warren, irmã de James Otis, esposa de James Warren, colega na política e amigo pessoal de Samuel Adams, sabia muito bem que Adams devia muito do seu renome à confusão causada pelos inimigos. Afirmou que, quando o general Gage recomendou a proscrição de Adams e Hancock, revelou a sua grande ignorância das "condições da época, a disposição do povo em geral, [e] o caráter dos indivíduos":

> Esta discriminação, mais acidental que judiciosa, deixou esses dois senhores sob a mais visível das luzes e chamou a atenção específica de todo o continente para os seus nomes, destacados de muitos dos seus colegas, mais por essa única circunstância do que por capacidade ou esforço superiores. Com isso, tornaram-se imediatamente os favoritos da popularidade e objeto de aplauso geral, coisa que naquela época faria a fortuna de qualquer um, honrados por tamanha marca de desaprovação do comandante-em-chefe britânico.[52]

Warren parecia achar divertido que os inimigos de Adams fizessem dele um herói, mas não tinha como prever que gente como Gage e Hutchinson conseguiria cegar as gerações posteriores de americanos para a importância do comportamento político democrático durante a época revolucionária. Apaixonadamente comprometidos com a causa do governo popular, Mercy Otis Warren, Samuel Adams e os outros patriotas de Boston ficariam bem surpresos se soubessem que a história "patriótica" dos Estados Unidos viria a adotar o ponto de vista *tory*.

PARTE II Davi e Golias

CAPÍTULO 4 O tiro ouvido no mundo inteiro:
Lexington e Concord

Todo ano, mais de 1 milhão de americanos comemoram "o tiro ouvido no mundo inteiro" com uma peregrinação patriótica até o Minuteman National Historical Park, nos arredores de Concord, no estado de Massachusetts. Em 19 de abril, aniversário do famoso fato, os reencenadores se vestem como *minutemen** coloniais e marcham, vindos das cidades próximas, para Lexington e Concord, onde trocam falsos tiros de mosquete com amigos e vizinhos vestidos como casacos-vermelhos britânicos. Em todo o estado, e também no Maine e em Wisconsin, o "Dia dos Patriotas" é comemorado como feriado oficial.

A história é um clássico do estilo Davi e Golias, tendo como estrelas os colonos rústicos que enfrentaram o exército mais forte do mundo. Ao alvorecer, em Lexington, no dia 19 de abril de 1775, várias centenas de soldados britânicos regulares, em formação de batalha, abriram fogo contra milicianos locais. Quando a fumaça se dissipou, oito fazendeiros de olhos sonolentos que tinham sido acordados no meio da noite estavam mortos na praça da cidade.

Na esteira do banho de sangue, para mobilizar o apoio popular, os patriotas proclamaram aos quatro ventos que os casacos-vermelhos tinham atirado primeiro. O Congresso da Província de Massachusetts colheu depoimentos de participantes e testemunhas oculares e publicou os relatos que combinavam com a história oficial sob o título *A Narrative of the Excursion and Ravages of the King's Troops* (*Narrativa da expedição e das ações violentas dos soldados do rei*). As autoridades britânicas contrapuseram a

---

*Durante a Guerra de Independência, miliciano que podia ser convocado a qualquer minuto. (*N. do T.*)

MITOS SOBRE A FUNDAÇÃO DOS ESTADOS UNIDOS

sua versão oficial: os americanos tinham atirado primeiro. Não surpreende que essa história circulasse pouco pelas colônias rebeldes.

Devido às preferências e interesses das testemunhas, jamais saberemos com certeza quem deu o primeiro tiro em Lexington. Mas sabemos que os patriotas venceram a guerra de palavras. "O mito da inocência ferida", como diz David Hackett Fischer, tornou-se um clássico americano instantâneo.[1] Todos os americanos aprenderam que os britânicos deram início à Revolução quando abriram fogo sobre milicianos patriotas, em menor número e menos bem preparados, no parque de Lexington. Mas isso não faz sentido. As revoluções, por natureza, são proativas — têm de ser iniciadas pelos próprios revolucionários. A Revolução Americana já começara muito antes da batalha de Lexington.

Em 1836, o poeta e ensaísta Ralph Waldo Emerson cunhou uma expressão cativante que desde então simbolizou o evento: "o tiro ouvido no mundo inteiro". Na verdade, o poema de Emerson "Concord hymn" ["Hino da concórdia"], decantava a luta na ponte do Norte, na vizinha Concord, e o seu louvado "tiro" foi disparado pelos americanos:

> Junto à rude ponte que cruzava o rio,
> À brisa de abril tremulando a bandeira,
> Fazendeiros em guerra, com denodo e brio,
> Deram o tiro ouvido no mundo inteiro.*

Com o tempo, no entanto, o poema de Emerson foi deslocado para Lexington, local mais hospitaleiro para a história que queremos ouvir. Em Lexington, os fazendeiros foram claramente as vítimas, mas não em Concord. A lenda de Davi e Golias, ressaltada pela imagem de soldados britânicos agressivos ceifando fazendeiros ianques, prevaleceu. Os livros didáticos atuais referem-se como rotina ao "tiro ouvido no mundo inteiro" em Lexington, não em Concord, enquanto as histórias populares ainda repetem a história como foi contada pela primeira vez pelos patriotas

---

*No original: *"By the rude bridge that arched the flood, / Their flag to April's breeze unfurled, / Here once the embattled farmers stood, / And fired the shot heard round the world."* (N. do T.)

americanos: "Soldados profissionais britânicos (...) despejaram tiros nas costas dos *minutemen* em fuga".[2]

Mas e se os papéis estivessem invertidos? E se os revolucionários americanos fossem na verdade Golias, e os britânicos, Davi?

UMA REVOLUÇÃO DO POVO

De fato, a Revolução Americana não começou com "o tiro ouvido no mundo inteiro". Começara mais de meio ano antes, quando dezenas de milhares de milicianos patriotas e zangados atacaram juntos alguns funcionários desarmados e derrubaram a autoridade britânica em todo o estado de Massachusetts fora de Boston. Essa vigorosa saga revolucionária, que mostra os americanos como Golias em vez de Davi, foi evitada pelo modo padronizado de contar a história. Ao tratar os patriotas americanos como vítimas inocentes, suprimimos a sua força revolucionária.

Para entender por que a história dessa insurreição monumental não é mais contada, temos de voltar à Festa do Chá de Boston. Em 16 de dezembro de 1773, patriotas vestidos de índios jogaram ao mar 742 caixotes de chá, num valor de 15 mil libras esterlinas, no porto de Boston. Embora sintamos considerável orgulho ao contar o caso hoje em dia, nos anos que se seguiram ao evento os americanos nunca o comemoraram e com certeza não o chamavam de "festa do chá".[3] Embora alguns patriotas tivessem se alegrado com a ousadia do feito, dificilmente aproveitariam esse ato de vandalismo em sua propaganda. Ficaria muito fácil ver a Companhia das Índias Orientais como vítima, não como antagonista, e muitos patriotas até acharam que a empresa deveria ser indenizada pela destruição da sua propriedade.

Mas quando o rei e o Parlamento reagiram à destruição do chá com quatro medidas extremas rotuladas de "Leis de Coerção", os colonos foram realmente oprimidos. Rebatizando as medidas de "Leis Intoleráveis", os patriotas radicais obtiveram bastante apoio para a sua causa.

A história das Leis de Coerção e da reação que provocaram pode ser contada de duas maneiras. Segundo a versão oficial, a primeira e mais importante medida foi a Lei do Porto de Boston, que proibiu todo comércio

MITOS SOBRE A FUNDAÇÃO DOS ESTADOS UNIDOS

de e com Boston. (Às vezes as outras três medidas são enumeradas, mas raramente discutidas.) O Parlamento pretendia isolar Boston e forçar à submissão pela fome os seus moradores rebeldes, mas esse plano saiu pela culatra quando outros colonos acorreram em auxílio dos seus irmãos e irmãs. Unidos atrás dos bostonianos sofredores, outros colonos amealharam a ajuda de amigos e aliados e se prepararam para uma revolução.

Hoje em dia, essa adaptação americanizada do "bom samaritano" é repetida em todas as descrições dos acontecimentos que levaram à Guerra Revolucionária. Só que, em geral, as revoluções não nascem de atos de caridade, e essa não foi exceção. A nossa nação começou a existir porque as pessoas defenderam a si mesmas e aos seus interesses.

Há outra história, embora raramente tenha sido contada nos últimos 150 anos. Segundo tal versão, não foi a Lei do Porto de Boston, mas uma das "outras" medidas coercitivas que transformou a maioria dos cidadãos de Massachusetts em revolucionários. A Lei do Governo de Massachusetts, aprovada um mês depois da Lei do Porto, ditava que o povo não poderia mais se reunir em suas assembléias sem permissão do governador nomeado pela Coroa e não poderia mais discutir nenhum item que o governador não tivesse aprovado. A lei ainda estipulava que os representantes eleitos pelo povo não mais determinariam o Conselho, que incluía a câmara superior da legislatura, o gabinete do governador e o braço administrativo do governo da província. Além disso, os representantes eleitos não tinham mais o poder de aprovar ou destituir juízes, júris ou juízes de paz — autoridades locais que podiam pôr gente na cadeia ou tomar-lhe as propriedades.

Depois de um século e meio de governo local autônomo, os cidadãos de Massachusetts foram repentinamente privados do poder dos seus votos. A Lei do Governo de Massachusetts afetou não só os 5% da população que moravam em Boston, mas também os 95% que viviam em vilas e aldeias de toda a província. Os fazendeiros comuns temeram que os juízes, não mais responsáveis perante o povo, pudessem ser corrompidos e desapropriar as terras por qualquer dívida menor. A nova lei eliminava a soberania do povo de Massachusetts e ameaçava a sua solvência econômica.

O povo não permitiria isso. Recusou-se a perder o seu direito de voto.

86

A Lei do Governo de Massachusetts estava prevista para entrar em vigor em 1º de agosto de 1774. O primeiro tribunal sob as novas determinações estava marcado para reunir-se no distante condado de Berkshire, na fronteira oriental da província, mas isso nunca aconteceu. Quando as autoridades nomeadas pela Coroa apareceram para trabalhar em 16 de agosto, viram-se expulsas do tribunal de Great Barrington por 1.500 patriotas decididos.[4]

Duas semanas depois, em Springfield, entre 3 e 4 mil patriotas marcharam "com varas e música" e novamente fecharam o tribunal. "Em meio à multidão num lugar arenoso e tórrido, exposto ao sol", disse um observador, os juízes foram forçados a renunciar "nos termos mais claros, a qualquer missão que lhes fosse confiada sob o novo sistema".[5]

Em Cambridge, 2 de setembro, 4 mil patriotas obrigaram o tenente-governador de Massachusetts a renunciar à sua cadeira no Conselho. Reagindo a boatos de que o exército britânico disparara e matara seis patriotas, um número de homens de todo o interior estimado entre 20 mil e 60 mil seguiu para Boston para enfrentar os casacos-vermelhos. Em algumas vilas, quase todos os homens em idade de lutar participaram do "Alarme da Pólvora" ["Powder Alarm"], como foi chamado.[6]

O governador Thomas Gage, que também era comandante-em-chefe das tropas britânicas na América do Norte, jurara marcar posição em Worcester, onde o tribunal planejava reunir-se na semana seguinte. No entanto, depois do Alarme da Pólvora, Gage mudou de idéia e deixou os juízes se defenderem por conta própria. Em 6 de setembro, 4.622 milicianos de 37 comunidades circunvizinhas reuniram-se em Worcester (vila com menos de trezentos cidadãos) para depor as autoridades nomeadas pela Coroa. Os rebeldes dispuseram-se de ambos os lados da rua principal enquanto as autoridades, numa exibição ritual de humilhação e submissão, foram forçadas a passar pelo corredor polonês, de chapéu na mão, recitando a sua retratação trinta vezes cada um, para que todo o povo pudesse ouvir.[7]

Como em Great Barrington, Springfield e Worcester, os patriotas fecharam os órgãos governamentais em Salem, Concord, Barnstable, Taunton e Plymouth — em todas as sedes de condados fora de Boston. A partir da data em que se previa a entrada em vigor da Lei do Governo de Massachusetts, nenhum dos tribunais de condado, que eram também os braços administrativos dos governos locais, conseguiu realizar coisa alguma

MITOS SOBRE A FUNDAÇÃO DOS ESTADOS UNIDOS

sob a autoridade britânica. Segundo o mercador John Andrews, os rebeldes de Plymouth ficaram tão excitados com a sua vitória que

> tentaram remover uma pedra (aquela na qual primeiro pisaram os seus ancestrais quando chegaram a este país) que estava enterrada num atracadouro a cinco pés de profundidade, bem no centro da cidade, perto do tribunal. Por ser o caminho uma subida, verificaram ser impraticável, já que, depois que a desenterraram, descobriram que pesava pelo menos dez toneladas.[8]

Enquanto isso, todos os conselheiros nomeados pela Coroa receberam ordem de seus zangados vizinhos para renunciar. Os poucos que se recusaram foram expulsos de suas casas e obrigados a fugir para Boston, onde buscaram a proteção do exército britânico.

Em clara violação da nova lei, o povo continuou a realizar as suas assembléias. Quando o governador Gage prendeu sete homens na capital de Salem por convocarem uma assembléia da cidade, 3 mil fazendeiros marcharam imediatamente até a cadeia para libertar os prisioneiros. Duas companhias de soldados britânicos recuaram — e em todo o Massachusetts as assembléias continuaram a acontecer. Segundo um relato da época,

> Apesar de toda a exibição que o governador fez em Salem por causa da assembléia, eles fizeram outra bem debaixo do nariz dele em Danvers e prolongaram-se duas ou três horas além do necessário, para ver se iria interrompê-los. Ele sabia disso, mas respondeu: "Que se danem! Não vou fazer nada, a não ser que sua Majestade me mande mais soldados".[9]

No início de outubro de 1774, mais de meio ano antes do "tiro ouvido no mundo inteiro" em Lexington, os patriotas de Massachusetts tinham assumido toda autoridade política e militar fora de Boston.

No decorrer da década anterior, os patriotas redigiram petições, realizaram boicotes e queimaram efígies — mas essa era uma coisa nova. No fim do verão e início do outono de 1774, os patriotas não se limitaram a *protestar* contra o governo — eles o derrubaram. Então, depois de expulsar a autoridade britânica, assumiram o controle político através de suas assembléias nas cidades, das convenções dos condados e do Congresso da Província. Um *tory* mal-humorado de Southampton resumiu tudo isso em seu diário: "O governo agora se transferiu para o povo e ele parece estar disposto a usá-lo".[10]

Quando a Lei do Porto de Boston entrou em vigor, outros colonos passaram o chapéu para ajudar, fizeram dias de orações e jejum e convocaram assembléias para discutir os problemas.[11] Essas eram formas comuns de ação política na América do Norte britânica. Quando a Lei do Governo de Massachusetts entrou em vigor, o povo de Massachusetts impediu o funcionamento do governo e preparou-se para a guerra. Essa era a matéria-prima da revolução. O povo de Massachusetts derrubou pela força o antigo regime e começou a substituí-lo pelo seu.[12]

A história tradicional que afirma que a "Revolução Americana" começou em Lexington esconde esta transferência importantíssima e histórica do poder político. Se o "tiro ouvido no mundo inteiro" foi o *início* da Revolução Americana, não temos como explicar a revolução que a precedeu.

A história tradicional mascara a vibrante dedicação do povo à sua própria sobrevivência política. Muitos anos depois, Levi Preston, veterano da Batalha de Concord, explicou por que se tornara revolucionário:

— Vocês não foram oprimidos pela Lei do Selo?

— Nunca vi nenhum daqueles selos e sempre achei que o governador Bernard colocou todos eles no Castelo William. Tenho certeza de que nunca paguei um centavo por nenhum deles.

— Bem, então, e o imposto do chá?

— Imposto do chá? Nunca tomei uma gota desse troço, os rapazes jogaram tudo no mar.

— Então suponho que o senhor tenha lido Harrington, Sidney ou Locke, sobre os princípios eternos da liberdade.

— Nunca ouvi falar deles. Só líamos a Bíblia, o catecismo, os salmos e hinos de Watt e o almanaque.

— Bem, então qual foi o problema? E por que o senhor quis ir à luta?

— Meu jovem, o que queríamos, quando partimos para cima daqueles casacos-vermelhos, era o seguinte: nós sempre nos governamos e sempre quisemos nos governar. E eles não queriam deixar.[13]

A PREPARAÇÃO PARA A DEFESA

Ao derrubar a antiga ordem, o povo de Massachusetts percebeu que talvez tivesse de defender a sua Revolução do contra-ataque do exército britânico. Com meios materiais limitados mas muita energia e disposição, prepararam-se para a guerra. Quando adotamos o "mito da inocência ferida" — a imagem de soldados profissionais britânicos ceifando a vida de fazendeiros comuns mal equipados para a batalha —, perdemos de vista a poderosa mobilização e o acúmulo de armas acontecidos em todo o interior durante boa parte do ano.

Em 4 de julho de 1774, mais de nove meses antes de Lexington, a patriótica American Political Society declarou "que todo e cada membro da nossa Sociedade seja imediatamente provido de duas libras de pólvora cada, 12 Pederneiras, e que por elas seja responsável".[14]

Em agosto, oito meses antes de Lexington, uma convenção de Comitês de Correspondência realizada em Worcester resolveu que os patriotas deveriam fornecer pólvora aos vizinhos e que os comitês teriam de "determinar que número de armas faltava para armar o povo em caso de invasão".[15]

Em setembro, sete meses antes de Lexington, as mulheres, assim como os homens, participaram pessoalmente da preparação para a guerra: fabricaram balas e cartuchos de pólvora para as dezenas de milhares de milicianos que marcharam sobre Boston para enfrentar os britânicos. Também em setembro, uma convenção de Comitês de Correspondência responsabilizou-se pela reorganização da milícia do condado de Worcester em sete novos regimentos, cada um com oficiais recém-eleitos. Recomendaram que cada cidade "obtivesse imediatamente uma ou mais peças de campo, montadas e prontas para uso" e insistiram para todas "alistarem um terço dos homens (...) entre 16 e sessenta anos, para que estejam prontos a agir se convocados a qualquer momento" ["at a minute's warning"].[16] Eram os famosos *Minutemen*, formados meio ano antes de responderem ao chamado de Lexington. Assim, a história dos *minutemen* não começa em Lexington, onde normalmente a colocamos; faz parte integrante da Revolução de 1774.

Em outubro, cinco meses antes de Lexington, patriotas de todo o Massachusetts formaram o seu próprio órgão representativo, o Congresso da Província, que assumiu as funções básicas do governo. Entre os seus principais deveres estavam a coleta de impostos e a preparação da guerra. Em 26 de outubro, os delegados fizeram uma lista do que precisavam para defender-se de uma invasão britânica:

16 peças de campo, 3 canhões, com reparos, palamentas etc.; rodas para os ditos reparos, ferros, lanadas, esponjas, cocharras etc.,@ £30	£480 0 0
4 do mesmo, 6 canhões, com o mesmo,@ £38	£152 0 0
Reparos, palamenta etc., para 12 canhões de assalto,@ £30	£360 0 0
4 morteiros, e acessórios, ou seja: de 28 polegadas e 12 de 13 polegadas,@£20	£80 0 0
20 toneladas de balas redondas e lanternetas, de 3 a 24 lb,@ £15	£300 0 0
10 toneladas de granadas,@ £20	£200 0 0
5 toneladas de balas de chumbo,@ £33	£165 0 0
1.000 barris de pólvora,@ £8	£8.000 0 0
5.000 armas e baionetas,@ £2	£10.000 0 0
E 75.000 pederneiras	£100 0 0
Despesas não previstas	£1.000 0 0
No total	£20.837 0 0[17]

Todas as manobras políticas e militares dos meses seguintes se concentrariam em como conseguir esses armamentos e como guardar o que os patriotas já possuíam longe das mãos britânicas.

Em dezembro, quatro meses antes de Lexington, os patriotas da vizinha New Hampshire realizaram a primeira ação ofensiva da guerra: quatrocentos milicianos locais atacaram o Forte William and Mary, em Portsmouth, tiraram a bandeira do rei e levaram cerca de cem barris da pólvora real (parte da qual foi utilizada mais tarde na Batalha de Bunker Hill). No dia seguinte, mil patriotas marcharam novamente sobre o forte, dessa vez removendo todos os seus mosquetes e 16 canhões. Esse ataque armado a uma fortaleza britânica foi um ato de guerra, não um mero prelúdio da guerra.[18]

MITOS SOBRE A FUNDAÇÃO DOS ESTADOS UNIDOS

Embora a ofensiva contra o Forte William and Mary fosse o primeiro ataque militar frontal, não foi a primeira vez que os patriotas se apoderaram de armas e munição britânicas. Usando furtos, esperteza e informações privilegiadas, os patriotas já tinham tirado canhões e munição de arsenais britânicos de Boston, Providence, Newport e New London.[19]

Em fevereiro de 1775, dois meses antes de Lexington, espiões britânicos afirmaram que 15 mil *minutemen* estavam "todos adequadamente armados". O relatório observou que os patriotas tinham acumulado 38 peças de campo em Worcester e um suprimento considerável de pólvora em Concord. No entanto, se os britânicos tentassem capturá-los, era provável que deflagrassem uma mobilização maciça de patriotas irados.

Embora o general Gage não ousasse atacar Worcester nem Concord, tentou tomar os arsenais patrióticos que considerou mais vulneráveis. Em 26 de fevereiro, um domingo, ordenou que 240 soldados encontrassem e removessem oito peças de campo e um suprimento de pólvora que os patriotas escondiam em Salem. Os cidadãos locais, reunidos na igreja, souberam a tempo da invasão e removeram as armas e a munição para local mais seguro. Para deter o avanço britânico, simplesmente ergueram uma ponte levadiça que ficava no caminho dos soldados em marcha. (Quando os britânicos invadiram Lexington, sete semanas depois, evitaram os erros cometidos em Salem — marcharam à noite, não num sábado, e escolheram um caminho que não tinha uma ponte levadiça.)

Em 2 de abril, 17 dias antes de Lexington, os patriotas souberam que havia reforços britânicos a caminho para sufocar a rebelião de Massachusetts. Com a guerra iminente, o Congresso da Província aprovou a criação de um exército regular. O povo de Boston, prevendo o conflito militar, começou a evacuar a cidade.

Em 19 de abril de 1775, os patriotas estavam prontos para resistir ao ataque, tão prontos quanto seria de se esperar. Eram parceiros voluntários nessa guerra em formação. Conheciam as prováveis conseqüências e estavam dispostos a enfrentá-las.

Já tinham derrubado a autoridade britânica e os preparativos subseqüentes para o conflito militar tornam a narrativa da criação do nosso
país mais forte, não mais fraca. Quando os *minutemen* locais apareceram
no parque de Lexington em 19 de abril e quando os *minutemen* vizinhos
combateram os britânicos em Concord mais tarde naquele dia, e quando
20 mil outros atenderam ao chamado às armas dentro de uma semana,
envolveram-se em atos políticos conscientes e bem ponderados. Não eram
apenas reações reflexas.

Os soldados britânicos que marchavam rumo a Lexington e Concord
naquela manhã fatídica divertiam-se cantando *Yankee doodle*, uma can-
çoneta pejorativa que mostrava os seus adversários como fazendeiros
ignorantes e provincianos. Não perceberam que estes fazendeiros tinham se transformado em soldados para defender a revolução realizada há vários meses. Toda vez que tratamos os patriotas americanos como
meras vítimas inocentes, repetimos o erro cometido por esses soldados britânicos.

PERDIDOS NA HISTÓRIA

A Revolução de Massachusetts de 1774 foi o levante popular mais bem-
sucedido da história da nação, o único a remover a autoridade política
existente. Apesar do seu poder — ou talvez *devido* ao seu poder —, esse
evento importantíssimo praticamente desapareceu da história. Raramente é mencionado, nem sequer de passagem, e nunca é incluído na narrativa básica do nascimento da nossa nação.

A nossa rebelião mais triunfante nem sempre sofreu tamanho desdém.
O *Annual register* britânico, escrito logo após a revolução de 1774, deu
atenção considerável às renúncias forçadas, ao fechamento dos tribunais
e aos preparativos para a guerra em todo o interior de Massachusetts.[20]
Os primeiros historiadores americanos — William Gordon, em 1788,
David Ramsay, em 1789, e Mercy Otis Warren, em 1805 — trataram da
reação à Lei do Porto de Boston, mas destacaram a Lei do Governo de

MITOS SOBRE A FUNDAÇÃO DOS ESTADOS UNIDOS

Massachusetts como o principal catalisador da Revolução Americana. Segundo Ramsay, a Lei do Governo de Massachusetts

> provocou alarme maior que a lei do porto. Esta afetava apenas a metrópole, a outra, a província toda. (...) Se o parlamento tivesse parado na lei do porto de Boston, os motivos de união e da causa comum com a metrópole seriam frágeis, talvez ineficazes para levantar as outras províncias; mas a mutilação arbitrária dos importantes privilégios (...) pela vontade do parlamento, convenceu os mais moderados de que a causa de Massachusetts era a causa de todas as províncias.[21]

Gordon descreveu o levante popular com detalhes vivos e consideráveis. Numa reação à "alteração repulsiva" ditada pela Lei do Governo de Massachusetts, "o povo em geral" preparou-se "para defender os seus direitos na ponta da espada", e até os moderados "ficaram resolutos e indignados".[22] Warren foi ainda mais além, chamando a rebelião de 1774 de "uma das épocas mais extraordinárias da história do homem: o esforço do espírito despertado pela mão severa do poder levou àquela experiência mui alarmante do nivelamento de todas as fileiras e da destruição de toda subordinação".[23]

Isso era revolução demais para os historiadores conservadores e escritores de livros didáticos da geração seguinte, que defendiam que a "Revolução Americana" não era realmente revolucionária e que os patriotas não deviam ser concebidos como "rebeldes". Paul Allen, que escreveu em 1819, dedicou 17 páginas à ajuda enviada a Boston mas atribuiu menos de um parágrafo à resistência provocada pela Lei do Governo de Massachusetts.[24] O livro didático de 1822 de Salma Hale enfatizava os temas da cooperação e da solidariedade, sem nenhuma palavra sobre a derrubada da autoridade britânica.[25] No ano seguinte, Charles Goodrich, em sua popular *História dos Estados Unidos da América*, escreveu sobre a "expressão de solidariedade" da Virgínia para com Boston, enquanto ignorava por completo a rebelião do povo em Massachusetts.[26]

O espírito do bom samaritano com certeza funcionava melhor com as crianças. As histórias que mostravam vizinhos ajudando vizinhos condiziam com os objetivos educacionais, mas não as que mostravam multidões agressivas. A história escolar de Richard Snowden, escrita em estilo bíblico, fez os acontecimentos de 1774 soarem como a história dos três reis magos na natividade: "E então sucedeu que, quando o povo das províncias ouviu dizer que seus irmãos da cidade passavam por grandes dificuldades, mandou-lhes palavras de conforto e deu-lhes presentes terrenos".[27]

Em meados do século, o historiador patriota George Bancroft sentia-se bastante à vontade com a idéia de uma revolução do povo para prestar suas homenagens ao levante de 1774. Embora Bancroft falasse de "solidariedade" em relação a Boston, também dedicou a maior parte de três capítulos à resistência dramática à Lei do Governo de Massachusetts. No entanto, não compreendia o seu caráter democrático: ela aconteceu sob a direção de Joseph Warren, de Boston, afirmou ele, instruído sobre o que fazer por um ausente Samuel Adams.[28] Com essa imaginária cadeia de comando, Bancroft colocou com firmeza a primeira derrubada do poder britânico nas mãos do revolucionário favorito dos Estados Unidos. (Ver capítulo 3.)

Em 1865, William Wells seguiu Bancroft e colocou Adams na vanguarda dos acontecimentos de Boston, muito embora ele estivesse na Filadélfia na época. Mas, sem indícios dignos de crédito que ligassem Adams à revolução no interior, Wells simplesmente ignorou esses acontecimentos.[29] Para Wells e a maioria dos escritores subseqüentes, Samuel Adams tinha de ser o principal motor de todas as ações da multidão — e, se Adams não estivesse presente, não se contava a história. Os historiadores do último século e meio seguiram a linha das autoridades britânicas da época, que simplesmente não podiam acreditar que a autoridade fora derrubada por "uma ralé tumultuosa, sem nenhuma aparência de organização geral, ou sem nenhum comandante para aconselhá-la, nenhum líder para conduzi-la".[30]

Pode-se pensar que os historiadores progressistas do início do século XX — gente como John Franklin Jameson, Charles Beard e Carl Becker — seriam atraídos por esse levante popular, mas, já que à primeira vista este não parecia ser uma "luta de classes" clássica, escapou à sua atenção. Enquanto os historiadores radicais deixavam de aproveitar essa revolução praticamente esquecida, os moderados não viram necessidade de balançar o barco. Em suas monumentais 1.300 páginas de compilação de fontes primárias publicadas em 1958, Henry Steele Commager e Richard B. Morris deixaram de documentar esse episódio vital. Em vez disso, incluíram uma seção inteira intitulada "Toda a América se une em auxílio à Boston sitiada",

MITOS SOBRE A FUNDAÇÃO DOS ESTADOS UNIDOS

outra sobre os debates dentro do Primeiro Congresso Continental e mais de trinta páginas a Lexington e Concord.[31]

É assim que ficamos até hoje: o "auxílio à Boston sitiada" e "o tiro ouvido no mundo inteiro" permanecem ancorados com firmeza no centro da narrativa enquanto a verdadeira derrubada do governo britânico em Massachusetts é inteiramente negligenciada ou, no máximo, reduzida a uma ou duas frases sobre "ações da multidão" ou "agitação rural". Em seis livros didáticos atuais para o ensino fundamental, não há uma só palavra sobre o fim do domínio britânico em 1774.[32] Oito entre dez textos de nível secundário e universitário ignoram a primeira transferência da autoridade política para os americanos.[33] Nos dois remanescentes, um afirma que "na maioria das colônias (...) comitês, convenções e congressos revolucionários, sem nenhuma autorização da lei, substituíram os organismos governantes legais", mas nada diz sobre a revolta de Massachusetts que depôs os organismos oficiais.[34] O outro se refere à "rebelião em grande escala" de Massachusetts, mas, em vez de descrever as ações radicais do próprio povo, destaca apenas a formação de um Congresso da Província e a eleição de John Hancock "para liderá-lo".[35]

Os historiadores populares desdenham a Revolução de 1774 ou não entendem direito a sua natureza. Em *Patriots: The Men Who Started the American Revolution* (*Patriotas: os homens que iniciaram a Revolução Americana*), A. J. Langguth não a menciona, embora inclua todo um capítulo sobre como outros colonos ajudaram os bostonianos.[36] Em *Liberty!*, Thomas Fleming coloca Samuel Adams firme no controle de todos os acontecimentos principais; supostamente, Adams "convocou" o Congresso Provincial, muito embora estivesse a centenas de quilômetros de distância.[37] Benson Bobrick, em *Angel in the Whirlwind* (*Anjo no torvelinho*), reduz a revolução de 1774 a um único documento, a Resolução de Suffolk, que atribui à liderança de Joseph Warren.[38] Nenhuma popularização atual da Revolução Americana trata a derrubada da autoridade britânica na região rural de Massachusetts como obra da população sublevada agindo de acordo com tradições e princípios democráticos.[39]

Por que a história da decisiva revolução de Massachusetts foi abandonada? Por que pensamos que ajudar Boston teve maior importância do que derrubar um governo e que os revolucionários não passavam de vítimas inocentes? Por que, na verdade, negamos a nossa poderosa herança revolucionária?

Há várias razões sobrepostas, profundamente enraizadas na imagem nacional que fazemos de nós mesmos e na natureza da técnica narrativa. Os próprios pontos fortes da Revolução de 1774 asseguraram o seu anonimato. Essa revolução foi democrática desde o seu projeto: o povo não só pregou a soberania popular como a praticou. Embora a derrubada da autoridade recebesse apoio generalizado e sem precedentes, não houve líderes carismáticos que se autopromovessem para ancorar a história e servissem de "heróis". Isso permitiu uma revolução mais forte, mas ao mesmo tempo ajuda a explicar por que sabemos tão pouco a respeito.

Esta revolução não envolveu derramamento de sangue, porque a resistência seria impensável. A *força* do povo era tão avassaladora que a *violência* se tornou desnecessária. O punhado de autoridades nomeadas pela Coroa em Worcester, ao enfrentar 4.622 milicianos irados, não teve opção senão obedecer. Se a oposição fosse mais forte, poderia haver violência; isso permitiria uma história mais sangrenta, mas uma revolução mais fraca.

A Revolução de Massachusetts de 1774 foi onipresente e irrompeu por toda parte ao mesmo tempo. O general Gage não tinha idéia de onde ou quando se opor a ela. Mas um levante espontâneo é difícil de contar; não há um enredo claro que leve direitinho de A a Z. Essa revolução aconteceu em todo o interior, enquanto os meios de comunicação da época estavam confinados em Boston. Mais uma vez, a própria natureza da revolta, com a sua base ampla, levou a uma revolução mais forte, mas a uma história menos emocionante.

Afinal, a Revolução de Massachusetts de 1774, como todas as verdadeiras revoluções, foi um caso de intimidação. Multidões que chegavam aos milhares obrigaram algumas autoridades desarmadas a se acovardar e obedecer. Isso permitiu uma revolução mais poderosa, mas uma fábula assustadora. Compare-se com o "auxílio à Boston sitiada", uma história muito mais suave, ou ao "tiro ouvido no mundo inteiro", que mostra os britânicos e não os americanos como agressores. Ainda mais agora, quando os Estados Unidos têm poder irrestrito, não queremos que as nossas histórias mostrem os patriotas como intimidadores.

Como os conservadores do início do século XIX, continuamos a ter medo da nossa revolução. Todas as narrativas da história do início dos Estados Unidos

MITOS SOBRE A FUNDAÇÃO DOS ESTADOS UNIDOS

incluem relatos de um levante chamado Rebelião de Shays, que seguiu o modelo da Revolução de 1774. Em 1786, exatamente 12 anos depois de os fazendeiros de Massachusetts terem fechado os tribunais e desmantelado o governo estabelecido, várias dessas pessoas tentaram repetir o triunfo anterior. Em Great Barrington, Springfield, Worcester, todos os mesmos lugares, cidadãos descontentes da região rural de Massachusetts reuniram-se mais uma vez em multidões para derrubar a autoridade existente. Houve duas diferenças importantes entre os levantes de 1774 e 1786: este último foi muito menor, envolvendo multidões que chegavam às centenas em vez dos milhares, e fracassou. Em nossas histórias, preferimos apresentar a rebelião menor e fracassada em vez da maior e bem-sucedida. Embora gostemos de comemorar a separação da Grã-Bretanha, hesitamos em celebrar a força bruta e exuberante do povo que fez com que isso acontecesse.

Ao nos afastarmos, perdemos de vista a nossa herança democrática. Os estudiosos de história gostam de notar que os Estados Unidos foram criados como república, não como democracia, e destacam com exatidão as opiniões dos Fundadores da Nação, que temiam o excesso de poder nas mãos do povo. Mas, se passamos o nosso olhar dos Fundadores para os fundadores, dos nobres em roupas de gala e perucas para os fazendeiros de casaco velho e botas enlameadas, descobrimos que predominava uma atitude bem diferente. Nunca poderia haver democracia demais, acreditavam essas pessoas. Todas as decisões, mesmo durante as ações em massa nas ruas, tinham de ser aprovadas "pelo conjunto do povo". Os representantes que escolhiam para tratar com autoridades recalcitrantes só serviam por um dia — o máximo em limite de mandato. Esses rebeldes realizaram a sua revolução como uma assembléia mobilizada, cada participante tão importante quanto o outro. Em nenhum outro momento da história as pessoas foram tão apaixonadas pela adesão aos processos democráticos.

Pelo menos em Massachusetts, as raízes da democracia americana vão mais fundo do que a maioria de nós já imaginou. Os Estados Unidos devem a sua própria existência à premissa de que toda autoridade emana do povo, mas a forma padronizada de contarmos a história não reflete esse princípio fundamental. A história da revolução antes da Revolução pode nos recordar o que de fato somos.

CAPÍTULO 5 O inverno em Valley Forge

Para entender a resistência da história de Valley Forge, precisamos vê-la pelos olhos de um menino de dez anos, pois é com essa idade que os americanos a aprendem na escola. Outras fábulas revolucionárias inspiram imagens de soldadinhos de brinquedo e homens de peruca; são alternadamente inspiradoras ou pitorescas, mas sempre distantes. Não é o que acontece com os soldados sofredores de Valley Forge. Trata-se de uma história sobre forças elementares.

Em lugar nenhum a história é tão bem contada quanto em *The Winter at Valley Forge*, de F. Van Wyck Mason, um dos "Landmark Books", livros fundamentais, escritos para o público jovem em meados do século XX: "Que milagre realizou-se em Valley Forge! Esse acampamento de inverno com sua dor e sofrimento, sua angústia e desespero, pode bem ser chamado de momento crítico da Revolução". A obra clássica de Mason, que apresentou a história a toda uma geração, descreve soldados dedicados que suportam frio e neve pelo bem do seu país. O inverno de 1777-8, escreve Mason, foi "um dos invernos mais cruéis da história do nosso país". Enquanto "as nevascas uivavam" e "o gelo engrossava", os rebeldes "encontraram nova coragem, nova resolução, nova fé em sua causa".[1] Essa idéia básica dá firmeza à narrativa tradicional da Revolução Americana: soldados sofredores, alimentados pela fé, suportaram não só a ira do Império Britânico como o pior que o próprio Deus podia lhes mandar.

Há dois componentes importantes na história. Primeiro, a noção de "sofrer com paciência". Dizem-nos que os patriotas estavam dispostos a suportar dificuldades extremas por ser muito forte a crença em seu país. Eram gente humilde, não eram ricos e arrogantes, como os britânicos. Mais uma vez, gostamos de nos ver como Davi travando uma batalha com

MITOS SOBRE A FUNDAÇÃO DOS ESTADOS UNIDOS

Golias. Os rebeldes, embora em menor número e com menos classe, tinham *caráter*. Fariam qualquer coisa pela causa da liberdade.

Em segundo lugar, há a idéia da mão cruel da natureza. Sem as nevascas e o frio terrível, haveria pouco a enaltecer nesse acampamento de inverno do Exército Continental; em termos militares, o acampamento de Valley Forge foi um mero interlúdio e, em termos de baixas no campo de batalha, aqueles foram os meses mais tranqüilos de todo o decorrer da Guerra Revolucionária.[2]

Ambas as subtramas estão erradas. Os soldados não sofreram em silêncio. Costumavam queixar-se e pilhar os vizinhos; às vezes, desertavam ou se amotinavam. E dificilmente se poderia jogar a culpa no clima. O inverno passado em Valley Forge foi mais ameno que o normal. Já dois anos depois, pelo contrário, os soldados continentais sobreviveram ao inverno mais frio dos últimos quatrocentos anos no litoral oriental dos Estados Unidos; o estranho é que, ainda assim, raramente se conta essa história.

UM POUCO DE RESPEITO

A história de Valley Forge, em seu formato tradicional, é desrespeitosa com os soldados que suportaram anos de dificuldades, puseram sua vida em perigo e, em muitos casos, de fato morreram para que os Estados Unidos pudessem conquistar e manter a sua independência. Para dar a esses patriotas o respeito que merecem, temos de parar de criar fantasias idealizadas de como se comportavam.

Em Valley Forge e durante toda a Guerra Revolucionária, os soldados continentais exigiram a comida, as roupas e o pagamento que lhes tinham sido prometidos — e com toda a razão. Se não cuidassem de seus próprios interesses e necessidades, não seriam capazes de manter-se no campo de batalha e enfrentar o inimigo. Para avaliar isso, temos de entender quem eram realmente esses homens e como chegaram a servir no Exército Continental.

Gostaríamos de acreditar em outra coisa, mas os Estados Unidos conquistaram a sua liberdade com a ajuda de atiradores contratados. No início da guerra, em 1775, todo tipo de gente se apresentou para lutar. Fazendeiros e artesãos, ricos e pobres, patriotas jovens e velhos se ofereceram

O INVERNO EM VALLEY FORGE

com zelo incomum. Mas isso não podia durar. No final de 1775, os fazendeiros tinham voltado às suas fazendas e os artesãos, às suas oficinas. Como a maioria das pessoas tinha os seus próprios negócios para cuidar, o Congresso achou difícil convencer recrutas a lutar pelo seu país. "Os poucos que agem por princípios de desinteresse", disse George Washington ao Congresso em setembro de 1776, "são, comparativamente falando, nada além de uma gota no oceano."[3]

Com relutância, o Congresso Continental ofereceu recompensas aos que concordassem em entrar para o exército. Isso ajudou, mas não resolveu. A partir de 1777, o Congresso fixou o número de companhias que cada estado teria de recrutar para o Exército Continental. Estados e cidades, na esperança de preencher a sua cota, acrescentaram os seus próprios bônus, mas nem isso adiantou. Sem voluntários suficientes, a maioria das comunidades recorreu à conscrição obrigatória. Mas a conscrição funcionava de forma diferente naquela época: o conscrito tinha apenas de apresentar um corpo, quer fosse seu, quer de outra pessoa. Os que tinham meios suficientes, quando convocados, contratavam os que procuravam emprego para ocupar o seu lugar. Dessa maneira, as fileiras do Exército Continental se encheram de rapazes ávidos de aventuras e homens sem propriedade nem emprego. Foram esses que se arrastaram até Valley Forge em 19 de dezembro de 1777.

Os civis — os que não se alistaram — não demonstravam muito amor pelo Exército Continental nem pelos soldados que o constituíam. Temiam os exércitos regulares em geral (na verdade, essa era uma das maiores queixas contra a Grã-Bretanha) e desprezavam os homens que realmente passaram a servir nele. Como observou o historiador John Shy, "os homens que suportaram o mais pesado fardo militar estavam um tanto *abaixo* da média dos americanos coloniais. Como grupo, eram mais pobres, mais marginais, com posição menos embasada na sociedade".[4] O exército tornou-se representativo não da população americana, mas apenas de suas classes mais baixas: homens e rapazes pobres, trabalhadores braçais e aprendizes e até índios e ex-escravos.

Este não era na verdade um exército de cidadãos, como se pretendia originalmente; estava muito mais próximo do modelo europeu do que os americanos (tanto os da época quanto os de hoje) gostariam de admitir.

MITOS SOBRE A FUNDAÇÃO DOS ESTADOS UNIDOS

Muitos civis da época preferiam fingir que não viam, ignorando em vez de apoiar os homens que tinham se tornado soldados profissionais. Os fazendeiros quacres que moravam perto de Valley Forge tinham as suas próprias razões para se ressentir dos combatentes presbiterianos e congregacionistas, rapazes cujo negócio era matar, enquanto os soldados, por sua vez, reclamavam dos "malditos quacres" que não "eram amigos da causa em que estamos engajados".[5] Os soldados passaram a irritar-se com a falta de apoio que recebiam não só dos quacres como também daqueles "que comem torta de abóbora e peru assado". [6] Cada vez mais, os atiradores contratados do Exército Continental viam-se como uma classe isolada.

Costuma-se dizer que, em Valley Forge, o barão Von Steuben incutiu a disciplina militar no heterogêneo Exército Continental. Transformou fazendeiros em soldados. Embora haja alguma verdade nisso, os fazendeiros se transformaram em soldados não só ao marcharem sob as ordens dos seus oficiais mas também ao desenvolverem um senso de identidade único, separado e distinto de todos os outros norte-americanos. De fato se tornaram um exército profissional, com todas as suas consequências.

Mal preparado para sustentar um exército permanente, o Congresso deixou que o Departamento de Intendência desmoronasse. Comida e roupas, muito necessárias, nunca chegavam. O Congresso e não a força nua e crua da Natureza foi o responsável pela falta de provisões que causou tanto sofrimento aos soldados.

Forçados a cuidar de si mesmos, os soldados se aventuraram além de Valley Forge para pilhar os civis locais. John Lesher, que morava a quarenta quilômetros de distância, queixou-se de não ser "senhor de nenhuma coisa individual que possuo". Os soldados americanos, disse ele, "sob as sombras da baioneta e a acusação de *tory,* agem como querem".[7] Os fazendeiros ficaram tão desanimados que ameaçaram não plantar mais nada. Anos depois, o soldado Joseph Plumb Martin admitiu que "'pegar e correr' era sempre o lema do soldado revolucionário".[8]

Em outros momentos da guerra, George Washington proibiu várias vezes a pilhagem, mas em Valley Forge foi obrigado a sancionar a prática. Embora usasse a educada expressão, "procurar comida", em vez de "pilhagem" ou "saque", o comandante-em-chefe ordenou aos soldados que limpassem o campo.[9] Os fazendeiros eram detidos a caminho do mercado, as casas, vasculhadas, e as lojas, privadas de todas as provisões. Os relutantes habitantes do local, acostumados a ter suas hortaliças, cereais, leite e carne pagos com dinheiro de verdade, só recebiam notas sem valor. O soldado Martin recordou que, em Valley Forge, recebeu ordens diretas do intendente-geral "de ir para o campo numa expedição de procura de comida, que era nada mais nada menos que obter provisões dos habitantes para os homens do exército (...) na ponta da baioneta".[10]

Os soldados atendiam às suas necessidades de outras maneiras também. Alguns simplesmente fugiam. Segundo a narrativa tradicional, todos os homens permaneceram fiéis; na verdade, oito a dez homens desertavam de Valley Forge a cada dia.[11] Em 12 de fevereiro de 1778, durante um período de extrema escassez, Washington escreveu: "Descobrimos que os soldados continentais (principalmente aqueles que não são nativos) são muito dados a desertar dos piquetes".[12]

A história-padrão também ignora os motins, além das deserções. Em 23 de dezembro de 1777, Washington relatou que "um perigoso motim" duas noites antes fora suprimido "com dificuldade".[13] Em fevereiro, Washington contou que "fortes sintomas de descontentamento" tinham surgido e temia que "um motim geral e dispersão" pudessem estar próximos se as queixas não fossem concretamente levadas em conta.[14] Em abril, Washington lamentou que noventa oficiais da linha da Virgínia tivessem acabado de renunciar, que outros estivessem seguindo o exemplo, e temia "pela própria existência do Exército".[15] Embora Washington pudesse estar exagerando para impressionar, fica claro que os soldados sofredores não suportavam o seu destino silenciosa e heroicamente — eles se viravam. Se os Estados Unidos queriam um exército, teriam de tratar melhor os seus soldados. Os soldados rasos afirmaram isso de modo enfático com ameaças de motim ou simplesmente fugindo. Os oficiais ameaçavam renunciar e muitos o fizeram. Ações assim conseguiram chamar a atenção de Washington e depois, através dele, do Congresso e das autoridades do estado. Por fim, as queixas dos soldados tiveram algum resultado, ainda que mínimo. Se não exprimissem o seu descontentamento e não agissem de acordo com ele, o exército provavelmente teria se dissipado.

MITOS SOBRE A FUNDAÇÃO DOS ESTADOS UNIDOS

Conforme a guerra se arrastava, os motins tornaram-se causa concreta de preocupação. Os mais famosos — revoltas nas fileiras de Connecticut, Pensilvânia e Nova Jersey, a marcha sobre o Congresso de 21 de junho de 1783, a abortada "Conspiração de Newburg" (ver parágrafo seguinte) — constituem apenas a ponta do *iceberg*. Relatos em primeira mão de praças e oficiais revelam que a resistência era a regra e não a exceção. Os soldados do Exército Continental ameaçaram várias vezes resolver as coisas com as próprias mãos até que as suas necessidades básicas fossem atendidas.

Contar os atos de resistência dentro do exército é anátema para a ilusão do sofrimento com paciência. Já que os soldados do Exército Continental desertaram em grande número e como os motins eram muito mais comuns do que em todas as guerras que esta nação já travou contra um inimigo estrangeiro, a narrativa tradicional da história de Valley Forge precisa de uma tática imaginosa ou bancar a avestruz para enfrentar o que de fato aconteceu. *Liberty!*, livro que acompanha o documentário de seis horas da rede de TV PBS sobre a Revolução Americana, anuncia inequivocamente que "as deserções foram relativamente poucas" em Valley Forge.[16] Os escritores populares costumam deixar de lado a questão dos motins contando uma história sobre George Washington e a "Conspiração de Newburg". Nos idos de março de 1783, em seu quartel-general de Newburg, em Nova York, dizem que o amado comandante-em-chefe dissolveu um movimento de oficiais para marchar sobre o Congresso com uma simples observação casual: "Senhores", teria dito, "permitam-me colocar os óculos, pois não fiquei apenas grisalho, mas também quase cego a serviço do meu país." Esta frase, é o que contam, foi o que bastou para impedir todas as atividades de revolta ou traição: "Isso emocionou profundamente os oficiais e lágrimas encheram-lhes os olhos", prossegue a história. "Mais uma vez sentiram um tremendo surto de afeição pelo comandante que os liderara a todos até tão longe e por tanto tempo."[17] E já chega sobre motins no Exército Continental.

Tal recusa despreocupada de levar a sério as queixas dos soldados é insultante e antipatriótica. Romantizar as suas experiências na tentativa de enaltecê-los na verdade os desonra. Sem esses homens, o nascente governo dos Estados Unidos teria desmoronado. A reação verdadeiramente

O INVERNO EM VALLEY FORGE

patriótica, em vez de negar ou ignorar motins e deserções, é examinar a vida e as façanhas reais dos soldados com o máximo possível de detalhes.

Com esse fim, não temos informante melhor do que Joseph Plumb Martin. Embora contasse que ele e outros conseguiram suportar o inverno em Valley Forge por meio da pilhagem, suas dificuldades não terminaram na primavera seguinte. Martin contou que, dois anos depois, em maio de 1780, "o monstro da fome ainda nos visitava; não seria expulso por nenhum dos nossos esforços, pois ali estava a velha história de passar fome, tão comum como sempre". Os soldados continentais foram forçados a enfrentar o dilema mais profundo que qualquer norte-americano já teve de arrostar:

> Os homens agora estavam exasperados além do suportável; não podiam mais agüentar. Não viam alternativa senão morrer de fome ou abandonar o exército, desistir de tudo e ir para casa. Isso era uma coisa difícil para os soldados decidirem. Eram realmente patriotas, amavam o seu país e já tinham sofrido tudo, exceto a morte, por sua causa; e agora, depois de dificuldades tão grandes, desistir de tudo era demais, mas morrer de fome era demais também. O que fazer? Ali estava o exército, faminto e nu, e lá estava o país todo sentado à espera de que o exército fizesse coisas de espantar enquanto desmaiava por pura falta de comida.[18]

Esta é a verdadeira história de Valley Forge, e durou oito longos anos. Mostra homens e rapazes pobres que lutaram no lugar dos mais remediados. Quando esses soldados deixaram de receber alimentação adequada, um mínimo de fardamento e o soldo que lhes tinham prometido, foram obrigados a sopesar suas opções: deveriam suportar em silêncio as dificuldades, resmungar entre si ou criar uma confusão? Se tudo o mais falhasse, deveriam amotinar-se ou simplesmente ir embora? Todas as alternativas eram possíveis, nenhuma favorável. Além de passar fome e combater o inimigo, os soldados tinham de lidar com esse problema insolúvel dia a dia.

Nesse caso específico, Joseph Martin e seus compatriotas escolheram agir com mais vigor. "Suportamos o máximo que a natureza humana poderia agüentar, e suportar mais tempo achamos que era loucura", continuou Martin. Certo dia, numa marcha, os soldados começaram a "grunhir como cães irri-

MITOS SOBRE A FUNDAÇÃO DOS ESTADOS UNIDOS

tados, (...) respondendo mal aos oficiais e agindo contra as suas ordens".[19] Isso levou a uma série de eventos às vezes rotulada de "motim nas fileiras de Connecticut". Tecnicamente, o comportamento dos soldados foi amotinado, pois questionaram a autoridade dos oficiais; em certo momento, chegaram a apontar a baioneta para o peito dos que estavam no comando. Mas os soldados não tentavam tomar o poder; queriam apenas merecer um pouco de respeito e o aumento correspondente das rações. Fizeram o que tinham de fazer e nada mais — e conseguiram resultados: "A nossa agitação acabou nos fazendo bem", contou Martin, "porque recebemos provisões logo depois".[20]

UM CONTO DE DOIS INVERNOS

O inverno de 1777-8 não foi "um dos invernos mais cruéis da história do nosso país". Não temos registro das temperaturas diárias de Valley Forge, mas na vizinha Filadélfia, a apenas 27 quilômetros de distância, a temperatura ficou um pouco acima da média histórica (ver tabela). Em mais da metade das manhãs de inverno, não houve geada. Os soldados só tiveram de suportar um período mais extenso de muito frio entre 29 e 31 de dezembro, e o termômetro só duas vezes caiu, e por pouco tempo, abaixo dos dez graus negativos. Houve alguma neve, mas nenhuma tempestade memorável. A neve foi "moderada, não pesada", segundo o historiador do clima David Ludlum. "Com base nas estatísticas do frio", escreve Ludlum, "o inverno de 1777-8 não foi rigoroso".[21]

Dias com temperatura abaixo do ponto de congelamento — Filadélfia[22]

	1777-1778	MÉDIA HISTÓRICA
Dezembro	17	21
Janeiro	15	25
Fevereiro	13	22
Março	5	14

É irônico que os soldados do Exército Continental tivessem de agüentar um inverno especialmente cruel, mas não durante o seu aquartelamento em Valley

108

Forge. Enquanto estavam acampados em Morristown, Nova Jersey, em 1779-80, enfrentaram o inverno que, segundo Ludlum, foi "a estação mais rigorosa de toda a história americana".[23] Na Filadélfia, a temperatura *máxima* do dia subiu acima de zero uma única vez durante o mês de janeiro.[24] Em 20 de janeiro, Timothy Matlack escreveu de Filadélfia a Joseph Reed: "A tinta agora congela em minha pena a um metro e meio do fogo da minha sala, às 4:00 da tarde".[25] Em Nova York, um termômetro no quartel-general britânico marcou −16° Fahrenheit [−26,5°C]; a leitura oficial mais baixa desde então foi de −15°F [−26,1°C].[26] Em Hartford, a leitura diária do termômetro revelou que janeiro de 1780 foi o mês mais frio registrado na história. Em vinte e um dias, a temperatura caiu abaixo dos 10°F [−12°C]; entre 19 e 31 de janeiro, registraram-se temperaturas abaixo de zero grau Fahrenheit [−17°C] em nove dias diferentes, com a mínima de −22°F [−30°C].[27]

Com temperaturas tão baixas e o frio durando tanto tempo, os rios e baías congelaram. Em Nova York, os rios Hudson e East transformaram-se em gelo. O mesmo aconteceu com o porto de Nova York, com boa parte do estreito de Long Sound e com parte do próprio oceano. Para o sul, o rio Delaware congelou, assim como grandes porções da baía de Chesapeake. Na Virgínia, os rios York e James ficaram sólidos. Ainda mais para o sul, na Carolina do Norte, o estreito de Albermarle virou gelo. Segundo David Ludlum, nada parecido jamais acontecera desde a chegada dos europeus, e ainda está para acontecer:

> Durante somente um inverno na história meteorológica registrada americana todas as enseadas, portos e estreitos da planície costeira atlântica, da Carolina do Norte para o norte, congelaram e permaneceram fechados à navegação por um período de um mês inteiro ou mais. Isso aconteceu durante o chamado "Rigoroso inverno de 1780", período importantíssimo durante a guerra em que os soldados americanos do general Washington, insuficientemente abrigados, malvestidos e subnutridos em Morristown, nas colinas do norte de Jersey, vigiavam o exército britânico, aquartelado com muito mais conforto na cidade de Nova York, a pouco mais de trinta quilômetros de distância.[28]

Durante um inverno apenas, baías e rios congelados tornaram-se novas estradas. Desertores rebeldes cruzaram o Hudson a pé, de Nova Jersey a

MITOS SOBRE A FUNDAÇÃO DOS ESTADOS UNIDOS

Nova York, sob controle dos britânicos. Mercenários alemães originários de Hesse, que desertaram do exército britânico, cruzaram a pé o estreito de Long Island até Connecticut, controlado pelos rebeldes. Os britânicos transportaram lenha em trenós, cruzando o rio Hudson de Nova Jersey até Manhattan. Também mandaram trenós com provisões de Manhattan para a ilha Staten e chegaram a arrastar canhões pelo gelo; enquanto isso, um destacamento da cavalaria britânica levava seus cavalos pelo porto de Nova York no sentido oposto. Trenós cruzavam o Chesapeake de Baltimore até Annapolis. Se Washington tivesse decidido fazer a sua famosa travessia do Delaware durante o "rigoroso inverno" em vez de três anos antes, poderia ter dispensado os barcos — os soldados simplesmente marchariam sobre as águas congeladas.[29]

Juntamente com o frio e o gelo veio a neve. A maior nevasca de Morristown aconteceu em 18 de dezembro de 1779, e depois dela o chão se manteve coberto durante três meses. No final de dezembro e no início de janeiro, uma série de tempestades violentas varreu todo o nordeste. Em 28-29 de dezembro, o vento derrubou várias casas na cidade de Nova York. Em Morristown, vários pés de neve caíram durante a primeira semana de janeiro. Joseph Plumb Martin recordou o efeito da tempestade sobre os soldados:

O inverno de 1779-80 foi muito rigoroso; foi chamado de "rigoroso inverno" e foi rigoroso especificamente para o exército, em mais de um aspecto. O período da revolução foi chamado várias vezes "a época que pôs à prova a alma dos homens". Acho muitas vezes que aquela época não pôs à prova somente a alma dos homens, mas seus corpos também; sei que pôs à prova o meu e inteiramente. (...)

Em certa ocasião nevou durante a maior parte de quatro dias sucessivos e caíram quase outros tantos pés de neve, e essa foi a base da estrutura da fome. Ficamos absoluta e literalmente quase mortos de fome. Declaro solenemente que não pus uma só porção de alimento em minha boca durante quatro dias e outras tantas noites, a não ser um pequeno pedaço de casca de bétula negra que arranquei de uma varinha, se é que isso pode ser chamado de comida. Vi vários homens assarem os sapatos

110

velhos e comerem-nos, e mais tarde fui informado por um dos serventes dos oficiais que alguns deles mataram e comeram um cachorrinho de estimação que pertencia a um deles. — Se isso não era "sofrimento" peço para ser informado o que pode ser chamado por este nome; se "sofrimento" como este não "põe à prova a alma dos homens", confesso que não sei o que poderia fazê-lo.[30]

Enquanto os soldados lutavam para continuar vivos, os oficiais se preocupavam com o impacto sobre seu exército. Em 5 de janeiro de 1780, o general Nathanael Greene escreveu em Morristown: "Aqui estamos cercados de bancos de neve, e é bom que estejamos, porque, se fosse fácil viajar, acredito que os soldados pegariam suas coisas e marchariam, por estarem sem provisões há dois ou três dias".[31] No dia seguinte, os piores temores de Greene quase se realizaram: "O Exército está a ponto de debandar por falta de provisões", relatou. Em 8 de janeiro, Ebenezer Huntington descreveu: "a neve é muito funda & o clima mais frio que já vivi há três semanas inteiras. Homens quase nus & o que é ainda pior, quase mortos de fome".[32] Huntington, nessa época, não sabia que o tempo mais frio ainda estava por vir.

No mesmo dia, 8 de janeiro de 1780, o próprio Washington fez uma avaliação muito soturna: "A situação atual do Exército no que tange às provisões é a mais angustiante que já sofremos desde o início da guerra" — e isso incluía o inverno passado em Valley Forge.[33] Johann de Kalb, que servira como oficial sob o comando de Washington, afirmou de modo decidido: "Os que só estiveram em Valley Forge e Middlebrook durante os dois últimos invernos mas não provaram a crueldade deste não sabem o que é sofrer".[34] Para todos os que passaram pelos dois invernos, não havia dúvida: Morristown foi de longe o pior.

As dificuldades continuaram. Como a neve impediu o envio de suprimentos, os soldados tiveram de enfrentar boa parte do inverno com frio e fome. Quanto tempo suportariam? Em 10 de fevereiro o general Greene relatou mais uma vez: "O nosso Exército está a ponto de debandar por falta de provisões".[35] Finalmente, em meados de março, o clima esquentou e a neve derreteu. Os suprimentos chegaram e o pior passou. Em 18

MITOS SOBRE A FUNDAÇÃO DOS ESTADOS UNIDOS

de março, Washington resumiu a experiência numa carta ao general Lafayette: "Os mais velhos que vivem hoje neste país não se lembram de um inverno tão rigoroso quanto aquele do qual estamos saindo agora. Numa palavra, a severidade do frio excedeu tudo o que já se viveu nesse clima antes".[36]

Para os soldados, nada foi pior que Morristown. Mas o Exército Continental atravessou-o intacto. Segundo os que estavam no local na época, não aqueles que contariam a história gerações depois, Morristown foi verdadeiramente o ponto mais baixo da guerra — o "Valley Forge" da vida real.

Por que, então, fazemos tanta onda com "o inverno em Valley Forge", enquanto o "rigoroso inverno" de Morristown foi quase esquecido? Os soldados revolucionários, esfarrapados e mal alimentados, tiveram de enfrentar o clima mais inclemente dos últimos quatrocentos anos; por que isso não faz parte do padrão da nossa história?

A resposta, em resumo, é que Valley Forge se encaixa melhor na história que queremos contar, enquanto Morristown é quase um motivo de vergonha. Em Valley Forge, diz a lenda, os soldados sofreram em silêncio e com resignação. Mantiveram-se fiéis ao seu comandante. Em Morristown, por outro lado, amotinaram-se — e isso não combina com o tema do "soldado sofredor".

Como lenda, Morristown não funciona também por outras razões. Em primeiro lugar, os soldados do Exército Continental acamparam ali durante quatro invernos diferentes e isso é confuso demais.[37] O "rigoroso inverno" foi o segundo deles. No inverno seguinte, em 1º de janeiro de 1781, a tropa da Pensilvânia encenou o maior e mais bem-sucedido motim da Guerra Revolucionária. Embora não tenha acontecido durante o inverno de 1779-80, qualquer menção a Morristown exigiria pelo menos alguma menção a esse motim, que muitas narrativas convenientemente deixam de fora. A Brigada de Nova Jersey também acampou em Morristown durante aquele terceiro inverno e também tinha acabado de se amotinar; o levante não teve sucesso e culminou com a execução de vários amotinados. Incluir tudo isso sabotaria uma característica básica da lição do "soldado sofredor": é claro que esses patriotas não suportaram seu sofrimento em silêncio.

Além disso, contar a saga completa de Morristown revelaria que as dificuldades dos soldados continuaram durante a guerra, praticamente sem alívio. Os soldados do Exército Continental nunca receberam a ajuda de que precisavam nem o respeito que mereciam. Admitir isso deixaria mal a população civil. Por que os outros patriotas não foram em auxílio daqueles que lutavam?

A fábula de Valley Forge, por outro lado, nos conta o que queremos ouvir. Supostamente, os soldados aprenderam a se comportar quando o barão Von Steuben os pôs em forma no chicote. Não houve grandes levantes. Os soldados eram supostamente obedientes e bem-comportados. Permaneceram fiéis a Washington quando o seu comando foi ameaçado pela intriga. Tudo isso parece bom.

Além disso, Valley Forge e a vitória americana em Saratoga aconteceram em rápida sucessão. Do ponto de vista da narrativa, isso funciona bem. Valley Forge foi o "ponto mais baixo" e Saratoga o "momento decisivo" da Guerra Revolucionária. (Estranhamente, o ponto mais baixo aconteceu pouco *depois* do momento decisivo, mas em geral essa falha técnica é deixada de lado.) Depois de Valley Forge, a hora mais negra supostamente passou. Veio a primavera e, depois que os soldados provaram o seu valor, os seus problemas acabaram. Essa narrativa mítica baseia-se na imagem clássica da renovação sazonal, não na documentação histórica. Embora as dificuldades tenham continuado e até aumentado até o fim da guerra, e embora os motins tenham se tornado mais violentos, a fábula de Valley Forge serve para suprimir tais dificuldades posteriores. As narrativas podem referir-se a "soldados sofredores" num momento exato e bem definido, sem incluir os levantes muito mais graves que se seguiram. Ao contar a história do sofrimento dos soldados ali, os escritores não têm de voltar a ele depois, quando o espírito de resistência varreu o Exército Continental.

Finalmente, Valley Forge serve para construir uma história de força, porque muitos soldados morreram. Na verdade, as mortes se deveram sobretudo a doenças de quartel — o frio e a fome ceifaram poucas vidas —, mas isso raramente se diz, porque a doença provoca pouca sensação dramática e pouco sentimento patriótico. (Na verdade, mais soldados perderam a vida devido a doenças do que nas mãos do inimigo durante a Guerra Revolucionária.[38]) Ainda assim, algumas mortes sempre ajudam o andamento de uma história. Levam-nos a acreditar que o inverno em Valley Forge foi tão rigoroso que realmente morreu gente por causa dele — e tudo isso sem reclamar. Que grandes patriotas deviam ser!

TERRENO SAGRADO: A HISTÓRIA NUM RELICÁRIO

Ninguém enalteceu Valley Forge durante a Revolução propriamente dita. Na época, o triste sofrimento dos soldados nesse acampamento de inverno foi um segredo militar bem guardado — mantido longe dos ouvidos britânicos, que poderiam aproveitar o momento para atacar, e diminuído para os franceses, que poderiam negar ajuda se soubessem demais sobre o esfarrapado Exército Continental. Pouco antes do Natal de 1777, depois de montar acampamento em Valley Forge, Washington disse ao Congresso: "Com base na segurança e na política, sou obrigado a esconder o verdadeiro estado do Exército das vistas do público". Mas os membros do Congresso, confiava ele, deviam saber que houvera "uma omissão total do abastecimento". A situação era tão ruim, contou ele, que "temos (...) nada menos que 2.898 homens hoje em campo sem condições de servir porque estão descalços e quase despidos".[39]

As queixas de Washington ao Congresso, contidas em suas cartas de 22 e 23 de dezembro de 1777, constituem a documentação básica da história de Valley Forge. Sem dúvida, Washington fez os seus tristes relatórios por razões muito práticas: queria forçar os delegados do Congresso à ação pelo choque. O Departamento de Intendência estava numa situação de colapso, incapaz de fornecer muitos itens essenciais. Sem "esforços mais vigorosos", avisou, "este Exército deve dissolver-se".[40] Anos depois, os escritores citariam as solicitações de Washington como fonte definitiva sobre os soldados sofredores de Valley Forge, embora muitos tenham preferido ignorar os seus repetidos avisos de que os descontentes estavam à beira do motim. Sem as palavras suplicantes de Washington, escolhidas para provocar o máximo de efeito, provavelmente não haveria a lenda de Valley Forge. Em Morristown, dois anos depois, Washington pintou um quadro igualmente sinistro, também pensado para fazer efeito — mas essas palavras foram devidamente esquecidas.

Depois da guerra, assim como durante a guerra, os civis preferiram não insistir no triste estado do Exército Continental, fosse em Valley Forge, fosse em Morristown. A própria existência do exército era motivo de embaraço para muitos americanos, que se opunham a exércitos regulares com base em princípios republicanos. O estado decrépito desse conjunto específico de homens e rapazes de classe baixa era especialmente vergonhoso. Se alguém tivesse inventado a história de Valley Forge naquela época, seria considerado antipatriota.

Os historiadores do pós-guerra não romantizaram o acampamento de inverno em Valley Forge. David Ramsay (1789) dedicou apenas uma frase e meia a Valley Forge em mais de setecentas páginas. Embora William Gordon (1788) e John Marshall (1804) tenham descrito o acampamento e citado as cartas de Washington, não o trataram como momento decisivo da história da Revolução nem afirmaram que os soldados sempre suportaram as dificuldades em silêncio. Na verdade, Marshall enfatizou que os soldados tomaram provisões dos fazendeiros locais, e todos os primeiros historiadores incluíram extensas discussões sobre os motins posteriores, indicativos do descontentamento dos soldados.[41]

No início da década de 1800, alguns norte-americanos começaram a concentrar-se na idéia de "sofrer com paciência" e fixaram essa noção num tempo e lugar específicos: o acampamento de 1777-78 em Valley Forge. Em 1805, mais de 25 anos depois do acontecido, Mercy Otis Warren descreveu a situação dos soldados com detalhes nítidos:

A firmeza e a paciência desse pequeno exército superaram todas as dificuldades. Esperaram muito, em meio a penúria, fome e frio, pelos suprimentos necessários. (...) Sem matéria-prima para construir a partir do nada os seus abrigos para o frio, a umidade da situação, a terra molhada onde estavam, provocou doença e mortalidade entre eles em grau espantoso.

MITOS SOBRE A FUNDAÇÃO DOS ESTADOS UNIDOS

Talvez Warren tenha sido a primeira a usar esta experiência como característica capaz de definir a Revolução:

> Vimos, no decorrer da narrativa dos eventos ocorridos durante a guerra, os exércitos dos estados americanos a sofrer fome e frio, nudez, fadiga e perigo com paciência e valor sem iguais. A correta noção da importância da disputa em que estavam envolvidos e a ruína e desgraça certas em que eles e seus filhos se envolveriam com a derrota do seu objetivo foram um forte estímulo para o sofrimento resignado.[42]

Quaisquer "murmúrios" de descontentamento, concluiu ela, foram rapidamente aquietados pelo "apego aos seus oficiais comandantes, a confiança na fé do Congresso e os princípios sóbrios de independência, justiça e igualdade".

Para os soldados de verdade aquartelados em Valley Forge, "confiança na fé do Congresso" pareceria uma piada de mau gosto. O Congresso deixou de pagá-los como prometido, nem sequer os alimentou e vestiu, e os soldados ressentiram-se amargamente disso. Mas Warren preferiu pintar um quadro aconchegante: o Congresso e o exército desgastado unidos numa causa comum. Ironicamente, a história do "sofrimento resignado" começava a tomar forma para demonstrar a unidade entre soldados e civis — embora o sofrimento dos soldados pudesse ser diretamente atribuído à falta de apoio civil, e isso, na verdade, não trouxe o fim do mal-estar.

À medida que a idéia de "sofrimento resignado" se assentava, foi associada ao acampamento de Valley Forge. Quando David Ramsay publicou a sua *Vida de George Washington* em 1807, incluiu uma exposição bem mais longa de Valley Forge do que em sua obra anterior.[43] No ano seguinte, na sexta edição de sua popularíssima *Vida de Washington*, Mason Weems contou uma nova história: o comandante-em-chefe, quando sozinho no bosque em Valley Forge, foi visto a rezar ajoelhado.[44] Durante mais de um século essa imagem pia seria repetida incontáveis vezes, um testemunho da fé do homem, do Exército e da nação.

Trinta anos depois, os civis não viam mais os combatentes do Exército Continental como uma ameaça. Bem ao contrário: na mobilização militar

O INVERNO EM VALLEY FORGE

que culminou com a Guerra de 1812, os escritores e oradores patrióticos acharam conveniente exaltar as virtudes dos homens que venceram a Guerra Revolucionária. Em seu discurso de 4 de julho de 1812 no Congresso, Richard Rush louvou as "nobres conquistas" dos soldados revolucionários e depois insistiu que os americanos não deviam "desonrar" sua memória deixando de responder àquela convocação às armas.[45]

Os veteranos que já tinham sido alvo de desprezo viram-se de repente festejados. Os locais de suas bravas façanhas foram consagrados e isso trouxe Valley Forge à baila. O número de maio de 1812 da *Monthly Magazine and Literary Journal*, da Virgínia, sugeriu a santificação de Valley Forge como "solo clássico para a posteridade" por causa da "labuta" e dos "sofrimentos" que os soldados tinham agüentado por lá.[46] Morristown, com o seu legado ensombrecido por motins, não foi enaltecida da mesma forma — não se podia atribuir "sofrimento resignado" a tal lugar.

Os veteranos da Guerra Revolucionária naturalmente receberam bem a mudança de atitude e deram-lhe um sentido prático. Sim, tinham sofrido com resignação — então agora, finalmente, deviam ser compensados. Trazer à baila a lembrança dos motins, nessa conjuntura, seria contraproducente. Os veteranos fizeram muita pressão para receber pensões e em 1818, quarenta anos depois do acampamento de Valley Forge, o Congresso finalmente resolveu concedê-las aos soldados revolucionários que pudessem provar que tinham servido e que estavam necessitados.

A partir desse ponto, o sofrimento resignado dos soldados de Valley Forge tornou-se um refrão comum na maioria das histórias norte-americanas. Salma Hale, em sua história de 1822 escrita tanto para crianças de escola quanto para adultos, romantizou a experiência dos soldados de Valley Forge: "Passaram o inverno em cabanas, sofreram extrema angústia por falta de roupas e comida, mas suportaram as suas privações sem um murmúrio. Como devia ser forte o seu amor pela liberdade!".[47] Charles Goodrich, que escreveu em 1823, comparou o Exército Continental em Valley Forge com o exército britânico na Filadélfia: "Enquanto os defensores do país assim sofriam e pereciam, o Exército real gozava de todo o conforto permitido por uma cidade opulenta".[48] Essa disparidade entre os americanos dedicados e os ingleses decadentes funcionou bem junto ao público patriota.

MITOS SOBRE A FUNDAÇÃO DOS ESTADOS UNIDOS

Em meados do século XIX, dificilmente sobrava alguém vivo que pudesse lembrar com exatidão a severidade do "rigoroso inverno de 1780". Nas mitologias revolucionárias, as nevascas e o frio cortante daquele inverno foram convenientemente antecipados em dois anos para coincidir com o acampamento de Valley Forge — "o cruel inverno de 1777 e 78", como foi chamado. Um jornal de 1848 noticiou com ar de autoridade que esse fora "um dos invernos mais rigorosos deste país. (...) Tão violentamente frio foi o clima e tão exaustos estavam os soldados quando começaram a marcha para Valley Forge que se viram alguns caírem mortos sob a influência entorpecedora do gelo".[49]

Em 1851, a conferência de Benjamin Lossing sobre os locais históricos revolucionários deu a Valley Forge a máxima importância:

> Valley Forge! Como é caro ao verdadeiro adorador do santuário da Liberdade o nome de Valley Forge! Lá, em meio ao gelo e à neve, à doença e às privações, a Liberdade construiu o seu altar; e em toda a história do mundo não temos registro de devoção mais pura, sinceridade mais sagrada ou auto-sacrifício mais piedoso do que o visto no acampamento de Washington. A coragem que anima o braço no campo de batalha e ofusca com seus relâmpagos brilhantes mas evanescentes empalidece diante da chama mais firme e mais intensa do sofrimento resignado, a soma do heroísmo sublime demonstrado em Valley Forge. E, se há um ponto no rosto de nossa ampla terra onde o patriotismo deveria se alegrar ao erigir o seu monumento mais elevado e mais venerado, seria no fundo daquele valezinho às margens do Schuylkill.[50]

Eis aqui a história completa de Valley Forge, quase como a conhecemos hoje.

Nas comemorações do centenário em 1876, Valley Forge já se embutira na consciência nacional. De acordo com a época, a comunidade local preparou-se para comemorar o centésimo aniversário do acampamento de inverno do Exército Continental em 1777-8. Mas que tipo de comemoração seria adequado para enaltecer os infelizes meses de Valley Forge, supostamente o ponto mais baixo da história da Guerra Revolucionária?

Uma festa de solstício de verão, é claro. Em 19 de junho de 1878, milhares de habitantes locais uniram-se a celebridades nacionais para festejar o aniversário do "dia da evacuação", o desmonte do acampamento. Capitalizando a ocasião, a Centennial and Memorial Association of Valley Forge coletou recursos para comprar o quartel-general de Washington, um ponto fixo onde os turistas poderiam prestar suas homenagens. Nos anos seguintes, locais adicionais foram preservados ou restaurados e em 1893 Valley Forge tornou-se um parque estadual. No "dia da evacuação" de 1917, o governo federal deu-lhe o seu selo de aprovação com a consagração do Arco Memorial Nacional e, em 4 de julho de 1976, dia da comemoração do bicentenário do país, o parque estadual foi transformado em Parque Histórico Nacional de Valley Forge, santuário que é, até hoje, o destino de mais de 1 milhão de peregrinos patriotas todos os anos.[51]

No último século e meio, pouco mudou na narrativa de Valley Forge. Embora a lenda de Mason Weems sobre Washington rezando na floresta não seja mais repetida como fato, e embora negros e índios sejam hoje incluídos entre os soldados descalços, as pinceladas gerais continuam as mesmas. Quando contada às crianças, a história mostra a mão cruel da natureza; quando contada a adultos, às vezes culpa tanto o Congresso quanto a natureza — mas nos dois casos os soldados provaram o seu patriotismo por meio do sofrimento resignado, e os valores enaltecidos são a obediência passiva e a devoção cega. Essas eram consideradas grandes virtudes nos primeiros estágios do nacionalismo americano e ainda são vistas como virtudes em alguns Estados modernos — mas por que nós, e por que agora? Numa democracia moderna, tal passividade parece estranhamente fora de sincronia.

Desde o princípio, os soldados revolucionários exibiram a liberdade pela qual lutavam. É compreensível que isso causasse certa preocupação a seus oficiais. Os soldados rebeldes "levam o espírito da liberdade para o campo de batalha e pensam por conta própria", queixou-se o general Richard Montgomery, um dos comandantes da expedição de Quebec. Montgomery não conseguia entender por que os soldados convocavam "um tipo de assembléia municipal" toda vez que se planejava uma manobra. "Os soldados rasos são todos generais", contou.[52] Do ponto de vista

MITOS SOBRE A FUNDAÇÃO DOS ESTADOS UNIDOS

militar, tal excesso de animação tinha de ser controlado, pelo menos até certo ponto. Mas nunca desapareceu, nem deveria ter desaparecido. Os norte-americanos valorizam a iniciativa e a independência. A história tradicional de Valley Forge amesquinha esses valores; a verdadeira história dos soldados do Exército Continental os promove. Durante toda a Guerra Revolucionária, os soldados americanos examinaram a sua situação, sopesaram as opções disponíveis, tomaram decisões e agiram do modo que acharam adequado. Tornaram conhecidas as suas necessidades e defenderam os seus direitos. Comportaram-se como americanos bons e patriotas. Não sofreram em silêncio; pelo contrário, imaginaram maneiras para melhorar as coisas. Fizeram tudo o que precisaram fazer para se manterem vivos, alimentados e aptos a continuar. Não há vergonha nisso, embora tenhamos agido como se houvesse.

PARTE III   Os sábios

CAPÍTULO 6   A Declaração de Independência de Jefferson

Como a Declaração de Independência foi, sem dúvida alguma, um documento grandioso, supomos naturalmente que só uma mente grandiosa poderia tê-la criado. Segundo consta, esta mente pertencia a Thomas Jefferson, o gênio da Revolução. A imagem de Jefferson tem sido arranhada ultimamente, porque teve filhos com sua escrava Sally Hemings — mas poucos questionam a qualidade ou a precisão do seu raciocínio ou a crença de que somente um homem do calibre intelectual de Jefferson poderia ter redigido o portentoso documento que nos destacou como nação independente.

Em *Liberty!*, Thomas Fleming observa que Jefferson não se gabou de ser o autor da Declaração de Independência. O documento não continha "novos princípios nem novos argumentos", admitiu Jefferson. Em vez disso, pretendia "ser a expressão do pensamento americano".

"Modéstia" demais, queixa-se Fleming. Não havia "pensamento americano" na época. A Declaração, apesar das negativas de Jefferson, foi toda obra dele mesmo: "Jefferson nela despejou a sua experiência de adversário dos privilégios aristocráticos da Virgínia", afirma Fleming. Só Jefferson poderia ter dito as coisas que disse. As imagens que acompanham o texto de Fleming reforçam a sua tese: vemos um retrato de Jefferson examinando um rascunho iluminado pelas velas, seguido por um fac-símile do rascunho propriamente dito, com várias exclusões e acréscimos de Jefferson.[1]

Joseph Ellis apresenta uma versão mais sofisticada do mesmo argumento. Em *American Sphinx* (*A esfinge americana*), ganhador em 1997 do National Book Award para não-ficção, Ellis observa que Jefferson estava em condições de aproveitar o trabalho de muitos outros, inclusive de George Mason, que acabara de redigir um documento muito parecido, a Declaração dos Direitos da Virgínia. Em seguida, faz uma lista de outras influências possíveis sobre Jefferson: a teoria do contrato social de John Locke, a filosofia moral do Iluminismo escocês e os livros contemporâneos sobre retórica e a arte da palavra falada.[2]

Nessa conjuntura, Ellis faz uma observação espantosa e adequada:

> No entanto, o problema básico de todas essas explicações é que transformam o pensamento de Jefferson em função exclusiva dos livros. (...) Há uma antiga tradição acadêmica — pode-se chamá-la de versão acadêmica da licença poética — que depende do pressuposto não dito de que aquilo que se pensa é, em grande parte ou inteiramente, produto do que se lê.[3]

É uma boa observação. Com certeza, somos mais do que a soma do que lemos. Mas, se não foi dos livros, de onde vieram as idéias de Jefferson? "Do fundo de si mesmo", defende Ellis. A Declaração de Independência representou "a visão de um jovem projetando seus anseios pessoais" por um mundo melhor.[4]

A visão que Ellis faz do processo criativo coloca a imaginação pessoal acima de tudo o mais. A visão interna do criador — um "sábio" — não é manchada por influências externas. Essa idéia romântica ignora o ambiente político em que Jefferson viveu. Havia uma revolução em andamento, sendo tramada há uma década. Todos se falavam e se escreviam sem parar. Envolviam-se em debates calorosos e disputados. Criavam e faziam circular petições e declarações. Naqueles anos críticos, os patriotas de todas as colônias britânicas estimularam-se a alcançar o tom de clímax da febre exigido pela revolução. As expressões revolucionárias eram afirmadas e repetidas com tanta freqüência que entraram para a própria língua. Tornaram-se o meio comum de circulação do que poderia, com bastante justiça, ser chamado de "pensamento americano".

A maioria das pessoas comuns da América do Norte não tinha estudado o *Segundo tratado sobre o governo*, de John Locke, mas em qualquer taberna do interior fazendeiros comuns sabiam recitar o princípio do "contrato social": o governo se baseia no povo e os governantes que se esquecem disso estão fadados à queda.[5] Por experiência própria e pela repetição incessante, sabiam tudo de que precisavam saber sobre a soberania popular. Pelos antecedentes e precedentes que influenciaram a Declaração de

Independência, Jefferson só tinha de procurar na taberna ou na assembléia mais próxima, onde quer que se reunissem patriotas. A "fonte" mais importante para a sua declaração vigorosa de soberania popular foi, de forma muito adequada, o próprio povo — o "pensamento americano", ao qual ele mesmo, com justiça, deu crédito.

AS "OUTRAS" DECLARAÇÕES DE INDEPENDÊNCIA

Em 4 de outubro de 1774, 21 meses inteiros antes que o Congresso Continental aprovasse o documento preparado por Thomas Jefferson, os habitantes de Worcester, Massachusetts, declararam que estavam prontos para a independência. Quatro semanas antes, tinham derrubado a autoridade britânica (ver o capítulo 4). Agora estavam prontos para substituir o antigo governo por outro. Sem nenhuma participação nem aprovação do Parlamento nem do rei, delegados de todo o Massachusetts preparavam-se para reunir-se num Congresso da Província, ainda que o governador da metrópole o tivesse declarado ilegal. A assembléia da cidade de Worcester decidiu redigir instruções para o seu representante, Timothy Bigelow. Disseram que, se as violações dos seus direitos não fossem rejeitadas no dia seguinte — uma óbvia impossibilidade —, Bigelow deveria dar o seguinte passo:

> Deveis considerar o povo desta província absolvido, por seu lado, da obrigação ali contida [no estatuto de 1691 de Massachusetts] e para todas as intenções e propósitos reduzido ao estado de natureza; e deveis esforçar-vos para criar meios e modos de construir, da dissolução da antiga constituição, como das cinzas da Fênix, uma nova forma, na qual todas as autoridades dependam do sufrágio do povo para a sua existência como tais, sejam quais forem as interpretações desfavoráveis que os nossos inimigos possam apresentar de tal procedimento. A urgência dos nossos assuntos públicos não nos deixa outra alternativa senão um estado de anarquia ou escravidão.[6]

Fazendeiros e artesãos comuns do interior de Massachusetts faziam uso prático da teoria do contrato social que Jefferson mais tarde patrocinaria

MITOS SOBRE A FUNDAÇÃO DOS ESTADOS UNIDOS

na Declaração de Independência. Já que o estatuto existente fora violado, raciocinaram essas pessoas, o contrato estava anulado e sem valor — e era hora de começar de novo.

Os patriotas de Worcester tinham um nome para a sua drástica atitude: "independência". Para os britânicos e *tories*, qualquer menção a "independência" era considerada traição — e até líderes patrióticos evitavam a palavra. Samuel Adams escreveu do Congresso Continental aos seus camaradas em casa alertando-os a não "estabelecerem outra forma de governo".[7] John Adams, também membro do Congresso, escreveu que a "independência absoluta (...) assusta as pessoas daqui". Avisou que os delegados do congresso, em sua maioria, ficaram horrorizados com "a proposta de estabelecer uma nova forma de governo só nossa".[8] Neste caso específico, o povo liderou — os "líderes" foram atrás mais tarde.

Com certeza Massachusetts estava na vanguarda, mas os patriotas de outras colônias também declararam sua disposição de romper com a Grã-Bretanha vários meses antes que o Segundo Congresso Continental encarregasse Thomas Jefferson de redigir uma declaração formal. Na Virgínia de Jefferson, a questão da independência predominou sobre todas as outras durante a primavera de 1776. A gente comum, não só os famosos nobres transformados em estadistas, adotou a idéia da independência por razões políticas, econômicas e ideológicas.[9] Além de nobres princípios, o medo dos escravos e dos índios contribuiu para o desejo de independência (ver o capítulo 8). Nas eleições de abril, os votantes compareceram em grande número e assustaram os políticos mais cautelosos. Os deputados que se opunham à independência ou à forma republicana de governo foram expulsos.[10]

Antes de enviar seus novos delegados à Convenção da Virgínia, constituintes de vários condados deram-lhes por escrito instruções específicas para votar a favor de uma declaração de independência. Charles Lee escreveu a Patrick Henry: o "espírito do povo (...) grita por esta Declaração".[11] O próprio Jefferson estava na Virgínia nessa época. "Esforcei-me ao máximo para indagar os sentimentos do povo", escreveu em 16 de maio de 1776, a apenas poucas semanas da redação do famoso rascunho. "Penso que posso dizer com segurança que nove em cada dez são a favor dela [da independência]."[12] O povo falara, o palco estava pronto. Em 15 de maio de 1776, a Convenção da Virgínia instruiu seus próprios delegados ao Congresso Continental a propor uma declaração de independência.

Agindo mais depressa que o Congresso Continental, a Virgínia foi em frente e declarou sua própria independência. George Mason preparou um rascunho da "Declaração de Direitos" da Virgínia que circulou amplamente em junho de 1776. Foi publicado na *Pennsylvania Gazette* em 12 de junho, um dia depois de Jefferson ser nomeado membro de uma comissão de cinco integrantes que redigiria uma declaração nacional. Na Filadélfia, Jefferson e os outros integrantes do comitê examinaram cuidadosamente, sem dúvida alguma, essas palavras. Duas semanas depois, Jefferson apresentou a sua própria versão revista das idéias de Mason.[13]

Esboço da Declaração de Direitos da Virgínia (George Mason)	Rascunho da Declaração de Independência (Thomas Jefferson)
1. Que todos os homens nascem igualmente livres e independentes, e têm alguns direitos naturais inerentes, (...) entre os quais estão o gozo da vida e da liberdade, com os meios de adquirir e possuir propriedade, e buscar e obter felicidade e segurança.	Consideramos por si sós evidentes estas verdades: que todos os homens são criados iguais; que são dotados pelo seu Criador de direitos inerentes e inalienáveis; que entre estes estão a vida, a liberdade e a busca da felicidade.
2. Que todo poder cabe ao povo e em conseqüência dele deriva. (...) Que o governo é, ou deveria ser, instituído para o bem comum, a proteção e a segurança do povo, da nação ou da comunidade.	Que para garantir esses direitos, se instituem governos entre os homens, que derivam os seus justos poderes do consentimento dos governados.

ESBOÇO DA DECLARAÇÃO DE DIREITOS DA VIRGÍNIA (GEORGE MASON) (*continuação*)	RASCUNHO DA DECLARAÇÃO DE INDEPENDÊNCIA (THOMAS JEFFERSON) (*continuação*)
3. De todos os vários modos e formas de governo, seja melhor aquele capaz de produzir o maior grau de felicidade e segurança (...) e que, sempre que qualquer governo venha a ser considerado inadequado ou contrário a esses propósitos, a maioria da comunidade tenha o direito indubitável, inalienável e incancelável de reformá-lo, alterá-lo ou aboli-lo, da maneira que seja julgada a mais propícia ao bem-estar do público.	Que, sempre que qualquer forma de governo se torne destrutiva desses fins, seja direito do povo alterá-lo ou aboli-lo e instituir um novo governo, baseando os seus fundamentos em tais princípios e organizando os seus poderes da forma que parecer a mais capaz de produzir a sua segurança e felicidade.

Embora a prosa de Jefferson flua mais facilmente de um ponto a outro que a de Mason, fica claro que ele não introduziu conceitos novos. Muitas frases importantes foram meramente rearrumadas. De forma alguma, Jefferson "copiou" a Declaração da Virgínia, mas evidentemente foi influenciado por ela. Isso não deveria surpreender. Era uma época de agitação frenética, mas coletiva, e os participantes da Revolução consultavam constantemente as palavras e propostas uns dos outros. Com toda a probabilidade, o próprio Mason conhecia a *Summary View of the Rights of British America* (*Visão resumida dos direitos da América britânica*), escrita dois anos antes. Sem dúvida, ambos tinham lido obras inglesas e escocesas clássicas que afirmavam conceitos revolucionários e ambos estavam familiarizados com expressões comuns entre seus pares. Mason e Jefferson bebiam da mesma rica fonte.

A Declaração da Virgínia foi apenas uma entre muitas. A historiadora Pauline Maier descobriu noventa outras "declarações" feitas por comunidades estaduais e locais nos meses imediatamente anteriores à declara-

A DECLARAÇÃO DE INDEPENDÊNCIA DE JEFFERSON

ção do Congresso.[14] (Ela não inclui as instruções de Worcester, escritas ainda antes.) Em conjunto, revelam uma grande onda de pensamento político em apoio à independência. Jefferson e Mason redigiram suas declarações com total conhecimento de que outros faziam o mesmo, ainda que não tenham consultado todos os documentos estaduais e locais.

A maioria dessas declarações assumiu a forma de instruções de cidades, condados ou associações locais aos seus deputados nas convenções estaduais, dizendo-lhes que instruíssem *seus* deputados no Congresso a votar pela independência. A cadeia de comando era clara: os representantes de cada nível deviam fazer o que mandavam os seus constituintes. O costume de redigir instruções para os deputados não se originou na Revolução Americana, mas nunca antes as instruções locais exprimiram opiniões de importância tão monumental. Agora mais do que nunca os patriotas insistiam em que o funcionamento do governo ficasse sob o seu controle imediato. Vejam o "Comitê pelo Distrito Sul do Condado de Frederick [Maryland]":

> *Resolveu, por unanimidade,* que, como o conhecimento da conduta do deputado é o único princípio e segurança permanente do constituinte, reivindicamos o direito de ser inteiramente informados nesse aspecto, menos nas operações secretas da guerra; e que manteremos sempre o deputado responsável perante este corpo do qual ele recebe a sua autoridade.[15]

Muitas instruções, embora garantissem novos poderes ao Congresso, afirmavam que os estados deveriam manter "o direito único e exclusivo" de controlar os seus próprios assuntos internos.[16] O povo não se dispunha a abrir mão da sua "independência" política, mesmo que para entregá-la a outros americanos.

Várias declarações locais apresentam descrições sucintas da teoria do contrato social. Do condado de Frederick, Maryland:

> *Resolveu, por unanimidade,* que todo governo justo e legal foi instituído para o bem-estar e conveniência do povo, e que o povo tem o direito indubitável de reformar ou abolir um governo que lhe pareça insuficiente para a exigência dos seus problemas.[17]

Os patriotas do condado de Buckingham, na Virgínia, fizeram declaração semelhante, seguida por uma visão otimista que deixaria orgulhoso o visionário sr. Jefferson: esperavam que "um governo se estabeleça na *América*, o mais livre, feliz e permanente que a sabedoria humana possa conceber e a perfeição do homem manter".[18]

Assim como a Declaração posterior, muitos desses primeiros documentos listavam queixas específicas — em geral com mais concisão e firmeza do que faria Jefferson.[19] Os delegados de mais de vinte convenções ou assembléias de cidades assinaram documento afirmando apoiar a independência com suas "vidas e fortunas", prevendo a famosa conclusão da declaração do Congresso: "Empenhamos mutuamente a nossa vida, a nossa fortuna e a nossa honra sagrada". Alguns deles acrescentaram toques criativos a esse juramento padronizado; os delegados de Boston empenharam "sua vida e o restante da sua fortuna", enquanto os patriotas de Malden, Massachusetts, concluíram: "Vossos constituintes apoiarão e defenderão a medida até a última gota do seu sangue e até o último centavo do seu tesouro".[20]

Thomas Jefferson foi um entre muitos escribas, não a única musa, do movimento americano de independência. Ignorar isso, ironicamente, é obscurecer a contribuição do próprio "povo".

UM INÍCIO LENTO

Como as sessões do Congresso Continental eram mantidas em segredo, os americanos da época não tinham como ter certeza de quem pertencia à comissão que prepararia a Declaração de Independência, quem redigiu o rascunho ou quem revisou a versão final. Essas informações, mesmo que estivessem disponíveis, seriam consideradas irrelevantes. Ninguém se preocupava em discutir autoria ou realização. Tudo o que realmente contava era a conclusão do documento: os Estados Unidos declaravam a sua independência.

Durante a guerra, mesmo nas comemorações do Quatro de Julho, a Declaração propriamente dita raramente era citada. No primeiro aniversário da independência, em 1777, quando William Gordon fez o discurso nas festividades de Boston, usou como texto básico o Velho Testamento. Quando David Ramsay fez o discurso em Charleston no segundo aniversário, usou a expressão mais comum na época, "vida, liberdade e propriedade", e não "vida, liberdade e a busca da felicidade", expressão usada na Declaração de Independência. Em 1783, depois que a guerra terminou, Ezra Stiles mencionou Jefferson pelo nome, mas não louvou o gênio sem igual do autor. Disse apenas que Jefferson "despejara a alma do continente no ato monumental da independência".[21]

Na verdade, durante a época revolucionária o esboço da Declaração de Direitos da Virgínia de George Mason foi copiado ou imitado com muito mais freqüência do que a Declaração de Independência. Nenhum dos sete outros estados que redigiram suas próprias declarações de direitos tomaram emprestadas expressões da Declaração do Congresso, mas quatro deles — Pensilvânia, Massachusetts, New Hampshire e Vermont — copiaram trechos exatos do texto de Mason, inclusive "todos os homens nascem igualmente livres e independentes".[22]

Surpreendentemente, a Declaração de Independência não foi citada com freqüência durante a redação da Constituição dos EUA em 1787, nem nos debates subseqüentes sobre a sua ratificação. As anotações feitas durante a Convenção Constitucional só fazem duas referências à Declaração, enquanto os ensaios em *The Federalist Papers* contêm apenas uma. Quando Patrick Henry falou na Convenção da Virgínia durante o debate da ratificação, perguntou retoricamente: "Qual é, senhor, o gênio da democracia?". E então passou a ler trechos da Declaração de Direitos da Virgínia, não da Declaração de Independência.[23]

Tanto David Ramsay quanto William Gordon, em suas histórias do século XVIII, se concentraram no impacto político da Declaração de Independência, não na filosofia contida em seu preâmbulo. Ramsay deixou de mencionar Jefferson como autor enquanto Gordon se referiu a ele apenas como um dos cinco integrantes da comissão que preparou o texto.[24]

Durante a década de 1790, a política partidária determinou a postura de Jefferson. Como os federalistas caluniavam Jefferson, ignoraram seu papel de autor e consideraram suspeita a própria Declaração. Expressões

MITOS SOBRE A FUNDAÇÃO DOS ESTADOS UNIDOS

como "liberdade", "igualdade" e "direitos do homem", que lembravam demais a Revolução Francesa, não se coadunavam com a sua filosofia conservadora nem com a sua política externa pró-britânica. Enquanto isso, os antifederalistas louvavam a autoria de Jefferson para promover o principal personagem do seu próprio partido político. Só quando os antifederalistas realizaram festividades separadas de Quatro de Julho no final da década de 1790 é que o nome de Jefferson foi vinculado à Declaração de Independência no discurso público.[25]

Dois historiadores da virada do século reproduziram essas posturas divergentes. John Marshall, federalista ferrenho, só mencionou Jefferson numa nota de rodapé; uma comissão de cinco membros foi formada para preparar o documento, escreveu simplesmente: "e o rascunho entregue pela comissão costuma ser atribuído ao sr. Jefferson".[26] Em vez de concentrar-se em Jefferson, Marshall mencionou várias outras declarações de independência e citou extensamente duas delas.[27] Mercy Otis Warren, do outro lado do espectro político, mostrou-se efusiva:

> O instrumento que anunciou a separação final entre as colônias americanas e a Grã-Bretanha foi redigido pela pena elegante e enérgica de Jefferson com aquela avaliação exata, precisão e dignidade que sempre marcaram o seu caráter. A declaração de independência, que fez tamanha honra ao congresso então existente, aos habitantes dos Estados Unidos e ao gênio e ao coração do homem que a redigiu (...) devia ser lida com freqüência pela juventude que cresce nos estados americanos, como salvaguarda do que jamais deveriam perder de vista caso desejem continuar a ser um povo livre e independente.[28]

Warren e outros partidários de Jefferson santificaram o autor da Declaração no início do século XIX, quando as lembranças da Revolução foram revividas e usadas a serviço de um nacionalismo crescente. Os democratas-republicanos, partidários de Jefferson, permaneceriam no poder durante seis mandatos presidenciais, durante os quais o documento e o seu autor principal foram cada vez mais louvados e vinculados de forma indelével.

A DECLARAÇÃO DE INDEPENDÊNCIA DE JEFFERSON

Em 1817, o Congresso encarregou John Trumbull de pintar uma grande tela comemorando a aprovação da Declaração de Independência em 4 de julho de 1776. A obra-prima de Trumbull foi exibida para grandes multidões em Boston, Nova York, Filadélfia, Baltimore e Washington.[29] Com o clima já criado, duas cópias em gravura da Declaração disputaram a atenção do público em 1818 e 1819. Em 1823, o Congresso distribuiu por toda parte um fac-símile oficial.[30] Os historiadores logo se instalaram nesse território promissor. Durante a década de 1820, John Sanderson publicou uma série de nove volumes intitulada *Biografia dos signatários da Declaração de Independência* e, em 1827, o famoso escritor Charles Goodrich publicou um grande sucesso num só volume, *Vida dos signatários da Declaração de Independência*. Nessa época a Declaração já estava firmemente inserida na cultura popular.

O próprio Jefferson alimentou este frenesi. Já em 1786, falara com John Trumbull sobre uma comemoração artística da Declaração e fizera um rápido esboço.[31] Aprovou a distribuição da edição em fac-símile, na esperança de que inspiraria maior "reverência" pelos princípios que defendia.[32] Chegou a aplaudir a reunião de utensílios que usara para redigir o documento: "Pequenas coisas podem, talvez, como as relíquias dos santos, ajudar a alimentar a nossa devoção a esse vínculo sagrado de união e mantê-lo vivo e acalentado por mais tempo em nossas afeições", escreveu a um dos responsáveis — e depois indicou onde poderiam ser encontradas algumas dessas "relíquias".[33]

Tudo isso irritou John Adams, único outro membro da comissão ainda vivo durante o *revival* da Declaração. Segundo Adams, a difícil *conquista* da independência é que deveria ser objeto de comemoração, não o simples ato de *escrever* sobre ela. "A Declaração de Independência eu sempre considerei um espetáculo teatral. Jefferson tomou para si todo o efeito dela no palco", escreveu — e, acrescentou incomodado, "toda a glória" também.[34]

A partir de 1811, 35 anos depois do fato, esses dois idosos estadistas discutiram quem deveria receber homenagens. Adams argumentava que conseguira impor ao Congresso a moção em prol da independência. Também observou que o rascunho de Jefferson fora discutido, revisto e aprovado por uma comissão de cinco integrantes e depois discutida, revista e aprovada pelo total do Congresso.[35] Jefferson contrapôs: "A memória do sr. Adams levou-o a um erro indiscutível". Especificamente, Jefferson fez objeções à afirmação de Adams de que os dois tinham formado uma "subcomissão" encarregada da redação do documento.[36]

Apesar da escassez de fontes diretas e das diferenças entre as lembranças, sabemos que uma comissão de cinco membros foi encarregada de produzir um texto a ser avaliado pelo Congresso, e podemos conjeturar com segurança que a comissão discutiu as questões e determinou alguma direção antes de pôr Jefferson para trabalhar com pena e tinta. Depois, quando o rascunho chegou ao salão do Congresso, com certeza outros tiveram coisas a alterar. Segundo o especialista jeffersoniano Julian Boyd, "no total houve 86 alterações, feitas em vários estágios por Jefferson, por Adams e Franklin, pela Comissão de Cinco e pelo Congresso."[37]

A principal força do argumento de Adams — de que a Declaração de Independência foi mais do que coisa de um só homem — parece correta. Ainda assim, Jefferson venceu o debate. O modo de contar a história, embora não a história propriamente dita, estava do seu lado. Antes de morrer, propôs que "Autor da Declaração da Independência Americana" fosse inscrito em seu túmulo. Entretanto, embora aceitasse e até buscasse o crédito pela redação das palavras, nem uma única vez Jefferson exigiu o crédito de ter sonhado as idéias. Essa honra não solicitada lhe seria conferida por outros muito depois.

O RENASCIMENTO DE LINCOLN

Durante os debates entre Abraham Lincoln e Stephen Douglas em 1858, ambos os participantes basearam os seus argumentos na suposta autoridade da Declaração de Independência. Segundo Lincoln, a Declaração afirmara, em "linguagem clara e inconfundível", que "todos os homens são criados iguais". Douglas contrapôs que essas palavras nunca pretenderam aplicar-se a "negros ou (...) índios selvagens, nem aos fidjianos, nem aos malaios, nem a nenhuma outra raça inferior ou degradada" e observou que muitas declarações estaduais e locais que precederam a Declaração

A DECLARAÇÃO DE INDEPENDÊNCIA DE JEFFERSON

do Congresso insistiram que os estados deviam manter a autoridade sobre os seus assuntos internos.[38] Embora Douglas provavelmente estivesse certo no primeiro aspecto e com certeza correto no segundo, Lincoln refutou ambos os argumentos. O segundo ponto foi fácil: Lincoln observou que sua discussão era apenas sobre a *expansão* da escravatura e isso não envolvia nenhuma violação dos direitos dos estados.

Mas e aqueles criadores da nação que possuíam escravos? Como Lincoln poderia defender com seriedade que eles acreditavam na igualdade de *todos* os homens, inclusive os que mantinham em cativeiro?

Lincoln argumentou que Jefferson incluíra a frase "todos os homens são criados iguais" sem nenhum propósito imediato e prático, mas como "promessa" para o futuro. O "sentimento incorporado à Declaração de Independência" era dar "esperança ao mundo todo (...) de que no devido tempo o peso seria retirado dos ombros de todos os homens e que todos teriam oportunidades iguais".[39] Como a escravidão estava estabelecida com demasiada firmeza para permitir na prática uma oposição na época, Jefferson não pôde fazer nada além desse pronunciamento abrangente a favor da igualdade — "a mãe de todos os princípios morais", como Lincoln a chamou — para uso das gerações futuras.[40]

A linha de raciocínio de Lincoln tinha e ainda tem grande poder de atração. Devido à sua suposta "promessa" para o futuro, os signatários da Declaração de Independência podem ser isentados de qualquer acusação de culpabilidade moral ou hipocrisia.

Historicamente, contudo, tal argumento é difícil de sustentar. Os elementos antiescravistas do Norte não fizeram nenhuma menção à "igualdade" quando instruíram seus delegados às convenções estaduais e federais de 1776. Somente no Sul surge a palavra "igualdade". Com certeza, se os próprios donos de escravos usavam a palavra, não o faziam tendo em mente a liberdade dos escravos.

Os dois maiores estados escravistas eram a Virgínia e a Carolina do Sul. Na Virgínia, os principais atores revolucionários — Thomas Jefferson, George Mason e James Wilson — apresentaram a noção de igualdade em seus textos, ainda que todos eles escravizassem uma infinidade de outros seres humanos.[41] É implausível que esses proponentes da instituição

137

MITOS SOBRE A FUNDAÇÃO DOS ESTADOS UNIDOS

pudessem fazer alguma "promessa" de igualdade para os negros. E tal igualdade nem sequer seria aceitável na Carolina do Sul. Quando o corpo de jurados do distrito de Cheraws se declarou a favor da independência em 20 de maio de 1776, elogiou a nova Constituição porque se "baseava nos princípios mais estritos da justiça e da humanidade, em que os direitos e a felicidade de todos, pobres e ricos, são igualmente garantidos".[42] Na Carolina do Sul revolucionária, os escravos não eram considerados parte daqueles "todos", ainda que constituíssem aproximadamente metade da população. O corpo de jurados de Georgetown, na Carolina do Sul, também louvou a nova Constituição como "a mais igualitária e desejável que a imaginação humana poderia inventar".

> A presente Constituição do governo, formada pelo último Congresso desta colônia, promete aos seus habitantes todos os efeitos felizes que podem nascer da sociedade. Igualitária e justa em seus princípios, sábia e virtuosa em seus fins; agora vemos toda esperança de liberdade, segurança e felicidade futuras confirmadas a nós e à nossa posteridade.[43]

Nem mesmo Lincoln teria ousado sugerir que, em 1776, os cidadãos brancos de Georgetown, na Carolina do Sul, pretendiam que aquela "promessa" se estendesse aos seus escravos.

Quando Lincoln tentou defender a noção de "igualdade" como "sentimento" dos fundadores da nação, deu todo o crédito a Thomas Jefferson, autor das palavras que amava:

> Toda a honra a Jefferson, ao homem que, sob a pressão concreta da luta pela independência nacional de um só povo, teve a frieza, a antevisão e a capacidade de inserir num documento meramente revolucionário uma verdade abstrata e assim ali embalsamá-la, para que hoje e em todos os dias que virão ela seja uma reprovação e um empecilho aos verdadeiros arautos do ressurgimento da tirania e da opressão.[44]

Lincoln não foi o primeiro a transformar o mestre de Monticello, homem que reprovava com veemência a mistura de raças e que até morrer criou escravos para vendê-los com lucro, no arquiteto da igualdade racial nos

A DECLARAÇÃO DE INDEPENDÊNCIA DE JEFFERSON

Estados Unidos.[45] Em 1853, durante os debates no Senado sobre a Lei Kansas-Nebrasca, que deu aos habitantes dessas regiões autoridade para decidir quanto à condição legal da escravidão, Benjamin Wade, senador do estado de Ohio, invocou a Declaração de Independência de forma semelhante, assim como outros adversários da escravidão.[46] Mas, devido ao cargo de presidente de Lincoln e ao seu papel na abolição da escravatura, tal interpretação teve impacto indelével e duradouro.

Ao firmar Jefferson como profeta dos princípios igualitários, Lincoln demonstrou grande talento político. Com argúcia, cooptou o fundador do partido político adversário ao mesmo tempo que recrutava um dos maiores senhores de escravos da Virgínia revolucionária para defender a causa antiescravista. Muitos concordariam que Lincoln usou muito bem as suas cartas num jogo que tinha verdadeira importância. O fim, nesse caso, pode justificar os meios.

Mas tal interpretação — ou falsa interpretação — do registro histórico tem um custo. Ao exaltar Jefferson como gênio criativo que colocou a noção de igualdade no documento que fundou a nação, Lincoln rebaixou todos os outros patriotas que promoveram a independência americana. Se Jefferson inseriu a sua própria e original idéia na Declaração de Independência, passando por cima e até contradizendo a vontade do povo que representava, solapou a soberania popular — e esta, supostamente, era a própria base da independência. De acordo com a leitura de Lincoln, a Revolução não criara uma nação "do povo, pelo povo e para o povo"; no máximo, era uma nação do povo e para o povo, criada por Thomas Jefferson e aprovada pelo resto dos signatários da Declaração de Independência.

As pinceladas mais amplas do renascimento Lincoln-Jefferson permanecem conosco hoje em dia. Rotineiramente, os livros didáticos atuais repetem a idéia de Lincoln de uma "promessa" feita pelos fundadores: "O povo todo não era tratado com igualdade nos Estados Unidos em 1776", afirma um deles, "mas a Declaração estabelece objetivos elevados de tratamento igualitário no futuro".[47] Joy Hakim, em sua popular *History of US*, escreve que em 4 de julho de 1776 "aconteceu algo (...) que mudou o mundo inteiro". Esse "algo" não foi o ato de declarar a independência:

"Foram as palavras que usaram naquela declaração que fizeram toda a diferença. (...) A Declaração de Independência de Jefferson foi grandiosa desde o momento em que ele a escreveu, mas ficou ainda maior com a passagem do tempo".[48] Com essa virada inteligente da frase, Hakim enaltece o gênio de Jefferson, a sua profecia e o fato de ser o proprietário da Declaração de Independência. Jefferson, assim como as palavras que redigiu, parece ter "ficado ainda maior com a passagem do tempo".

ESPÍRITO DE EQUIPE

Embora tenham se passado vários anos desde que Pauline Maier recuperou da obscuridade as outras declarações de independência, esses documentos não recebem nenhuma menção nos textos didáticos atuais nem nos livros de divulgação histórica. Embora já dêem algum embasamento — hoje costumam mencionar, por exemplo, que Jefferson fez parte de um comitê —, deixam de admitir o surto revolucionário onipresente que resultou na Revolução. Quando mencionam algum sentimento revolucionário generalizado, creditam-no a mais um responsável autônomo: Thomas Paine. Segundo consta, Tom Paine (como é chamado sem cerimônia) virou a cabeça de um público indeciso que não conseguiria atingir o verdadeiro estado revolucionário sem ele. Na corrida incansável para louvar a mestria de Paine, vários textos afirmaram recentemente que a venda de *Common Sense* na época foi de um espantoso meio milhão de exemplares, um para cada família livre nas 13 colônias — incluindo aquelas sem nenhum indivíduo alfabetizado.[49]

De acordo com a estrutura narrativa clássica, o sábio persuade os outros. Mas esse modelo individualista/heróico não descreve com exatidão o funcionamento da história. Um modelo melhor mostra o esforço de colaboração, como aquele entre Jefferson e Mason, que participavam de um diálogo constante enquanto redigiam suas várias declarações. Toda uma população participou desse diálogo robusto e, aqui, o meio é de fato a mensagem. O próprio diálogo merece louvor, não apenas sua conclusão prática. Se o desdenhamos, desdenhamos uma das mais belas lições da história sobre o autogoverno ativo e popular.

A DECLARAÇÃO DE INDEPENDÊNCIA DE JEFFERSON

Foi o fato da independência que abalou o mundo, não as palavras, mais tarde erradamente interpretadas, que um homem usou para descrevê-lo. Ouçam o que Jefferson teve a dizer sobre a questão no ano anterior à sua morte, pois ninguém defende a questão de maneira mais convincente:

> Mas, com respeito aos nossos direitos e aos atos do governo britânico contrapondo-se a esses direitos, só havia uma opinião desse lado do mar. Todos os *whigs* americanos pensavam do mesmo modo sobre o assunto. Quando obrigados, portanto, a recorrer às armas em busca de justiça, um apelo ao tribunal do mundo foi considerado adequado para a nossa justificativa. Esse foi o objetivo da Declaração de Independência. Não foi descobrir novos princípios nem novos argumentos, nunca antes concebidos, não dizer meramente coisas que nunca houvessem sido ditas antes; mas colocar diante da humanidade o bom senso do tema, em termos tão claros e firmes que provocassem a sua concordância, e justificar-nos na postura independente que fomos compelidos a adotar. Não visando à originalidade de princípios ou de sentimentos nem também copiada de algum texto específico e anterior, pretendia ser uma expressão do pensamento americano e dar a esta expressão o tom e o espírito adequados exigidos pela ocasião. Toda a sua autoridade repousa sobre os sentimentos harmoniosos da época, quer expressos em conversas, cartas, ensaios publicados ou nos livros elementares de direito público, como Aristóteles, Cícero, Locke, Sidney &c.[50]

Mais tarde, naquele ano, ao mesmo tempo que apoiava a promoção das relíquias que usara para redigir a Declaração, Jefferson voltou a insistir que as suas palavras deveriam ser vistas como nada além da "genuína efusão da alma do nosso país".[51] Infelizmente, os seus mais ardentes admiradores, na busca incansável por um visionário isolado, deixaram de levar a sério a declaração honesta e direta de Jefferson: a "autoridade" da Declaração de Independência repousa exclusivamente sobre os "sentimentos harmoniosos" do povo americano.

141

CAPÍTULO 7   Os fundadores: a maior de
todas as gerações

Conhecemos os nomes de todos eles — George Washington, Thomas Jefferson, Benjamin Franklin, Alexander Hamilton, John e Samuel Adams, Patrick Henry, James Madison. Quem, nos Estados Unidos, aprendeu história no ensino fundamental e nunca mais a estudou — e isso inclui a maioria dos norte-americanos, como veremos adiante — provavelmente excluiria Madison, o mais envolvido na redação da Constituição, em troca de John Hancock, cujo nome passou a representar todo tipo de assinatura, e Paul Revere, o cavaleiro da meia-noite da Revolução. Esses foram os grandes sábios dos Estados Unidos, os grandes personagens que deram ao nosso país as suas características.

Seja quem for que ocupe esses papéis, os personagens principais da lenda da criação do nosso país gozam de elevado *status*. Foram os nossos criadores e, assim, devem ter sido especialmente honrados e criteriosos. Essa é uma exigência estrutural da narrativa, não necessariamente um reflexo da personalidade individual de pessoas reais que viveram no litoral ocidental da América do Norte.

OS FUNDADORES NA MODA

A escolha de personagens principais mudou com o tempo. Os oficiais militares foram as primeiras estrelas do espetáculo. Logo depois da Guerra Revolucionária, os que trouxeram a vitória foram naturalmente considerados os seus heróis. (Ben Franklin, o ídolo popular, foi uma exceção digna de nota.) George Washington vinha em primeiro lugar, na época e hoje em dia, mas o seu elenco de coadjuvantes incluía gente que hoje está

MITOS SOBRE A FUNDAÇÃO DOS ESTADOS UNIDOS

quase esquecida: Israel Putnam, Horatio Gates, Nathanael Greene, Henry Knox. Estadistas como Thomas Jefferson, Alexander Hamilton e John Adams, profundamente mergulhados numa política divisória, eram controvertidos demais para serem considerados símbolos de uma nova nação em busca de identidade coletiva.

Na segunda década do século XIX, os norte-americanos começaram a enaltecer os signatários da Declaração de Independência. Esses homens, os "signatários", tornaram-se tema de numerosas biografias. O pintor John Trumbull, por encomenda do Congresso, imortalizou essa gente com a sua tela histórica que mostrava uma cena com pouco dramatismo visual mas grande significado nacional.

Hoje, a maior parte dos "signatários", assim como os personagens militares da Guerra Revolucionária, não são mais nomes conhecidos de todos; seu número era simplesmente grande demais. Histórias com 56 heróis não têm a força imediata e convincente que esperamos de um mito da criação. Precisamos de menos, não mais que uma dúzia, se quisermos que todos no país aprendam as suas histórias e recitem-nas de cor.

Na segunda metade do século XIX, os norte-americanos se concentraram no grupinho que ainda hoje homenageamos, os "pais fundadores" ou "fundadores da nação". Tecnicamente, essa expressão parece identificar os homens que redigiram a Constituição, mas na fala comum denomina uma elite de homens veneráveis que imaginaram a idéia da independência, levaram a Revolução ao sucesso e depois, como Sólon ou Moisés, nos deram as nossas leis.

A adulação dos fundadores evoluiu com o tempo. Hoje não está mais na moda ser estátua. Retratos posados e formais também estão por fora. A informalidade do final do século XX cobrou o seu preço dos cavaleiros montados esculpidos em pedra e dos nobres rígidos e distantes que se arrumam em fila indiana nas paredes de galerias cheias de ecos.

Mas a informalidade pode ser vista como irreverência e a atitude relaxada mostrou-se inquietante para os norte-americanos com saudades dos bons e velhos dias em que os fundadores eram adequadamente homenageados. "Não faz muito tempo", escreve o historiador Gordon Wood, "acreditava-se que a geração que fez a Revolução e criou a Constituição foi a maior de todas as gerações da história americana. (...) Até recentemente, poucos norte-americanos conseguiam olhar para esses revolucionários e criadores da constituição sem se sentir assombrados com o brilho do seu pensamento, a criatividade da sua política, a pura grandeza da sua realização. Costumavam parecer maiores do que a vida real, gigantes na Terra, com capacidade intelectual e política bem além da nossa." Sim, aquela foi uma época que "não existe mais", lamenta Wood. "Os revolucionários americanos e os colaboradores da Constituição não são mais homenageados como antigamente".[1]

Na verdade, os fundadores da nação *são* homenageados, embora não "como antigamente". Historiadores populares como Wood, Joseph Ellis, David McCullough e John Ferling conseguiram ressuscitar os estadistas mais respeitados dos Estados Unidos ao vesti-los com roupas mais contemporâneas. Assim como as celebridades modernas, os fundadores foram humanizados, personalizados, e ficaram mais acessíveis às massas. Hoje, quando milhões lêem os detalhes de sua vida, voltou a estar na moda homenagear gente como John Adams, George Washington e Benjamin Franklin. Viraram a moda dos fundadores — a "maior de todas as gerações" apesar das suas falhas humanas ou, mais exatamente, devido a elas.

Os fundadores da nação eram "humanos e imperfeitos; cada um deles tinha as suas falhas e defeitos", escreveu David McCullough em seu editorial de 4 de julho de 2002 para o *New York Times*. No passado, falhas e defeitos não seriam tolerados em nossos personagens públicos mais venerandos, mas agora essas mesmas imperfeições funcionam a favor deles. Como "não eram deuses", argumenta McCullough, podemos admirá-los ainda mais. Se fossem deuses, "mereceriam menos honra e respeito. Deuses, afinal de contas, podem fazer quase tudo o que quiserem".[2]

Joseph Ellis simbolizou o estado de espírito atual no título do seu livro campeão de vendas, *Founding Brothers* (*Irmãos fundadores*). Irmãos, ao contrário de pais, brigam e se comportam mal, mas "as suas imperfeições e falibilidades mútuas, assim como as suas excentricidades e excessos" acabam conseguindo anular umas às outras. No final, os irmãos sempre

MITOS SOBRE A FUNDAÇÃO DOS ESTADOS UNIDOS

fazem as pazes, assim como os nossos fundadores depois de criarem um projeto viável para os Estados Unidos.

Segundo Ellis, os "oito líderes políticos mais destacados" da jovem nação constituíram "a primeira e, em muitos aspectos, a única aristocracia natural dos Estados Unidos":

> Constituíram, segundo todos os padrões bem informados e igualitários, a maior de todas as gerações com talento político na história norte-americana. Criaram a república americana e depois a mantiveram unida durante os primeiros anos voláteis e vulneráveis, mantendo a sua presença até que os hábitos e costumes nacionais se enraizassem.[3]

As palavras-chave aqui — a maior de todas as gerações — foram muitas vezes repetidas durante o recente renascimento do sentimento patriótico. A expressão serve de grito de união, conclamando-nos a aspirar à sua grandeza e instando-nos a não fraquejar na lealdade à nação que esses homens criaram. Mas há uma expressão incômoda — "segundo todos os padrões bem informados e igualitários" — inserida na afirmativa direta de Ellis. Que padrões exatamente são esses? Como podemos determinar quem foi "grandioso" ou, mais difícil ainda, qual foi a "maior de todas as gerações", agora que esses deuses se tornaram simples mortais?[4]

O *Random House College Dictionary* lista quase vinte usos comuns da palavra "*great*" (grande, maior, grandioso), muitos com numerosos sinônimos: notável, digno de nota, excepcional, destacado, importante, eminente, proeminente, louvado, ilustre, renomado, principal, grandioso, insigne, vultoso, ponderoso, vital, fundamental, destacado, famoso, admirável, com mérito incomum, com poderes extraordinários, de elevada posição ou classificação, de caráter notável ou elevado, elevado, exaltado, dignificado. Qual desses significados queremos usar quando chamamos um personagem histórico específico, ou uma geração específica, de "*great*" ("grandiosa")? O mais provável é que queiramos transmitir algum tipo de amálgama mal definido. Não pretendemos usar significados específicos, esperamos apenas inspirar alguma admiração pelos heróis

OS FUNDADORES: A MAIOR DE TODAS AS GERAÇÕES

de nossa preferência. A palavra *"great"* serve de selo de aprovação grandioso, mas genérico. Toda vez que a usamos, fazemos uma declaração impressionante — mas, sem ter algum padrão, não podemos pretender que a nossa afirmação tenha legitimidade nem podemos discutir "grandeza" de modo inteligente.

Para desenvolver padrões, talvez devêssemos seguir a Igreja Católica, que determinou com muita exatidão quem pode ser chamado de "santo". Para qualificar-se, o candidato precisa passar primeiro pelo exame de um tribunal especialmente convocado; em seguida, um depois do outro, pela Congregação para as Causas dos Santos; por uma comissão de nove teólogos; por uma comissão de cardeais e bispos; e finalmente pelo papa. Se todas essas autoridades atestarem que o candidato possuiu tanto as virtudes teológicas (fé, esperança e caridade) quanto as cardinais (prudência, justiça, temperança e fortaleza), ele pode ser chamado de "Servo de Deus". A confirmação desses órgãos deliberativos de que o servo de Deus realizou um milagre confere-lhe o título de "beato"; finalmente, a confirmação de que o beato realizou um milagre depois de ter morrido confere-lhe o título de "santo". É tudo simples e claro.

Para sermos justos e exatos, devíamos exigir que os candidatos à grandeza histórica passassem por algum tipo de exame assim. É claro que isso não acontece, mas, na ausência de padrões, definições e procedimentos, estamos livres para atribuir com promiscuidade o adjetivo "grande" às nossas personalidades históricas prediletas. Todos podem chamar todo mundo de "grande" e seguir em frente sem ser questionado. Ironicamente, sempre que tentamos falar com inteligência sobre "grandeza", só dizemos lugares-comuns.[5]

Não há caminho mais rápido para a trivialização da história. Um livro recente publicado pela American Heritage, *Great Minds of History: Interviews with Roger Mudd* (*Grandes mentes da história: entrevistas com Roger Mudd*), mostra a "grandeza" sob três ângulos: um grande jornalista entrevista grandes historiadores sobre grandes personalidades. Num capítulo intitulado "Gordon Wood fala da época colonial e da Revolução",

Roger Mudd faz ao professor Wood várias perguntas de grande importância sobre o momento da criação do nosso país:

— De volta a Ben Franklin, ele se vestia e falava como um *gentleman*?
    — O que mais o senhor pode me contar sobre Benjamin Franklin?
    — E sobre Alexander Hamilton?
    — O que o senhor pode nos contar sobre James Madison?
    — John Adams?
    — E o que pensa de Thomas Jefferson?

Eis como Gordon Wood responde a estas perguntas:

— Adams foi o mais adorável dos fundadores da nação porque levava o coração nas mãos.
    Hamilton foi "(...) o gênio brilhante (...)"
    Madison foi "(...) o mais intelectual (...)"
    Jefferson foi "(...) o mais importante (...)"[6]

Talvez possamos continuar: qual foi o mais bem-vestido da turma de 76? Quem teve mais sucesso? O problema aqui são as perguntas, não as respostas resumidas que provocam. Fazer esse tipo de pergunta leva diretamente a avaliações superficiais baseadas de forma apenas indireta, nos principais acontecimentos da "época colonial e revolução", supostamente em discussão. A história real — neste caso, o processo dinâmico que levou os colonos patriotas à independência — é mascarada pelo "estilo de vida dos ricos e famosos". Concentrar-se exclusivamente em história de supostos grandes homens produz um nível de análise histórica que, na melhor das hipóteses, é frívolo.

Embora a palavra "grande" não diga nem denote nada específico e embora nos afaste da discussão de processos históricos sérios, não é usada sem propósito. Ao chamar as pessoas de "grandes", os que seguem a Moda dos Fundadores promovem atitudes de deferência e reverência. Essa é a justificativa da expressão "a maior de todas as gerações" — ainda se espera que os norte-americanos venerem os fundadores, apesar de suas idiossincrasias pessoais. Deferência e reverência, contudo, estão estranhamente fora de sintonia com o espírito incontrolável e agressivo de independência que fez avançar a Revolução Americana. Contradizem o nosso mais básico princípio fundador de que os líderes do governo deveriam ser subservientes à vontade popular. É muito estranho que hoje em dia, numa sociedade que dá tanto valor à participação ativa e democrática do conjunto dos seus cidadãos, essas atitudes submissas sejam consideradas patrióticas.

ATORES PRINCIPAIS

Há um uso da palavra "grande" que não indica adulação. Se um personagem histórico foi importante e poderoso o bastante, ele (raramente ela) receberá o adjetivo, sejam quais forem as qualidades morais merecedoras de respeito. Alexandre, o Grande, Napoleão, Hitler — essas pessoas foram, em certo sentido, "grandes", mesmo que não aprovemos o que fizeram.

Embora ninguém vá querer comparar a "maior de todas as gerações" de americanos com esses conquistadores grandes mas cruéis, Joseph Ellis afirma que devemos colocar os nossos fundadores no centro da história em virtude simplesmente do seu poder e importância:

> Os acontecimentos e as conquistas centrais da época revolucionária e do início da república foram políticos. Esses eventos e conquistas têm importância histórica porque configuraram a história subseqüente dos Estados Unidos, inclusive a nossa própria época. Os atores centrais do drama não foram os personagens marginais ou periféricos cujas vidas são mais comuns, mas sim os líderes políticos no centro da história nacional que gerou o poder.[7]

O conceito básico aqui (repetido três vezes em três períodos) é "central" — mas essa noção depende inteiramente da perspectiva de cada um. Os personagens que aparecem no centro de uma história estarão na periferia de outra. Ao mesmo tempo que promove a importância dos seus oito protagonistas,

MITOS SOBRE A FUNDAÇÃO DOS ESTADOS UNIDOS

Ellis rebaixa os outros 3 milhões de americanos, também integrantes da geração revolucionária, à condição secundária de "marginais ou periféricos". Isso é politicamente suspeito e historicamente incorreto. O tema *central* da Revolução Americana foi a soberania popular: todo poder emana do povo. Como, então, pode "o povo" ser reduzido à periferia da história? De fato, os norte-americanos comuns estavam no próprio centro do drama:

- Fazendeiros comuns, sem nenhuma ajuda dos atores apresentados por Ellis, foram os primeiros a derrubar a autoridade política britânica. (Ver capítulo 4.)
- Homens e rapazes pobres combateram o exército britânico. Sem eles, todos os fundadores poderiam ter sido enforcados. (Ver capítulo 5.)
- Se não fosse pelo clamor popular pela independência, o Congresso não teria aprovado sua declaração final. (Ver capítulo 6.)
- Se não fosse pelo trabalho de centenas de milhares de "irmãs fundadoras", a sociedade norte-americana talvez jamais sobrevivesse à guerra. Tudo o que os "irmãos fundadores" conseguissem realizar nas câmaras políticas seria inútil. (Ver capítulo 2.)
- A história política da Revolução Americana na metade sul do país nascente não pode ser compreendida sem que se faça referência aos escravos e aos temores que inspiravam entre os brancos. (Ver capítulos 8 e 10.)
- A história militar da guerra no Oeste não pode ser compreendida sem que se faça referência aos índios como "atores centrais". (Ver capítulo 13.)

Sem a participação dessas pessoas, a Revolução Americana teria sido completamente diferente — ou, o que é mais provável, não teria havido Revolução nenhuma. Quando desdenham tantos americanos como "marginais ou periféricos", Ellis e outros praticantes da Moda dos Fundadores fazem uma leitura equivocada da história e ao mesmo tempo estabelecem um precedente perigoso: quem marginaliza gente comum no passado aprende a marginalizar gente comum no presente.

OS FUNDADORES: A MAIOR DE TODAS AS GERAÇÕES

Ironicamente, como as histórias de Ellis não dizem respeito à verdadeira fundação do nosso país, são todas "marginais ou periféricas" para "os acontecimentos e as conquistas centrais da época revolucionária". Ellis refere-se aos dois "momentos básicos" da história norte-americana, a Declaração de Independência de 1776 e a adoção de uma Constituição em 1787-88, mas não aborda nenhum deles, já que o seu livro começa em 1790. Não há nada de errado nisso, a não ser a falsa embalagem. Ele intitula o seu livro *Founding Brothers: The Revolutionary Generation* (*Irmãos fundadores: a geração revolucionária*) para dar às histórias mais peso e importância, embora não aborde nem os "fundadores" nem a "revolução". Como tantos outros, segue aproveitando o prestígio da época mais especial dos Estados Unidos: o ato da criação nacional.

A abordagem de Joseph Ellis, bastante comum, é colocar-se no centro do poder e então descrever o que acontece quando os que estão por dentro se levantam uns contra os outros. Ele supõe que tudo o que acontece no interior desse mundo estreito e restrito, habitado por gente famosa, deve ser "historicamente importante". Fama e importância, no entanto, não são sinônimos. Ellis inicia o seu livro primorosamente bem escrito com a curiosa história de um duelo entre duas figuras políticas em decadência, Alexander Hamilton e Aaron Burr, em 1804 — um trágico drama pessoal com pouca importância histórica.[8] Prossegue com uma fábula sobre um jantar de gala no qual supostamente se fechou um grande acordo; essa intimidade na arena política permite que se conte um bom caso, mas o próprio Ellis admite que o acordo também foi discutido em outras ocasiões, e o seu cenário do jantar "simplifica enormemente a história que vinha acontecendo naquele momento propício".[9] Outro episódio narra o "silêncio" do primeiro Congresso federal sobre a questão da escravatura; essa era, de fato, uma questão de grande importância nacional, mas a afirmativa de Ellis de que os debates no Congresso sobre a questão da escravatura eram "centrais", mas não a experiência dos próprios escravos, não é lá muito franca.[10] A história final enaltece a amizade entre John Adams e Thomas Jefferson na velhice. Essa reconciliação de estadistas idosos dá ao livro uma conclusão emocionante, mas dificilmente foi central na criação do nosso país ou na "história subseqüente dos Estados Unidos, inclusive na nossa própria época". A história da amizade de Adams e Jefferson, como a do duelo de Burr e Hamilton, só parece importante porque os personagens participaram de outros acontecimentos importantes em épocas anteriores. Ellis inclui tais episódios não por terem sido cruciais para a história dos Estados Unidos, mas porque podem ser transformados em casos interessantes. A vida de heróis e gigantes, do nascimento à morte, será sempre boa leitura — mas esboços biográficos de personalidades famosas não deveriam ser apresentados como história "importante".

Esse ponto de vista de quem "está por dentro" gera uma visão distorcida do passado. Ao ignorar as várias forças que atuam de fora sobre quem está por dentro, ele distorce a própria natureza dos processos políticos. Durante a época revolucionária, esperava-se que os representantes que se reuniam em órgãos deliberativos obedecessem a instruções escritas e específicas dos seus constituintes. Também tinham de dar respostas a vitórias e derrotas militares, ao colapso da economia e a outros fatores extrínsecos. Os líderes políticos não funcionavam num vácuo, determinando o destino da nação com um simples "faça-se". As linhas de influência tinham mão dupla, tanto vinham quanto iam rumo à sede do poder.

OS POUCOS E OS MUITOS

Ao limitar-se à visão interna, os escritores que seguem a Moda dos Fundadores descrevem os líderes políticos como agentes causais pessoalmente responsáveis por todos os principais acontecimentos da época. Essa é uma moléstia profissional dos biógrafos. Como a importância das suas histórias é em parte determinada pela importância dos seus protagonistas, os biógrafos têm interesse pessoal em dotar os seus sujeitos do máximo de importância histórica que os registros permitirem — e mais ainda, às vezes. A própria natureza do seu empreendimento os estimula a retratar os heróis que escolheram como principais condutores da história.

David McCullough, em seu *John Adams*, agraciado com o Prêmio Pulitzer, conclui uma prolongada discussão sobre a Declaração de Independência com a sua própria declaração bem direta: "Foi John Adams,

OS FUNDADORES: A MAIOR DE TODAS AS GERAÇÕES

mais que qualquer outro, que a fez acontecer".[11] As três últimas palavras transmitem uma clara insinuação de causalidade: se Adams "a fez acontecer", sem ele jamais haveria a Declaração de Independência. Isso parece extremamente implausível. Houve muitos outros personagens políticos dentro do Congresso Continental trabalhando para a independência, sem falar de todos aqueles que promoviam a independência nos níveis estadual e local. Outros historiadores, como vimos em capítulos anteriores, retratam Samuel Adams ou Thomas Jefferson, e não John Adams, como artífices da independência norte-americana. Ao debater qual desses indivíduos, "mais que qualquer outro", é o maior responsável pela independência do país, participamos de um jogo de salão, não de verdadeira pesquisa histórica.

Tal jogo não é inofensivo, já que ignora as centenas de milhares de pessoas que realmente fizeram a independência acontecer. Sem John Adams, é bem provável que mesmo assim o Congresso Continental rompesse as amarras com a Grã-Bretanha; sem a predominância do apoio popular à causa da independência, a probabilidade é que o Congresso escolhesse um caminho diferente. Quando o Congresso finalmente concordou com a independência, foi em resposta a um movimento político com ampla base de apoio. Quase dois anos antes, os fazendeiros de Massachusetts abriram o caminho ao derrubarem a autoridade britânica e impor um governo novo e independente. Então veio a guerra e durante mais de um ano dezenas de milhares de patriotas pegaram em armas. Quando o governo britânico declarou que as colônias tinham se revoltado e enviou o maior exército e a maior marinha jamais reunidos no século XVIII para suprimir a rebelião, os colonos rebeldes começaram a perguntar-se se não tinha chegado a hora de romper completa e formalmente com a metrópole. Nos primeiros meses de 1776, tendo *Common Sense*, de Tom Paine, como catalisador, os cidadãos comuns reuniram-se em tabernas e assembléias em toda a região para discutir a questão da independência. No final da primavera, o resultado era visível: a maioria do povo estava pronta. Como destaca a historiadora Pauline Maier, pelo menos noventa comunidades estaduais e locais fizeram a sua própria declaração de independência, instruindo seus deputados nos órgãos deliberativos superiores a seguir o mesmo caminho. (Ver capítulo 6.) Em junho,

MITOS SOBRE A FUNDAÇÃO DOS ESTADOS UNIDOS

a maioria dos delegados no Congresso sofria pressão dos seus constituin-tes para declarar a independência, e muitos tinham instruções específicas para isso.

Para promover a importância do seu protagonista, McCullough tem de ignorar tudo isso. Não houve "apoio generalizado à rebelião", afirma ele sem rodeios.[12] A noção de independência, diz, gozava de apoio ainda menor. McCullough retrata Adams como herói solitário, disposto a enfrentar a opi-nião pública. Embora a narrativa funcione bem, afronta o registro histórico.

Como diz John Ferling, "Washington e Adams conquistaram a grande-za histórica na Revolução Americana. De certa forma, a realização de Adams foi a mais impressionante. A sua luta foi a mais solitária".[13] Ferling vê Adams como "mais impressionante" exatamente porque refreou a maré. Se esse passará a ser o nosso padrão para a "grandeza histórica", alguém terá me-nos chance de se tornar grande se preferir envolver-se com outros numa causa comum. Nenhum tipo de ação coletiva, por definição, merece a adu-lação que dedicamos aos heróis solitários que se opõem à vontade do povo — uma idéia estranha para uma sociedade supostamente democrática.

Onde, senão do registro histórico, tiramos a idéia de que John Adams trabalhava contra a vontade do povo quando pugnou pela Declaração de Independência? McCullough cata os seus indícios no próprio Adams. Em 19 de março de 1812, este escreveu a Benjamin Rush: "Éramos mais ou menos um terço *tories*, um terço medrosos e um terço azuis leais".[14] Des-sa única citação, que usa como justificativa de um capítulo, McCullough conclui: "Então, como hoje, as vozes pela independência eram indiscuti-velmente minoria".[15] Isso deixou uma batalha morro acima para John Adams e os radicais do Congresso, que tiveram de lutar em prol de uma causa impopular.

Mas John Adams nunca afirmou que apenas um terço do povo era fa-vorável à independência em 1776. Eis as palavras exatas que escreveu a Rush:

> Lamento, meu caro amigo, que não estivesse no Congresso em 1774 e 1776. Mil coisas aconteceram lá naqueles anos que nenhum homem vivo hoje sabe, a não ser eu. O sr. Gerry, o sr. Lovel não estavam lá. Gerry só em 1776. Lovel só em 1777.

OS FUNDADORES: A MAIOR DE TODAS AS GERAÇÕES

O ano de 1774 foi o mais importante e o mais difícil de todos. Éramos mais ou menos um terço *tories*, um terço medrosos e um terço azuis leais. Tínhamos um Código de Leis Fundamentais a preparar para todo um continente de colônias incongruentes. Isso foi feito, e a Declaração de Independência de 1776 não foi mais do que uma repetição dos princípios, dos certos e errados afirmados e adotados em 1774.[16]

Adams não menciona em lugar algum a opinião do "povo"; discute apenas a atitude dos membros do Congresso, que se dividiram em terços em 1774, não em 1776. A diferença de data não é uma distinção trivial. O impulso central do segundo parágrafo é enfatizar a importância de 1774 e distingui-lo de 1776. Uma declaração sobre o Congresso em 1774 não demonstra que apenas uma minoria do povo norte-americano era favorável à independência dois anos depois. Na verdade, a noção de que havia o mesmo número de *tories* e patriotas em 1776 é extremamente implausível; se fosse assim, os *tories*, aliados ao exército mais poderoso da Terra, com certeza teriam predominado. E, seja qual for a redação da carta, a estimativa de um homem idoso 36 anos depois de o fato ter acontecido dificilmente pode ser aceita como prova dos sentimentos de toda uma população.[17]

A tese de McCullough de que não havia "apoio generalizado à rebelião" não combina com os textos do próprio Adams na época. Em 3 de julho de 1776, o dia seguinte da aprovação da independência pelo Congresso, ele escreveu à esposa Abigail:

> Foi dado um período para que todo o povo considerasse maduramente a grande questão da independência e amadurecesse o seu juízo, dissipasse os seus temores e animasse as suas esperanças, discutindo-a em jornais e panfletos, debatendo-a em assembléias, convenções, comitês de segurança e inspeção, em assembléias de vilas e condados, assim como em conversas particulares, de modo que o povo todo, em todas as treze colônias, agora a adotou como sua.[18]

Segundo Adams, a independência não resultou de sua própria "luta solitária", mas de uma conversa nacional de meses de duração — e o próprio povo, em número avassalador, decidiu romper por completo com a Grã-Bretanha.

MITOS SOBRE A FUNDAÇÃO DOS ESTADOS UNIDOS

É curioso que houve uma época em que Adams teve de enfrentar a maré da opinião pública — mas foi para se opor à independência, não para apoiá-la. Logo depois que o povo de Massachusetts derrubou o governo britânico em 1774 (ver capítulo 4), muitos rebeldes fizeram pressão em prol de se declarar a independência da Grã-Bretanha e a criação de um governo próprio. Isso assustou tanto John quanto Samuel Adams, que estavam na Filadélfia na época para o Primeiro Congresso Continental. Temiam que os delegados das outras colônias desistissem caso o povo de Massachusetts agisse com demasiada precipitação. A "independência" e a "Proposta de estabelecer uma nova forma de governo só nossa", escreveu John Adams, eram idéias que "assustam as pessoas aqui".[19] Samuel Adams insistiu com seus colegas de Boston para que se opusessem aos radicais do interior que se encaminhavam "para estabelecer outra forma de governo".[20] Essa hesitação enraiveceu as pessoas em casa. "O povo do interior começa a ficar muito ansioso para que o Congresso se levante", escreveu Abigail a John. "Não tem idéia do negócio seriíssimo que tens de realizar e o seu sangue ferve de indignação".[21] Longe de levar sozinhos a tocha da independência, tanto John quanto Samuel Adams trabalharam para retardar as coisas, contra a vontade dos seus próprios constituintes.

Em seu editorial de 4 de julho para o *New York Times*, McCullough amplia o tratamento que dá a Adams para incluir todos os fundadores: "Se eles fossem políticos orientados para as urnas, 'avessos a riscos', reunidos na Filadélfia naquele verão fatídico de 1776, teriam jogado fora toda a idéia de uma 'poderosa revolução'".[22] Foi um "milagre", diz ele, "que tão poucos conseguissem, no final, realizar tanto por toda a humanidade". Os fundadores de McCullough eram todos heróis solitários, lutando contra a vontade do povo, contra as "urnas". A maioria dos norte-americanos durante a Revolução, segundo essa leitura, se transforma em antagonista. Em vez de serem eles mesmos tratados como heróis, tornam-se as massas letárgicas, lentas demais para compartilhar a visão de futuro dos fundadores. A Revolução Americana, travada em nome da soberania popular, torna-se estranhamente contorcida em histórias que não só negligenciam como condenam o próprio povo.

OS FUNDADORES: A MAIOR DE TODAS AS GERAÇÕES

Os praticantes da Moda dos Fundadores chegaram a esse estranho ponto aceitando sem questionamento as reminiscências de um punhado de escritores prolíficos. Os chamados fundadores sentiram que participavam de acontecimentos com imensa importância histórica e, de certo modo, escreveram as suas próprias histórias — fábulas que continuamos a contar hoje em dia. Joseph Ellis diz a mesma coisa, com bastante eloqüência:

> Os rostos que nos olham com tamanha dignidade clássica naqueles retratos de John Trumbull, Gilbert Stuart e Charles Willson Peale, as vozes que nos falam através das eras em cadências tão líricas que parecem miticamente heróicas, pelo menos em parte, porque sabiam que estaríamos olhando e ouvindo. Todos os membros da vanguarda da geração revolucionária desenvolveram um agudo senso da sua importância histórica enquanto ainda faziam a história sobre a qual repousaria sua reputação. Começaram a posar para a posteridade, escrevendo cartas a nós, tanto quanto uns aos outros, principalmente no fim de suas respectivas carreiras. Se às vezes lembram estátuas de mármore, é porque era assim que queriam parecer. (...) Se às vezes se comportam como atores num drama histórico, com freqüência era assim que se viam.[23]

Ellis conclui, a partir dessa observação, que atuar para a posteridade ajudou os fundadores a se manterem na linha: "Saber que estaríamos observando ajudou-os a manter o melhor comportamento possível", afirma. Tiro uma conclusão bem diferente: os fundadores, ao escreverem seus próprios roteiros, naturalmente escolheram para si papéis principais e lisonjeiros. Embora continuemos a encenar as suas peças hoje em dia, desse jeito boa parte da história se perde. Os dramas que os escritores que seguem a Moda dos Fundadores preferiram reencenar acontecem a portas fechadas e o elenco é sempre pequeno; enquanto isso, lá fora, havia uma revolução de verdade em andamento, um espetáculo majestoso com um elenco de milhares.

"Por que", pergunta retoricamente Joseph Ellis, "há um núcleo de verdade na iconografia característica da Revolução Americana, que não representa cenas dramáticas de matança em massa mas sim uma galeria de personalidades bem-vestidas em poses clássicas?"[24] Eis a falácia fundamental da Moda dos Fundadores, pois não há nisso nenhum "núcleo de verdade". As "personalidades bem-vestidas em poses clássicas" com certeza se envolveram em ações de grande importância, mas o mesmo fizeram os 25 mil soldados que morreram enquanto lutavam pela causa patriótica, os 300 mil soldados que colocaram o seu corpo em perigo e os 3 milhões de pessoas — toda a população — cuja vida foi gravemente desorganizada durante oito anos enquanto os Estados Unidos passavam pelo trabalho de parto. Dizer que a história dos fundadores supera todo o resto, que as suas deliberações estavam de certo modo num nível mais alto do que a própria Revolução, é um erro lamentável. Tira a Revolução Americana, e com ela a nação que criou, das mãos do povo.

PARTE IV   Na batalha

CAPÍTULO 8 "Dai-me a liberdade ou dai-me a morte"

O dia: 23 de março de 1775.

O lugar: Igreja Henrico, em Richmond, na Virgínia — o maior prédio da cidade, mas ainda pequeno demais para acomodar todos os que queriam assistir à segunda sessão da extralegal Convenção da Virgínia. Os patriotas se reuniram em Richmond em vez de Williamsburg, a capital, por medo de que o governador real tentasse dispersá-los.

A razão: as hostilidades armadas ainda não tinham começado, mas a Grã-Bretanha estava aumentando a sua presença militar na América do Norte com mais soldados e navios. Enquanto patriotas moderados ainda tentavam evitar o confronto armado, Patrick Henry apresentou uma série de resoluções para criar uma milícia e pôr a colônia em estado de prontidão. Em defesa dessas resoluções, fez o discurso mais famoso de sua ilustre carreira de orador. Dirigiu as suas observações ao presidente da Convenção, como de costume. Eis os trechos finais desse notável chamado às armas:

> Que não nos deixemos, suplico-vos, senhor, enganar mais. Senhor, fizemos tudo o que podia ser feito para evitar a tempestade que agora se aproxima. Fizemos petições — rogamos — suplicamos —, prostramo-nos diante do trono e imploramos a sua intervenção para prender as mãos tirânicas do ministério e do parlamento. As nossas petições foram desdenhadas; os nossos rogos produziram ainda mais violência e insulto, as nossas súplicas não tiveram atenção; e fomos afastados com desprezo do pé do trono.
>
> *Não há mais espaço para a esperança.* Se queremos ser livres — se queremos preservar inviolados aqueles privilégios inestimáveis pelos quais brigamos há tanto tempo — se queremos não abandonar com vileza a luta

MITOS SOBRE A FUNDAÇÃO DOS ESTADOS UNIDOS

nobre em que há tanto tempo nos envolvemos, e que juramos nunca abandonar, até que o objetivo glorioso da nossa disputa seja atingido — devemos lutar! — repito, senhor, devemos lutar!! Um apelo às armas e ao Deus das Hostes Celestes é tudo o que nos resta!

Eles nos dizem, senhor, que somos fracos — incapazes de enfrentar adversário tão formidável. Mas quando seremos mais fortes? Será na próxima semana ou no próximo ano? Será quando estivermos totalmente desarmados e quando uma guarda britânica for estacionada em cada casa? Conseguiremos juntar forças com a indecisão e a inação? Adquiriremos os meios de resistência eficaz se nos deitarmos de costas e abraçarmos o fantasma enganoso da esperança até que os nossos inimigos nos amarrem de mãos e pés?

Senhor, não somos fracos se fizermos uso adequado dos meios que o Deus da natureza pôs em nosso poder. Três milhões de pessoas armadas pela causa sagrada da liberdade, num país como este que possuímos, são invencíveis por qualquer força que o nosso inimigo possa mandar contra nós.

Além disso, senhor, não temos escolha. Se fôssemos vis o bastante para desejá-lo, agora é tarde demais para sair da disputa. Não há retirada, a não ser para a submissão e a escravidão! As nossas correntes estão forjadas. O seu clangor pode ser ouvido nas planícies de Boston! A guerra é inevitável — e que venha!! Repito, senhor, que venha!!!

É em vão, senhor, esgotar a matéria. Gentis-homens podem gritar paz, paz — mas não há paz. A guerra já começou! A próxima vaga que descer do norte trará aos nossos ouvidos o choque das armas a ressoar! Os nossos irmãos já estão em campo! Por que ficamos aqui ociosos? O que é que os gentis-homens desejam? O que teriam? A vida é tão amada, ou a paz tão doce, para serem compradas ao preço das correntes e da escravidão? Proibi isso, Deus Todo-Poderoso! — Não sei que curso os outros podem tomar; mas, quanto a mim, dai-me a liberdade ou dai-me a morte![1]

Essas palavras são mesmo emocionantes, mas Patrick Henry nunca as pronunciou. O discurso foi inventado muitos anos depois, com base em recordações distantes dos que estavam presentes na época. Embora saibamos que muitos se emocionaram com a oratória de Patrick Henry em 23 de março de 1775, não temos o texto do que ele de fato disse.

166

Em 1805, um advogado chamado William Wirt resolveu escrever sobre a vida de Patrick Henry. Não seria tarefa fácil. Embora Henry tenha figurado com destaque nos acontecimentos que levaram à Revolução e tenha sido governador do então maior estado do país, deixou poucos registros para o exame de historiadores e biógrafos. Era um orador, não um escritor, e não temos transcrições registradas na época de nenhum dos discursos que lhe deram renome.

Em 1815, Wirt escreveu a um amigo sobre as dificuldades que enfrentava para encontrar material confiável sobre o tema do seu livro:

> Era tudo fala, fala, fala. É verdade que ele sabia falar — Deus, como ele *sabia* falar! mas não há ação no meio-tempo. (...) E aí, para piorar as coisas, de 1763 a 1789 (...) nenhum dos seus discursos vive em letra de imprensa, na escrita ou na memória. Tudo o que me contam é que na ocasião tal e tal ele fez um discurso notável. (...) Há alguns traços feios no caráter de H. e alguns vazios quase tão feios. Foi um comandante militar vazio, um governador vazio e um político vazio, em todos aqueles pontos úteis que dependem de compostura e detalhe. Em resumo, é verdadeiramente o tema mais sem esperanças que um homem poderia desejar.[2]

Sem se amedrontar, Wirt preencheu os vazios segundo o seu próprio discernimento. Queria contar uma história que inspirasse a juventude norte-americana e para isso não precisava seguir muito de perto o registro histórico. "As gerações presentes e futuras do nosso país jamais se ocuparão melhor do que no estudo dos modelos a elas apresentados pelos pais da Revolução", escreveu a John Adams.[3]

Em 1817, 12 anos depois de iniciado o seu projeto, William Wirt publicou a primeira biografia do herói popular revolucionário da Virgínia: *Sketches of the Life and Character of Patrick Henry* (*Esboços da vida e do caráter de Patrick Henry*).[4] Dedicou seu livro "aos rapazes da Virgínia", que, esperava, emulariam o herói da sua narrativa. Não importa que tivesse invocado a licença poética; os seus objetivos eram estimular o patriotismo e vender livros, e teve sucesso nos dois. O livro de Wirt tornou-se imediatamente um pilar da história popular. Com 25 reimpressões nos

MITOS SOBRE A FUNDAÇÃO DOS ESTADOS UNIDOS

cinqüenta anos seguintes, forneceu muito material que seria usado para promover o espírito nacionalista — inclusive o famoso discurso "liberdade ou morte", que finalmente saiu em letra de imprensa 42 anos depois de feito e 18 anos depois da morte do grande orador.[5]

Até que ponto a descrição de Wirt é exata?

Três décadas depois de Henry fazer o seu inspirador apelo às armas, Wirt correspondeu-se com homens que tinham ouvido pessoalmente o discurso e outros que conheciam gente que estava lá na época. Todos concordaram que o discurso produzira impacto profundo, mas parece que só um dos missivistas de Wirt, o juiz St. George Tucker, tentou registrar um texto real. A carta de Tucker a Wirt se perdeu, mas temos uma carta de Wirt a Tucker que afirma: "Tirei do senhor quase inteiramente o discurso do sr. Henry na Convenção de 75, assim como, *verbatim*, a sua descrição do efeito que lhe causou".[6]

Os estudiosos discutiram durante anos se o discurso que conhecemos é obra principalmente de William Wirt ou de St. George Tucker.[7] Mas e Patrick Henry? Quanto do discurso é dele?

Alguns que preferem a hipótese de Tucker sugerem que o discurso publicado por Wirt é uma descrição bastante exata, já que o próprio Tucker estava lá na época. No entanto, como ele mesmo admitiu, a descrição que Tucker faz do discurso se baseou em "recordações", não em anotações por escrito. "Em vão tentaria dar alguma idéia do seu discurso", escreveu. Tentou uma reconstrução de apenas dois parágrafos (os dois primeiros no trecho aqui incluído), que constituem menos de 1/5 do total.[8] Mesmo esse pedacinho é suspeito. Parece improvável que St. George Tucker conseguisse guardar de memória as palavras de Henry e depois reproduzi-las com exatidão várias décadas depois. Pode ter registrado o tom básico, mas e a dicção e a cadência, tão importantes na arte da oratória? E todo o resto do discurso, que chegou a 1.217 palavras? De onde vieram todas essas palavras?

Imagine, em nosso próprio tempo, a tarefa de tentar recriar as palavras de um discurso feito há 42 anos se não tivermos um registro por escrito. Foi há exatamente esse tempo que John F. Kennedy fez um dos discursos mais notáveis e fatídicos da história dos Estados Unidos. Em 22 de outubro de 1962, o presidente Kennedy disse ao povo americano que a Rússia estava tentando colocar mísseis em Cuba, a apenas 150 quilôme-

168

tros do litoral dos EUA, e que acabara de ordenar uma "quarentena" das águas cubanas. Se navios russos tentassem descarregar alguma coisa, teriam de combater os navios americanos. O discurso de Kennedy deixou o mundo à beira da guerra nuclear.

Mas quem, sem consultar os registros, consegue se lembrar das palavras exatas que Kennedy disse? Também foram emocionantes — algo sobre o caminho estar cheio de riscos, mas o maior perigo seria não fazer nada —, mas qual foi realmente o jeito como ele falou? E o que mais ele disse? Milhões assistiram e ouviram o discurso, alguns podem até ter tomado algumas notas, mas quem conseguiria reconstruir o discurso hoje, décadas mais tarde, se não o tivessem feito na época?[9]

Aqueles entre nós velhos o bastante para recordar o discurso vão se lembrar das emoções — os temores e apreensões do momento — muito melhor que das palavras. Podemos também recordar o comportamento de Kennedy, os seus olhares, o seu comportamento enquanto proferia o seu texto. Dois anos antes, Nikita Khruschov, adversário soviético de Kennedy, falara às Nações Unidas de forma inesquecível — tirou o sapato e bateu-o na mesa. Isso foi mesmo memorável, mas as palavras exatas de Khruschov foram esquecidas. O mesmo aconteceu com Patrick Henry. Fez um discurso inspirador e muito vigoroso com grande talento dramático — disso as pessoas conseguiam lembrar-se. Mas recordar as palavras que usou para despertar esses sentimentos patrióticos é coisa inteiramente diferente.

TEMOR E ÓDIO

O discurso de Henry, como o conhecemos, deve muito a alguma combinação do gênio oratório de William Wirt e St. George Tucker e reflete as idéias dos nacionalistas do século XIX que gostavam de romantizar a guerra. No entanto, para idealizar a guerra, muita coisa precisa ficar de fora. No discurso "liberdade ou morte" que se supõe que estes homens ressuscitaram, componentes básicos do apelo popular de Patrick Henry estão misteriosamente ausentes. Os sentimentos de Henry e dos homens a quem se dirigiu não eram sempre tão nobres quanto Wirt queria que seus leitores acreditassem.

Na verdade, temos um relato do discurso de Henry que foi registrado no momento e não anos depois, e tal versão combina muito pouco com a descrição posterior de Wirt. Numa carta datada de 6 de abril de 1775, James Parker escreveu a Charles Stewart:

> Nunca se ouviu nada tão infame e insolente quanto o discurso de P. Henry: ele chamou o R... de tirano, idiota, títere e ferramenta do ministério. Disse que não havia inglês, escocês nem britânico, mas sim um monte de destroços afundados no luxo que tinham perdido a sua coragem nativa e eram incapazes de olhar cara a cara os bravos americanos. (...) Essa criatura é tão tola que anda por aí, dizem, orando e pregando em meio à gente comum.[10]

Mesmo descontando a má vontade de um observador adversário, o relato de Parker é plausível. Como em qualquer época, é provável que personagens belicosos e xenofóbicos durante a Revolução Americana tenham questionado a coragem do inimigo, descido a ofensas pessoais e aproveitado o medo generalizado. A demagogia é o lado fraco da oratória.

Menos de um mês depois de Henry fazer o seu discurso "liberdade ou morte", o medo dos levantes de escravos ajudou a provocar o início da Revolução no Sul. Na primavera de 1775, os cidadãos brancos da Virgínia acreditavam que os afro-americanos mantidos em cativeiro planejavam insurgir-se, rebelar-se e partir para um massacre assassino contra eles. Os brancos assustados entraram em pânico e prepararam-se para o pior — e Patrick Henry, um dos maiores senhores de escravos do seu condado, estava entre eles. Antes do amanhecer de 21 de abril, o governador real da Virgínia, lorde Dunmore, despachou um grupo de fuzileiros para tomar a pólvora guardada no armazém de Williamsburg. Mais tarde, no mesmo dia, patriotas enfurecidos reuniram-se para protestar. Um jornal noticiou o seu raciocínio:

> O absurdo monstruoso de que o governador possa privar o povo dos necessários meios de defesa numa época em que a colônia está realmente ameaçada pela insurreição dos seus escravos (...) levou as paixões do povo (...) a um quase frenesi.[11]

A princípio o governador Dunmore afirmou ter tomado a pólvora para que os escravos não pudessem ficar com ela. Pouco depois, contudo, mudou de postura: se os patriotas ferissem uma única autoridade britânica, afirmou, declararia "a liberdade dos escravos e reduziria a cidade de Williamsburg a cinzas".[12]

Isso só atiçou as chamas da rebelião. Nos dias que se seguiram, pelo menos sete condados formaram apressadamente "companhias independentes", em parte porque os britânicos tinham derramado sangue em Lexington e Concord, mas também como reação à ameaça de Dunmore. Em Fredericksburg, em 29 de abril, mais de seiscentos integrantes dessas companhias se prepararam para marchar contra o governador em Williamsburg. Dunmore reiterou a sua ameaça de levantar os escravos, dizendo que o faria imediatamente se as companhias prosseguissem com os seus planos.

Os moderados convenceram a maior parte dessas companhias a debandar, mas duas persistiram: Albemarle e Hanover. Os voluntários de Albemarle votaram a favor de continuar rumo a Williamsburg "para exigir satisfações de Dunmore pela pólvora e por sua ameaça de fincar seu estandarte e conclamar os negros".[13] Mas logo voltaram atrás, deixando o campo para a companhia de Hanover, sob o comando de Patrick Henry.[14]

Os membros da comissão do condado de Hanover não eram unânimes, mas Henry, com muitos amigos e parentes entre eles, levou a melhor. Devido à "apreensão por suas pessoas e propriedades", decidiram marchar sobre a capital. Como Dunmore ameaçara levantar os escravos e ao mesmo tempo tomava a pólvora que os brancos poderiam usar para se defender, Henry e a maioria dos homens de Hanover sentiram que corriam o risco de sofrer "calamidades da maior magnitude, e conseqüências fatais para esta colônia", a menos que passassem à ofensiva.[15] No final, a rebelião incipiente deflagrada pelas ações de Dunmore teve um final negociado (embora temporário): os britânicos pagaram a pólvora que tinham tomado e a companhia de Hanover voltou para casa.

MITOS SOBRE A FUNDAÇÃO DOS ESTADOS UNIDOS

Mais tarde, no mesmo ano, quando lorde Dunmore se ofereceu formalmente para libertar todos os escravos que se alistassem no exército britânico, o coronel Patrick Henry, do Primeiro Regimento da Virgínia, tomou a si divulgar o mais possível a ação de Dunmore. (Para saber mais sobre o oferecimento de liberdade feito por Dunmore, veja o capítulo 10.) Dessa vez, as palavras exatas de Henry foram registradas por escrito e não pode haver dúvida de que usou o medo como grito de união:

> Como a Comissão de Segurança não está reunida, tomo a Liberdade de enviar-vos, anexa, uma cópia da declaração feita por lorde Dunmore; cujo projeto e tendência, observareis, são fatais à segurança pública. A atenção precoce e incansável ao governo dos ESCRAVOS pode, espero, contrabalançar essa tentativa perigosa. Patrulhas constantes e bem dirigidas parecem necessárias e indispensáveis.[16]

Os escravos não eram a única razão para o medo — os índios também podiam causar problemas. Uma das companhias independentes que ameaçaram marchar sobre Williamsburg observou que Dunmore tentara "deixar (pelo menos até onde tem o poder de fazê-lo) esta colônia indefesa, e deixá-la exposta aos ataques de uma invasão selvagem ou de um inimigo doméstico [eufemismo comum para os escravos]".[17] Esse tema foi repetido com freqüência em queixas dos estados do Sul quanto à política britânica: o rei, o Parlamento e os governadores reais estimulavam os ataques indígenas, assim como as insurreições de escravos. No verão seguinte, o Congresso formalizou essas queixas na Declaração de Independência. O rei, dizia, "estimulou insurreições domésticas entre nós e esforçou-se para trazer sobre os habitantes de nossas fronteiras os impiedosos índios selvagens".

Patrick Henry, como muitos brancos da Virgínia, cobiçava a terra indígena. Em 1766, comprou lotes de 566 e 783 hectares no sudoeste da Virgínia e, depois, na fronteira do assentamento branco. Comprou mais seis lotes no ano seguinte e, em 1769, como membro da Companhia do Ohio (juntamente com Thomas Jefferson e outros personagens importantes),

172

apresentou à Coroa uma petição de 20.234 hectares no rio Ohio. No início da década de 1770, continuou a especular com vários lotes de terra no Oeste e, em 1774, entrou para a Companhia Transilvânia, que "comprou" 8 milhões de hectares — quase todo o Kentucky e boa parte do norte do Tennessee — de um grupo de *cherokees* pela bagatela de menos de dois centavos por acre [0,40 hectare].[18]

Não admira que Henry defendesse invasões militares das terras indígenas. Em 1778, como governador da Virgínia, aumentou o apoio militar às povoações da fronteira e sancionou uma companhia de "voluntários" que se puseram a invadir as terras dos índios.[19] No ano seguinte, autorizou uma expedição a um território distante habitado pelos chickamaugas, ramo combativo dos cherokees que resistia à dominação branca.[20] Em seguida à Guerra Revolucionária, enquanto discutia os direitos norte-americanos de navegar pelo rio Mississippi, declarou que seria mais fácil para ele separar-se da União que do Mississippi.[21] Antes, durante e depois da Revolução, Henry foi um expansionista implacável. O seu próprio interesse, assim como o interesse de muitos outros naturais da Virgínia, o exigia.

Parece bastante improvável que, em seu esforço para levantar a opinião pública contra a Grã-Bretanha, que tentara fechar a fronteira à povoação branca, Patrick Henry não utilizasse os sentimentos predominantes contra os índios. Como as terras do Oeste seriam mais fáceis de conseguir com a Grã-Bretanha fora do caminho, jogar com esses sentimentos ajudou a luta revolucionária contra a Coroa e o Parlamento. (Ver capítulo 13.) É ainda mais implausível que Henry não usasse a "carta dos escravos" — o seu ás na manga — em sua política. Mas em nenhum lugar dos seus discursos registrados mais tarde por outros escritores vemos sequer uma insinuação de apelo a instintos menos nobres que o amor à liberdade. Os seus discursos, é óbvio, foram melhorados.

"Liberdade ou morte" não foi o único discurso a receber retoques. Dez anos antes, em seu primeiro ano como deputado, na Câmara dos Burgueses,*

---

*Parlamento da Virgínia. (*N. do T.*)

Henry se adiantara para fazer uma condenação radical da Lei do Selo. Segundo William Wirt:

> Foi no meio desse magnífico debate, enquanto se alongava sobre a tirania do ato odioso, que ele exclamou, com voz de trovão e o olhar de um deus: "César teve o seu Brutus — Carlos I o seu Cromwell — e Jorge III... ("Traição", gritou o presidente da mesa — "traição, traição", ecoou em todos os cantos do salão. — Foi um daqueles momentos difíceis que têm caráter decisivo. — Henry não hesitou nem por um instante; mas elevando-se numa atitude altiva e fixando no presidente o fogo do olhar mais decidido, terminou a sua frase com a mais firme ênfase) — *e pode lucrar com o seu exemplo*. Se isso é traição, pois que a aproveite ao máximo."[22]

Nessa versão da história, reconstruída meio século depois de o fato ter acontecido, Patrick Henry enfrentou dramaticamente seus detratores. Na época, entretanto, um viajante francês que assistiu pessoalmente ao evento observou que Henry reagiu à acusação de "traição" de um modo bem diferente:

> Pouco depois de eu entrar, um dos deputados se levantou e disse que tinha lido que em tempos antigos Tarquínio e Júlio tiveram o seu Brutus, Carlos tivera o seu Cromwell e ele não duvidava de que todo bom americano se levantaria em favor do seu país, mas (diz ele) de maneira mais moderada, e ia continuar, quando o presidente da casa ficou de pé e disse ele, o último que se levantou falou em traição, e era triste ver que nenhum dos deputados da casa era leal o bastante para detê-lo antes que chegasse tão longe.
>
> Com isso o mesmo deputado voltou a se levantar (o seu nome é Henery) e disse que, se tinha ofendido o presidente ou a casa, estava disposto a pedir perdão, e mostraria a sua lealdade a sua majestade rei J. terceiro, à custa da última gota do seu sangue, mas o que dissera devia ser atribuído ao interesse da liberdade moribunda do seu país, que ele tinha no coração, e o calor da paixão pode tê-lo levado a dizer algo mais do que pretendia mas, novamente, se dissera algo errado, pedia ao presidente e à casa perdão. Alguns outros deputados se levantaram e o apoiaram, com o que o caso se encerrou.[23]

As discrepâncias entre esses dois relatos são espantosas. Enquanto os românticos do século XIX pintaram um Henry desafiador diante de numerosos críticos, a testemunha ocular afirmou clara e enfaticamente que Henry pediu desculpas pelo seu excesso, não uma, mas duas vezes, e que a acusação de "traição" veio apenas do presidente da Câmara, não de um coro de deputados. Henry não foi um herói solitário enfrentando com altivez numerosos adversários; em vez disso, tentou proteger-se quando pareceu que tinha passado dos limites. Ao voltar atrás, Henry agiu com sabedoria e astúcia — mas não com heroísmo.

As versões românticas de ambos os discursos — "liberdade e morte" e "César teve o seu Brutus" — glorificam o enfrentamento ousado. Também glorificam a própria oratória. Numa época em que muitos americanos não tinham capacidade de ler dissertações cultas sobre política, todos podiam ouvir e reagir a um discurso. A oratória foi fundamental para a criação do nacionalismo americano. Não surpreende que William Wirt também fosse orador: fez o discurso de abertura das comemorações do qüinquagésimo aniversário da Declaração de Independência em Washington, em 4 de julho de 1826.

A oratória tem a sua utilidade, mas também pode levar ao abandono da conciliação, da consideração bem pensada e da discordância. A oratória belicosa, aceita sem questionamento, é pouco mais que recrutamento militar. Sentimentos nobres levam rapazes e jovens impressionáveis a oferecer a vida a serviço da nação ou da causa. Esse perigo se intensifica quando um orador reforça as palavras de outro, como no caso de Wirt e Henry. Os patriotas do início da república santificaram o seu nacionalismo e o seu expansionismo, apelando para a venerada tradição da Revolução. Mesmo que as palavras viessem de Wirt, o discurso "liberdade ou morte" funcionaria melhor se atribuído ao "Filho do Trovão", o orador lendário de uma geração passada.

No século XIX, incontáveis crianças em idade escolar praticaram a memorização e a recitação repetindo e dramatizando o discurso "liberdade ou morte". Mal sabiam que as palavras que pronunciavam não eram de Patrick Henry nem que os nobres sentimentos que exprimiam ocultavam motivos mais vis. Hoje sabemos essas coisas, mas o apelo às armas de Henry ainda aparece em cerca de metade dos nossos livros didáticos atuais. Os alunos não recitam mais o discurso, mas aprendem que é considerado muito admirável marchar para a guerra. Em sua *History of US*, Joy Hakim apresenta a cena completa do discurso, que repete *verbatim* sem dar crédito a Wirt: "Henry pisou na passagem, baixou a cabeça e levantou os braços. Fingiu que seus braços estavam acorrentados". Depois de citar várias frases, conclui: "Então Patrick Henry lançou longe as correntes imaginárias, elevou-se bem ereto e gritou: Proibi isso, Deus Todo-Poderoso! Não sei que rumo os outros podem tomar; mas, quanto a mim, dai-me a liberdade, ou dai-me a morte!'".[24]

Essa história funciona porque as palavras foram preparadas e o contexto, melhorado. Um discurso que chamava o rei de "idiota" e os ingleses, escoceses e britânicos de "destroços" não seria enaltecido até hoje em dia e um homem que se aproveitasse do medo dos escravos e índios não seria homenageado. Só por ignorar o que de fato aconteceu podemos contar a história que queremos ouvir.

CAPÍTULO 9 "Não atirem antes de ver o branco dos olhos deles"

Durante a Batalha de Bunker Hill, reza a lenda, Israel Putnam (alguns dizem William Prescott) deu uma ordem: "Não atirem antes de ver o branco dos olhos deles!". Demonstrando grande coragem em face do ataque dos casacos-vermelhos, os inexperientes patriotas obedeceram aos seus oficiais, mantiveram o terreno e seguraram o fogo até conseguirem olhar nos olhos do inimigo.

Segundo depoimentos dos que participaram da batalha, os oficiais americanos deram muitas ordens: "Atirem baixo". "Mirem na cintura deles". "Prefiram os comandantes". "Mirem nos belos casacos". "Não desperdicem pólvora". "Esperem até ver o branco dos olhos deles".[1] O que há de tão especial nesta última? Por que essa expressão específica, que hoje domina a história de Bunker Hill, foi incluída entre as lendas clássicas da Revolução Americana?

Soldados que vêem o branco dos olhos dos adversários têm de estar travando um tipo de guerra muito personalizada e íntima. Na época revolucionária, como preferimos acreditar, a glória da guerra não foi diminuída pela matança impessoal. Corpo a corpo, com toda a honra, o soldado podia provar o seu valor enfrentando cara a cara o adversário. Desde então, com a guerra cada vez mais industrializada, os americanos têm sentido saudades nostálgicas de uma época mais inocente. O nascimento da nossa nação deve ter sido um acontecimento mais aconchegante. É isso o que a história do "branco dos olhos deles" nos fornece. Deixa a Guerra Revolucionária numa categoria só sua. Naqueles dias, imaginamos, um homem podia olhar o outro diretamente nos olhos antes de matá-lo.

UM EXPERIMENTO

A ordem do "branco dos olhos" não foi novidade na Revolução Americana. Supõe-se que tenha sido dada pelo príncipe Carlos, da Prússia, em 1745, assim como por Frederico, o Grande, em 1757. Provavelmente eles não foram os únicos. Durante a própria revolução, dizem que outros oficiais de outras batalhas proferiram essas palavras.[2] "Não atire antes de ver o branco dos olhos deles" era uma figura de linguagem, uma expressão comum usada pelos oficiais do século XVIII para controlar o fogo dos seus soldados.

A ordem nunca foi para ser obedecida literalmente. Não se pode ver o branco dos olhos de ninguém, nas melhores condições, a mais de dez metros de distância. Com alvos móveis em meio ao pó e à fumaça de um campo de batalha, dificilmente se veriam os olhos de alguém a menos de cinco metros. Esperar tanto assim para atirar seria suicídio; depois de uma única salva, os que tinham esperado para olhar nos olhos do inimigo que avançava seriam alcançados antes de ter tempo para recarregar. Quando os oficiais davam esta ordem, como muitos fizeram, queriam dizer aos seus soldados para concentrar-se bem no inimigo e só disparar quando assim ordenado. Não queriam lhes dizer para só disparar quando o inimigo tivesse chegado a cinco ou dez metros de distância.

Certa vez, um oficial americano insistiu que os soldados esperassem para disparar até que o inimigo estivesse a apenas dez metros. Em 29 de maio de 1780, em Waxhaws, na Carolina do Sul, o coronel Abraham Buford ordenou aos seus soldados que só atirassem quando a legião britânica estivesse quase sobre eles. A rajada única mostrou-se insuficiente para deter o ataque e os patriotas foram imediatamente vencidos. Banastre Tarleton, o comandante britânico, segundo consta ordenou o fuzilamento dos soldados que tentavam se render. Cento e treze patriotas morreram ali mesmo. Outros 203 foram capturados, a maioria deles feridos. As baixas britânicas, pelo contrário, foram de apenas cinco mortos e 12 feridos. A experiência de fogo próximo fracassou.

Mais tarde, os patriotas indicariam o "massacre" de Waxhaws como exemplo da crueldade britânica. (Ver capítulo 11.) Talvez fosse, mas o que aconteceu em Waxhaws revelou o outro lado do combate corpo a corpo. Quando os soldados lutavam entre si com espadas, coronhas de mosquetes e baionetas, as batalhas tinham boa probabilidade de se transformar em chacinas. Se "o branco dos olhos" fosse realmente avistado, as coisas podiam ficar bem horrorosas.

"CANHÕES RUGINDO,
MOSQUETES ESTALANDO,
TAMBORES BATENDO,
BOMBAS VOANDO POR TODO LADO"

Às vezes um soldado revolucionário conseguia ver o branco dos olhos do inimigo; com muito maior freqüência, não. A maioria dos homens que morreu jamais viu seu matador. Na verdade, a maior parte dos soldados abatidos morreu de doenças ou definhou na prisão. Com os soldados reunidos de modo muito concentrado e em condições sanitárias geralmente péssimas, a febre tifóide, o tifo, a disenteria e a varíola eram muito comuns. O contato íntimo com os colegas tirou mais vidas que o contato íntimo com o inimigo. Segundo o historiador militar Howard Peckham, cerca de 10 mil patriotas morreram nos quartéis. Outros 7 mil morreram como prisioneiros de guerra, principalmente ao contraírem doenças uns dos outros. Em contraste, Peckham registrou 6.824 mortos em combate.[3]

Os que sucumbiram em combate foram muitas vezes atingidos por canhões ou mosquetes disparados em sua direção por homens distantes. A guerra que trouxe a nossa nação à vida não teve combate direto corpo a corpo com a freqüência que gostaríamos de acreditar; pelo contrário, as mortes à distância foram muito mais freqüentes do que preferimos imaginar. Enquanto os soldados da infantaria atacavam ou resistiam a um ataque, seus colegas da artilharia, em equipes de três a 15, carregavam canhões, morteiros e obuseiros e disparavam-nos num inimigo anônimo. Essas armas lançavam não projéteis sólidos como também lanternetas, cartuchos e bombas que explodiam — munição contrapessoal projetada para ferir ou tirar a vida humana. O objetivo do soldado, naquela época e

MITOS SOBRE A FUNDAÇÃO DOS ESTADOS UNIDOS

hoje em dia, não era apenas demonstrar o valor individual, mas sim matar estranhos à distância mais segura possível — quanto mais longe, melhor. Observem-se esses depoimentos pessoais de participantes da Guerra Revolucionária:

Canhões rugindo mosquetes estalando tambores batendo bombas voando por todo lado. Homens morrendo feridos horríveis gemidos que fariam doer o mais duro dos corações de ter uma visão tão triste como essa ver os nossos irmãos mortos dessa maneira.

— Soldado Elisha Stevens, Batalha de Brandywine.[4]

Por um bom tempo atiramos com o primeiro canhão e imediatamente um canhoneio tremendo — cerca de 180 ou duzentas peças de grosso calibre foram descarregadas ao mesmo tempo. Os morteiros de ambos os lados lançaram um número enorme de granadas. Foi um espetáculo glorioso avistá-las, como meteoros, cruzando-se queimando no céu. Parecia que as estrelas estavam caindo. O fogo foi incessante quase a noite toda, balas de canhão zumbindo e granadas sibilando o tempo todo à nossa volta, caixotes de munição e cartuchos temporários explodindo, os grandes canhões troando e homens feridos gemendo nas linhas. Foi uma noite pavorosa! Foi o nosso último grande esforço, mas não nos valeu de nada. Depois dele, o nosso ardor militar se abateu muito.

— William Moultrie, primeira Batalha de Charleston.[5]

Durante a noite toda, em intervalos de 15 minutos ou meia hora, o inimigo atirava com todas as suas peças. (...) Fiquei nesse lugar uns 15 dias e posso dizer com sinceridade que nunca me deitei para dormir um só minuto em todo esse tempo. (...)

O canhoneio foi severo, como deve ser, seis navios de 64 peças, uma fragata de 36 peças, um navio de 24 peças e uma chalupa de seis peças, junto com seis baterias de seis canhões cada e uma bateria de bombardeio de três morteiros, todos atirando juntos sobre o nosso pobre fortezinho, se é que se pode chamar aquilo de forte. Alguns dos nosso oficiais tentaram determinar quantos canhões eram disparados por minuto pelo inimigo, mas era impossível, o fogo era incessante. (...)

"NÃO ATIREM ANTES DE VER O BRANCO DOS OLHOS DELES"

O tiroteio do inimigo nos atingiu profundamente. Vi cinco artilheiros pertencentes a um canhão serem derrubados por um único tiro e vi homens que se curvaram para se proteger nas muralhas, mas não se curvaram o bastante, cortados como peixes para assar. (...)

Quando o fogo em certa medida diminuiu e pude olhar à minha volta, descobri que o forte exibia a imagem da desolação. Toda a área do forte estava tão totalmente arada quanto um campo. Todo tipo de construção pendia em fragmentos quebrados e os canhões todos desmontados, e quantos da guarnição partiram para o mundo dos espíritos eu não sei. Se em algum lugar a destruição foi completa, foi ali.

— Soldado Joseph Plumb Martin, cerco do Forte Mifflin.[6]

Até em Bunker Hill os patriotas tiveram de enfrentar bombardeio de Boston do outro lado do rio, assim como de belonaves e baterias de canhões ancoradas ao largo. Todos os relatos pessoais dos patriotas falam do terror causado pelo fogo distante do inimigo. Os tiros de canhão "zumbiam à nossa volta como granizo" e "assoviavam sem parar em torno de nós", escreveu John Chester.[7] "De Boston e dos navios", escreveu Peter Brown, os britânicos "disparavam e lançavam bombas, mantendo-nos na defensiva até que quase nos cercaram." O fogo "enérgico" de armas distantes "levou alguns dos nossos jovens do interior a desertar".[8] William Prescott queixou-se do "canhoneio e bombardeio pesadíssimos" e do "fogo quentíssimo da artilharia do inimigo", que os patriotas tinham de suportar enquanto trabalhavam em suas fortificações.[9] "Nossos homens não estavam acostumados a balas de canhão", confessou William Tudor a John Adams, "e elas vinham tão intensas dos navios, baterias flutuantes etc. que eles ficaram sem coragem de avançar".[10]

Um dos relatos mais vívidos da batalha de Bunker Hill é o de Issachar Bates, que acabara de se alistar no exército, com 17 anos:

Tivemos de engolir todo o nosso quinhão de metal fervente deles — de balas de canhão — de tiros de cartuchos e lanternetas — (...) Pude vê-las, grandes panelas de mingau nojento voando pelo ar e entupidas com o máximo de demônios que podiam levar, vir sibilando com o seu rabo azul

MITOS SOBRE A FUNDAÇÃO DOS ESTADOS UNIDOS

durante o dia, e o rabo de fogo à noite e, se explodiam no ar, davam o seu estouro infernal no ouvido de todo mundo, e, se caíam no chão, pulavam em volta como se o próprio diabo estivesse nelas, até explodir, e então era pernas para que te quero, e ao mesmo tempo balas de canhão voando uma por minuto.[11]

Profundamente afetado por "essas invenções cruéis dos homens para derramar sangue e lançar destruição sobre os seus próximos", Bates tornou-se pacifista e depois entrou para a seita dos *shakers*. (Muitos outros da geração revolucionária, como Bates, odiavam a brutalidade da guerra. Cerca de 80 mil pessoas, uma em cada trinta americanos livres, se tornaram membros de seitas religiosas pacifistas que se opunham a tirar a vida humana.[12])

Toda essa mortandade à distância fica de fora da narrativa tradicional, com a sua ênfase num estilo de guerra mais aproximado. Ouvir os depoimentos dos que estiveram lá coloca a Batalha de Bunker Hill sob um ponto de vista diferente. Só há registro de uma declaração que menciona a ordem do "branco dos olhos" (ver página 183), mas quase todas as descrições em primeira mão falam do pesado bombardeio da artilharia britânica. Os soldados americanos esperaram para disparar num momento mais apropriado e, no final, alguns que não tinham conseguido escapar tiveram de enfrentar o combate corpo a corpo. Mas a idéia de que os patriotas só ofereceram combate quando puderam olhar o inimigo nos olhos não é uma caracterização justa nem adequada da luta, nem em Bunker Hill especificamente nem na Revolução Americana em geral.

Eis o que realmente aconteceu em Bunker Hill, primeira batalha formal da Guerra Revolucionária. Depois da sua marcha contra Lexington e Concord, o exército britânico recuou para Boston, base da guarnição. Cerca de 17 mil patriotas se juntaram num exército próprio nos arredores da cidade, mantendo o cerco. Dali a dois meses, os patriotas receberam informações de que os britânicos se preparavam para tomar o controle de um promontório do outro lado do rio Charles. Os oficiais americanos ordenaram a construção de fortificações em Bunker Hill, mas os oficiais encarregados de executar as ordens decidiram que Breed's Hill seria mais fácil de defender. É por isso que a batalha de Breed's Hill ficou conhecida como batalha de Bunker Hill.

Durante a noite de 16 de junho de 1775, os fazendeiros transformados em soldados lavraram o solo com objetivos militares; no amanhecer de 17 de junho, tinham construído um reduto com "oito varas quadradas" [cerca de 40m²]. A manhã toda continuaram a labutar numa série de amuradas que os escudassem durante um ataque, mas, assim que os britânicos perceberam as suas fortificações, os patriotas tiveram de enfrentar um canhoneio incessante enquanto trabalhavam. Cerca de 1.500 patriotas se prepararam para defender a posição na colina de Breed contra um ataque de quase 3 mil soldados regulares britânicos.

Os navios britânicos dispararam não só nos redutos dos patriotas como também na cidade vizinha de Charlestown, que deixaram em chamas. Issachar Bates descreveu a conflagração: "E, oh! Que visão horrível, ficar de pé e ver as suas bolas ferventes, suas carcaças e potes fedorentos chamejando pelo ar de uma distância de mais de uma milha, e em menos de uma hora aquela linda cidade estava toda em chamas!".[13]

No início da tarde, quando os soldados patriotas se preparavam para o avanço britânico, seus oficiais dispararam ordens como balins. "Não atirem antes de ver o branco dos olhos deles" ou alguma variante foi uma dessas diretrizes de última hora lançadas sobre soldados inexperientes durante esse curso intensivo de disciplina militar.

Por volta das 3:00 da tarde de 17 de junho, a vanguarda dos soldados britânicos avançou colina acima. A maior parte dos patriotas esperou para atirar, como ordenado; alguns não. (Mais tarde, um oficial americano afirmou que atirou cedo de propósito, na esperança de provocar o fogo prematuro e ineficaz do inimigo.[14]) Quando os britânicos estavam perto o bastante para que o fogo dos mosquetes tivesse razoável eficácia — cerca de 55 metros de distância, segundo relatos da época —, os patriotas começaram a primeira salva. O fogo mortal continuou sem se abater, forçando os casacos-vermelhos a recuar.

Os britânicos se reagruparam e atacaram a colina mais uma vez. Dessa vez os patriotas seguraram o fogo até que o inimigo estivesse a pouco menos de trinta metros de distância, ainda não bastante próximos para ver

MITOS SOBRE A FUNDAÇÃO DOS ESTADOS UNIDOS

os olhos dos soldados que tentavam matá-los. Como o segundo ataque não foi tão bem organizado quanto o primeiro, não havia tanto perigo de serem alcançados, e assim os patriotas puderam esperar mais antes de descarregar seus mosquetes. Novamente os tiros atingiram o alvo, e mais uma vez os britânicos recuaram.

Entretanto, com o canhoneio pesado, os britânicos conseguiram forçar os patriotas a abandonar as amuradas. Quando os casacos-vermelhos atacaram a terceira vez, os patriotas cansados e traumatizados pelo bombardeio decidiram abandonar o reduto. Não tinham recebido os reforços que esperavam. A maioria deles conseguiu correr; alguns que não deixaram o reduto com rapidez suficiente foram forçados a desviar as baionetas com a coronha dos seus mosquetes. Foi a única luta corpo a corpo durante a batalha.

Por si só, a retirada foi eivada de perigos. As baterias ao largo da costa continuaram a castigar o estreito promontório de Charlestown enquanto os americanos eram forçados a atravessar. "Não cheguei a ser tocado", escreveu Peter Brown, "embora estivesse no forte quando o inimigo entrou, e pulei sobre as amuradas, e corri meia milha, com balas voando como pedras de granizo e canhões rugindo como trovões".[15]

Tecnicamente, os britânicos ganharam a Batalha de Bunker Hill, pois conquistaram novo terreno; mas a sua vitória foi conseguida a um custo terrível: 226 mortos e mais 828 feridos, alguns dos quais mais tarde faleceram. A maioria desses rapazes de famílias pobres do outro lado do Atlântico foi atingida por balas disparadas de mosquetes a média distância. As baixas dos patriotas também foram significativas: dez mortos e 271 feridos.[16] Hoje em dia, comemoramos este banho de sangue com uma historinha pitoresca sobre "o branco dos olhos deles" que demonstra como a guerra pode ser valorosa.

OS "OLHOS" PREDOMINAM

Como a chacina violenta e impessoal da Batalha de Bunker Hill veio a satisfazer o nosso anseio de uma forma mais íntima de combate?

Os relatos contemporâneos referiram-se a Bunker Hill como derrota dos americanos. Os patriotas, no entanto, deram um jeito interessante nessa

186

derrota. Pouco depois da batalha, o Comitê de Segurança de Massachusetts divulgou um relatório que reivindicava a vitória moral: "Embora os oficiais e soldados do exército ministerial exultem cruelmente por terem tomado esse terreno", escreveu o Comitê, "não podem senão atestar a bravura dos nossos homens." A carnificina imposta aos britânicos, afirmava, "ultrapassara" todos os níveis anteriores. "Uma matança assim talvez nunca tenha sido infligida antes aos soldados britânicos".[17]

Foi fundamental para a interpretação positiva dada à derrota a boa vontade dos rebeldes de manter a sua posição contra milhares de casacos-vermelhos disciplinados. Apesar das baionetas brilhantes apontadas diretamente contra eles, declarou o comitê, os soldados americanos, inexperientes e sem treinamento, não entraram em pânico. Obedeceram às ordens dos oficiais de segurar o fogo. Com a escassez de munição, não se podiam desperdiçar tiros. Só quando os britânicos "chegaram a dez ou 12 varas", escreveu o Comitê de Segurança, os americanos começaram a primeira salva. Uma vara são mais ou menos cinco metros, e assim "dez ou doze varas" se traduzem em cinqüenta ou sessenta metros.

Esse número apareceria com destaque nas primeiras histórias da Guerra Revolucionária. William Gordon e David Ramsay repetiram *verbatim* a estimativa do Comitê de Segurança. John Marshall afirmou, de modo mais conservador, que os britânicos tinham avançado "até menos de cem jardas" [noventa metros] quando os americanos abriram fogo.[18] Praticamente todas as primeiras descrições especificaram a distância que separava as forças adversárias na hora da primeira salva, pois isso constituía a prova de que os patriotas tinham obedecido às ordens e demonstraram grande coragem diante do avanço dos casacos-vermelhos; mas essa distância, embora variasse um pouco de um relato para outro, era sempre várias vezes maior que dez metros, ponto em que o branco dos olhos do inimigo começa a ficar visível.

Nenhum dos historiadores da época revolucionária — William Gordon, David Humphreys, John Marshall e Mercy Otis Warren — mencionou alguma coisa sobre a ordem do "branco dos olhos". Em 1788, Humphreys publicou uma biografia de Israel Putnam, oficial de Connecticut a quem mais tarde se atribuiu a ordem.[19] Humphreys nada disse sobre a ordem em Bunker Hill que mais tarde seria anexada ao nome de Putnam, mas

MITOS SOBRE A FUNDAÇÃO DOS ESTADOS UNIDOS

contou outra história que se tornaria uma relíquia da tradição revolucionária: "Putnam, que estava arando quando ouviu a notícia [sobre Lexington e Concord], deixou o seu arado no meio do campo, desatrelou a sua junta e, sem esperar para mudar de roupa, partiu para o teatro de operações".[20] (Em versões anteriores da lenda, ainda encontradas hoje em dia, o "Velho Put" pulou imediatamente em seu cavalo sem nem se preocupar em desatrelar os animais.) Eis uma história que vale a pena contar; tal incidente isolado exemplificou a vontade dos fazendeiros da Nova Inglaterra de responder ao apelo às armas. "O branco dos olhos", pelo contrário, dificilmente seria uma história, pelo menos na mente dos contemporâneos.

O caso encontrou o seu lugar em letra de imprensa na popular biografia de George Washington escrita por Mason Weems 25 anos depois:

> *"Não desperdicem um só tiro, meus bravos amigos,"* disse o velho *Putnam, "não desperdicem um só tiro, mas façam boa pontaria; nem toquem o gatilho até conseguirem ver o branco dos olhos deles."*
>
> Essa reserva firme de fogo, mesmo depois que os britânicos chegaram ao alcance de um tiro de pistola, levou-os [os britânicos] a ter esperanças de que os americanos não *queriam resistir*! (...) Mas, assim que o inimigo atingiu a fatal distância marcada, puxaram-se ao mesmo tempo mil gatilhos, e um lençol de fogo, largo como toda a frente da amurada, explodiu sobre eles com o mais ruinoso efeito.[21]

Poucos escritores do meio século que se seguiu repetiram a narrativa de Weems. Embora a maioria mencionasse que os patriotas seguraram o fogo, citaram distâncias específicas: Paul Allen, em 1819, seguiu a estimativa de Marshall de cem jardas (noventa metros); Charles Goodrich, em 1823, escreveu "até 12 varas"; Salma Hale, em 1822, encurtou-a para "até dez varas"; Noah Webster, em 1833, usou os números oficiais do Comitê de Segurança, dez a 12 varas.[22] Richard Hildreth, especialista consciencioso que escreveu em 1849, estabeleceu a distância em "até cem jardas".[23] Até George Bancroft, historiador popular que gostava de citações diretas e diálogos coloquiais, nada disse sobre o "branco dos olhos". Em vez disso, apresentou duas estimativas contemporâneas: "até oito varas, como

188

pensou depois [William] Prescott" e "até dez ou 12 varas, como escreveu o comitê de segurança de Massachusetts".[24] Determinar a distância prescrita era considerado básico para a moral da história, mas as palavras exatas do oficial comandante tinham pouca importância.

Richard Frothingham, num exaustivo estudo sobre Bunker Hill feito em 1849, apresentou uma tese que deixaria ainda mais para trás a história de Weems: Israel Putnam nem sequer estava no comando na época. Essa honra, escreveu ele, coube a William Prescott, coronel de Massachusetts.[25] Em meados do século XIX, um debate furioso ferveu nos círculos acadêmicos: *quem era* o comandante na Batalha de Bunker Hill? Tanto Putnam quanto Prescott tinham os seus defensores.

Alguém poderia pensar que a incerteza sobre a identidade do comandante se chocara com as histórias sobre o que este homem misterioso realmente tinha dito. Isso não ocorreu. Depois da Guerra Civil, as histórias sobre o "branco dos olhos" pegaram vapor e nunca mais perderam o impulso. No século XX, as distâncias específicas começaram a sumir dos textos didáticos; em vez disso, foi dito aos alunos que "a milícia sem treinamento (...) manteve friamente o terreno até verem o branco dos olhos do inimigo".[26] Uma figura de linguagem foi entendida literalmente e incrustada no léxico oficial da Guerra Revolucionária. Os alunos tiveram pouca dificuldade para tirar a conclusão óbvia: os patriotas americanos, como os cavaleiros da Idade Média, combatiam os seus inimigos olho no olho e corpo a corpo.

A lenda do "branco dos olhos" demonstrou notável durabilidade. Apesar dos relatos da época, que afirmam, todos, que os patriotas dispararam muito antes de poderem olhar os olhos dos adversários, a história não só sobreviveu como ainda viceja. Nem o problema da identidade do comandante foi obstáculo. Para os que preferem Putnam, foi ele quem disse; para os do outro lado, foi Prescott. A despeito de quem afirmou e das palavras que usou, o caso ainda precisa ser contado.

Louis Birnbaum, em *Red Dawn at Lexington* (*Aurora vermelha em Lexington*), fica com Prescott: "Homens, todos vós sois bons atiradores; que nenhum de vós atire antes de ver o branco dos olhos deles".[27] Robert Lieke, em *George Washington's War* (*A guerra de George Washington*), escreve com a mesma certeza: "Burly Israel Putnam cavalgou de um lado a outro da linha rugindo as palavras imortais: 'Não atirem antes de ver o branco dos olhos deles! Então, atirem para baixo'".[28] A. J. Langguth, em *Patriots*, e Thomas Fleming, em *Liberty!*, também preferem Putnam.[29] Benson Bobrick, em *Angel in the Whirlwind* (*Anjo no rodamoinho*), protege-se. Usando a palavra genérica "oficiais" e escrevendo na voz passiva, consegue contar a história sem favoritismo: "Os que estavam na linha de frente foram então exortados por seus oficiais a 'manter a frieza' e a reservar seu fogo até que o inimigo 'esteja perto o bastante para que vejamos o branco dos seus olhos'". (Contrariamente às aparências, essa não é uma citação direta de um participante, mas apenas um recurso literário.) Ainda assim, já que Bobrick deseja colocar Putnam no centro da ação, faz com que dê mais ordens: "Atirem baixo — mirem na cintura — prefiram os comandantes — mirem nos belos casacos".[30]

Os que não desejam mostrar preferências quanto à identidade do comandante atribuem livremente as palavras a ambos os principais candidatos. Em sua biografia de Israel Putnam publicada em 1858, George Canning Hill escreveu: "Putnam disse aos homens, enquanto passava apressado pelas linhas, suado e coberto de poeira, que não desperdiçassem munição, pois a pólvora era pouquíssima. 'Esperem', disse ele, 'até verem o branco dos olhos deles'". Não querendo ofender os fãs de Prescott, acrescentou: "Prescott deu as mesmas ordens aos que estavam dentro do reduto".[31]

Hoje, pouca coisa mudou. Na recentemente publicada *American National Biography*, uma compilação em 24 volumes que constitui a obra de história mais atualizada, Bruce Daniels afirma com ênfase: "Como comandante de campo dos soldados de Bunker Hill, Putnam deu uma das ordens mais famosas da história militar americana: 'Homens, sois bons atiradores — que nenhum de vós atire antes de ver o branco dos seus olhos'." Mas o que *American National Biography* diz sobre William Prescott? William Fowler escreve: "A tradição diz que gritou: 'Não atirem antes de ver o branco dos olhos deles'." Embora o tom dessa afirmativa seja discreto e ela não esteja incorreta (a "tradição" é que diz), ainda assim a história é contada. Putnam disse, Prescott disse, ambos disseram — de um modo ou de outro, ou dos dois modos ao mesmo tempo, a lenda continua.[32]

É significativo que praticamente todas as versões modernas da história deixam de fora a distância real entre os exércitos na hora em que os americanos abriram fogo. Daniels nada diz a respeito e Fowler só afirma que os britânicos estavam "a curto alcance". Na ausência de números concretos, que os primeiros relatos incluíam escrupulosamente, ficamos apenas com os indícios dos sentidos para interpretar a ordem agora famosa. Os britânicos deviam estar muito perto mesmo, supomos, se os patriotas conseguiam ver os seus olhos.[33] Como as distâncias mencionadas nos relatos da época contradiriam tal suposição, são convenientemente omitidas.

Quando a história é repetida em livros didáticos, costuma ser acompanhada de reproduções de pinturas românticas, como a famosa *Morte do general Warren na Batalha de Bunker's Hill*, que mostra as tropas britânica e americana à distância de um braço uma da outra. Gostaríamos de acreditar que a nossa nação nasceu dessa maneira, sem que nenhum homem disparasse o seu mosquete Brown Bess antes de estabelecer algum tipo de relação pessoal (embora adversária) com o inimigo. Os soldados eram bravos e a luta era íntima. Era assim que se fazia antigamente. Era assim que as guerras deviam ser.

O exemplar promocional do recente livro de Roger Ford, *The Whites of Their Eyes: Close-Quarter Combat* (*O branco dos seus olhos: combate a curta distância*), ressalta esse aspecto valoroso da guerra:

> Eis aqui uma história de casos de combate a curta distância que traz à vida o medo, a intensidade e a mais pura coragem. Leia relatos em primeira mão da guerra entre as ruínas de Stalingrado, da luta nos túneis da Guerra do Vietnã, da queda numa emboscada e até da luta com machados na frente oriental da Segunda Guerra Mundial.[34]

Seria ideal caso se conseguisse reduzir a guerra a uma questão da "mais pura coragem". É por isso que nos agarramos a imagens tradicionais da Guerra Revolucionária — naquela época, os soldados sabiam como travar o bom combate, homem a homem. Ao incluir o caso do "branco dos olhos" na narrativa central da criação do nosso país, conseguimos justificar e até enaltecer a matança proposital inerente à guerra.

PARTE V O bem contra o mal

CAPÍTULO 10   Escravos patriotas

No popular filme *O patriota*, um oficial britânico cavalga até a fazenda de Benjamin Martin, na Carolina do Sul, e oferece a liberdade a todos os escravos que lutarem no exército de Sua Majestade. Isso se baseia em fatos históricos. No início da guerra, lorde Dunmore, governador real da Virgínia, anunciou: "Portanto, assim, declaro livres todos os servos contratados, negros ou outros (pertencentes a rebeldes), que sejam capazes e estejam dispostos a portar armas, em eles se unindo às tropas de Sua Majestade assim que possível".[1] Mais tarde, o general britânico Henry Clinton fez oferta semelhante: "Todo negro que desertar do estandarte rebelde" gozaria da "total segurança de obter dentro destas Linhas qualquer Ocupação que considerar adequada".[2]

De fato, vários milhares de cativos da Carolina do Sul levaram a sério essas ofertas e fugiram para o lado britânico em busca da sua liberdade.[3] Não foi assim em *O patriota*. Na versão hollywoodiana da história, o oficial que ofereceu liberdade aos escravos da fazenda de Martin recebeu uma resposta bem inesperada dos trabalhadores negros que abordou: "Senhor, não somos escravos. Trabalhamos esta terra como homens libertos." Aqui começa um grave exagero da licença poética: vemos negros felizes trabalhando nas fazendas como libertos na Carolina do Sul revolucionária, no próprio coração do Sul escravista.

Um pouco mais adiante no filme, um escravo chamado Occam alista-se na milícia, servindo no lugar do seu senhor. Embora isso nunca tenha acontecido na Carolina do Sul, Occam passa a portar armas em nome dos patriotas numa unidade integrada da milícia. Só na Guerra da Coréia, diz Dean Devlin, um dos produtores do filme, americanos brancos e negros voltariam a servir lado a lado.

MITOS SOBRE A FUNDAÇÃO DOS ESTADOS UNIDOS

A meio caminho do filme, Occam vê um cartaz colado num quadro de avisos do quartel. Já que Occam, como a maioria dos escravos, não sabe ler, alguém o lê em voz alta:

> Por ordem do GENERAL GEORGE WASHINGTON e do CONGRES-SO CONTINENTAL, todos os ESCRAVOS cativos que prestarem um mínimo de UM ANO DE SERVIÇO ao EXÉRCITO CONTINENTAL terão LIBERDADE GARANTIDA e receberão um soldo de CINCO XE-LINS a cada mês de serviço.

Occam, então, olha melancólico para o ar e sussurra para si mesmo: "Só mais seis meses".

O documento lido para Occam, que é visto na tela e parece visualmente autêntico, contém mais erros históricos numa única frase do que à primeira vista parece possível. É uma total invenção que mostra de modo erradíssimo a participação dos afro-americanos na Guerra Revolucionária. Nem George Washington nem o Congresso Continental fizeram nada parecido com essa declaração de alforria que supostamente precedeu em mais de oitenta anos o famoso decreto de Lincoln.

Quando Washington assumiu o comando das tropas continentais, proibiu o alistamento de todos os negros, fossem escravos ou livres. No entanto, devido à grave escassez de contingente, logo teve de revogar uma parte da sua ordem: negros livres que já tivessem servido teriam permissão de se realistar, mas os escravos continuaram de fora. Eles eram considerados um incômodo num exército republicano que lutava em nome da liberdade.[4]

Os soldados eram recrutados separadamente pelos estados e não pelo Congresso Continental, como insinuado pelo cartaz lido para Occam. Mais tarde, na guerra, alguns estados permitiram que negros servissem no lugar de brancos que tivessem sido convocados, mas na Carolina do Sul não se sabe de nenhum negro que tenha se alistado no Exército Continental durante toda a duração da Guerra Revolucionária. O Congresso de fato sugerira que o estado recrutasse os seus escravos, mas a idéia de dar armas àqueles mantidos em cativeiro era considerada absurda pela maioria dos habitantes brancos da Carolina do Sul, que rejeitaram imediatamente tal proposta. "Ficamos muito desgostosos aqui com o Congresso a nos recomendar que armemos os nossos escravos", escreveu Christopher Gadsden. "Isso foi recebido com grande ressentimento, como um passo perigosíssimo e pouco político."[5]

Sem a menor disposição de militarizar os escravos, os sulistas brancos enfrentaram a escassez de contingente oferecendo prêmios especiais. Os escravos figuravam na política de prêmios, mas não como sugerido pela suposta declaração de alforria de Washington: prometia-se a cada branco, ao se alistar, um escravo para si. Mesmo que o Congresso tivesse recrutado escravos, coisa que não fez, e mesmo que tivesse oferecido prêmios *aos* escravos, em vez de prêmios *em* escravos, o prêmio não consistiria em xelins, que o Congresso não tinha, mas na moeda continental desvalorizada, que ele imprimia à vontade.

Se Washington e o Congresso Continental tivessem mesmo oferecido a liberdade em troca de um único ano de serviço, quando o prazo de serviço-padrão para todos era de "três anos ou a duração da guerra", dezenas de milhares de escravos teriam corrido para se alistar.[6] Isso teria desorganizado gravemente a sociedade sulista, já tropeçando com o êxodo em massa de escravos que fugiam para o lado britânico. George Washington, que perdeu pelo menos vinte dos seus próprios escravos para os britânicos, dificilmente enfraqueceria o seu domínio sobre os trezentos cativos restantes oferecendo a liberdade aos que se alistassem no Exército Continental.[7]

Além disso, se Washington e o Congresso Continental tivessem oferecido a liberdade aos escravos, quem indenizaria os senhores? Já falido, o Congresso não seria capaz de arcar com a despesa — mas libertar escravos sem indenizar os senhores provocaria, com toda a certeza, uma revolta imediata dos brancos do Sul. A união teria desmoronado bem no comecinho caso Washington e o Congresso Continental seguissem o enredo de *O patriota*.

Por que os criadores de *O patriota* fabricaram este documento enganador, com todas as mentiras ali contidas? "A grande e dolorosa ironia da Revolução Americana é o fato de ter sido uma guerra travada pela liberdade", explica o roteirista Robert Rodat. Os americanos brancos, enquanto buscavam a própria liberdade, negaram a liberdade aos seus escravos. A única maneira de resolver essa contradição inerente é fazer a luta pela liberdade dos negros coincidir com a dos seus senhores brancos; mas, para conseguir esse improvável casamento de interesses, os criadores de O patriota tiveram de dilacerar — não apenas distorcer — a verdade histórica.

O desejo de resolver a contradição inerente à Revolução levou Rodat a criar uma história extremamente implausível. Perto do fim do filme, a família de Benjamin Martin é abrigada por uma comunidade de negros fugidos formada por seus escravos-que-não-eram-bem-escravos. Essa gente alegre chega a realizar uma festa de casamento ao som da batida de tambores africanos para Gabriel, filho de Martin. É assim que gostaríamos de imaginar o nosso passado revolucionário: uma união feliz entre ex-trabalhadores negros e uma família de grandes fazendeiros brancos.

A conclusão da história de Occam é ainda mais inacreditável. Quando os soldados se preparam para lutar e talvez morrer em Cowpens, um camarada que antes fora um fanático intolerante observa a Occam que ele já cumpriu o seu tempo de serviço. (Nem de acordo com os termos do próprio filme isso se sustenta: o suposto cartaz de alforria só se aplica aos soldados continentais, mas Occam é um miliciano.) Embora Occam, ao contrário dos soldados brancos, tenha liberdade para ir embora, recusa-se a partir, pois se tornou um verdadeiro patriota: "Agora estou aqui por minha livre vontade", anuncia. O fanático regenerado responde: "Sinto-me honrado de tê-lo conosco. Honrado". Então, na cena final, Occam e o seu novo amigo branco partem para "construir um mundo todo novo", a começar por uma casa para Benjamin Martin.

Embora o enredo seja inventado, O patriota professa autenticidade histórica. "Sentimos que, embora estivéssemos contando uma história de ficção", diz o produtor Mark Gordon, "o pano de fundo era a verdadeira história." É por isso que Gordon e sua equipe decidiram consultar a Smithsonian Institution, que figura nos créditos finais. "Quem ouve as palavras 'Smithsonian Institution' ", explica Gordon, "pensa em coisa séria, coisa importante."

A mística da "história" é utilizada como apoio para a ficção. O patriota conta uma história em que gostaríamos de acreditar: a Revolução Americana foi o primeiro passo da longa estrada rumo ao fim da escravidão. A Guerra de Independência, com a sua promessa de liberdade e a sua sugestão de igualdade, serviu, segundo consta, de projeto tanto para a independência branca quanto para a negra.

Na verdade, a contradição entre a escravidão e a Revolução Americana não foi resolvida com tanta facilidade quanto em *O patriota*. Durante a guerra, os patriotas brancos do Sul uniram-se em oposição aos desígnios diabólicos dos britânicos, que ameaçavam a própria base da sua sociedade ao oferecer liberdade aos escravos. Depois da guerra, a instituição da escravidão solidificou-se. A Revolução ameaçara gravemente a própria existência da escravidão — dezenas de milhares de escravos de fato fugiram dos seus senhores. Em resposta, os proprietários brancos endureceram. Os rígidos códigos escravistas que associamos ao período anterior à Guerra Civil foram resultado direto da Guerra Revolucionária. Isso é "verdadeira história". A idéia de que negros e brancos se uniram na esteira da Revolução para "construir um mundo todo novo" não passa de fantasia auto-elogiosa.

A HISTÓRIA EM PRETO-E-BRANCO

O enaltecimento do patriotismo negro é, por si só, um fenômeno histórico. Na época da Revolução e décadas depois, pouco se falou sobre a presença negra na Guerra Revolucionária. Os primeiros historiadores não deram nenhum papel especial aos patriotas negros, ao mesmo tempo em que ignoraram ou reduziram a importância do êxodo em massa de escravos para o lado britânico. Quando chegaram a mencionar os escravos que fugiram para o lado inimigo, enfatizaram o prejuízo causado aos senhores brancos. "Foi estimado que, entre os anos de 1775 e 1783, o estado da Carolina do Sul foi roubado de 25 mil negros, avaliados em cerca de 12,5 milhões de dólares", escreveu Benson Lossing em seu *Pictorial Field-Book of the Revolution*, citando o antigo historiador David Ramsay.[8]

De repente, em meados do século XIX, a idéia do patriotismo "de cor" assumiu grande importância política. Os abolicionistas apontaram a participação de negros na Revolução Americana como base para um forte argumento: se essas pessoas ajudaram os americanos brancos a conquistar a liberdade, como podiam ter a sua liberdade negada?

Em 1855, William Nell, abolicionista negro de Boston, publicou um livro chamado *The Colored Patriots of the American Revolution* (*Os patriotas de cor da Revolução Americana*). A obra de Nell, de acordo

MITOS SOBRE A FUNDAÇÃO DOS ESTADOS UNIDOS

com a introdução escrita pelo colega abolicionista Wendell Phillips, pretendia "deter a maré de preconceito contra a raça de cor" e "provar que os homens de cor são patriotas".[9] Harriet Beecher Stowe, numa segunda introdução, afirmou que os patriotas negros deviam ser mais enaltecidos que os brancos: "Não foi pela sua própria terra que lutaram, nem sequer por uma terra que os adotou, mas por uma terra que os escravizou e cujas leis, até na liberdade, com mais freqüência oprimiram do que protegeram. A bravura, em tais circunstâncias, tem uma beleza e um mérito especiais".[10]

Como sugere o título, Nell concentrou-se exclusivamente nos 5 mil negros que lutaram do lado dos americanos. Não mencionou as dezenas de milhares de escravos que fugiram para o lado britânico — isso dificilmente conquistaria adeptos para a causa abolicionista. Quando tratou da Carolina do Sul, já que não podia indicar nenhum soldado patriota negro, citou o famoso Charles Pinckney: "No decorrer da Revolução, os estados do Sul foram continuamente invadidos pelos britânicos, e todos os negros dali tiveram oportunidade de fugir, mas poucos o fizeram."[11] Em vez de fugir, disse Pinckney, os escravos da Carolina do Sul trabalharam lado a lado com os seus senhores para fortificar-se contra os ataques britânicos. Ironicamente, os abolicionistas daquela época não estavam em condições de questionar esse quadro idílico de escravos felizes durante a Revolução Americana.[12]

Depois da Guerra Civil e da Reconstrução, durante a era do sistema Jim Crow de segregação entre brancos e negros, os negros da Revolução ocuparam mais uma vez os últimos lugares. Em 1891, um dos principais historiadores do país, John Fiske, falou em nome da sua época ao ignorar o registro histórico e afirmar simplesmente que escravos felizes declinaram da oferta de liberdade de lorde Dunmore:

> As relações entre senhor e escravo na Virgínia eram tão agradáveis que a oferta de liberdade caía em ouvidos moucos e desinteressados. Com trabalho leve e alimentação generosa, a vida do negro da Virgínia era feliz. (...) Ele se orgulhava de sua ligação com a propriedade e a família do seu senhor e nada tinha a ganhar rebelando-se.[13]

Edward Eggleston, escritor da época, fez um uso curioso do mito dos "escravos felizes" em seu argumento em prol da inferioridade negra. Os negros

202

eram tão desprovidos de capacidade mental, afirmou, que morreriam em processos evolutivos naturais; essa seria a "solução final" para o "problema do negro". Como prova de sua incapacidade de cuidar de si mesmos, Eggleston deu o exemplo dos primeiros esforços de emancipação por volta da época da Revolução, que teriam resultado dos "padrões morais aperfeiçoados" dos brancos, não do esforço de uma "raça preta" fraca demais para "impor os seus direitos". Ao deixar de reconhecer os muitos e variados esforços que os negros fizeram para conquistar sua liberdade durante a Revolução, Eggleston perpetuou uma das maiores mentiras históricas: "O negro não possuía nenhuma capacidade para auxiliar a sua própria libertação. Contanto que tivesse bastante comida e pudesse saciar as suas paixões animais corriqueiras, mantinha-se feliz e contente."[14]

Edward Eggleston também escreveu livros didáticos para crianças; naturalmente, nenhum dos seus textos mencionava a participação negra na Revolução Americana.[15] Também nada mencionavam 22 outros livros didáticos escritos entre o final da Reconstrução e o início do movimento pelos direitos civis.[16] Da época de Ulysses S. Grant até a de Dwight D. Eisenhower, os escritores de livros didáticos excluíram por completo 1/6 dos americanos da época revolucionária.[17]

O mesmo fez a maioria dos historiadores profissionais. Com apenas poucas exceções (mais notadamente Herbert Aptheker, comunista que escreveu nas décadas de 1940 e 1950), os escritores brancos ignoraram a presença negra na Revolução durante um século inteiro, da Guerra Civil até a década de 1960. Coube aos historiadores negros contar eles mesmos a história.

Em 1883, George W. Williams incluiu, em sua abrangente *History of the Negro Race in America, from 1619 to 1880* (*História da raça negra na América, de 1619 a 1880*), uma extensa discussão da época revolucionária. Começou expondo a hipocrisia dos revolucionários brancos:

> O sentimento que adornava os discursos dos oradores (...) era "a igualdade dos direitos de todos os homens". Mas os escravos que arrastavam suas correntes sob seus olhos, a quem se negavam os mais comuns direitos de humanidade, que eram avaliados como gado e como imóveis, eram testemunhas vivas da insinceridade e da incoerência dessa declaração.[18]

MITOS SOBRE A FUNDAÇÃO DOS ESTADOS UNIDOS

Então, em vez de limitar sua atenção à contribuição dos patriotas negros, Williams fez uma investigação séria da política racial envolvida no recrutamento militar. Mostrou, passo a passo, como Washington e o seu Conselho de Guerra proibiram o alistamento de negros durante o cerco de Boston e depois explicou como a declaração de liberdade de Dunmore os forçou a voltar atrás. Descreveu a fuga de escravos para o lado britânico e as débeis tentativas para deter esse êxodo dos patriotas brancos, que alegavam ser "amigos verdadeiros" do povo que mantinham em cativeiro. De repente, contudo, Williams introduziu em sua análise clara e direta uma demonstração batida de patriotismo tradicional: "A luta continuou entre *tories* e *whigs*, entre traidores e patriotas, entre o egoísmo e o espírito de nobre consagração à causa justa dos americanos", escreveu.[19] Williams tentou transpor um caminho difícil: queria contar a história do ponto de vista negro, mas não podia demonstrar sentimentos antiamericanos nem pró-britânicos.

Apesar da sua hesitação, Williams chegou a uma conclusão verdadeiramente radical:

> O alistamento no exército não criou na prática a emancipação do escravo, como pensaram alguns. Os negros eram vistos como gado por ambos os exércitos e ambos os governos durante toda a guerra. Este é o fato frio da história, e não é nada agradável de contemplar. O negro ocupou a posição anômala de escravo americano e de soldado americano. Foi soldado na hora do perigo, mas gado em tempo de paz.[20]

Essa grave avaliação só seria repetida por escritores brancos dali a 3/4 de século.

Embora a obra de Williams fosse ignorada pelos estudiosos brancos, dois especialistas negros que escreveram na década de 1920, Carter G. Woodson e W. E. B. Du Bois, prosseguiram de onde Williams parara. Woodson, muitas vezes rotulado de "pai da história do negro", organizou o *Journal of Negro History* em 1916, e em 1922 publicou uma abrangente pesquisa que se tornou o texto básico sobre o assunto durante 25 anos: *The Negro in Our History* (O negro em nossa história). Woodson tratou a fuga de escravos para o lado britânico de maneira simples e direta, sem desculpas; acrescentou também que "um corpo de escravos fugidos que se intitulava Soldados do Rei da Inglaterra incomodou durante vários anos o povo que vivia no rio Savannah, e houve muito medo de que os negros livres e repelidos da Nova Inglaterra fizessem o mesmo com os colonos de sua região".[21] No encerramento da guerra no Sul, Woodson concluiu: "Seguiu-se tamanha reação contra a elevação da raça à cidadania que boa parte do trabalho proposto para promover o seu bem-estar e para preparar a manumissão se desfez".[22] Lá se foi o conto de fadas com final feliz. A Revolução Americana causou tanto bem quanto mal.

Em 1924, Du Bois, socialista e fundador da NAACP (National Association for the Advancement of Colored People) seguiu a linha básica de Woodson em sua história informal *The Gift of Black Folk: The Negroes in the Making of America* (*O dom da gente preta: os negros na formação dos Estados Unidos*). Du Bois discutiu abertamente o "patriotismo" idiossincrático dos soldados negros:

> O seu problema como soldado sempre foi peculiar: não importa pelo que lutavam os seus inimigos e não importa pelo que lutava a América, o negro americano sempre lutou pela própria liberdade e pelo respeito à sua raça. Fosse qual fosse a causa da guerra, portanto, a sua causa era especialmente justa. Ele aparece (...) sempre com dupla motivação: o desejo de se opor ao chamado inimigo do seu país ao lado dos seus concidadãos brancos e, antes disso, o motivo de merecer o respeito daqueles cidadãos e garantir a justiça para o seu povo.[23]

Em 1947, John Hope Franklin tratou da fuga dos escravos para o lado britânico em seu famoso livro para alunos universitários — *From Slavery to Freedom* (*Da escravidão à liberdade*) —, mas a história continuou num gueto, contada apenas como "história dos negros". Apesar da obra de Williams, Woodson, Du Bois e Franklin, os negros ainda não foram incluídos na narrativa básica da Revolução Americana.[24]

Só na década de 1960 os negros foram novamente considerados "presentes" na criação do nosso país. Em 1961, outro especialista negro, Benjamin

Quarles, publicou um relato que era ao mesmo tempo penetrante e completo: *The Negro in the American Revolution* (*O negro na Revolução Americana*).[25] As linhas mais amplas da discussão já tinham sido traçadas antes, mas Quarles acrescentou detalhes importantes, e o momento foi perfeito. Entre os profissionais da história, a obra-prima de Quarles foi considerada "um livro-bomba".[26] Jovens historiadores brancos, influenciados pelo movimento dos direitos civis, adotaram e ampliaram a obra de Quarles. Nas décadas seguintes, especialistas negros e brancos produziram um tesouro de monografias e estudos aprofundados descrevendo como os afro-americanos viveram a Revolução e o impacto de suas ações sobre a política da guerra.

Em parte mas não no todo, essas novas informações conseguiram chegar até o público em geral. Hoje, como na década de 1850, os negros do Norte que conseguiram a liberdade lutando junto com os patriotas são homenageados, mas não os escravos do Sul que fugiram para o lado britânico. *Liberty!*, o livro e a série de TV, apresenta James Lafayette, escravo que conquistou a liberdade servindo de criado pessoal e cavalariço do marquês de Lafayette, como um dos cinco "retratos" básicos de toda a Revolução Americana.[27] (Os outros são o rei Jorge III, George Washington, Benjamin Franklin e, por razões óbvias, Abigail Adams.) A Black Patriots Foundation lidera hoje a tentativa de colocar um "Memorial dos Patriotas Negros da Guerra Revolucionária" no Washington Mall, embora ninguém pareça muito interessado em erigir um monumento aos escravos que buscaram a liberdade lutando ao lado do inimigo.[28]

UM CONTO DE DUAS HISTÓRIAS

Há duas histórias que podemos contar: (1) nos estados do Norte durante a Revolução Americana, os escravos conquistaram a liberdade lutando ao lado dos patriotas brancos, e (2) nos estados do Sul durante a Revolução Americana, os escravos fugiram dos senhores patriotas para encontrar a liberdade do lado britânico. A primeira é bem atraente para a nossa época, mas a segunda, não.

Se tentamos mostrar a Revolução Americana como uma batalha do bem contra o mal, enfrentamos o fato inegável de que muitos entre os principais patriotas possuíam escravos. A escravidão é o pecado original da América — mas, quando nos apegamos à história de que mais gostamos, escondemos essa mancha de uma América perfeita. Preservamos o bom nome dos fundadores retratando a Revolução como uma força progressista que desferiu um sério golpe na instituição da escravatura.

A primeira história parece absolver os revolucionários dos seus pecados, enquanto a segunda os torna responsáveis pelos seus crimes. Mas contar a primeira história e ao mesmo tempo ignorar a segunda exige grave manipulação dos indícios históricos. Isso é feito conscientemente e não com inocência, pois, desde a publicação de *Negro in the American Revolution,* de Quarles, há mais de quarenta anos, a história do êxodo negro no momento da origem da nossa nação é conhecida e aceita pela comunidade acadêmica.

A abordagem mais simples é levantar uma muralha. Dos 13 livros didáticos atuais para o ensino médio e fundamental, só um menciona que serviram mais negros entre os britânicos do que entre os patriotas.[29] Nenhum menciona que alguns dos que lutaram pelos patriotas foram devolvidos à escravidão com o fim da guerra. Nenhum menciona que se sabe que vinte escravos de Washington e pelo menos 23 de Jefferson fugiram para o lado britânico.[30] Nenhum menciona que os patriotas brancos usaram o medo das fugas e levantes de escravos para recrutar soldados para a sua causa. Como concessão parcial aos fatos, alguns mencionam a declaração de lorde Dunmore. Nenhum dos livros, contudo, cita algum indivíduo que tenha lutado do lado britânico, embora todos identifiquem e homenageiem alguns que lutaram com os patriotas.

Outra abordagem é distorcer a importância dos eventos manipulando os números. A maioria dos textos se gaba de que 5 mil negros se tornaram soldados americanos, mas o número que fornecem para os "outros" escravos em busca de liberdade é menor. Alguns mencionam trezentos, número dos que se uniram a Dunmore nos primeiros cinco dias; um menciona quinhentos, número de tripulantes de um único navio britânico.[31] Esses números não são tecnicamente inexatos, mas são seriamente enganadores; o número de patriotas negros no decorrer da guerra inteira é comparado ao número de escravos fugidos no decorrer de alguns dias. Um texto ressalta que o próprio lorde Dunmore possuía 57 escravos, mas deixa de observar que Washington e Jefferson declaravam possuir, cada um, várias vezes esse número.[32]

MITOS SOBRE A FUNDAÇÃO DOS ESTADOS UNIDOS

Ao aplicar um padrão dúplice, esses livros conseguem contar uma história e suprimir a outra. Declaram orgulhosos que a Revolução, com a sua retórica de "liberdade" e "escravidão", rachou a instituição que mantinha meio milhão de americanos em cativeiro. Milhares de escravos, dizem, conseguiram negociar a sua liberdade lutando ao lado dos patriotas. Os negros livres também se tornaram soldados e marinheiros patriotas, e tanto escravos quanto libertos se distinguiram em combate. Num nível mais amplo, afirmam os livros, a ideologia revolucionária ajudou a deflagrar a morte da escravidão no Norte. Em 1777, Vermont estipulou que todos os escravos nascidos dali em diante seriam libertados ao chegar à maturidade (22 anos para os homens e 18 anos para as mulheres). Em 1780, a Pensilvânia foi atrás, com limites etários mais conservadores (28 anos para os homens, 21 para as mulheres), e no início do século XIX todos os estados do Norte tinham tomado algumas providências para o fim da escravidão.[33]

A outra história, segundo a qual os escravos pertencentes a patriotas famosos como Washington e Jefferson fugiram para o lado britânico em busca da sua liberdade, não funcionaria tão bem com o público moderno. Imagine uma trama alternativa para O patriota: a meio caminho do filme, os escravos de Benjamin Martin fogem para lutar sob o comando do coronel Tavington, o sinistro vilão britânico do filme; na cena de batalha seguinte, Martin, o patriota, mata três dos seus antigos cativos junto com os sete casacos-vermelhos de sempre. Não é isso que queremos ver.

As duas histórias não coexistem com facilidade. Funcionam com propósitos contrários, uma anulando a outra. O objetivo da primeira história, na qual os patriotas conseguem manter o elevado terreno moral, é anulado quando vemos escravos fugindo dos seus senhores patriotas para buscar a alforria ao lado do inimigo. Se estamos tentando determinar quem foram os "mocinhos" da Guerra Revolucionária, temos de escolher uma das duas narrativas conflitantes.

Há outra maneira de olhar essas histórias. Se nos concentrarmos na experiência negra em vez de no modo como as histórias retratam os brancos, de repente as duas se fundem.

Os afro-americanos, tanto no Norte quanto no Sul, usaram a Revolução para promover a causa da liberdade negra. Numa guerra entre brancos, ficaram do lado de quem oferecesse mais esperança de alforria. Agiram estrategicamente em nome dos seus interesses, não por algum compromisso anterior com americanos ou britânicos. No Norte, onde os britânicos eram fracos e os patriotas estavam atrás de soldados, uniram seu destino ao dos americanos. No Sul, onde os britânicos lhes ofereceram liberdade e pareciam (pelo menos nos últimos anos) capazes de cumprir essa promessa, correram para o estandarte real. O objetivo era liberdade e eles a perseguiam do jeito que foi possível.

Essa é a versão simplificada — a trama real teve muitas viradas e desvios. No Norte, os escravos tiveram de negociar com muito cuidado para garantir que a sua contribuição à causa dos patriotas de fato resultasse em liberdade; em muitos casos, os brancos tentaram renegar as suas promessas depois da guerra. No Sul, os escravos tiveram de sopesar as opções e avaliar as conseqüências antes de fugir para junto dos britânicos: quais eram os perigos? Os britânicos realmente lhes concederiam a liberdade? Valia a pena abandonar casa e família pela mera *possibilidade* de uma vida melhor?

No fim das contas, os perigos enfrentados pelos escravos do Sul que tentavam fugir eram consideráveis. Muitos foram capturados por patrulhas patriotas escravistas. Às vezes, quando os britânicos recebiam levas de escravos fugidos, os que chegavam eram mandados de volta. Milhares sucumbiram a doenças, principalmente varíola, para a qual não tinham imunidade. Os que chegaram até os britânicos e sobreviveram foram transformados em trabalhadores braçais, criados ou soldados. Labutaram em fazendas nada diferentes daquelas de onde tinham saído; atenderam às necessidades pessoais dos oficiais britânicos, que se tornaram os seus novos senhores; uniram-se ao exército do rei por um prazo de serviço indefinido — alguns serviram depois nas Antilhas e até nas Guerras Napoleônicas. Muitos foram dados como escravos a súditos brancos legalistas como indenização pela perda de propriedades. Em Yorktown, os negros que contraíram varíola foram expulsos do acampamento britânico, sem ter para onde ir a não ser a planície entre os exércitos adversários. Mesmo se não tivessem sido expulsos, seriam capturados depois que os britânicos se renderam, e sofreram as conseqüências de se unir ao lado perdedor.

Muitos provaram a liberdade. No final da guerra, os britânicos transportaram 3 mil ex-escravos de Nova York para o Canadá. Como pessoas

MITOS SOBRE A FUNDAÇÃO DOS ESTADOS UNIDOS

livres, não escravas, receberam pedaços de terra — os piores que havia, é claro. Outros foram para Londres, onde enfrentaram dificuldades. Alguns conseguiram fugir para florestas fechadas e pântanos úmidos, onde sobreviveram durante anos em suas próprias comunidades negras. (Apesar do que vemos em O patriota, não há registro de brancos ricos realizando complexas cerimônias de casamento nesses enclaves de refugiados negros.) Alguns milhares acabaram indo parar em Serra Leoa, a colônia africana criada por negros anteriormente escravizados.

No total numérico, mais escravos fugiram do Sul durante a Revolução Americana do que nos anos que precederam a Guerra Civil, época áurea da Ferrovia Subterrânea — a rede de auxílio aos negros que fugiam para o Norte. Segundo o censo dos Estados Unidos, 16 escravos fugiram de senhores da Carolina do Sul em 1850, ano da Lei do Escravo Fugido. Como o número total de escravos residentes no estado era de 384.984, isso representa apenas um a cada 24.061. Em 1860, ano em que Lincoln foi eleito presidente, 23 escravos fugiram — um a cada 17.501.[34] Esses números murcham quando comparados com os da Revolução: nos três últimos anos da guerra, vários milhares de escravos da Carolina do Sul fugiram dos seus senhores.[35] A emigração revolucionária foi maior e mais concentrada no tempo. Ao contrário da Ferrovia Subterrânea, ameaçou gravemente o funcionamento do sistema de grandes fazendas do Sul escravista. Nas palavras do historiador Gary Nash, a fuga de negros durante a Revolução Americana "representa o maior levante escravo da nossa história".[36]

No nosso jeito de conto de fadas de contar a história, essas proporções se invertem: a Ferrovia Subterrânea é louvada em todos os livros didáticos, enquanto a fuga para a liberdade durante a Revolução é ignorada ou subestimada. Na verdade, o êxodo mais impressionante dos anais da escravidão norte-americana ainda não foi homenageado com um nome ou rótulo. Não é por acaso. Não gostamos de ver os nossos inimigos, os britânicos, como libertadores; na história da Ferrovia Subterrânea, pelo contrário, este papel é conferido a bons americanos brancos — os abolicionistas. A Ferrovia Subterrânea mostra os racistas do Sul, como Simon Legree, como adversários — não temos problema nenhum com isso. Mas, para contar a saga revolucionária completa, patriotas que tinham escravos, como George Washington, Thomas Jefferson e Patrick Henry, teriam de representar esse papel, e assim o evitamos. Para salvar as aparências, os escritores americanos populares deixam de lado uma excelente oportunidade de enaltecer o espírito tenaz da liberdade e estender a história da Revolução a pessoas que antes foram marginalizadas.

Analisemos a história de um escravo fugido, Boston King. Em 1780, para fugir à punição do seu senhor, King colocou-se a serviço do exército britânico em Charleston, na Carolina do Sul. Caiu doente de varíola; quando se recuperou, tornou-se criado pessoal de um oficial britânico, depois de um capitão da milícia e, finalmente, do seu oficial comandante, que lhe confiou uma mensagem importante que tinha de ser levada através do território controlado pelos americanos. Se capturado, seria mandado de volta para a escravidão, mas conseguiu cumprir sua missão. Como recompensa, recebeu "três xelins e muitas lindas promessas".

Então, uniu-se à tripulação de um navio de guerra britânico. Desembarcou em Nova York, ainda sob ocupação britânica, e foi contratado como carpinteiro por um senhor depois do outro. Não recebeu nenhum pagamento durante meses e foi forçado a se alistar num rebocador. Depois que o seu navio foi capturado por uma baleeira americana, foi mandado para Nova Jersey como prisioneiro. Embora recebesse comida suficiente e tivesse permissão para estudar a Bíblia, estava decidido a fugir do confinamento. Evitando por pouco a vigilância dos guardas, vadeou um rio por mais de um quilômetro na maré baixa e acabou conseguindo voltar a Nova York. A guerra então já tinha terminado e senhores de todo o Sul foram a Nova York procurar pessoas que afirmavam ter sido seus escravos. Ele evitou os caçadores de escravos tempo suficiente para conseguir alojar-se num navio que ia para a Nova Escócia. Lá, instalou-se em Birchtown, a maior comunidade de negros livres do hemisfério ocidental, e tornou-se pregador.[37]

Eis uma fábula verdadeira e heróica da Revolução Americana, mas não aparece nos livros nem nas histórias populares. Há outros casos como este. David George, que também se tornou pregador, escapou primeiro de um senhor crudelíssimo, depois dos índios que o capturaram e mais uma vez de um patriota influente, George Galphin. Fugiu para o lado britânico e logo o jogaram na prisão por terem entendido errada a sua pregação. Depois de solto,

MITOS SOBRE A FUNDAÇÃO DOS ESTADOS UNIDOS

pegou varíola e, enquanto convalescia, escapou por pouco da morte no bombardeio americano de Savannah. Trabalhou como açougueiro no território controlado pelos britânicos, mas os soldados britânicos lhe roubaram as suas economias. Também conseguiu passagem para a Nova Escócia.[38]

Thomas Peters, natural da África ocidental escravizado com 22 anos, escapou do seu senhor em 1776 e lutou durante o restante da guerra numa unidade do exército britânico chamada Guias e Pioneiros Negros. Em 1783, no fim da guerra, Peters migrou com a família para a Nova Escócia. Em 1790, viajou de volta pelo Atlântico para entregar em mãos uma petição de outros refugiados negros às autoridades de Londres: queriam mudar-se para um lar mais hospitaleiro e ser tratados "como súditos livres do Império Britânico". Dois anos depois, Peters e quase 1.200 outras pessoas, inclusive Boston King e David George, partiram para Serra Leoa. Foi a quarta viagem transatlântica da notável carreira de Thomas Peters.[39]

Embora casos como esses sejam cheios de dramaticidade e aventura e embora enalteçam o desejo apaixonado de liberdade a qualquer custo, nós os consideramos inadequados para as histórias populares e os livros didáticos, porque os protagonistas estavam "do lado errado". Essa é uma visão estreita demais da nossa herança revolucionária. Boston King, David George, Thomas Peters e incontáveis outros escravos fugidos foram rebeldes, tanto quanto todos os outros. Exemplificam a busca de liberdade — mais ainda, talvez, que a maioria dos heróis que normalmente louvamos. A história do nascimento do nosso país fica mais profunda e mais ampla quando preferimos não censurar essas lutas intrépidas pela liberdade que a Revolução tornou possíveis.

212

CAPÍTULO 11 Britânicos brutais

Podemos todos imaginar o inimigo na Guerra Revolucionária — os casacos-vermelhos, em formação completa de combate. Essa gente era "estrangeira" em seu mais completo sentido. Eram soldados vindos do outro lado do oceano, decididos a destruir os americanos.

O inimigo, depois de identificado, é facilmente transformado em vilão. A maneira mais prática de justificar a matança intencional é retratar o adversário como brutal. Em toda guerra abundam as histórias sobre atrocidades cometidas pelo outro lado; os atos violentos cometidos pelos protagonistas não passam de retaliação por esses feitos cruéis. Essa é a lógica básica da guerra, e a Revolução Americana não foi exceção.

MOCINHOS E BANDIDOS

A simples justaposição do bem contra o mal dá ao filme *O patriota* a sua força bruta. No início do filme, Benjamin Martin, representado de modo convincente por Mel Gibson, não quer lutar contra os britânicos. Embora já tivesse sido herói na guerra contra os franceses e os índios, tenta agora criar seis filhos (a esposa faleceu) e não quer participar da política nem da guerra. "Sou pai", diz ele numa reunião de patriotas. "Não posso me dar ao luxo de ter princípios."

A apatia política de Martin não dura muito. Depois que se trava uma batalha no pátio em frente à sua casa, Martin, os filhos e seus escravos-que-não-são-bem-escravos cuidam dos feridos, tanto patriotas quanto britânicos. Bem nesse momento o coronel Tavington entra em cena galopando no comando dos seus assustadores dragões britânicos. Com um sorriso insidioso,

Tavington ordena que todos os patriotas feridos sejam fuzilados na mesma hora. Também prende Gabriel, filho mais velho de Benjamin, por levar mensagens. Quando Gabriel está sendo arrastado para a forca, Benjamin protesta afirmando que a sua execução sumária violaria "as regras da guerra". Tavington responde: "Regras da guerra? Quer uma aula sobre regras da guerra?". E aponta a arma para os outros filhos de Martin. Este recua, mas quando Thomas, o irmão mais novo de Gabriel, sai correndo numa tentativa débil e pouco sábia de salvamento, Tavington mata o menino pelas costas.

Vemos que o coronel Tavington é um homem muito mau. É compreensível que Benjamin Martin fique muito zangado e acabe se tornando um patriota. O assassinato a sangue-frio do seu filho Thomas tem de ser vingado.

Pouco depois, Tavington é chamado a explicar esses e outros feitos bárbaros ao seu superior, o general Cornwallis. Mas, depois que Martin vence Cornwallis com um plano engenhoso, o general abandona a sua preferência pela guerra cavalheiresca e dá permissão a Tavington para usar táticas "brutais". As brutalidades sancionadas tornam-se a pedra fundamental da política britânica oficial.

Tavington, agora agindo de acordo com as ordens, vai em frente e comete horrores ainda maiores. Reúne toda a população de uma aldeia numa igreja, tranca a porta e as janelas e depois queima o prédio inteirinho. Todos os homens, mulheres e crianças, inclusive a nova noiva de Gabriel, morrem nas chamas. (Antes Gabriel fora salvo da forca pelo pai e os dois irmãos menores, com idades entre oito e dez anos.) Pouco depois, Tavington usa a própria esperteza para matar Gabriel. Nesse ponto o espectador está tão ofendido quanto Benjamin Martin, que perdeu dois filhos nas mãos do sinistro oficial britânico. Tavington e os britânicos precisam ser detidos! Saudamos furiosamente nosso herói quando ele, usando um mastro de bandeira americana como baioneta, acerta as contas com o inimigo na batalha final de Cowpens.

Com *O patriota*, aprendemos que os britânicos eram os bandidos e que o coronel Banastre Tarleton era o mal encarnado. (Tarleton, segundo o roteirista do filme, Robert Rodat, serviu de modelo para Tavington.) Os patriotas, pelo contrário, eram os mocinhos. Os americanos não chacinavam seus prisioneiros e não matavam civis — com toda a certeza, não uma igreja cheia de uma só vez.

Em certo ponto, *O patriota* mostra os milicianos de Benjamin Martin prestes a massacrar soldados britânicos que tinham acabado de se render; mas esses excessos são imediatamente impedidos pelo comandante Martin: "Daremos total proteção aos britânicos feridos e a qualquer um que se renda", ordena ele. Gabriel explica a moral dessa cena: "Somos homens melhores do que isso". Eis a mensagem básica do filme: os americanos eram homens melhores do que aqueles vândalos britânicos, como Tarleton, que não pensava duas vezes antes de massacrar prisioneiros.

Uma cena engana. Na guerra contra os franceses e os índios, Benjamin Martin provara ser um herói em "Fort Wilderness" (Forte Desolação). Durante todo o filme, os homens o elogiam por isso, mas ninguém diz o que ele fez. Certa noite, no acampamento, Gabriel pede ao pai que lhe conte o que aconteceu no Forte Wilderness. Reticente a princípio, finalmente Benjamin responde. Os franceses e os *cherokees* tinham matado alguns colonos, inclusive mulheres e crianças. Para vingar essa chacina, Martin e seu grupo perseguiram os criminosos e os massacraram.

— Levamos um bom tempo — diz com voz suave mas firme. — Nós os cortamos em pedaços, bem devagar, aos pouquinhos. Posso ver o rosto deles. Ainda escuto os seus gritos. — E prossegue com uma descrição detalhada de como mutilaram os corpos. — Fomos... heróis — conclui sardonicamente.

— E os homens compraram bebidas para vocês — acrescenta Gabriel.

— Não se passa um dia sem que eu peça perdão a Deus pelo que fiz.

Essa confissão, vinda do herói da história, produz um efeito atordoante. Tudo o mais que aconteceu ou acontecerá no filme assume uma nova dimensão, pois esse é um homem de verdade. Mas as atrocidades de Martin foram todas cometidas no passado, lá na fronteira. Ele lutava pelos britânicos naquela época — mas durante a Guerra Revolucionária, no nascimento do nosso país, não se podiam tolerar tais picaretagens. Os patriotas americanos eram simplesmente bons demais para adotar um comportamento bárbaro. Os britânicos, portanto, servem de bode expiatório dos horrores da guerra.

Uma distorção simples mas esperta do figurino confirma essa tese. Na verdade, os temidos dragões verdes — *tories* americanos comandados por Banastre Tarleton — usavam casacos verdes com calças, camisas e colarinhos brancos; somente os alamares e as plumas do capacete eram vermelhos.

Os "acréscimos especiais" incluídos na versão do filme em DVD mostram uma imagem rápida dessa farda, mas no próprio filme o verde é trocado pelo vermelho, mais conhecido. "Havia muitos tipos diferentes de farda no exército britânico", diz a figurinista Deborah Scott. "Basicamente, escolhemos um visual mais forte." Forte e fácil de reconhecer: os casacos-vermelhos. Todos os homens comandados pelo coronel Tavington são clara e inconfundivelmente britânicos. Todas as más ações são realizadas por estrangeiros, não por americanos.

É assim que a maioria dos americanos de hoje ouviu a história da Guerra Revolucionária: a oposição não usava verde, só vermelho. Na narrativa da guerra que evoluiu com o tempo, os homens que lutaram do outro lado eram os casacos-vermelhos, adversários britânicos conhecidos por todos nós.

A PRIMEIRA GUERRA CIVIL

O patriota utiliza a interpretação da guerra apresentada na época pelos patriotas americanos. Em 29 de maio de 1780, no distrito de Waxhaws, na Carolina do Norte, os soldados sob o comando de Banastre Tarleton mataram prisioneiros americanos em vez de lhes dar quartel. Durante o resto da guerra, o incidente de Waxhaws passou a ser um grito de guerra para os patriotas zangados que se preparavam para dar fim à vida de outros seres humanos: "Quartel de Tarleton!", uivavam furiosamente quando se lançavam à batalha. (Às vezes o grito era "Recordem Buford!"; Abraham Buford foi o comandante americano em Waxhaws.) Para os patriotas no final da Guerra Revolucionária, assim como para o fictício Benjamin Martin, as chacinas do inimigo eram razão suficiente para lutar contra os britânicos.

Essa história, prova positiva da crueldade do inimigo, durou mais de dois séculos. Mas houve uma alteração importante. Na época, a maior fúria dos patriotas voltava-se contra seus adversários locais, os *tories*. Agora, os adversários trocaram a farda verde pela vermelha. Têm de ser vistos como estrangeiros, não como "nós".

Na verdade, foram americanos que cometeram a chacina de Waxhaws — talvez não patriotas, mas nossos conterrâneos assim mesmo. Lá, Banastre Tarleton comandava uma tropa de quarenta soldados regulares britânicos e 230 *tories* americanos, principalmente de Nova York. "A Legião Britânica, toda de americanos, começou a chacinar seus conterrâneos vencidos", escreve o historiador militar John Buchanan.[1] Esse não foi um fato isolado. Os oficiais britânicos, por sua vez, tentaram muitas vezes conter os seus recrutas americanos, às vezes sem resultado. "Pelo amor de Deus, nenhuma irregularidade", pediu o general britânico Henry Clinton, tentando em vão reprimir os excessos dos *tories* que lutavam sob o seu comando.[2]

A Revolução no Sul foi uma guerra civil sangrenta, ainda mais violenta que *a* Guerra Civil do século XIX, pois nenhuma fronteira geográfica separava os combatentes. (Até quando os patriotas combatiam os casacos-vermelhos, viam-nos como "soldados regulares", não como estrangeiros, como fazemos hoje.) Só na Carolina do Sul o historiador local Edward McCrady listou 103 batalhas diferentes nas quais americanos enfrentaram americanos, sem nenhum britânico à vista.[3] Em King's Mountain, uma das grandes vitórias dos patriotas, mais de mil legalistas americanos lutaram sob o comando de um único oficial britânico.

O impacto dessa primeira guerra civil foi devastador. "O país todo está em perigo de ser devastado pelos *whigs* e *tories* que se perseguem uns aos outros com fúria tão incansável quanto feras de rapina", escreveu o general americano Nathanael Greene.[4] Em algumas regiões, toda a sociedade civil parou. Sempre que assomava um bando de combatentes, os habitantes tinham de "se esconder" na floresta, abandonando suas casas à devastação dos soldados — não importava de que lado fossem. Em 20 de julho de 1781, o major americano William Pierce escreveu a Saint George Tucker:

> Essas cenas de desolação, derramamento de sangue e assassínio deliberado, nunca testemunhei antes! Para onde quer que nos viremos, a viúva aos prantos e a criança sem pai despejam suas histórias melancólicas para ferir os sentimentos de humanidade. Os dois princípios opostos dos *whigs* e dos *tories* puseram o povo deste país a cortar a garganta uns dos outros, e mal se passa um dia sem que algum pobre *tory* iludido seja abatido em sua porta.[5]

Os partidários dos dois lados acreditavam estar lutando pela pátria. Muitos, como o fictício Benjamin Martin, perderam parentes que viriam a ser

MITOS SOBRE A FUNDAÇÃO DOS ESTADOS UNIDOS

vingados. A luta era local e personalizada — e, portanto, mais apaixona-da. Esses não eram soldados profissionais que apenas faziam o seu servi-ço, mas homens com contas a ajustar. Em fábulas como *O patriota*, a luta é entre britânicos, cruéis e indiferentes, e americanos, forçados a reagir. A história foi bem mais complicada do que isso. Analisemos: quem é o he-rói e quem é o vilão em cada um dos casos que se seguem?

- Depois que os *tories* surraram sua mãe, William Gipson, da Caro-lina do Sul, admitiu que teve "não pouca satisfação" ao torturar um prisioneiro deixado aos seus cuidados: "Ele foi colocado com um pé sobre um pino afiado enfiado num bloco e girado (...) até que o pino lhe perfurou o pé".[6]
- Um *tory* da Geórgia, Thomas Brown, foi acossado por uma multidão de patriotas. Ao tentar defender-se, deu um tiro no pé de um deles. A multidão o subjugou, cobriu-lhe de piche as pernas, marcou-lhe os pés a ferro quente e arrancou-lhe parte do couro cabeludo. Brown per-deu dois dedos dos pés e ficou sem andar durante meses. Depois de recuperado, organizou um bando de *tories* e índios que atacou as gran-des fazendas dos patriotas durante o restante da guerra.[7]
- Moses Hall, patriota da Carolina do Norte, sofreu uma "tristeza an-gustiante" quando assistiu aos seus camaradas assassinarem seis prisio-neiros indefesos: "Ouvi alguns dos nossos homens gritarem 'Recordem Buford' e os prisioneiros foram imediatamente feitos em pedaços com os sabres". Afastando-se com "horror", Hall retirou-se para os seus aposentos e "contemplou as crueldades da guerra" — mas não por muito tempo. Numa marcha subseqüente, encontrou um garoto de 16 anos, um observador inocente, que fora transpassado por uma baioneta britânica para impedir que passasse informações aos patrio-tas. "A visão desse garoto inofensivo, chacinado (...) aliviou-me do meu sentimento angustiante pelo massacre dos *tories*, e não desejei nada além da oportunidade de participar da sua destruição."[8]

Em casos como esses, como podemos retratar um lado como cheio de vir-tude e o outro como cheio de vícios? Os atos bárbaros e a desforra que provocavam cruzavam as fronteiras políticas. Os patriotas da vida real participaram desse horrendo jogo de vingança. Com freqüência, também massacraram homens que tentavam se render ou que já tinham sido tomados sob custódia. Depois da vitória patriota em King's Mountain, o coronel William Campbell tentou "restringir a maneira desordenada de matar e perturbar os prisioneiros".[9] As suas ordens não foram cumpridas; os prisioneiros eram furados e pisoteados até a morte quando não conseguiam acompanhar a marcha. Um julgamento simulado tarde da noite terminou com a execução sumária de nove *tories*. "É impossível para os que não viveram em seu meio conceber a exasperação que predomina numa guerra civil", explicou o coronel Isaac Shelby, um dos executantes, quando justificou as suas ações anos depois. "A execução (...) foi considerada pelos que estavam no local tanto necessária quanto apropriada, com o objetivo de dar fim à execução dos patriotas nas Carolinas pelos *tories* e pelos britânicos."[10]

MEU PAÍS, CERTO OU ERRADO

Os primeiros historiadores americanos, pertencentes à geração revolucionária, não podiam ignorar o óbvio: a Guerra pela Independência da Grã-Bretanha foi também uma guerra civil entre americanos, principalmente no Sul. Os *tories* que se "incorporaram" como soldados, escreveu William Gordon em 1788, "marcharam ao longo da fronteira oeste da Carolina do Sul. Tinham entre eles um número tão grande de personagem infames que o seu aspecto geral era de bandidos saqueadores". Alguns patriotas, admitiu ele, não eram muito melhores: "Muitos que se diziam *whigs* desgraçaram-se com os incêndios provocados, os saques e crueldades que praticaram, por sua vez, contra os monarquistas".[11] Gordon citou o general Nathanael Greene, que se queixou dos "embaraços" provocados pela "disposição selvagem" e pelo "modo de conduzir a guerra" da milícia patriota. Embora Gordon admitisse que os patriotas se envolveram em más ações, a sua confissão continha uma ressalva: oficiais como Greene e Francis Marion, os bons patriotas, tentaram dar fim a todos os "incêndios, saques e crueldades".[12]

MITOS SOBRE A FUNDAÇÃO DOS ESTADOS UNIDOS

David Ramsay, em sua *History of the Revolution in South Carolina* (*História da revolução na Carolina do Sul*), de 1785, atribuiu todo tipo de façanha cruel a Thomas Brown, o *tory* que fora torturado pelos patriotas. Brown enforcara prisioneiros sem julgamento, disse Ramsay, e entregara alguns aos índios para serem escalpelados. Quando uma mãe fez um apelo apaixonado para que poupasse a vida do seu filho, Brown fez ouvidos moucos.[13] No ano seguinte, Brown queixou-se diretamente a Ramsay, negando as atrocidades e explicando os enforcamentos: tinha ordens diretas de enforcar os prisioneiros que faltassem à sua palavra, e o filho daquela mãe suplicante torturara recentemente e de forma sistemática prisioneiros *tories* antes que fossem executados.[14] Em sua *History of the American Revolution* (*História da revolução americana*), de 1789, Ramsay removeu todas as referências à vilania de Thomas Brown, mas os boatos que ajudou a espalhar quatro anos antes não desapareceram. Em sua maior obra, Ramsay tratou da guerra civil com uma abordagem mais equilibrada:

> Os indivíduos cujas paixões foram inflamadas por ofensas e exasperadas pela animosidade pessoal estavam ansiosos para obter vingança, violando as leis da guerra. Homicídios produziram homicídios. Saques, assassínios e queima de casas tornaram-se comuns. A dedicação ao rei ou ao Congresso eram os motivos ostensivos da ação; mas, em vários casos de ambos os lados, o apego ao saque, a ofensa particular e a selvageria do temperamento levaram a ações vergonhosas para a natureza humana. Tal foi a exasperação dos *whigs* contra os *tories* e dos *tories* contra os *whigs*; e tanto sofreram e fizeram sofrer uns aos outros que as leis da guerra e os preceitos da humanidade conferiram apenas uma débil segurança ao cumprimento das capitulações dos dois lados.[15]

Ramsay prosseguiu filosofando sobre "a tolice e a loucura da guerra" e concluiu que "a guerra nunca deixa de ferir a moral do povo nela envolvido" — e os patriotas não foram exceção.[16]

Mercy Otis Warren, que escreveu em 1805, admitiu que a Revolução incluíra uma "guerra doméstica" e que os soldados patriotas, assim como os seus adversários, tinham demonstrado um comportamento bárbaro, mas acrescentou uma ressalva mais forte: os americanos patriotas nunca foram tão maus quanto os britânicos e *tories*. Felizmente, afirmou, faltava a eles "o espírito feroz da vingança". Em suas observações finais, Warren elogiou os revolucionários pela sua moderação:

> As grandes revoluções sempre produzem excessos e sofrimentos com os quais a humanidade se revolta. Na América (...) as cenas de barbarismo não foram tão universais como é comum em outros países já abalados pela guerra estrangeira e nacional. (...) Os Estados Unidos podem congratular-se pelo sucesso de uma revolução que honrou o caráter humano ao demonstrar uma suavidade de espírito em meio à ferocidade da guerra que impediu as cenas chocantes de crueldade, chacina e matança que, com demasiada freqüência, mancharam as ações dos homens, quando a sua intenção original resultava de motivos puros e de resistência justificável.[17]

Os escritores patriotas da geração seguinte não deram muita atenção à bárbara guerra civil no Sul. Charles Goodrich, que escreveu em 1823, não disse uma só palavra a respeito; a guerra foi somente uma luta pela independência da Grã-Bretanha, não uma verdadeira "revolução" que incluísse um levante doméstico aqui na América. Quando os escritores do início e de meados do século XIX mencionavam a guerra civil no interior do Sul, faziam, como Warren, uma restrição imediata:

> Mas a censura não devia recair igualmente sobre os dois lados. No começo da disputa, os britânicos, para aterrorizar o povo e forçá-lo à submissão, deram um exemplo que os *tories* foram rápidos, mas os *whigs* lentos, em seguir; e durante seu curso os generais americanos, e somente eles, aproveitaram todas as ocasiões para desencorajar tal conduta vingativa e bárbara.[18]

A cadeia de culpas nunca foi declarada com mais clareza: os britânicos foram os piores, seguidos, na ordem, pelos *tories* e pelos patriotas comuns. Somente os líderes patriotas foram irrepreensíveis. Em 1838, John Frost afirmou inequivocamente: "em geral os britânicos conduziram a guerra com crueldade e rancor".[19]

George Bancroft, em meados do século XIX, escreveu que os comandantes britânicos eram "os mais brutais da humanidade", enquanto os americanos eram "incapazes de imitar os precedentes de barbarismo".

MITOS SOBRE A FUNDAÇÃO DOS ESTADOS UNIDOS

Destacou Banastre Tarleton e Thomas Brown com acusações específicas. "A linha da marcha [de Tarleton] podia ser traçada pelos grupos de mulheres e crianças sem casa", escreveu — embora, de fato, isso fosse verdade na esteira de qualquer marcha da época, fosse qual fosse o exército. Repetiu e aprimorou o boato de que os prisioneiros de Brown foram entregues aos cherokees, que os abateram a golpes de machadinha ou jogaram-nos em fogueiras. Todo comportamento questionável por parte dos patriotas, enquanto isso, era desculpado como retaliação justificável. Depois da vitória em King's Mountain, os patriotas enforcaram vários prisioneiros que fizeram. Ao descrever essas execuções, Bancroft escreveu:

> Entre os cativos havia incendiários e assassinos. Soldados rasos, que tinham testemunhado a tristeza de crianças e mulheres, roubadas e ofendidas, sem abrigo, privadas de toda roupa exceto as que vestiam, amontoadas em torno de fogueiras acesas no chão e chorando os seus pais e maridos, executaram nove ou dez em retaliação pelo uso freqüente e bárbaro da forca em Camden, Ninety-Six e Augusta; mas Campbell interveio de imediato e, com ordens gerais, ameaçando os delinqüentes de punição certa e efetiva, garantiu a proteção dos prisioneiros.[20]

Bancroft queria tudo ao mesmo tempo: os "incendiários e assassinos" mereciam o pior, mas os benévolos oficiais patriotas ainda assim os protegeram — pelo menos àqueles que ainda não tinham sido enforcados.

A partir de meados do século XIX, alguns historiadores acadêmicos questionaram as noções patrióticas tradicionais, recusando-se a lançar mais culpa sobre os britânicos ou os *tories*. "*Whigs* e *tories* perseguiram-se uns aos outros com fúria quase selvagem", escreveu Richard Hildreth em 1851. "Pequenos grupos armados por toda parte, alguns de um lado, alguns do outro, com pouquíssima referência às operações maiores, tendiam perigosamente ao saque e ao sangue."[21] Quarenta anos depois, John Fiske afirmou com toda a franqueza: "Não pode haver dúvida de que *whigs* e *tories* foram igualmente culpados de crueldade e injustiça".[22] Na virada do século, alguns historiadores americanos demonstravam simpatia definida pelos legalistas, que sofreram uma "perseguição sem lei" nas mãos de "turbas irresponsáveis" de patriotas.[23] Todas as ações da multidão, mesmo aquelas da Revolução Americana, tinham de ser desacreditadas, pois eram perigosas para a manutenção da ordem social.

No entanto, as obras históricas que não preferiam os patriotas aos legalistas nem sempre foram recebidas de modo favorável fora dos círculos acadêmicos. Durante a primeira metade do século XX, as opiniões dos historiadores progressistas foram interpretadas como ameaça aos valores americanos tradicionais. As tentativas do movimento de educação progressista de introduzir o espírito do relativismo nas escolas fizeram os tradicionalistas reagirem. Patriotas e legalistas nunca deveriam ser colocados no mesmo patamar, afirmavam. Uma representante da entidade Daughters of the Colonial Wars, por exemplo, queixou-se dos livros que "dão à criança um ponto de vista não tendencioso em vez de lhe ensinar o verdadeiro americanismo. Todas as antigas histórias ensinavam: o meu país, certo ou errado. Este é o ponto de vista que queremos que nossas crianças adotem. Não podemos nos dar ao luxo de lhes ensinar a serem imparciais e deixá-las desenvolver a própria opinião".[24]

Na década de 1960, os especialistas que praticavam "a nova história social" começaram a examinar com bastante atenção a luta brutal no Sul durante os últimos estágios da Guerra Revolucionária, tentando decifrar a lógica local peculiar que levou ao colapso da sociedade civil. Por que, perguntavam, indivíduos ou grupos específicos se tornaram partidários deste ou daquele lado? Como as diferenças entre vizinhos cresceram tão depressa até um ponto tão febril? Os historiadores profissionais não encontraram nenhuma resposta fácil — e, na ausência de alternativas claras, sobrevivem as fábulas de moralidade simples.

Na verdade, a fábula foi embelezada. Nenhum escritor do século XIX descreveu os britânicos brutais queimando uma igreja com todos os habitantes de uma aldeia dentro dela. Mas os realizadores de O patriota o fizeram, ainda que não haja nada no registro histórico que sugira ocorrência tão horrenda durante a Guerra da Independência. Como observa o historiador David Hackett Fischer, "uma coisa muito parecida com isso de fato aconteceu, mas não na Carolina do Sul durante a Revolução Americana. Foi na aldeia francesa de Oradour-sur-Glane, em 10 de junho de 1944, durante a Segunda Guerra Mundial. (...) Houve bastante atrocidade dos dois lados da Revolução Americana, mas o diretor alemão transformou um exército legalista britânico e americano do século XVIII nas SS".[25]

MITOS SOBRE A FUNDAÇÃO DOS ESTADOS UNIDOS

Às vezes, como em *O patriota*, o tema do bem contra o mal é ensurdecedor; em geral é abafado, mas ainda audível. Os escritores populares de hoje, num tom que faz lembrar Mercy Otis Warren, dão alguma atenção à brutal guerra civil, mas encontram maneiras de restringir qualquer condenação dos patriotas. Em *Liberty!*, Thomas Fleming refere-se à "selvagem guerra de gangorra", mas os únicos exemplos de selvageria que apresenta foram cometidos pelo outro lado. Thomas Brown, conta, enforcou 13 patriotas feridos "na escadaria da sua casa, de onde podia vê-los morrer deitado em sua cama".[26] A descrição de tamanha insensibilidade é calculada para deixar uma impressão firmemente tendenciosa no leitor. Fleming deixa de observar que os enforcamentos não aconteceram na casa do próprio Brown, como insinuado; que, se Brown estava de cama, é porque acabara de ser ferido; que os enforcamentos tinham sido ordenados por seus superiores; e que o homem que primeiro espalhou o boato, David Ramsay, depois o renegou. Em vez disso, repete sem questionar a história convencional sobre este vilão *tory*, tratando-o como o "diabo encarnado", nas palavras de um historiador do século XIX.[27]

Robert Leckie, em *George Washington's War* (*A guerra de George Washington*), dá uma descrição vívida dos patriotas a ceifar monarquistas que tentavam se render em King's Mountain:

> O sangue rebelde fervia, a sua vingança alimentada pela lembrança de Waxhaws. "Buford! Buford!", gritavam. "Quartel de Tarleton! Quartel de Tarleton!" perseguiram as vítimas apavoradas que fugiram para uma concavidade no alto da colina e ali se encolheram horrorizadas. Um por um, os homens da fronteira os derrubaram, às vezes citando os vizinhos pelo nome antes de atirar. Muitos patriotas tinham eles mesmos sede de vingança pela morte de parentes e amigos assassinados por *tories*. Seus olhos faiscavam maniacamente enquanto carregavam e atiravam... carregavam e atiravam... Finalmente o major Evan Shelby ordenou que os legalistas depusessem as armas. Eles o fizeram, mas os fuzis rebeldes ainda dispararam. [Reticências do original.][28]

Mas eram verdadeiros patriotas esses que agiram com tanta selvageria? Não exatamente. Eram "irlandeses e irlando-escoceses" analfabetos que chamavam as suas espingardas de "Doces Lábios" e "Chumbo Quente". "Nenhum deles saberia citar uma só linha de *Common Sense*, de Tom Paine", escreve Leckie, "e a expressão *Declaração de Independência* tinha tanto significado para eles quanto para os animais que criavam".[29] Eram animais, não americanos; os seus feitos não precisam lançar maus reflexos sobre a nossa causa.

Hoje em dia, mais de dois séculos depois do acontecido, os fornecedores de cultura popular continuam a praticar a autocensura. As crueldades indevidas atribuídas ao lado americano precisam ser de algum modo desviadas, se não puderem ser defendidas. Mas a história que oculta atrocidades sob a capa do patriotismo é cúmplice das paródias da guerra.

Em 3 de março de 1968, soldados da Companhia Charlie, 11ª Brigada, Divisão Americal dos Estados Unidos, massacraram brutalmente mais de trezentos habitantes de My Lai, uma aldeia vietnamita. Qual seria a reação apropriada? Com certeza, não encobrir o fato. Depois que a história foi contada pelo correspondente Seymour Hersh, a imprensa americana descreveu o acontecido com todos os seus pavorosos detalhes. O público encolheu-se de horror, seguiram-se investigações e a política mudou. Recentemente, três soldados dos Estados Unidos receberam todas as honras militares por se colocarem entre os saqueadores americanos que atacavam e os aldeões vietnamitas que fugiam.[30] Durante duas décadas, veteranos viajaram ao Vietnã para ajudar a reconstruir o país e exprimir o seu remorso por todo o mal que causaram. Todas essas reações foram oportunas, admiráveis e patrióticas: deram testemunho de uma sociedade livre em seus melhores dias.

Assim devia ser quando se conta a Revolução Americana. A forma adequada de apresentar a história é ser brutalmente honesto sobre a brutalidade da guerra. Qualquer coisa aquém disso serve de convite para mais guerras, com todas as tristezas correlatas.

Fábulas de moralidade reconfortante, nas quais os mocinhos não podem agir errado e os bandidos não podem agir certo, estão longe de ser inofensivas. Alimentam a idéia de que um lado, inspirado pela justiça, tem o direito de matar. Alimentam o ciclo destrutivo da vingança, pois os atos de vilania cometidos pelos bandidos têm de ser vingados. As emoções despertadas por histórias como *O patriota* são elementares, mas vis: queremos que o inimigo seja destruído. A justiça é conseguida pelo homicídio.

O pensamento simples e dualista que funciona tão bem quando se contam histórias — o bem combatendo o mal — é fácil de manipular para promover o apoio à guerra. Gente que prende civis inocentes em igrejas e os incendeia com certeza tem de ser punida. A luta torna-se a única reação legítima. Precisamos lutar ou correr — e, como ninguém quer correr, sabemos o que é preciso fazer.

Os cenários alternativos são excluídos do roteiro. Os acordos negociados, a mediação e outras reações pacifistas não têm lugar em histórias que pretendem fazer com que "nós" — americanos — nos sintamos como heróis por derrotar a "eles" — os britânicos, gente que faz coisas impensáveis. Essa narrativa é fácil de traduzir em expressões contemporâneas: queimar aldeões dentro de uma igreja equivale, no século XVIII, a explodir o World Trade Center. Assim como o atentado de 11 de setembro de 2001 deflagrou um jorro instantâneo de patriotismo americano, os nossos relatos inventados ou exagerados da brutalidade britânica dão à Guerra Revolucionária e, portanto, ao nosso país uma sensação exaltada de ter um objetivo. Eles nos unem.

Mas, e se o "inimigo" não puder ser encontrado, nem sequer definido? Histórias como *O patriota* nos encorajam a reagir rapidamente, e assim fazemos. O meio é a mensagem: precisamos ficar firmes e lutar. Hoje, esse apelo à guerra pela guerra, na ausência de um inimigo claramente definido, zomba da noção de patriotismo. A guerra torna-se simplesmente um modo de vida; e o nosso país, criado em parte para resistir à presença de um exército regular, torna-se uma sociedade permanentemente militarizada. As fábulas da Revolução Americana, baseadas na simples oposição entre bem e mal, iludem-nos e nos levam a acreditar que o ciclo de vingança finalmente terminará — depois que tivermos a última palavra.

PARTE VI Finais felizes

CAPÍTULO 12   A batalha final em Yorktown

Em 17 de outubro de 1781, lorde Cornwallis, comandante britânico, rendeu-se com todo o seu exército — cerca de 7 mil soldados — a George Washington em Yorktown, na Virgínia. Quando Lord North, o primeiro-ministro britânico, ouviu a notícia, exclamou: "Oh, Deus, acabou tudo!". Foi o fim da Guerra Revolucionária.

Essa história se repete em praticamente todas as narrativas da Revolução Americana. A idéia de uma batalha final decisiva constitui uma conclusão perfeita da guerra, que coloca firmemente os Estados Unidos no controle do próprio destino. "O grande exército britânico estava se rendendo", escreve Joy Hakim. "Davi derrotara Golias. (...) Uma superpotência fora derrotada por uma colônia pretensiosa."[1]

"LEVAR ADIANTE A GUERRA"

Nem todo mundo na época viu as coisas assim. Logo depois de Yorktown, George Washington insistiu que a guerra ainda não tinha acabado e o rei Jorge III não se dispunha a capitular. Na verdade, a luta continuou durante mais de um ano — mas raramente se conta essa parte da história. Para ficar com a história de que gostamos, declaramos que as pessoas que estavam se matando nas batalhas subseqüentes deviam estar enganadas — a sua luta era algum tipo de ilusão. "Washington considerava o país ainda em guerra", escreve A. J. Langguth em seu livro *Patriots*, campeão de vendagem, "e Jorge III tinha a mesma *impressão errada*".[2]

Quando o rei Jorge III soube da rendição de Cornwallis em Yorktown, não reagiu de forma tão fatalista quanto lorde North. "Não tenho dúvida de que, quando os homens se recuperarem um pouco do choque causado pela má notícia", disse, "verão a necessidade de levar adiante a guerra, embora o seu método possa exigir alterações".[3]

Preocupava a Washington que a Coroa britânica pudesse reagir assim — tanto, na verdade, que redobrou seus esforços para aumentar o Exército Continental. Em 27 de outubro, dez dias apenas depois da vitória de Yorktown, Washington insistiu com o Congresso para continuar a sua "preparação para operações militares"; a incapacidade de continuar a guerra, alertou, iria "expor-nos aos Desastres mais desgraçados".[4] Nas semanas seguintes, Washington repetiu esse aviso mais de 12 vezes.[5] "Yorktown foi um acontecimento interessante", escreveu, mas que só "prolongaria as baixas" se os americanos relaxassem a "execução da guerra". Com sinceridade, confessou:

> O meu maior temor é que o Congresso, vendo esse golpe sob um ponto de vista importante demais, possa pensar que o nosso trabalho está bem perto do fim e caia num estado de langor e relaxamento; para prevenir esse erro, empregarei todos os meios em meu poder.[6]

Atendendo aos conselhos de Washington, o Congresso conclamou os estados a fornecerem o mesmo número de soldados do ano anterior. Mas os estados estavam financeiramente esgotados e os seus cidadãos cansados da guerra. Não conseguiram cumprir as suas cotas e Washington não recebeu homens suficientes para realizar as operações ofensivas que tinha imaginado.[7]

Enquanto isso, os britânicos e franceses continuavam a batalhar pelo controle dos mares. Nas Antilhas, seis meses depois de Yorktown, marinheiros britânicos esmagaram a frota francesa que cortara as linhas de suprimento durante aquele cerco. Com os navios franceses fora de cena, os britânicos seriam capazes de se reagrupar e assumir a ofensiva — poderiam transportar por mar os seus vastos exércitos para apoiar qualquer operação terrestre que desejassem. Washington não era o único general americano preocupado com isso. Nathanael Greene, que esperava comandar um ataque a Charleston, exprimiu de repente o temor de que, em vez disso, os britânicos o atacassem.[8] Em 5 de junho de 1782, mais de sete meses depois de Yorktown, Washington escreveu ao secretário de Assuntos

Exteriores sobre a necessidade de realizar "preparativos vigorosos para encontros com o inimigo".[9]

Finalmente, em 4 de agosto, os comandantes britânicos do exército e da marinha na América do Norte informaram a Washington que a Coroa estava disposta a reconhecer "a independência das 13 Províncias", desde que os legalistas fossem inteiramente indenizados pelas propriedades deles tomadas e que não se confiscassem mais propriedades. Parecia que finalmente a guerra estava chegando ao fim, mas Washington ainda não se convenceu.[10] Ele insistiu que só quando um tratado de paz fosse assinado e os soldados britânicos voltassem para casa relaxaria a guarda. Em suas ordens gerais de 19 de agosto de 1782, dez meses depois de Yorktown, escreveu: "O modo mais rápido de obter paz honrada e duradoura é estar inteira e vigorosamente preparado para travar a guerra".[11]

Os britânicos então se ofereceram para suspender todas as hostilidades, mas nem assim Washington se convenceu. Neste exato momento, Washington recebeu a notícia de que lorde Rockingham, o primeiro-ministro britânico, considerado responsável pelas iniciativas de paz, morrera. O comandante-em-chefe americano, que depositava pouca confiança na natureza inconstante da política britânica, supôs que Rockingham seria substituído por um linha-dura. Em 12 de setembro, escreveu: "A nossa perspectiva de paz está desvanecendo. A morte do marquês de Rockingham causou um abalo no novo governo e desordenou todo o sistema. (...) Não existe sombra de dúvida em minha mente de que o rei vai forçar a guerra enquanto a nação encontrar homens ou dinheiro".[12] Em 17 de outubro, exatamente um ano depois de Yorktown, Washington avisou a Nathanael Greene:

No atual estado flutuante dos Conselhos e medidas britânicos, é extremamente difícil formar uma opinião decisiva sobre quais são os seus reais e fundamentais objetivos. (...) Apesar de todas as declarações pacíficas dos britânicos, o meu sentimento predominante tem sido sempre que o desígnio principal era ganhar tempo fazendo com que nos sentíssemos seguros e desperdiçar a campanha sem fazer nenhum esforço no terreno.[13]

Um tratado de paz preliminar foi assinado em 30 de novembro de 1782 — mas nem isso foi suficiente para satisfazer o desconfiadíssimo comandante americano. Em 19 de março de 1783, um ano e cinco meses depois de Yorktown, Washington ainda mantinha elevada a guarda: "Os artigos do tratado entre a América e a Grã-Bretanha (...) são tão inconclusivos (...) que devemos nos manter numa posição hostil, preparados para as duas alternativas, guerra e paz. (...) Devo confessar, tenho os meus temores de que seremos obrigados a nos preocupar durante outra campanha, antes de chegarmos àquele feliz período que coroará todo o nosso esforço".[14]

Washington via o que não vemos. Sabia muito bem que Cornwallis não comandava nem pudera entregar todo o exército britânico na América do Norte, como supõe a maioria dos americanos. Na verdade, Cornwallis servia sob as ordens do general Henry Clinton, que comandava quatro vezes mais soldados britânicos nas ex-colônias do que os que se perderam em Yorktown. Embora uma fração das tropas de Clinton tivesse se rendido, a vasta maioria continuava pronta para a batalha. Os americanos tinham sofrido recentemente perda comparável, a rendição de cerca de 5 mil soldados em Charleston, mas continuaram a lutar. O mesmo acontecera com os britânicos depois que um número semelhante se rendeu em Saratoga. Do ponto de vista militar, a derrota de Cornwallis em Yorktown estava no mesmo nível dessas batalhas anteriores.

Os britânicos ainda mantinham forte presença dentro e em torno dos Estados Unidos. Controlavam desde o vale do São Lourenço até os Grandes Lagos, o leste da Flórida, várias ilhas das Antilhas e os importantes portos de Halifax, Nova York, Charleston, Savannah e Saint Augustine. Quase 17 mil soldados britânicos estavam estacionados em Nova York, 11 mil na Carolina do Sul e na Geórgia, 9 mil no Canadá e 10 mil nas Índias Ocidentais — um total de 47 mil homens, quatro vezes mais que os que serviam no Exército Continental.[15]

Depois da derrota em Yorktown, o general Clinton poderia ter utilizado essas tropas a qualquer momento. O vale do rio Hudson, em Nova York, era especialmente vulnerável, já que Washington enfraquecera a sua defesa quando moveu o exército para o sul. O oeste ainda não estava livre de índios, na época auxiliados tanto por tropas espanholas quanto britânicas. Bandos de *tories* dominavam boa parte do interior no Sul. O mais importante é que, sem a frota francesa, a marinha britânica continuava a controlar as águas

A BATALHA FINAL EM YORKTOWN

costeiras. "Sem uma força naval decisiva não podemos fazer nada definitivo", queixou-se Washington pouco depois de Yorktown.[16]

Washington entendia que o resultado da Guerra Revolucionária dependia da continuação do apoio francês. A guerra era travada com dinheiro francês. O cerco de Yorktown fora realizado com equipamento francês, e mais da metade das tropas regulares tinham sido francesas. O cerco só tivera sucesso porque os navios franceses conseguiram impedir que os britânicos fornecessem os soldados. Se o apoio francês fosse repentinamente retirado por razões fora do controle dos americanos — digamos, um tratado de paz separado entre França e Grã-Bretanha —, os americanos jamais seriam capazes de desalojar os britânicos de seus pontos fortes litorâneos. Se então a Grã-Bretanha decidisse lançar o seu enorme exército contra os esforçados soldados continentais de Washington, os novatos Estados Unidos seriam esmagados.

Isso não era especular à toa. Em Londres, ao ouvir a notícia de Yorktown, o secretário de Estado, lorde George Germain, afirmou que os britânicos manteriam pelo menos os seus enclaves costeiros, que poderiam atender ao comércio com as Índias Ocidentais e representar um ponto de apoio no continente. Talvez, se as relações franco-americanas azedassem e os americanos se cansassem do seu governo em tempo de guerra, surgisse a oportunidade de iniciar uma nova ofensiva. Em dezembro de 1781, o ministério britânico decidiu continuar a defender as posições que mantinha naquela colônia que ainda considerava sua.[17]

Devido à realidade militar e às incertezas diplomáticas, o resultado da Guerra Revolucionária ainda estava incerto depois de Yorktown. Com determinação, os britânicos possuíam, certamente, recursos para continuar a luta. Só ao lermos a história de trás para a frente podemos concluir que a retirada britânica total era uma conclusão já antevista. Naquelas circunstâncias, Washington não tinha outra opção além de continuar a guerra, aproveitando a vantagem temporária que os americanos tinham obtido em Yorktown até que a Grã-Bretanha realmente removesse todos os seus soldados e navios.

Ele fez exatamente isso. Logo depois da vitória de Yorktown, Washington despachou uma tropa para o sul com esperanças de pressionar os

MITOS SOBRE A FUNDAÇÃO DOS ESTADOS UNIDOS

britânicos estacionados em Charleston e Savannah. Deixou os franceses no controle do Chesapeake enquanto enviava o principal contingente do Exército Continental para o norte, para contrapor-se a qualquer ofensiva de Clinton e dos soldados sob o seu comando em Nova York. Enquanto isso, no interior sulista, a guerra entre legalistas e patriotas continuava mesmo sem a presença britânica, cada lado buscando vingar-se das atrocidades cometidas pelo outro. Do outro lado dos Apalaches, os homens da fronteira continuavam a combater os índios, que ainda eram apoiados pelos britânicos.

A guerra prosseguiu em todas essas frentes. Segundo o historiador militar Howard Peckham, 365 americanos perderam a vida em combate depois de Yorktown. (Como percentual da população dos Estados Unidos, hoje seriam 36,5 mil indivíduos.) Sem dúvida alguma essa é uma estimativa conservadora; devido à natureza descentralizada do conflito no Sul e no Oeste, muitos combates nunca foram registrados. Em contraste, durante a Batalha de Yorktown, somente 24 soldados americanos foram mortos. As baixas pós-Yorktown excederam as dos primeiros 12 meses da Guerra Revolucionária, de abril de 1775 a abril de 1776, que incluíram as batalhas de Lexington, Concord, Bunker Hill e Quebec.[18] A família e os amigos dos falecidos, se estivessem vivos hoje, ficariam horrorizados ao descobrir que achamos que a morte dos seus entes queridos não aconteceu durante a Guerra Revolucionária. Henry Laurens, durante muito tempo presidente do Congresso Continental e um dos negociadores do tratado de paz, ficaria especialmente surpreso; seu filho John, ajudante-de-campo de Washington, morreu em combate contra soldados regulares britânicos em 27 de agosto de 1782 — mais de dez meses depois que a guerra, segundo consta, acabou.

Assim como a história do "tiro ouvido no mundo inteiro" esconde a revolução surpreendente que o precedeu, a história da "batalha final" suprime tudo o que veio depois. Nossa narrativa da Revolução Americana é espantosamente incompleta, deixando de fora tanto o seu verdadeiro início quanto o seu verdadeiro fim.

Há pelo menos três grandes razões para essa supressão do registro histórico. Em primeiro lugar, queremos que as nossas histórias tenham princípios e finais perfeitos e estamos dispostos a torcer as provas para

238

que isso aconteça. Em segundo lugar, preferimos considerar a guerra como uma luta bipolar entre americanos e seus opressores estrangeiros, sem admitir que a brutal guerra civil no Sul e a luta contra os índios no Oeste continuaram sem trégua depois de Yorktown. Em terceiro lugar, continuamos cegos à natureza global do conflito. Sem interesse nenhum no quadro mais amplo, deixamos de compreender por que a guerra continuou muito depois do que pensamos.

A REVOLUÇÃO AMERICANA: UMA GUERRA GLOBAL

A marinha e o exército franceses que construíram a vitória de Yorktown não eram estranhos aos seus adversários britânicos. A Revolução Americana foi a quinta ocasião em menos de um século em que a Grã-Bretanha e a França estiveram em guerra. Durante 36 anos (1689-97, 1701-13, 1744-48, 1754-63, 1778-81) essas duas potências coloniais batalharam pela predominância na Europa e no resto do mundo. A dívida que a Grã-Bretanha acumulou durante o conflito anterior, conhecido nesse país como guerra contra os franceses e os índios, levou ao aumento da tributação britânica sobre suas colônias americanas — coisa que provocou grande resistência, culminando na Guerra Revolucionária. Os rebeldes americanos, ao perceber que não conseguiriam ganhar a guerra sozinhos, declararam a sua independência para receber ajuda da França. Com dinheiro francês, soldados franceses, armas e munição francesas e navios franceses, os americanos foram capazes de enfrentar as tentativas britânicas de esmagar a sua rebelião. As causas, a política, a luta e o resultado da Revolução Americana estão integralmente ligados à constante luta pelo poder entre duas nações européias.

Em 1763, a vitória britânica na guerra contra os franceses e os índios fez com que a França perdesse a sua posição no continente norte-americano. Quando os colonos britânicos declararam a independência da metrópole 13 anos depois, a monarquia francesa — nem um pouco adepta da causa da "liberdade" — viu uma oportunidade de revidar. Assim que os rebeldes provaram o seu valor com a vitória em Saratoga, a França pulou

MITOS SOBRE A FUNDAÇÃO DOS ESTADOS UNIDOS

na refrega. Não conseguira vencer a Grã-Bretanha sozinha, mas com a ajuda de outros talvez fosse capaz de derrubar, ou pelo menos balançar, a sua arqui-rival.

A França tentou fazer a Espanha se opor à Grã-Bretanha. A princípio, a Espanha se negou; os líderes do governo não desejavam dar crédito à rebelião americana, temendo que pudesse inspirar as colônias espanholas a seguir o seu exemplo. Mas a Espanha tinha ótimas razões para se unir à luta contra a potência naval dominante do mundo. A Grã-Bretanha tomara Gibraltar, forte espanhol que controlava a entrada do Mediterrâneo. Também tomara a ilha de Minorca, ao largo do litoral oriental da Espanha. Mantinha a ex-colônia espanhola da Flórida e, ao controlar Honduras, Jamaica e várias ilhas menores, disputava com a Espanha o predomínio nas Antilhas. Depois da derrota francesa em 1763, a Espanha e a Grã-Bretanha eram as únicas potências coloniais que disputavam o continente da América do Norte. Se conseguisse expulsar a Grã-Bretanha, a Espanha poderia conquistar o controle do Mississippi e estender sua hegemonia à maior parte do continente.

Em abril de 1779, a Espanha aliou-se à França contra a Grã-Bretanha. Não se aliou formalmente aos Estados Unidos, mas, ao declarar guerra à Grã-Bretanha, a Espanha teve papel de destaque na Revolução Americana. Soldados, navios e dinheiro que a Grã-Bretanha teria usado para sufocar a rebelião tiveram de ser empregados contra a Espanha. Mais adiante na guerra, a Espanha combateu a Grã-Bretanha na fronteira americana, desalojando os britânicos do oeste da Flórida e desafiando o seu controle do Mississippi.

No verão de 1779, uma força franco-espanhola combinada de 66 navios e 10 mil homens preparou-se para invadir o sul da Inglaterra. Durante várias semanas os aliados percorreram o canal da Mancha, trazendo pânico às comunidades britânicas ao longo da costa. Mas os aliados não conseguiram superar os problemas logísticos causados pela precariedade das comunicações e desistiram da invasão. Enquanto isso, os generais britânicos na América gostariam de ter mais soldados para realizar sua ofensiva no Sul, mas, com a própria pátria em perigo, tiveram de se virar com os soldados que já tinham.

240

Na verdade, os soldados e navios britânicos da época estavam espalhados por todo o planeta. Em Gibraltar, as tropas francesas e espanholas começaram um cerco que duraria anos. A batalha pelo controle das Antilhas esquentava enquanto os exércitos locais no sudeste da Índia tentavam expulsar os britânicos que tinham colonizado o litoral. Soldados e marinheiros britânicos combatiam em todas essas frentes ao mesmo tempo.

Para a Grã-Bretanha, as coisas só iriam piorar. Em dezembro de 1780, a Holanda aliou-se à França e à Espanha. Os holandeses, maiores rivais comerciais dos britânicos, controlavam o cabo da Boa Esperança, porto de abastecimento fundamental dos navios a caminho da Índia ou das Índias Orientais. Agora que a França e a Holanda eram aliadas, os navios franceses podiam usar esse porto, mas não os britânicos — e isso permitiria à França competir pela hegemonia no oceano Índico. No início de 1781, a Grã-Bretanha tentou tomar o cabo, mas os holandeses, reforçados pelos navios franceses a caminho da Índia, predominaram. Em agosto, pouco antes que o Exército Continental e os franceses convergissem em Yorktown, os navios britânicos enfrentaram navios holandeses numa feroz batalha naval pelo controle do mar do Norte e pelo comando do importantíssimo comércio do Báltico, rico de suprimentos navais.

A Rússia também começava a demonstrar preferência pelos aliados. E se a Rússia se unisse à Holanda, à Espanha e à França na aliança contra a Grã-Bretanha? As maiores potências continentais da Europa estavam encontrando um terreno comum: o poder britânico precisava ser contido.

Era esse o estado de coisas na Europa em 17 de outubro de 1781, quando Cornwallis se rendeu com os soldados sob seu comando em Yorktown. Se os rebeldes americanos fossem seus únicos adversários, os britânicos poderiam muito bem se reagrupar, mandar mais soldados e navios e continuar a guerra. Poderiam ter realizado mais ofensivas, mas, mesmo que não o fizessem, podiam ter decidido proteger os enclaves costeiros que já controlavam para manter uma presença forte no litoral oriental da América do Norte. Na época, já dominavam Gibraltar, que fazia parte do território espanhol; logo, teriam um porto na China continental, Hong Kong, que resistiria tanto à revolução nacionalista quanto à comunista. Nova York e Charleston, assim como Gibraltar e Hong Kong,

MITOS SOBRE A FUNDAÇÃO DOS ESTADOS UNIDOS

poderiam ter permanecido durante décadas ou até séculos no Império Britânico.

Isso não aconteceu porque os britânicos estavam se cansando de uma guerra global. Com três potências européias aliadas contra eles, além de poderosos movimentos antiimperiais nos Estados Unidos e na Índia, o seu tesouro se esgotava e a sua determinação se diluía. Durante a guerra, uma forte oposição dentro do Parlamento britânico previra esse resultado e agora as suas previsões estavam se realizando. Era hora de reduzir o Império Britânico a proporções mais controláveis.

A derrota em Yorktown somada aos reveses militares em outros teatros — o Mediterrâneo, o cabo da Boa Esperança e a Índia — ajudaram a mudar o equilíbrio de forças e forçar uma mudança no ministério britânico. O novo governo, sob o comando de lorde Rockingham, deu início ao processo de paz. Não foi uma rendição às cegas, mas uma retirada estratégica. Ao assinar tratados separados com cada um dos seus adversários, a Grã-Bretanha esperava colocá-los uns contra os outros e obter os melhores termos possíveis.

Ainda assim, a guerra continuou, tanto na América como em todo o mundo. Gibraltar continuou sitiado. Em fevereiro de 1782, os soldados britânicos de Minorca renderam-se a 14 mil soldados sitiantes. Assim que essa notícia chegou a Londres, o Parlamento decidiu pelo menos não realizar mais ofensivas na América. Também em fevereiro, as tropas britânicas cederam Saint Kitts, nas Antilhas. Em maio, seiscentos soldados britânicos nas Bahamas renderam-se a uma expedição espanhola enviada de Havana.

Em alguns casos, a Grã-Bretanha prevaleceu. Em abril, na Batalha dos Santos, os navios britânicos vingaram a perda de Yorktown ao derrotar e capturar a frota francesa, comandada pelo almirante de Grasse, que os vencera lá. Em setembro, a guarnição britânica de mais de 5 mil homens repeliu um maciço ataque franco-espanhol a Gibraltar.

Apesar de todas essas batalhas, em 1782 o principal teatro da guerra global passou a ser o Oriente. No litoral sudeste da Índia, as forças de resistência locais uniram-se a uma frota francesa para combater o exército e a marinha britânicos. Hyder Ali, sultão de Mysore, comandou um grande exército contra as guarnições britânicas em muito menor número, enquanto os navios franceses tentavam interceptar os navios britânicos e impedir que desembarcassem suprimentos e reforços. A situação lembrava a de Yorktown, mas havia uma diferença essencial: do ponto de vista do imperialismo britânico, a Índia e as Índias Orientais eram muito mais importantes do que as colônias americanas rebeldes. A Companhia das Índias Orientais, que deflagrara a Revolução Americana ao tentar retirar o chá do mercado americano, considerou a fonte daquele chá mais valiosa do que um mercado específico.

Em 28 de junho de 1783, um ano e oito meses depois da Batalha de Yorktown, as tropas britânicas na Índia estavam em posição precária. Corriam o risco de perder a Índia assim como as 13 colônias da América do Norte, mas, de repente, veio o alívio: chegou a notícia de que um tratado de paz preliminar fora assinado. Ao assinar separadamente com cada aliado, como planejado, os diplomatas britânicos conseguiram manter muitas das suas possessões. Perderam as colônias americanas rebeldes, mas Gibraltar, suas ilhas nas Antilhas e as possessões na Índia estavam garantidas. (Lorde Cornwallis, depois da derrota em Yorktown, chegaria a governador-geral e comandante-em-chefe da Índia.) O melhor de tudo é que a guerra acabara e a ameaça de uma invasão aliada da Inglaterra passara. Na paz que se seguiria, os navios britânicos ficaram livres para ir aonde quisessem e comerciar com quem preferissem, inclusive com os recém-constituídos Estados Unidos. O império, embora diminuído, fora salvo.

A história completa difere de forma marcante daquela que os americanos contam a si mesmos. Segundo os nossos livros didáticos e de divulgação histórica, os Estados Unidos estavam no comando do seu próprio destino, derrotando o mais poderoso império da Terra. Os patriotas, como Davi, derrubaram o gigante. Às vezes, fazemos um gesto de agradecimento à França, mas nunca vemos a Revolução Americana como parte de uma guerra global. Quando tratamos Yorktown como batalha final, ignoramos não só a guerra que continuou aqui, nos Estados Unidos, como também o conflito travado nas Antilhas, no norte da Europa, no Mediterrâneo, na África do Sul, na Índia e nas Índias Orientais. Se os patriotas americanos estivessem combatendo sozinhos a Grã-Bretanha, Yorktown não teria o impacto que teve. Na verdade, sem os outros participantes não teria havido a batalha de Yorktown. Só por ignorar o contexto internacional podemos contar a história de que gostamos.

A HISTÓRIA COMPLETA

Os historiadores da geração revolucionária, por terem sido criados como ingleses, tinham mais interesse nos acontecimentos do ultramar. Mantiveram os olhos atentos à política britânica, tanto antes quanto depois de Yorktown. Ninguém na época acharia que os eventos que levaram à conclusão da guerra seriam irrelevantes para a história principal. Para entender as ações que resultaram no acordo final, os primeiros historiadores deram atenção considerável ao contexto global, que afetou claramente a decisão da Grã-Bretanha de abandonar as suas pretensões às 13 colônias rebeldes da América do Norte. Também reconheceram que em 1782, ano que se seguiu a Yorktown, os britânicos mantiveram presença militar formidável ao longo do litoral, enquanto a guerra civil no interior sulista prosseguiu.

William Gordon (1788) dedicou quase duzentas páginas aos acontecimentos pós-Yorktown que levaram ao acordo de paz final.[19] David Ramsay (1789) tratou tanto da "campanha de 1782" quanto das ações das "outras potências envolvidas na seqüência da Guerra Americana".[20] Mercy Otis Warren (1805) discutiu a Batalha de Yorktown no capítulo de abertura do seu terceiro e último volume; nas 394 páginas subseqüentes, descreveu com detalhes consideráveis a continuação da luta na América, as batalhas navais nas Antilhas, a guerra no Mediterrâneo, a política britânica, os motins do Exército Continental, as negociações de paz e as conseqüências da independência americana.[21] John Marshall (1804-07) seguiu Washington palavra por palavra: depois de Yorktown, a guerra prosseguiu. Depois que a frota francesa se foi, escreveu, os americanos tinham pouca esperança de desalojar os britânicos de seus redutos litorâneos.[22] A descrição do ano e meio final da guerra, para esses observadores contemporâneos, era mais do que um simples epílogo.[23]

A BATALHA FINAL EM YORKTOWN

Os escritores populares do século XIX começaram a fazer brincadeiras com o registro histórico. Mason Weems, que em 1806 inventou a história de Washington com a cerejeira, escreveu que o rei Jorge III, em vez de querer continuar a guerra, ficou "gentilmente satisfeito" ao trocar a liderança do Parlamento e buscar a paz.[24] Noah Webster (1833) enfatizou a "alegria inexprimível" vivida em todos os Estados Unidos quando se ouviu a notícia de Yorktown. A comemoração da vitória, escreveu ele, foi tão generalizada que o próprio Washington, em vez de intensificar sua determinação de lutar, "libertou todos os presos, para que pudessem participar da alegria geral".[25] Com Washington comemorando e o rei cedendo gentilmente, Yorktown foi apresentada como o final feliz da guerra.

Nem todos os autores simplificaram a história a esse ponto. John Frost (1838) citou o discurso do rei no Parlamento, no qual exprimiu sua determinação de continuar a guerra depois de Yorktown. Frost também discutiu o envolvimento constante da França, da Espanha e da Holanda.[26] Ainda em 1875, no último volume da sua história monumental, George Bancroft envolveu-se numa prolongada discussão do contexto internacional da política britânica, fundamental para o entendimento do fim da guerra.[27]

Mas estender a história além de Yorktown e incluir uma visão global apresentava vários problemas. Em primeiro lugar, uma história tão ampla não era muito elegante. As intrigas da política internacional eram mais difíceis de acompanhar do que uma simples batalha do tipo "quem ganha leva tudo". Em segundo lugar, qualquer discussão séria da Revolução em 1782 obrigaria a admitir que a guerra no Sul era, em essência, uma guerra civil. (Ver capítulo 11.) Se a Grã-Bretanha supostamente capitulara depois de Yorktown e se a luta continuara, quem exatamente era o "inimigo"? Isso levantaria mais perguntas do que seria possível responder com conforto numa forma narrativa simples. Em terceiro lutar, levar a sério o contexto global exigiria a admissão de que os americanos não estavam no controle total do seu próprio destino. A premissa básica da história favorita — que os patriotas conseguiram derrubar o império mais poderoso da terra porque a sua causa era tão nobre — seria posta em questão.

Por todas essas razões, os divulgadores da história e os redatores de livros didáticos começaram a ignorar o último ano e meio da Revolução

245

MITOS SOBRE A FUNDAÇÃO DOS ESTADOS UNIDOS

Americana. Recorrendo aos mecanismos narrativos mais simples, decretaram basicamente que a sua história terminava em Yorktown. Ali, os americanos ganharam e os britânicos perderam. Os americanos comemoraram, enquanto os britânicos, acompanhando lorde North, declararam: "Oh, Deus! Acabou tudo!". Fim.

Praticamente todos os livros didáticos do século XX seguiram esta linha.[28] Um livro popular de 1913 afirmava sem rodeios: "A rendição de Cornwallis deu fim à Guerra Revolucionária".[29] Outro, em 1935, declarava com toda a autoridade: "Tanto na Inglaterra quanto na América, todos perceberam que essa rendição significava o fim".[30] Nenhum aluno jamais suspeitaria que "todos" não incluía George Washington nem o rei Jorge III — ambos queriam continuar a guerra.

Até os livros mais recentes seguiram o exemplo. Dos 13 livros didáticos exibidos na convenção de 2002 do Congresso Nacional de Estudos Sociais, nenhum afirma que Washington e o rei Jorge III declararam querer prosseguir com a guerra depois de Yorktown, nem que uma guerra civil sangrenta persistiu no Sul, nem que a luta continuou em todo o planeta. Em vez disso, oito deles concluem o seu capítulo sobre a Revolução ressaltando a frase de Lord North: "Oh, Deus, acabou tudo", enquanto outros oito concluem com outra fábula que indica uma determinação final: os soldados que se renderam marcharam ao som de *The World Turned Upside Down* (*O mundo virado de cabeça para baixo*). (Quatro livros incluem ambas as histórias, enquanto um não inclui nenhuma das duas.[31]) Em geral, o último ano e meio da Guerra Revolucionária é resumido a uma única oração subordinada e reduzido ainda mais com adjetivos restritivos: "Embora ainda houvesse alguma luta, a rendição de Cornwallis marcou efetivamente o fim da guerra".[32] Todos os livros dão a impressão de que a rendição de Cornwallis envolveu o exército inteiro, não apenas uma pequena fração das tropas britânicas estacionadas na América do Norte: "Em 19 de outubro de 1781, Cornwallis entregou todo o seu exército de 7.750 soldados regulares, juntamente com 850 marinheiros, 244 canhões e todos os seus suprimentos militares".[33] Isso soa tão definitivo que poucos alunos, ou mesmo professores, chegariam a pensar em perguntar se "todo o exército" de Cornwallis e o exército britânico eram a mesma coisa.

Essas omissões têm conseqüências perniciosas. Quando ignoram o contexto global, as histórias simplificadas contribuem para a ilusão de que a história americana está isolada da história mundial e, indiretamente, que os próprios americanos estão acima e além de todos os outros. Ao negligenciar a complexidade das alianças e das negociações dos tratados, retratam a Guerra Revolucionária como uma disputa simples e direta entre dois lados. Os americanos ganharam e os britânicos perderam. Mas histórias de guerra com finais simples e felizes são suspeitas, pois alimentam a idéia perigosa de que a guerra permite soluções simples.

CAPÍTULO 13 Marcha do povo americano

Uma guerra perfeita, é o que contam, criou uma nação perfeita. Essa nação assim criada estava então livre para realizar o seu destino. A Revolução Americana, com o seu final feliz, determinou o resto: primeiro uma Constituição, depois a expansão pelo continente e, finalmente, a ascensão à hegemonia internacional. Mas a história só teve final feliz para alguns. Para outros, a Guerra Revolucionária marcou uma perda, não um ganho, de soberania popular. Quando contamos a história da Revolução Americana do ponto de vista dos que perderam a sua terra e a sua soberania, ela assume um aspecto inteiramente novo.

Em 1958, dois dos historiadores mais destacados do país, Henry Steele Commager e Richard B. Morris, concluíram a sua compilação de 1.300 páginas de fontes primárias da Revolução Americana num tom animado e otimista:

> A Revolução Americana (...) causou pouco dano duradouro e deixou poucas cicatrizes permanentes. A população aumentou durante a guerra; o movimento no Oeste mal foi interrompido e, depois de poucos anos de paz, a nova nação explodia de prosperidade e florescia de esperança.[1]

Essa opinião predominou durante dois séculos. A Guerra Revolucionária, ao libertar os americanos brancos das algemas que os prendiam ao Leste, permitiu-lhes que olhassem — e se mudassem — para o Oeste. O resto, como dizem, é história: os Estados Unidos cresceram e progrediram enquanto se espalhavam pelo continente norte-americano.

Gostamos de pensar na Revolução como uma guerra pela independência. Isso ela foi, mas ao mesmo tempo foi coisa bem diferente: uma guerra de conquista. Commager e Morris estavam parcialmente certos: a Revolução promoveu a expansão para Oeste; mas a marcha dos colonos brancos cruzando os Apalaches não deixou todos os americanos "florescendo de esperança". Para muitos índios, assinalou o fim, não o começo, da nacionalidade.

A Revolução Americana foi de longe a maior guerra indígena da história do nosso país. Outros conflitos entre euro-americanos e americanos nativos envolveram apenas uma ou duas nações indígenas de cada vez — mas todas as nações a leste do Mississippi foram diretamente envolvidas nessa guerra. A maioria lutou ativamente de um lado ou de outro e muitas perderam suas terras em conseqüência direta do combate. A maioria ficou do lado britânico mas alguns, especialmente aqueles a leste dos Apalaches, acharam que tinham mais a ganhar unindo-se aos rebeldes. Antes e durante a Revolução, os índios jogaram um grupo de brancos contra o outro enquanto tentavam manter as suas próprias terras; depois, com a diminuição do poder das nações européias adversárias, foram deixados praticamente por conta própria para enfrentar o avanço dos americanos brancos.

DIVIDIR PARA VENCER

A Guerra Revolucionária parece bem diferente se ficamos nas terras indígenas e olhamos para Leste.[2] As narrativas contadas do ponto de vista dos *iroqueses* ou *delawares*, *cherokees* ou *shawnees*, têm pouca semelhança com as aceitas sem questionamento pela cultura americana dominante.

Nem todos os iroqueses tinham a mesma opinião sobre a Guerra Revolucionária. Tanto os agentes britânicos quanto os patriotas americanos, cortejaram os iroqueses para que se unissem a eles, os britânicos usando presentes, os americanos ameaças veladas. Afinal, quatro das seis nações (*senecas, caiugas, onondagas e mohawks*) lançaram a sua sorte do lado britânico — raciocinaram que os colonos americanos eram uma ameaça maior aos seus próprios interesses. As duas outras nações (*oneidas* e *tuscaroras*), influenciadas por um missionário chamado Samuel Kirkland, entraram no conflito do lado americano.[3]

Em 1777, o grande fogo do conselho da Liga das Seis Nações se extinguiu. Em vez de se unirem, os iroqueses lutaram entre si e com os seus inimigos brancos. Em 6 de agosto, em Oriskany, Nova York, várias centenas de guerreiros *senecas, caiugas* e *mohawks* se uniram a batedores britânicos e voluntários monarquistas para emboscar milicianos patriotas e seus aliados *oneidas*. Para vingar as baixas de Oriskany, os *senecas* atacaram um povoado *oneida* e os *oneidas*, por sua vez, saquearam os *mohawks* vizinhos. Uma guerra civil entre brancos transformara-se numa guerra civil entre índios.

Os iroqueses pró-britânicos eram muito mais numerosos que os seus irmãos pró-americanos e apareceram com mais destaque na guerra. Em 1778, fizeram vários ataques a povoados de fronteira, os mais memoráveis em Wyoming e Cherry Valley. No ano seguinte, o Congresso reagiu autorizando uma tropa de 4.500 soldados, comandada pelo general John Sullivan, a realização de uma campanha de terra arrasada contra as aldeias indígenas. Em 4 de julho de 1779, os oficiais de Sullivan fizeram um brinde: "Civilização ou morte a todos os selvagens americanos".[4] Então, pelo resto do verão, queimaram todas as aldeias, derrubaram todas as árvores frutíferas e confiscaram todas as plantas domesticadas que encontraram. Em nome da civilização, tentaram varrer do mapa a sociedade civil desenvolvida de pessoas que chamavam de selvagens. No final da campanha, Sullivan contou triunfante ao Congresso:

> O número de vilas destruídas por esse exército chegou a quarenta, além de casas espalhadas. A quantidade de milho destruído, num cômputo moderado, deve ter chegado a 160 mil alqueires, com vasta quantidade de hortaliças de todo tipo. Todo riacho e todo rio foi seguido e todo o campo explorado em busca de povoados indígenas, e estou bem convencido de que, a não ser por uma aldeia situada perto de Allegana, a cerca de cinqüenta milhas de Chinesee, não resta uma única vila sequer no país das cinco nações.[5]

A campanha de Sullivan, que foi seguida pelo "rigoroso inverno" de 1779-80 — o mais frio a ser registrado no Leste dos Estados Unidos —

MITOS SOBRE A FUNDAÇÃO DOS ESTADOS UNIDOS

trouxe grande dificuldade ao povo iroquês. (Para saber mais sobre o "rigoroso inverno", veja o capítulo 5.) No entanto, não deu fim à sua resistência. No verão seguinte, mais de oitocentos guerreiros realizaram ataques no vale Mohawk, mataram ou capturaram 330 americanos brancos e destruíram seis fortes e mais de setecentas casas e fazendas. Os *senecas*, *caiugas*, *onondagas* e *mohawks* também expulsaram os *oneidas* e *tuscaroras* de suas terras, fazendo-os buscar refúgio na periferia dos povoados brancos.

A guerra prosseguiu em 1781, com os irritados guerreiros iroqueses continuando a atacar os brancos que tentavam ocupar as suas terras. Quando Cornwallis se rendeu em Yorktown, os iroqueses seguiram lutando, mas não poderiam continuar para sempre sem o apoio britânico. Em 1782, esse apoio foi retirado. Quando a Grã-Bretanha pediu paz, reconheceu a soberania dos Estados Unidos sobre a vasta região entre os Apalaches e o Mississippi, terra que ainda pertencia aos iroqueses e a outras nações indígenas. Os índios que tinham lutado do lado britânico sentiram-se enganados e abandonados. Enquanto isso, os americanos brancos sentiram-se no direito de povoar as terras que os índios ainda consideravam suas.

O destino de outras nações indígenas foi semelhante ao dos iroqueses: a Revolução provocou divisões internas, enquanto o fim da guerra deflagrou a matança das incursões brancas. A princípio, os chefes dos *delawares* e *shawnees* declararam ser amigos dos patriotas americanos, pois tinham esperança de conseguir algum tipo de acordo com os brancos que faziam fronteira com as suas terras. As autoridades patriotas ofereceram a esses povos garantia de apoio e proteção e chegaram a sugerir que se permitisse a índios amigos "formar um estado do qual a nação *delaware* seja a cabeça e tenha representação no Congresso" — uma das promessas mais insinceras da história das relações entre brancos e índios.[6] Os patriotas nunca deram nenhum apoio significativo e os colonos continuaram a agredir em vez de proteger os índios que encontravam, fossem amigos ou não. Depois que habitantes da fronteira hostis a índios mataram quatro *shawnees* amigos que mantinham como reféns, o resto dos *shawnees* uniu-se aos seus vizinhos mais combativos — *mingos, miamis, wyandots, chippewas, ottawas* e *kickapoos* — no apoio à Grã-Bretanha.

Os atos americanos de agressão também afastaram os *delawares*. Quando os americanos brancos invadiram a sua terra e queimaram suas aldeias, a maioria dos *delawares* uniu-se à resistência. Alguns convertidos ao cristianismo tentaram ficar fora da briga, mas isso se mostrou impossível. Em 8 de março de 1782, voluntários da milícia da Pensilvânia massacraram 96 homens, mulheres e crianças — nenhum dos quais guerreiro — da missão Gnadenhutten. Como justificativa de seus feitos, os milicianos alegaram que as vítimas tinham ajudado os britânicos protegendo guerreiros inimigos. Esse foi o lado cruel da Revolução Americana no território indígena.

Mais ao sul, os *cherokees* travaram a sua própria guerra pela independência durante a Guerra Americana (branca) pela independência. Quando Henry Stuart, agente britânico, visitou os *cherokees* no início de 1776, encontrou-os num acirrado debate sobre a melhor forma de cuidar do avanço de virginenses e carolinenses sobre as suas terras. Os guerreiros mais jovens defendiam a resistência imediata; era "melhor morrer como homens do que minguar aos pouquinhos", argumentavam. Os *cherokees* mais idosos, por outro lado, preferiam a cautela. Os jovens guerreiros eram "rapazes ociosos" a quem não se devia dar ouvidos, disseram a Stuart. Os guerreiros, por outro lado, disseram a Stuart que os seus anciãos eram "velhos que estão idosos demais para caçar".[7] A ameaça às terras dos nativos estava produzindo graves tensões dentro da sociedade *cherokee*.

Os guerreiros levaram a melhor. No verão de 1776, jovens *cherokees* zangados fizeram vários ataques a povoados brancos na fronteira, mas o momento não poderia ter sido pior. Os patriotas tinham acabado de repelir um ataque britânico a Charleston e, como não havia nenhuma outra ameaça na região, os rebeldes dos quatro estados mais ao sul estavam livres para despejar sua raiva sobre os índios. Seis mil homens armados, já treinados e mobilizados para a guerra contra os britânicos, marcharam sobre os índios. David Ramsay, patriota da Carolina do Sul, explicou como

MITOS SOBRE A FUNDAÇÃO DOS ESTADOS UNIDOS

a campanha contra os *cherokees* foi usada como treino para a Guerra Revolucionária:

> A expedição até os povoados *cherokees* difundiu as idéias militares e o espírito de iniciativa entre os habitantes. Ensinou-lhes a necessária arte de como cuidar de um exército e deu-lhes experiência no negócio da guerra. (...) Os habitantes pacíficos de um estado inteiro, fazendeiros, mercadores e artesãos transformaram-se num organismo militar ativo e disciplinado.[8]

Essa guerra teve uma característica especificamente sulista. Assim como na campanha de Sullivan contra os iroqueses, o objetivo era forçar os índios à submissão pela fome — mas, assim que se submeteram, alguns desses índios foram tomados como escravos. William H. Drayton, principal patriota da Carolina do Sul, explicou aos membros da expedição contra os *cherokees*: "*E agora uma palavra aos ajuizados.* Esperamos que façam um bom trabalho ao avançar — ou seja, que cortem todos os milharais indígenas, que queimem todas as vilas indígenas — e todo índio aprisionado será escravo e propriedade de quem o capturou".[9] A escravização dos índios capturados, no entanto, mostrou-se controvertida; como isso podia levar os índios a escravizarem seus prisioneiros brancos, a prática acabou proibida. Embora os brancos tivessem sido obrigados a entregar os índios que esperavam manter como escravos, ainda assim a campanha de terra arrasada obteve o resultado desejado: a total desorganização da sociedade *cherokee*. O coronel Andrew Williamson, comandante das tropas da Carolina do Sul, relatou a Drayton o sucesso da missão: "Já queimei todas as vilas e destruí todo o milho da fronteira dos *cherokees* até os povoados do interior".[10]

O impacto sobre os *cherokees* foi profundo. Os anciãos assinaram dois tratados em que abriam mão de 2 milhões de hectares, uma área do tamanho de Nova Jersey, e concordaram em dar fim às hostilidades — mas os jovens guerreiros, aqueles que iniciaram o conflito, recusaram-se a desistir. Em vez disso, muitos se mudaram para o Sul e para o Oeste e juraram continuar lutando. Esse povo, chamado de *chickamauga* devido ao seu novo lar, recusou-se a obedecer aos tratados negociados pelos anciãos *cherokees*. Os *cherokees*, como os iroqueses, foram divididos pelas reações diferentes à Revolução Americana.

Para essas e todas as nações indígenas na vasta faixa de terra entre os montes Apalaches e o rio Mississippi, a Guerra pela Independência — a independência deles — continuou muito depois de os britânicos terem admitido a derrota. Lutaram por mais tempo porque havia mais coisa em jogo. Antes da guerra, a Grã-Bretanha impedira que os americanos brancos se instalassem no Oeste. Depois da guerra, já sem restrições, os colonos despejaram-se pelas montanhas num ritmo rapidíssimo e ocuparam as terras indígenas. Os euro-americanos tinham levado mais de século e meio para povoar a estreita faixa de terra entre os Apalaches e o Atlântico, mas nem precisaram de uma década para estender-se por uma área bem maior a oeste das montanhas. A Guerra Revolucionária tornou isso possível.

A resistência indígena não esmoreceu, nem em face dessa matança. No Sul, facções das nações *creek*, *choctaw* e *cherokee*, entre elas os dissidentes *chickamaugas*, formaram uma confederação pan-indígena dedicada a combater os enclaves brancos em todas as suas terras. Depois de obter armas da Espanha, que controlava a embocadura do Mississippi e as terras ao sul e a oeste, fizeram uma demonstração de força que retardou, mas não deteve, o avanço branco. Os americanos brancos supuseram que agora possuíam as terras do Oeste — mas muitos índios pensavam de outra maneira. Alexander McGillivray, mestiço *creek*, transmitiu a mensagem da Confederação Pan-Indígena ao Congresso dos Estados Unidos:

> Nós, chefes e guerreiros das nações *Creek*, *Chickasaw* e *Cherokee*, aqui protestamos do modo mais solene contra toda pretensão ou exigência de propriedade que o Congresso americano possa fazer por ou sobre as nossas terras, povoados e campos de caça em conseqüência do dito tratado de paz entre o rei da Grã-Bretanha e os estados da América declarando que não somos partes envolvidas, e assim estamos determinados a não dar atenção à maneira como os negociadores britânicos traçaram os limites das terras em questão cedidas aos estados da América — sendo um fato notório sabido dos americanos, sabido de todas as pessoas que conheçam

ou estejam de qualquer forma informadas sobre assuntos americanos, que sua Majestade Britânica nunca possuiu nem por compra nem por direito de conquista os nossos territórios que o dito tratado concede. (...)

Os americanos (...) dividiram os nossos territórios em condados e instalaram-se em nossa terra como se fosse deles. (...) Avisamos várias vezes aos estados da Carolina e da Geórgia que desistissem destes enclaves. (...) Com essas petições recebemos conversa e respostas amigáveis, é verdade, mas enquanto nos chamam pelos nomes lisonjeiros de amigos e irmãos estão nos despojando dos nossos direitos naturais ao nos privarem daquela herança que pertenceu aos nossos ancestrais e passou deles a nós desde o início dos tempos.[11]

Ao Norte, as nações indígenas da região dos Grandes Lagos — *Mingo, Miami, Wyandot, Chippewa, Ottawa, Kickapoo, Shawnee* e *Delaware* — também continuaram a lutar. Oficialmente, os britânicos do Canadá não podiam dar-lhes nenhum apoio, mas ainda assim os índios conseguiram obter ajuda não oficial sob a forma de armas e de termos favoráveis no comércio. Em 1790, índios *miamis* derrotaram um ataque de soldados comandados por Josiah Harmar, primeiro comandante-em-chefe do Exército dos Estados Unidos. Em 1791, quando milicianos brancos marcharam em formação completa para o interior do Ohio, os guerreiros de todo o Norte e até alguns do Sul detiveram os intrusos e mataram 630 soldados numa única batalha às margens do rio Wabash.

Esses atos de resistência indígena raramente são citados. As vitórias brancas, por outro lado, não só são citadas como enaltecidas. Muitos livros de história americana incluem o caso de Fallen Timbers, quando Washington enviou "Mad Anthony" Wayne com 2.600 soldados do Exército dos Estados Unidos para enfrentar uma força de 2 mil índios — a maior e mais diversificada tropa de americanos nativos já reunida contra o governo dos Estados Unidos. Dessa vez os índios perderam.

"QUEM DEFENDEU OS COLONOS NAS TERRAS DO OESTE?"

O combate continuou sem trégua durante duas décadas nas guerras pela independência que varreram 1/3 do continente norte-americano, dos

Grandes Lagos até o golfo do México. Do ponto de vista dos índios, a Guerra Revolucionária fora uma guerra global, envolvendo todos os povos conhecidos próximos do seu mundo, e não terminara de modo favorável.

Os livros didáticos de hoje não descrevem a Guerra Revolucionária nesses termos. Muitos incluem agora rápidas descrições de Joseph Brant, iroquês que lutou do lado britânico, para cumprir as exigências multiculturais, mas nenhum dos 13 livros didáticos dos ensinos médio e fundamental exibidos na convenção anual de 2002 do Conselho Nacional de Estudos Sociais trata a Revolução Americana como uma guerra de conquista.[12] Não é esse o tipo de história que desejamos contar às crianças.

Que tipo de história desejamos contar? Analisemos essas duas histórias sobre a Revolução Americana no Oeste:

1) No verão de 1778 e no inverno que se seguiu, George Rogers Clark comandou um grupo de menos de duzentos moradores da fronteira que desceu o rio Ohio até o vale do Mississippi. Este pequeno grupo de patriotas capturou três fortes britânicos mal defendidos ao longo dos rios Mississippi e Wabash.

2) No verão de 1779, o Congresso Continental treinou e equipou 4.500 soldados para assumir o controle da região ocupada por quatro nações iroquesas, que tinham se aliado aos britânicos. Essa expedição, sob o comando do general John Sullivan, foi a maior campanha isolada realizada pelo Exército Continental em 1779. Destruiu quarenta vilas iroquesas e grande parte do estoque de alimentos do povo iroquês. No inverno seguinte (o "rigoroso inverno" de 1779-80), enquanto o Exército Continental lutava em Morristown, muitos iroqueses morreram de fome e frio.

Uma dessas histórias faz parte do núcleo narrativo da Revolução Americana desde o século XIX; a outra, poucas vezes foi incluída em livros didáticos. Talvez alguém achasse que a expedição de um pequeno grupo de moradores da fronteira por uma região vazia seria menos digna de nota do que uma grande campanha do Exército Continental, sancionada pelo Congresso, envolvendo um efetivo mais de vinte vezes maior — na verdade,

MITOS SOBRE A FUNDAÇÃO DOS ESTADOS UNIDOS

mais de 1/4 dos soldados americanos profissionais da época. Mas não é assim. Na narrativa tradicional da Guerra Revolucionária, George Rogers Clark é tratado como grande herói, enquanto a campanha de Sullivan costuma ser ignorada. Em 23 livros didáticos publicados entre 1890 e 1955, todos falam de Clark, enquanto somente três mencionam Sullivan.[13] "A expedição de Clark ao noroeste e a captura de Vincennes merecem ser classificadas entre as maiores campanhas militares do mundo", gaba-se *A History of our Country for Higher Grades*, publicado em 1923.[14]

Do ponto de vista de quem conta histórias, o caso de Clark sempre foi preferido ao de Sullivan. Clark pode ser retratado como Davi a combater dificuldades formidáveis. A sua história é atraente exatamente porque sua tropa era tão pequena. Na narrativa tradicional, Clark e seus homens enfrentaram rios transbordantes no final do inverno para surpreender Henry Hamilton, comandante britânico de Vincennes. Os americanos, supostamente em menor número, gritaram e marcharam de um lado para o outro para dar a ilusão de um exército muito maior. A trama funcionou e Hamilton se rendeu. "Clark era um dos homens de gênio que insistem em realizar tarefas que homens de bom senso considerariam impossíveis", afirmou o famoso escritor de livros didáticos David Saville Muzzey em 1934.[15] Os autores de um livro de 1942 afirmaram, orgulhosos: "O resultado final dessa façanha foi dar aos americanos o território que hoje forma os estados de Ohio, Illinois, Indiana, Michigan e Wisconsin".[16] O caso aqui é que muito poucos — apenas "uma tropa pequena mas eficiente de atiradores das florestas" — conseguiram tanta coisa. "As vitórias de Clark abriram caminho para a marcha do povo americano cruzando o continente", escreveu William Backus Guitteau em 1919.[17]

A história de Sullivan, pelo contrário, é pouco atraente. A expedição de Sullivan foi uma campanha terrorista contra uma população civil. Até mesmo hoje os escritores de livros didáticos ainda promovem a imagem romântica dos valentes homens da fronteira, enquanto escondem a política genocida do governo dos Estados Unidos. Todos os seis livros para a escola fundamental exibidos na convenção de 2002 do Conselho Nacional de Estudos Sociais falam de Clark e nenhum deles menciona Sullivan. Cinco dos sete livros para o ensino médio incluem o caso de Clark e, mais

260

uma vez, nenhum diz uma palavra sobre a campanha de terra arrasada de Sullivan sancionada pelo Congresso Continental.[18]

Os livros modernos também suprimem a história de George Rogers Clark, famoso por odiar os índios e por torturar e escalpelar seus prisioneiros. Quando Clark capturou índios perto de Vincennes, ele e seus homens mataram-nos a machadadas e os jogaram no rio. Vingar as "viúvas e órfãos", afirmou depois, "exigia o seu sangue em minhas mãos".[19] Clark, como Sullivan, destruiu de forma sistemática as fontes de alimentos dos índios e permitiu que seus homens saqueassem sepulturas indígenas em busca de objetos fúnebres e escalpos.[20]

Esse não parece ser o homem descrito em nossos livros didáticos. Joy Hakim, em sua *History of US*, observa que Clark era conhecido como o "Washington do Oeste".[21] Os autores de *Horizons*, da Harcourt, escrevem: "George Rogers Clark ajudou a proteger as terras de fronteira reivindicadas por muitos colonos americanos". Então, para garantir que os alunos não entendam errada a mensagem, perguntam, na parte de "Revisão": "Quem defendeu os colonos nas terras do Oeste?". Nessa única pergunta, uma guerra de conquista é virada de cabeça para baixo.

Não é que não conheçamos os fatos. Dos três livros atuais para o curso universitário, todos descrevem a campanha de Sullivan com seus horríveis detalhes, enquanto apenas um menciona o heroísmo de fronteira de George Rogers Clark.[22] Esses livros não enfeitam a verdade. De acordo com *The American Promise* (*A promessa americana*, Bedford/St. Martin's), "os soldados do exército continental sob o comando do general John Sullivan realizaram uma campanha planejada de terror e destruição. (...) Quarenta povoados indígenas já estabelecidos sofreram destruição total; os soldados saquearam e queimaram as casas e depois puseram fogo nos milharais e pomares. Em alguns povoados, mulheres e crianças foram chacinadas".[23] Tal honestidade é admirável, mas também é causa de espanto: se foi isso mesmo o que aconteceu, por que só pessoas de 21 anos que estudam história na universidade aprendem a respeito? Essa é uma parte fundamental da nossa herança nacional. Com certeza esperamos que as crianças alemãs aprendam sobre o Holocausto bem antes de chegarem à universidade; então por que as crianças americanas precisam desse tipo de proteção?

MITOS SOBRE A FUNDAÇÃO DOS ESTADOS UNIDOS

"VAMOS FICAR COM ELE"

Os primeiros livros didáticos não evitavam tratar a Revolução como guerra de conquista. George Rogers Clark, declaravam orgulhosos, era "o conquistador do Noroeste".[24] Os autores partiam do princípio de que os americanos — quer dizer, os americanos brancos — tinham não só o direito como também o dever moral de ocupar o continente. Em 1899, D. H. Montgomery, um dos escritores mais famosos do seu tempo, escreveu em sua *Beginner's American History* (*História americana para iniciantes*):

> O general George Rogers Clark (...) foi quem mais fez para obter o Oeste para nós. (...) Com a vitória de Clark, os americanos tomaram posse de toda a vastidão do Oeste até Detroit. Quando a Guerra Revolucionária chegou ao fim, os britânicos não queriam nos dar nenhuma porção da América além dos 13 estados do litoral atlântico. Mas dissemos: todo o Oeste, até o Mississippi, é nosso; lutamos por ele; nós o tomamos; hasteamos a nossa bandeira em seus fortes; e *vamos ficar com ele*. Ficamos com ele. (Itálico do original.)[25]

Hoje, um nacionalismo tão chauvinista pareceria grosseiro demais — mas o nacionalismo persiste, ainda que não seja mais alardeado desse modo. Todos os livros didáticos atuais terminam os seus capítulos sobre a Guerra Revolucionária com uma pequena seção sobre a "definição da fronteira ocidental". Depois que a Grã-Bretanha cedeu o Oeste no Tratado de Paris, dizem, os colonos se aventuraram pelas montanhas para fazer valer as suas pretensões. Na Ordenação de Terras de 1785, o Congresso determinou que se superpusesse uma grade retangular a todas as possessões recém-adquiridas dos Estados Unidos para facilitar a aquisição privada de terra. Dois anos depois, determinou um procedimento pelo qual os colonos dos novos territórios poderiam formar novos estados. Juntos, os decretos de 1785 e 1787 "abriram caminho para o povoamento do território do Noroeste de maneira estável e ordeira".[26] Essas medidas são invariavelmente tratadas como conquista máxima do Congresso durante o intervalo entre a Revolução e a Constituição. "Quem ficou com a impressão

262

de que o Congresso, sob os artigos da confederação, foi um fracasso total", escreve Joy Hakim, "saiba que não foi bem assim. Aquele congresso fez algumas boas coisas e o Decreto do Noroeste foi uma delas".[27]

Essa linha narrativa parece bem diferente do ponto de vista indígena. Assim como a Revolução foi o maior conflito entre brancos e índios da história do nosso país, o Decreto de 1785 foi o ato legislativo mais importante e mais prejudicial. Transformou espaços abertos em linhas num mapa, atrelando e acorrentando a terra para que pudesse ser comprada e vendida. No Tratado de Paris, assinado em 1783, os britânicos ignoraram os direitos dos índios ao afirmar que as "fronteiras" dos Estados Unidos se estendiam até o Mississippi. Então, dois anos depois, os americanos realmente ignoraram a posse indígena e determinaram que cada polegada de terra fosse examinada e rotulada para ser distribuída entre os brancos. Esse "final feliz" da Revolução foi como o juízo final para os habitantes nativos.[28]

Exatamente nessa conjuntura importantíssima, com o seu destino selado pelas enaltecidas leis do Congresso, é curioso que os índios desapareçam da narrativa-padrão. Em 13 livros didáticos atuais para os ensinos médio e fundamental, nenhum discute a resistência pan-indígena à expansão branca logo após a Guerra Revolucionária.[29] Os índios ressurgem num capítulo posterior que descreve a sua retaguarda, a luta desesperada pela sobrevivência no século XIX — mas nenhuma palavra sobre o momento crítico, a criação do nosso país, quando as pretensões indígenas à sua pátria são desdenhadas e a terra é entregue a colonos brancos. Mais uma vez, isso interfere na linha narrativa básica: depois que "nós" ganhamos a Revolução, ficamos livres para ir para o Oeste e nos expandir.

Os textos atuais deixam de notar todo o impacto da Revolução sobre os índios porque preferiram não tratá-la como guerra de conquista. Ao contrário dos nossos antecessores dos séculos XIX e XX, os americanos de hoje gostariam de imaginar um começo mais suave e gentil para o seu país; mas, na verdade, os patriotas não foram nada ternos nem gentis com os índios que ocupavam as terras que eles cobiçavam.

Um dos principais objetivos da Revolução foi abrir o Oeste além dos Apalaches à colonização euro-americana. Com certeza era isso o que George Washington, Thomas Jefferson, Patrick Henry e muitos outros patriotas

MITOS SOBRE A FUNDAÇÃO DOS ESTADOS UNIDOS

famosos tinham em mente quando questionaram o domínio britânico. Washington era agrimensor por profissão e conhecia o valor da terra. "As maiores propriedades que temos nesta colônia", escreveu ele em 1767, "foram formadas (...) tomando e comprando por preço baixíssimo as ricas terras distantes das quais nada se pensava naquela época, mas que hoje são as terras mais valiosas que possuímos".[30] O próprio Washington buscou prosperar desse modo. Reivindicou 14 mil hectares como "pagamento" de sua participação na guerra contra franceses e índios e comprou bem barato os direitos de propriedade de mais 8.000 acres (3.200 hectares) de colegas veteranos. Também se tornou sócio, juntamente com outros latifundiários da Virgínia, da Mississippi Land Company, que conseguiu uma concessão de 1 milhão de hectares a oeste dos montes Apalaches.[31]

O governo britânico, contudo, tinha outras idéias sobre a concessão da terra do Oeste a colonos ricos. Se os especuladores americanos obtivessem a posse da terra além dos Apalaches e os colonos americanos depois a comprassem e se mudassem para lá, o mais provável seria que os índios resistissem, e o Exército britânico seria chamado para proteger os interesses dos brancos. Isso custaria dinheiro, potencialmente em grande volume. Além disso, os americanos que se mudassem para o Oeste estariam bem mais distantes do controle britânico.

Assim, em 1763 a Coroa declarou que toda terra a oeste do marco divisório dos Apalaches estaria proibida para a colonização branca. Embora Washington achasse que isso era apenas "um expediente temporário para aquietar a mente dos índios", as autoridades reais confirmaram esta política em 1768 com o Pacto do Trabalho Forçado, que garantia a posse da maior parte do atual estado de Kentucky pelos índios *cherokees*. A Câmara dos Burgueses da Virgínia protestou com unanimidade, já que especuladores daquele estado tinham concessões preliminares de mais de 2,5 milhões de hectares da terra cedida. Supondo que seus interesses acabariam vencendo, muitos especuladores — inclusive Washington, Jefferson e Henry — continuaram a comprar grandes extensões de terra na área disputada.[32]

Mas a política britânica se manteve e isso deixou os especuladores em rota de colisão com a Coroa e o Parlamento. Para que obtivessem terras a oeste, a autoridade britânica teria de ser questionada; os colonos brancos, assim como os especuladores, acabaram percebendo isso. Na década de 1760, os invasores simplesmente ignoraram a Linha da Declaração e foram para onde quiseram. Mas a Lei de Quebec de 1774 colocou essas terras sob nova jurisdição. Dali para a frente, os brancos que cruzassem a linha divisória estariam sob um governo que parecia estrangeiro — e católico, ainda por cima. Para muitos, a Lei de Quebec foi a gota d'água. Em grande parte os rebeldes americanos derrubaram o domínio britânico para ocupar terras que tinham sido colocadas fora do seu alcance e do seu controle.

A fome de terra deixou os patriotas americanos em rota de colisão com os índios também, além dos britânicos. Os brancos viam os índios como obstáculos à colonização, não como justos proprietários. Os brancos possuíam direitos presumidos porque representavam uma civilização superior. Os índios eram meramente "selvagens", incapazes de tirar o máximo proveito da terra.

Quando lhes era adequado, como na Festa do Chá de Boston, os patriotas usurpavam a imagem do "selvagem" para uso próprio. Na maioria dos casos, contudo, utilizavam a noção de raça subumana para justificar seu próprio desejo de dominar os habitantes nativos da América do Norte. A Declaração de Independência, que resumia o pensamento da geração revolucionária, queixava-se de que o rei Jorge III "buscara trazer sobre os habitantes das nossas fronteiras os impiedosos índios selvagens, cuja regra de guerra conhecida é a destruição indistinta de todas as idades, sexos e condições". Para conseguir apoio contra a invasão de Nova York por Burgoyne em 1777, os oficiais patriotas aproveitaram o assassinato e o suposto escalpelamento de uma mulher branca, Jane McCrae. Embora na verdade ela estivesse a caminho de encontrar-se com o seu noivo legalista quando foi morta e embora nem sequer saibamos com certeza quem a matou, a imagem de selvagens dominando uma mulher branca ajudou a unir os patriotas na ação.

Depois da Revolução, essas atitudes se mantiveram. Em 1804, John Vanderlyn pintou um quadro, *A morte de Jane McCrae*, que desde então definiu o incidente: dois índios musculosos, escassamente vestidos, preparam-se para escalpelar uma voluptuosa mulher branca. Os livros didáticos do início do século XIX ensinavam aos alunos que os índios "ouviam

MITOS SOBRE A FUNDAÇÃO DOS ESTADOS UNIDOS

com prazer os gritos de suas vítimas" (1804). O seu "prazer era a crueldade" (1831), apresentavam uma "sede diabólica de sangue" (1815) e não conseguiam resistir à "luxúria dos feitos homicidas" (1815).[33] Essas atitudes predominaram durante boa parte do século XX. Theodore Roosevelt, em seu popular *Winning of the West* (*A conquista do Oeste*, 1924), escreveu que "a guerra mais inteiramente justa de todas é a guerra contra selvagens". Para Roosevelt, a justiça vinha da superioridade da raça branca: "A conquista e a colonização das terras indígenas pelos brancos foram necessárias para a grandeza da raça e o bem-estar da humanidade civilizada. Foram tão inteiramente benéficas quanto inevitáveis".[34] Em 1927, o mais famoso escritor de livros didáticos da sua geração, David Saville Muzzey, repetiu esses temas. Os índios apresentavam uma "estupidez insensível que nenhum homem branco conseguiria igualar", declarou, e "em nenhum lugar se elevaram acima do estado de barbarismo".[35]

Essas calúnias racistas, naturalmente, não estão mais na moda. A maioria dos livros didáticos atuais, mesmo nos níveis mais elementares, discute os conflitos entre brancos e índios de um ponto de vista mais equilibrado. Não iniciam mais a sua narrativa com Colombo "descobrindo" a América; em vez disso, explicam como três culturas — americana, européia e africana — se encontraram no hemisfério ocidental em meados do último milênio. Em capítulos posteriores sobre a expansão para o Oeste, não escondem as mentiras e crueldades dos conquistadores brancos. Na superfície, parece que os livros didáticos modernos fazem justiça ao ponto de vista dos americanos nativos.

Mas não no tratamento dado à Revolução Americana. Aí o ponto de vista indígena não tem lugar. A Guerra pela Independência goza de imunidade privilegiada que mantém toda a história acuada. Por ser esse o momento da nossa criação, ele define quem somos como nação — e não desejamos ser vistos como conquistadores cruéis e empedernidos. Retratar os revolucionários como opressores dos americanos nativos pareceria contradizer a linha básica da narrativa: os patriotas (brancos) é que eram os oprimidos e, assim, se rebelaram.

A Revolução, dizemos, lançou esta nação em sua trajetória para o Oeste. Depois que os patriotas obtiveram a independência, organizaram a expansão "ordeira" para territórios que ainda tinham de conquistar. Invariavelmente isso é retratado como um grande avanço, seguido de imediato pela redação e ratificação de uma nova Constituição. Essas três realizações da geração revolucionária — a independência, o plano de expansão e uma Constituição viável — nos puseram em nosso caminho. Mais tarde, algumas gerações se desviariam do curso: tratariam mal os índios, lutariam para manter a escravidão ou sucumbiriam (temporariamente) à corrupção governamental. Mas essas coisas são vistas como aberrações do verdadeiro modo de ser americano. A linha determinada pelos "fundadores" nunca é questionada a sério.

Mas essa linha incluía a aceitação e até a adoção do direito de conquista. O plano de expansão deu permissão de dominar. Durante quase dois séculos depois do nascimento da nação, a maioria dos americanos supunha que a superioridade da sua civilização era razão suficiente para subjugar outros povos e usurpar suas terras. Com uma ordem de Deus, tecnologia avançada e governo republicano, os expansionistas sentiram que as suas conquistas eram ao mesmo tempo justificadas e inevitáveis.

Com a extinção do colonialismo logo após a Segunda Guerra Mundial, esse tipo de chauvinismo gritante caiu em desgraça. Os autores de livros didáticos não podem mais dizer aos alunos que os americanos tinham uma ordem para subjugar sociedades menos avançadas. Ainda assim, a linha narrativa continua a transmitir a mensagem implícita do "destino manifesto". Depois que a geração revolucionária determinou a trajetória básica, os americanos que vieram depois só tiveram de manter o rumo para chegar aonde estamos hoje. Assim como a história da Revolução teve o seu "final feliz" em Yorktown, a mega-história — a "história americana" — termina com um tom positivo. Hoje, dizem-nos os nossos livros didáticos, os Estados Unidos são os líderes do Mundo Livre, a nação mais poderosa da Terra e também a mais dedicada ao governo livre e democrático. A história da América completou o ciclo: a partir de um início humilde, tornamo-nos um grande povo e uma grande nação. O resultado final, o final mais feliz de todos, somos simplesmente nós, aquilo que somos hoje em dia. Parece que a nossa própria existência como única superpotência do mundo faz com que toda a história americana valha a pena.

MITOS SOBRE A FUNDAÇÃO DOS ESTADOS UNIDOS

Os índios americanos contavam histórias que explicavam como o mundo chegou a ser como é: como o esquilo ganhou o seu rabo ou como os homens conseguiram o fogo. Também contamos essas histórias e as chamamos de história: como os Estados Unidos ganharam a sua independência, como a escravidão foi abolida. Essas histórias funcionam porque esclarecem e confirmam quem somos; mas também escondem quem não queremos ser. O "povo americano", em sua marcha pelo continente, venceu pela força os que estavam em seu caminho. Esse comportamento, presente desde o início do século XVII até o final do século XIX, não desapareceu durante a Guerra Revolucionária; na verdade, atingiu seu ponto máximo bem no momento da concepção do país.

Os americanos, desde o princípio, foram ao mesmo tempo democratas e rufiões violentos. Apesar da hesitação das elites, a maior parte dos patriotas da época do nascimento da nossa nação acreditava que a gente comum tinha o direito e era inteiramente capaz de governar a si mesma. Também acreditava que tinha o direito e até a obrigação de impor sua vontade a quem considerava inferior. Essas duas crenças básicas são fundamentais para entender a história e o caráter americanos, e fazemos uma injustiça a nós mesmos e à nossa nação quando fingimos ser outra coisa.

Conclusão

País de conto de fadas, ou por que contamos histórias fantasiosas

A Revolução Americana, um dos levantes políticos de base mais ampla de todos os tempos, deu destaque à noção de soberania popular. No litoral leste do continente norte-americano no final do século XVIII, as idéias políticas do Iluminismo europeu foram postas em prática em escala grandiosa. Os filósofos, durante a maior parte do século, tinham afirmado que toda autoridade governamental reside no povo, mas a maioria dos estados do Velho Mundo, com exceção notável da Suíça, ainda não tinha seguido a lógica dessa teoria para abrir mão do poder monárquico ou aristocrático. Os Estados Unidos o fizeram.

Com o tempo, contudo, as conquistas progressistas da Revolução Americana seriam solapadas por interpretações estreitas e nacionalistas. As mitologias revolucionárias do século XIX, que ajudaram a definir a experiência e o caráter americanos, subordinaram a noção de soberania popular ao enaltecimento da supremacia americana. A lição tirada da Revolução seria que uma nação era melhor que as outras, não que todos os povos, fosse qual fosse a sua nação, tinham o direito de governar a si mesmos.

Em vez de mostrar o esforço coletivo de centenas de milhares de americanos, essas fábulas criaram um panteão minúsculo de heróis míticos e deram destaque às suas realizações individuais. No processo, arrancaram da Revolução Americana tudo o que era revolucionário. Deixaram de lado a questão básica de todo o evento.

Por que isso aconteceu? Como a lembrança nacional de uma revolução genuína foi reduzida a um conto de fadas?

COMO ATRELAR O PASSADO

Os nossos livros didáticos de história nos contam que os colonos se tornaram "americanos" quando viveram juntos a Guerra Revolucionária, mas isso não é inteiramente correto. Soldados e civis, nortistas e sulistas, brancos e negros: essas pessoas viveram a guerra de maneiras muito diferentes e, no final, pareciam menos entusiasmadas do que no princípio com essa união como americanos.[1] O nosso começo mágico já se perdera no passado — mas este passado logo voltaria e assumiria vida própria. Redescoberto, ou melhor, reconstituído, viria a tornar-se uma força vibrante na formação de um país. Não foi a Revolução propriamente dita, mas sim o uso da sua imagem que criou uma vivência nacional unificada compartilhada por todos os americanos.

Para "recordar" a sua Revolução, as pessoas que a viveram tiveram primeiro de esquecê-la. "Muita coisa no acontecimento chamado Guerra Revolucionária foi dolorosa demais e desagradável de lembrar", escreve o historiador John Shy. "Só o resultado foi irrestritamente agradável e assim a memória, como sempre, começou a fazer brincadeiras com o fato."[2] Isso não aconteceu num dia. O passado precisou de tempo para *tornar-se* passado antes que pudesse ser seletivamente rememorado sob uma luz mais positiva e formar a base das tradições nacionais.

Apesar das más lembranças da guerra, todos os americanos patriotas podiam ter uma recordação em comum de inequívoca alegria: a declaração da independência. As outras histórias da guerra levariam anos para amadurecer antes de adotar a sua forma final, mas a recordação daquele momento especial foi utilizada desde o princípio. Todo ano os americanos puderam reviver o compromisso com o seu país comemorando o instante da sua criação.

John Adams, por exemplo, tinha uma noção bem definida de como os norte-americanos deveriam comemorar o nascimento da sua nação.

CONCLUSÃO: PAÍS DE CONTO DE FADAS...

Em 3 de julho de 1776, dia seguinte ao da aprovação da independência pelo Congresso, escreveu à esposa Abigail:

> O dia 2 de julho de 1776 será o marco mais memorável da história da América. Estou apto a acreditar que será comemorado por gerações sucessivas como a grande festa de aniversário. Devia ser celebrado como o dia do parto por atos solenes de devoção a Deus Todo-Poderoso. Devia ser solenizado com pompa e desfiles, com espetáculos, jogos, esportes, tiros, sinos, fogueiras e luzes, de uma ponta à outra do continente, desde agora e para sempre.[3]

Adams com certeza acertou o espírito, mas adivinhou a data errada. Não tinha como saber que o registro oficial logo seria alterado para mudar o cronograma da história.

Como John Adams, outros membros do Congresso alimentaram idéias de comemorações nacionais e assim inventaram um acontecimento que valia a pena festejar. Na primavera seguinte, a comissão que publicou o *Congressional Journal* (o *Diário do Congresso*) oficial inventou um registro em 4 de julho que incluía uma "assinatura" fictícia da Declaração de Independência, enquanto omitia os registros importantíssimos de 19 de julho (dia em que a delegação de Nova York finalmente deu o seu consentimento) e 2 de agosto (primeiro dia em que algum delegado além do presidente Hancock de fato assinou o documento).[4] De acordo com o registro oficial mas inventado, a "Declaração Unânime dos 13 Estados Unidos" entrou para os anais 15 dias *antes* de tornar-se unânime, assinada até por delegados de Nova York. Essa esperta invenção deu aos americanos o Quatro de Julho.[5]

No primeiro evento "perfeito para as câmeras" do nosso país, uma cópia especial da Declaração de Independência foi apresentada para ser assinada em 2 de agosto. Muitos membros do Congresso assinaram naquele dia e, no decorrer dos próximos meses, outros que estavam ausentes ou eram recém-eleitos também apuseram sua assinatura.[6] Pelo menos 14 homens que nem estavam presentes em 4 de julho de 1776 assinaram seus nomes no documento que aparece naquela data do *Congressional Journal*. Oito deles — Matthew Thornton, de New Hampshire, William

MITOS SOBRE A FUNDAÇÃO DOS ESTADOS UNIDOS

Williams, de Connecticut, Charles Carroll, de Maryland, e Benjamin Rush, George Ross, James Smith, George Clymer e George Taylor, da Pensilvânia — nem sequer eram ainda delegados. Oliver Wolcott, de Connecticut, pedira licença do Congresso para assumir o comando da milícia do seu estado, enquanto Lewis Morris e Philip Livingston voltaram para casa quando os britânicos ameaçaram invadir Nova York. William Hooper, da Carolina do Norte, Samuel Chase, de Maryland, e George Wythe, da Virgínia, estavam ajudando seus estados a constituir novos governos. Mais tarde, esses homens voltariam para assinar o nome, alguns só no final daquele outono. Thomas McKean, representante de Delaware, só assinou depois que o diário "oficial" foi engendrado no ano seguinte.[7]

A assinatura da Declaração de Independência foi um acontecimento fabricado, conscientemente projetado para produzir um tipo de "antigüidade da noite para o dia", nas palavras do historiador Garry Wills. O "passado" foi inventado para servir aos interesses da construção da nação. "O Quatro de Julho inclui a comemoração de algumas coisas que aconteceram em dias diferentes e de outras que nem aconteceram", escreve Wills. "O imenso brilho lançado sobre os anos pelo Quatro de Julho não era visível para os homens que trabalharam e discutiram durante o verdadeiro 4 de julho de 1776. É, em todos os aspectos, um *brilho posterior*".[8]

A jogada funcionou. Em 1786, décimo aniversário da independência, os rituais de Quatro de Julho nas principais cidades tinham assumido um ar de tradição. De manhã cedo, sinos ou canhões anunciavam o início das festividades comemorativas. Unidades da milícia ou de voluntários marchavam em desfile; depois, numa procissão ritual, os cidadãos juntavam-se à marcha rumo ao local do discurso oficial. Ali, um cidadão importante pregava um evangelho secular; era comum que esses discursos fossem publicados, e alguns viraram sucessos de vendagem. Depois do discurso, as pessoas se uniam para cantar, como paroquianos respondendo ao pastor com hinos. O Quatro de Julho era comemorado como um dia santo — "o Shabat da nossa Liberdade", segundo um participante da época.[9]

Depois da comemoração formal, todos debandavam para várias estalagens e tabernas para dividir o pão e beber. Cada grupo fazia 13 brindes em homenagem aos ali reunidos, ao estado, à nação e ao ideal republicano de soberania popular. Depois do jantar, com o patriotismo revivido e o espírito lubrificado, os americanos bebiam pelas ruas, reuniam-se em torno de fogueiras e soltavam fogos de artifício.

Perto do final do século XVIII, esse "dia santo" se transformou em "feriado". Pela primeira vez, não sobrecarregados por nenhuma obrigação religiosa, os trabalhadores receberam um dia de folga. Para comemorar o nascimento do seu país, os americanos não trabalhavam nem iam à igreja. O Quatro de Julho transformou-se no dia mais animado do ano.

Os primeiros rituais de Quatro de Julho ajudaram a definir o caráter americano em formação. Enquanto os oradores destacavam as "vantagens superiores" do governo republicano e da "virtude pública", os desfiles e festas exibiam os aspectos militares da experiência "americana".[10] Em 1786, um redator do *Independent Gazetteer* comentou os hábitos comemorativos característicos:

> Que os jovens, a esperança deste país, cresçam em meio a festividades anuais comemorativas dos eventos da guerra (...) Que este jovem herói, em intervalos freqüentes, deixe o labor da roça para acender o seu espírito público em meio a exercícios de guerra; que aprenda o uso das armas e se acostume à disciplina sob as vistas dos cidadãos mais respeitáveis. Que ele, em sua presença, se comprometa a defender o país e as suas leis.[11]

Enquanto a Guerra Revolucionária se afastava no passado, militares marchavam nos desfiles de Quatro de Julho, disparavam-se canhões e todos homenageavam os revolucionários mortos, criando mártires nacionais. Como escreveu o poeta de Boston Barnabas Binney: "Com sangue sua causa selaram. / Pelas leis de seu país morreram."[12]

Ao prestar homenagens ao passado, os americanos afirmaram o seu compromisso com a nação que surgia no presente. O Quatro de Julho conferia à nação uma "história", ainda que recente e breve. Era um começo. Com o tempo, essa história seria embelezada, colocada no papel e codificada numa narrativa que todo americano teria de aprender.

Não por coincidência, dois oradores das primeiras comemorações de Quatro de Julho — William Gordon e David Ramsay — foram os

MITOS SOBRE A FUNDAÇÃO DOS ESTADOS UNIDOS

primeiros americanos a redigir narrativas da Revolução. Gordon abriu caminho com sua obra em quatro volumes intitulada *The History of the Rise, Progress, and Establishment of the Independence of the United States of America* (*A história do surgimento, do progresso e do estabelecimento da independência dos Estados Unidos da América*), publicada em 1788.[13] No ano seguinte, David Ramsay o seguiu com os dois volumes da sua *History of the American Revolution* (*História da revolução americana*).[14] Tanto Gordon quanto Ramsay escreveram com objetivos políticos. Ao fazer a crônica da luta pela independência, Gordon esperava promover seus ideais republicanos. Ramsay, federalista ativo, tentou unificar a nação desenvolvendo um sentimento "americano" de identidade através de uma história comum. "Juntando pé com pé, mão com mão, (...) com uma só mente", escreveu Ramsay, o povo americano constituiu "uma falange sólida que opôs as suas energias e recursos à instituição do poder arbitrário".[15]

Outros historiadores da época escreveram com objetivos reconhecidamente políticos. John Marshall (*The Life of George Washington*, 1804-07) foi personagem político importante na Virgínia na década de 1790 e juiz-presidente do Supremo Tribunal dos Estados Unidos durante mais de três décadas, a partir de 1801.[16] Como federalista ferrenho, Marshall desejava minimizar as diferenças regionais e promover um sentimento mais forte de orgulho nacional; para isso, concentrou-se em Washington como símbolo de unidade. Mercy Otis Warren, que escreveu *History of the Rise, Progress, and Termination of the American Revolution* (*História do surgimento, do progresso e do término da revolução americana*, 1805), era uma antifederalista fervorosa e também escreveu com um objetivo em mente. James Otis, irmão de Warren, e James Warren, seu marido, tinham sido importantes patriotas de Massachusetts e ela mesma foi uma revolucionária ativa e comunicativa. Ainda se via como patriota e tentou reviver o sentimento de virtude pública na geração pós-revolucionária.[17]

Os primeiros historiadores importantes da Revolução eram semelhantes em três aspectos. Primeiro, embora professassem buscar apenas a "verdade", promulgaram conscientemente valores cívicos.[18] Embora Warren e Gordon se concentrassem na virtude pública e Ramsay e Marshall no fortalecimento da nação, seus objetivos com certeza se entrecruzavam. Os quatro promoveram a "América" como personificação dos ideais republicanos. Juntos, lançaram as bases de uma narrativa coerente da Guerra Revolucionária, embora tal esboço de uma Gênese americana ainda não incluísse a maioria das fábulas apresentadas nestas páginas. (A descrição que Gordon faz de Samuel Adams e a louvação do gênio de Jefferson e do "sofrimento resignado" em Valley Forge, de Warren, são exceções notáveis.)

Em segundo lugar, todos aproveitaram com liberalidade uma obra ainda mais antiga, uma narrativa publicada anos antes por um inglês. Durante a época revolucionária, uma publicação oficial do Parlamento britânico, o *Annual Register*, narrou os eventos das colônias rebeldes como parte do relatório anual de notícias do mundo. Por sorte, durante esse período o *Register* estava sob a direção de Edmund Burke, que escreveu de próprio punho vários textos. Membro *whig* e extrovertido do Parlamento, Burke adotou um ponto de vista fácil de aceitar para os patriotas americanos: as ações adotadas pelo governo britânico para manter os colonos sob rédea curta eram desaconselháveis e fadadas ao fracasso.

Poucos americanos se deram ao trabalho de ler o *Annual Register*, mas os que o fizeram examinaram-no com atenção — isso foi necessário porque o copiaram palavra por palavra. Frases, parágrafos e páginas inteiras ressurgiram *verbatim* nas obras de Gordon, Ramsay, Marshall e, em menor grau, Warren. Em 1789, o periódico *Columbian*, extremamente patriótico, publicou uma "história concisa da última guerra na América" que aproveitou grandes seções do *Register*, de Burke, copiadas confessadamente "sem alterações" devido à "eloqüência superior da sua redação".[19] Em 1899, um acadêmico chamado Orin Libby condenou esse chamado "plagiarismo", embora durante a época revolucionária a propriedade intelectual não fosse tão ciosamente guardada e todos os supostos culpados tivessem admitido de livre vontade a sua fonte.[20]

Em terceiro lugar, nenhum dos primeiros historiadores teve todo o sucesso que esperava.[21] Só literatos inveterados, que já conheciam a história básica, compraram as suas obras em vários volumes; a massa do povo que os autores queriam inspirar nunca lhes deu muita atenção. Para cada um que leu as suas obras grandiosas, dezenas de outros só ouviram falar das façanhas gloriosas dos patriotas originais pelo boca-a-boca. Embora os rituais de Quatro de Julho comemorassem o passado num estilo acessível a todos, a história escrita precisava descer alguns degraus se quisesse ser aceita pelos americanos comuns.

ROMANCEAR A REVOLUÇÃO

Como os seus mais cultos e renomados contemporâneos, um pregador itinerante e vendedor ambulante de livros chamado Mason Locke Weems queria promover o patriotismo, mas sentiu de modo mais correto o pulso do povo americano. Weems sabia fazer um sermão, criar um discurso e tocar rabeca — o que quer que atraísse o público. Durante trinta anos levou a sua "Biblioteca Itinerante" de cima para baixo pelo litoral leste. De Nova York à Geórgia, aproveitava a multidão que se reunia nos dias de julgamento e de eventos religiosos. A princípio vendia os livros de Matthew Carey, editor da Filadélfia; mais tarde, passou a oferecer também a sua própria criação — biografias de George Washington, Benjamin Franklin, William Penn e Francis Marion.[22]

Mason Weems deu ao público leitor o que este queria: heróis virtuosos, prosa cheia de vida e livros baratos. Em 1797, explicou a Carey a estratégia básica que o lançaria para a fama:

> A experiência me ensinou que livros pequenos, isto é, de 1/4 de dólar, sobre assuntos calculados para *despertar* a curiosidade popular, impressos em grande número e bem *distribuídos*, darão uma imensa receita aos realizadores prudentes e diligentes. Quem puder imprimir a vida do general Wayne, Putnam. Green &c., homens cuja coragem e talentos, cujo patriotismo e façanhas conquistaram o amor e a admiração do povo americano, em pequenos volumes e com capas muito interessantes, irá, sem dúvida alguma, vender um número imenso deles.[23]

Seguindo sua própria fórmula, Weems logo embarcou em sua carreira pessoal de escritor. Na primavera de 1799, quando a saúde de George Washington começou a declinar, Weems propôs a Carey:

> Tenho quase pronto para ser impresso um texto a ser batizado "As belezas de Washington". (...) O todo terá apenas quatro folhas e venderá como pão quente a 1/4 de dólar. Vou lhe fazer com isso um mundo de centavos e de popularidade.[24]

Washington morreu seis meses depois e Weems escreveu imediatamente a Carey: "Milhões estão ansiosos para ler alguma coisa sobre ele. Estou quase pronto e preparado para eles." E assim foi: em fevereiro de 1800 Weems publicou a sua primeira edição da biografia de George Washington, um livrete de oitenta páginas que realmente vendeu como pão quente de manhã cedo.[25]

Nos anos seguintes, Weems saiu oferecendo seu próprio livrete em sua "Biblioteca Itinerante". Também aceitou assinaturas para a *Vida de George Washington*, de John Marshall, que estava para sair. Quando os trabalhosos volumes de Marshall foram publicados, os assinantes se queixaram de que havia história demais e Washington de menos. Weems lhes deu ouvidos. Queria oferecer Deus e o país a preços módicos, mas também sabia que o seu livrete não servia de substituto para uma biografia completa; assim, começou a reunir e inventar mais material. Em 1806, em sua quinta edição, acrescentou a história fictícia "Não posso mentir" sobre o corte da cerejeira e, em 1808, na sexta edição, expandiu o seu produto num livro completo que mostraria o pai do nosso país e a Guerra Revolucionária a gerações de americanos: *The Life of George Washington; with Curious Anecdotes, Equally Honorable to Himself and Exemplary to his Young Countrymen* (*A vida de George Washington; com relatos curiosos, honrosos para ele e exemplares para os seus jovens conterrâneos*).

Para firmar sua credibilidade, Mason Weems identificou-se no frontispício como "ex-reitor da paróquia de Mount-Vernon". Embora nunca tenha existido uma "paróquia de Mount-Vernon, o pregador já fizera alguns sermões na igreja de Pohick, aos quais Washington poderia ter as

MITOS SOBRE A FUNDAÇÃO DOS ESTADOS UNIDOS

sistido muitos anos antes. Supostamente, isso dava ao escritor uma ligação íntima com o biografado, e não há dúvida de que ele aproveitou parte do folclore local; mas "Parson Weems" (como agora se chamava) não hesitava em inventar uma história a partir do nada caso ela pudesse produzir o resultado desejado.

O desafio de Weems era apresentar Washington como a imagem da perfeição, e fazê-lo num estilo grandioso. William Gordon havia lamentado que a escrita extravagante fizesse o leitor sentir-se "na companhia de uma cortesã pintada"; se assim é, Weems foi um dos escritores mais promíscuos.[26] Ao conjurar magicamente imagens fantásticas e até monstruosas, entretinha enquanto pregava. "Ele é uma mistura deliciosíssima das escrituras, Homero, Virgílio com as áreas rurais e afastadas", escreveu Sydney Fisher mais de um século depois. "Tudo ruge e vocifera, rasga e dilacera."[27] Por exemplo:

> Então, súbito e terrível, veio o ataque! Como homens lutando, a vida nas mãos, todos ao mesmo tempo se levantaram em seus estribos! Enquanto em torrentes de relâmpagos as suas espadas desceram, e cabeças e braços, e capacetes, e carcaças, manchados com o jorro dos fluidos, rolaram assustadores em toda a volta.[28]

Weems criou o padrão e outros foram atrás. O importante era a biografia, e as regras eram claras: escolha um herói militar ou um estadista revolucionário de destaque, aumente-lhe as virtudes enquanto lhe suprime os vícios e, acima de tudo, divirta. E foi assim que, no início do século XIX, as lembranças da Revolução que se apagavam voltaram à vida para o povo americano. As biografias de Patrick Henry, Thomas Sumter (o "galo de briga") e Francis Marion (a "raposa do pântano") deliciaram e inspiraram. Até David Ramsay pulou no bonde e redigiu uma biografia de Washington que vendeu muito mais que a sua história original.[29] Durante a década de 1820, John Sanderson publicou uma série de nove volumes de apologias intitulada *Biography of the Signers of the Declaration of Independence* (*Biografia dos signatários da Declaração de Independência*). Todos esses campeões de vendagem eram fortalecidos com sentimentos edifi-

278

CONCLUSÃO: PAÍS DE CONTO DE FADAS...

cantes. As biografias heróicas que constituíam instrução moral para os jovens também promoviam uma sensação de identidade nacional numa época em que os Estados Unidos, ainda em sua adolescência, precisavam contrabalançar as forças centrífugas do regionalismo e da rápida expansão para o Oeste.

A Guerra de 1812 refletiu e patrocinou o aumento do militarismo na cultura americana. Os veteranos da Guerra Revolucionária, que já tinham sido desdenhados, foram subitamente enaltecidos, e o mito do "sofrimento resignado", centrado em Valley Forge, nasceu. Em 1817, William Wirt promoveu os valores militares com a sua recriação do discurso de Patrick Henry. Como os Estados Unidos tinham sido criados com atos de guerra, as virtudes militares tornaram-se sinônimo de patriotismo.

A ênfase nas lutas militares, ao lado do furor das biografias para o povo, reduziu a história a uma série de historietas isoladas com protagonistas individuais e tramas simples. As batalhas tinham princípio e fim definidos e ninguém conseguiria confundir um herói com um vilão. Os acontecimentos tomavam forma com atos pessoais de coragem e valor, não com a ação coletiva. As cenas separadas — "relatos", no dizer da época — só se ligavam pela moralidade que inspiravam. (Um livro, presunçoso, rotulouse de "história completa a partir de relatos" da Revolução.[30]) Os personagens principais assumiam proporções quase divinas para servir de modelos adequados para os jovens americanos. A Revolução, numa palavra, perdeu todas as suas dimensões, menos uma.

Enquanto os que documentavam a Revolução procuravam heróis com proporções divinas, lançaram os olhos sobre os 56 delegados do Congresso Continental que assinaram a Declaração de Independência. Na verdade, a Declaração de Independência fora aprovada por 13 estados, não por homens isolados de traje formal e peruca, e os delegados da maioria dos estados obedeceram a instruções específicas dos seus eleitores. Contudo, na mente popular os corajosos patriotas reunidos na Filadélfia tinham tomado a seu cargo o destino da nação. Embora incontáveis patriotas que trabalharam nos níveis estadual e local também tivessem dedicado a isso a sua vida

MITOS SOBRE A FUNDAÇÃO DOS ESTADOS UNIDOS

e a sua sagrada honra, essas pessoas, juntamente com os órgãos coletivos através dos quais funcionavam, foram encobertas pelos "signatários".

Numa reação a impulsos semelhantes, tanto os escritores acadêmicos quanto os populares elaboraram versões do passado na intenção de unificar o país. Entre 1833 e 1849, Jared Sparks, que logo se tornaria reitor de Harvard, editou uma série monumental de 25 volumes intitulada *The Library of American Biography* (*A biblioteca da biografia americana*). Publicou também uma coleção de 12 volumes de textos de Washington que começava com uma biografia acadêmica. Finalmente havia obras sérias que atraíam o público; no total, Sparks vendeu mais de meio milhão de volumes. Embora Sparks atenuasse a linguagem e reforçasse a documentação, ainda assim vestiu o panteão revolucionário com as suas melhores roupas para a inspeção do público. Rotineiramente, alterou os documentos para eliminar material ofensivo ou linguagem indigna. Um homem da estatura de Washington, raciocinou ele, não deveria ser lembrado por expressões populares como "não chega a ser uma picada de mosquito".[31]

Se o mercado apôs a sua marca à forma de contar a história, o surgimento da educação pública fez o mesmo. Já em 1790, Noah Webster argumentara de forma convincente que "em nossas repúblicas americanas, onde o governo está nas mãos do povo, o conhecimento deveria ser universalmente difundido por meio de escolas públicas".[32] A lógica era irrefutável, e nas primeiras décadas do século XIX a educação pública passou a tornar-se a norma em vez da exceção. Como a necessidade de cidadãos bem informados exigia o estudo da história ao lado da leitura, da escrita e da aritmética, os primeiros livros didáticos para crianças incluíam descrições elementares da Revolução Americana. Um deles, *The American Revolution Written in the Style of Ancient History* (*A Revolução Americana escrita no estilo da história antiga*) imitava a linguagem bíblica e dava a cada um dos personagens principais um nome bíblico.[33]

Em 1820, a American Academy of Language and Belles Lettres ofereceu um prêmio de quatrocentos dólares mais uma medalha de ouro puro

CONCLUSÃO: PAÍS DE CONTO DE FADAS...

pela melhor história dos Estados Unidos planejada para as escolas.[34] Salma Hale, que produziu a obra vencedora, explicou os objetivos do seu livro:

> Exibir, sob uma luz forte, os princípios da liberdade política e religiosa que os nossos ancestrais professaram e pelos quais lutaram e venceram; registrar os numerosos exemplos de fortaleza, coragem e patriotismo que os tornaram ilustres; e produzir, não tanto por reflexões morais quanto pelo caráter da narrativa, impressões virtuosas e patrióticas na mente do leitor.[35]

O livro de Hale e muitos outros parecidos foram produzidos em formato pequeno, de dez por quinze cm e até menos, de tamanho suficiente para caber no avental de um mecânico ou no bolso do casaco. Reimpressos em quantidades maciças e vendidos por uma ninharia, apresentavam a versão infantil da história a uma população que era minimamente alfabetizada. Dirigidos a dois públicos — alunos jovens e cidadãos adultos de uma jovem nação — cumpriram um duplo dever: construir o caráter e construir a nação.

Em sua abordagem da Revolução Americana, livros como o de Hale se mantêm sobre uma linha finíssima: precisavam louvar o rompimento com a Grã-Bretanha, mas não podiam pregar as virtudes da rebelião a crianças que tinham de obedecer aos mais velhos. Por coincidência, foi essa a mesma linha fina seguida por muitos americanos da época. Nas décadas que se seguiram à Guerra Revolucionária, levantes na França e no Haiti, com os seus famosos massacres, deram mau nome à revolução. O significado anterior de "revolução" na língua inglesa, predominante durante a Guerra pela Independência, conotava uma "virada de acontecimentos", não a derrubada da ordem estabelecida; especificamente, referia-se à Revolução Gloriosa de 1688, na Inglaterra. É por isso que os integrantes da elite colonial se consideravam "revolucionários".[36] No início do século XIX, depois que o significado da palavra mudou, os conservadores enfrentaram a missão de desrevolucionar a Revolução Americana. Paul Allen, que escreveu em 1819, defendeu que os patriotas não deviam ser chamados de "rebeldes". Já que lutavam apenas por "direitos garantidos pela Magna Carta", estavam simplesmente sustentando antigas leis e tradi-

MITOS SOBRE A FUNDAÇÃO DOS ESTADOS UNIDOS

ções.[37] Utilizando material folclórico e cartas de líderes famosos reunidas por Sparks e outros, os escritores populares apresentaram uma versão higienizada da Revolução, um amálgama de simples contos morais retratando demonstrações corajosas de valor e grandes realizações individuais. Foi nesse ponto que a revolução de 1774 em Massachusetts, levante popular que criou um precedente perigoso, começou a desaparecer da saga.

Em meados do século, o escritor e pintor Benson Lossing deu a essa história baseada em relatos e idólatra uma expressão física concreta. Partiu numa peregrinação de 13 mil quilômetros pelos "antigos 13 estados e Canadá", e visitou "todos os lugares importantes tornados memoráveis pelos acontecimentos da guerra" numa busca para descobrir "a história, as biografias, paisagens, relíquias e tradições da Guerra pela Independência". A sua meta era resgatar do esquecimento os "vestígios tangíveis da Revolução" antes que fossem varridos pelos "dedos invisíveis do apodrecimento, o arado ou a agricultura e os imperativos das riquezas".[38] Durante a pesquisa para o seu livro de viagens históricas, Lossing ouviu as narrativas de incontáveis veteranos, gente que fora criada ouvindo casos da Revolução contados por quem participara pessoalmente. Utilizou uma tradição oral muito interligada à idéia de lugar. Para onde quer que fosse, os habitantes o arrastavam por campos de batalha que tinham voltado a transformar-se em prados, recordando os fantasmas que ainda passavam por ali.

Em 1851 e 1852, Lossing publicou sua compilação folclórica, *A Pictorial Field-Book of the Revolution* (*Diário pictórico da Revolução*). Em dois volumes grossos e impressionantes, Lossing transforma os leitores em turistas históricos. Não usou nenhum princípio organizador além da pura geografia; a narrativa simplesmente seguiu a sua viagem de um lugar para o outro. Isso combinou com a abordagem "de antiquário" da história, predominante na época: o passado sobrevivia no presente através de relíquias físicas e de relatos de vidas individuais.

Era essa a situação dos textos históricos quando George Bancroft, um prodígio que se formara em Harvard aos 16 anos, começou a redigir a sua séria e abrangente história das colônias britânicas na América do Norte e da sua Guerra pela Independência. Bancroft combinava talentos de acadêmico, escritor e conselheiro político. Aproveitou todas as tradições escritas e orais e dirigiu a sua história tanto a especialistas quanto ao público leigo. Dotado de

282

CONCLUSÃO: PAÍS DE CONTO DE FADAS...

maravilhosa atenção aos detalhes, conseguia tecer uma trama ou louvar um herói tão bem quanto qualquer outro escritor do seu tempo, mas também era a favor da documentação das fontes primárias. Como Jared Sparks com as suas coleções biográficas e Peter Force com a sua compilação monumental de notícias de jornal e registros oficiais,[39] Bancroft reuniu uma quantidade enorme de material das épocas colonial e revolucionária; ao contrário de Sparks e Force, sintetizou o que leu numa história coerente com um ponto de vista definido. Em 1,7 milhão de palavras, Bancroft apegou-se a um único ponto de vista: que desde o princípio do povoamento colonial, os colonos tinham rumado para a independência. A América era a terra prometida e essa era a sua época. As monarquias e aristocracias européias estavam velhas e corruptas; a América, jovem e cheia de vida, representava a melhor esperança da humanidade. Tudo o que os americanos fizessem para patrocinar a liberdade e os valores democráticos era elogiável, e todos os que se opunham aos Estados Unidos deviam ser considerados maledicentes.[40]

Para o povo americano, Bancroft definiu a experiência americana. Sua obra, publicada em série entre 1834 e 1875, contou a história da criação do nosso país de um ponto de vista apaixonadamente patriótico. Mais tarde, professores universitários cultos o criticariam por seu excesso, mas o nacionalismo vibrante que adotou ainda está presente em nossa cultura popular hoje em dia. Bancroft teceu imagens de uma América perfeita, formando um rico mosaico com uma forte linha narrativa.

Mas houve discordâncias. Richard Hildreth, contemporâneo de Bancroft, adotou um caminho diferente:

> Sermões do centenário e discursos de Quatro de Julho, quer confessos quer sob o disfarce de história, já tivemos demais. Devemos aos nossos pais e a nós mesmos, devemos à verdade e à filosofia, a apresentação, pelo menos uma vez, no palco histórico, dos criadores da nossa nação americana livres do ruge patriótico, não envolvidos nas capas bem tecidas de desculpas e pretextos. (...) O resultado dos seus esforços já é louvação suficiente; a sua melhor apologia é contar-lhes a história exatamente como aconteceu.[41]

Hildreth não foi um sucesso comercial. Exata mas seca, a sua prosa não conseguiu empolgar. Parece que o público preferia a história envolta em

283

MITOS SOBRE A FUNDAÇÃO DOS ESTADOS UNIDOS

"capas bem tecidas". Nos círculos acadêmicos, por outro lado, Hildreth recebeu uma reação calorosa. Os historiadores da "escola científica" do final do século XIX preferiam o tom moderado de Hildreth às hipérboles de Bancroft. A American Historical Association, fundada em 1884, não via necessidade de "discursos de Quatro de Julho (...) sob o disfarce de história". A categoria dos historiadores tentou se afastar da mascataria do patriotismo. Segundo John Fiske, rotulado de "Bancroft da sua geração", o trabalho do historiador, assim como o do cientista, seria apenas "enfatizar as relações de causa e efeito que costumam estar enterradas na massa de detalhes".[42]

No entanto, a maioria dos cidadãos comuns não dava a mínima para causa e efeito. Buscavam a história por razões diferentes e mais pessoais: para unir-se ao passado, muitas vezes através de legados tangíveis, e para embasar o presente com o senso de tradição. Em 1876, estimuladas pelas comemorações do centenário, as comunidades dos estados do Leste voltaram à abordagem física e local de Benson Lossing. Ao consagrar lugares específicos, reivindicavam como sua a Revolução. Durante e depois do centenário, quase todas as cidades com alguma participação na Revolução criaram a sua própria sociedade histórica dedicada a preservar as relíquias e tradições do passado. "George Washington dormiu aqui" tinha um apelo mais imediato que os debates acadêmicos sobre causas abstratas. A alternativa leiga à "história científica" foi expressa com clareza no primeiro "objetivo" da organização Daughters of the American Revolution, declarado em seu estatuto de 1890:

> Perpetuar a memória e o espírito dos homens e mulheres que conquistaram a Independência americana; pela aquisição e proteção dos lugares históricos e pela construção de monumentos; (...) pela preservação de documentos e relíquias e de registros do serviço individual de soldados e patriotas revolucionários; e pela promoção de comemorações de todos os aniversários patrióticos.[43]

A história popular e a história acadêmica estavam se separando. Os especialistas desdenhavam a história popular como "nostalgia"; os leigos viam as obras acadêmicas como irrelevantes na melhor das hipóteses; na pior delas, irreverentes. O principal debate acadêmico nessa época — se a Revolução fora causada por atos errados de indivíduos específicos ou por uma falha fundamental do conceito de império — encontrou ouvidos moucos fora da academia. Recentemente divididos pela Guerra Civil e pela Reconstrução, os americanos agora precisavam lembrar-se de que o Sul e o Norte tinham lutado lado a lado na criação do nosso país. Era hora de receber inspiração da "época heróica" dos fundadores, "que iguala, em interesse e grandeza, todos os períodos similares dos anais de Grécia e Roma". A Revolução, segundo o editorial de uma revista, caracterizara-se por "uma estranha elevação de sentimentos e dignidade da ação" que forneceu "um tesouro de reminiscências gloriosas com as quais revigorar (...) a virtude nacional". O editor continuava:

> Que utilidade política pode haver em descobrir, ainda que seja verdade, que Washington não era assim tão sábio nem Warren tão corajoso, nem Putnam tão aventuroso nem Bunker Hill tão disputado heroicamente, como se tem acreditado? Chega de tanto ceticismo, dizemos; e da crítica bisbilhoteira com a qual às vezes se tenta sustentá-lo. Essas crenças, de qualquer modo, tornaram-se reais para nós quando penetraram na própria alma da nossa história e formaram o estilo do nosso pensamento nacional. Tirá-las agora seria uma desorganização danosa da mente nacional.[44]

A REVOLUÇÃO TRANSFORMADA

No final do século XIX, as histórias românticas da criação do país tinham sido ajustadas e firmemente implantadas na linha mestra da cultura americana. A mitologia revolucionária, que inclui os mitos apresentados neste livro mas não se limita a eles, ajudou a criar e a sustentar atitudes chauvinistas. Essas histórias retratavam a guerra como experiência nobre e enalteciam os soldados revolucionários como especialmente valorosos. O discurso "Liberdade ou morte", de Patrick Henry, inventado muito depois da sua morte, fez os jovens americanos se sentirem bem por lutarem

MITOS SOBRE A FUNDAÇÃO DOS ESTADOS UNIDOS

pelo seu país. Os patriotas tinham olhado o branco dos olhos dos seus inimigos estrangeiros. Tinham sofrido com toda a paciência em Valley Forge, mantendo-se fiéis à sua causa e ao seu líder. As fábulas da Guerra Revolucionária, reconstituídas para refletir valores militares, ensinaram aos americanos a lógica e a linguagem do nacionalismo expansionista: a gente trava uma guerra, ganha, e a partir daí fica mais poderoso.

Ao mesmo tempo que essas histórias proclamavam o militarismo e glorificavam a guerra, deixavam de reconhecer a natureza revolucionária da Revolução Americana. Na verdade, as revoluções são obra de grupos, não de indivíduos, e a nossa não foi exceção. O modo de ação dominante dos patriotas originais era a colaboração, e o principal fim era deixar o governo nas mãos de uma coletividade, o "corpo do povo". Mas as fábulas que surgiram, com exceção notável da Festa do Chá de Boston, ignoraram isso. Pelo contrário, romantizavam façanhas de realização individual. A história da Revolução de Massachusetts de 1774, na qual fazendeiros comuns derrubaram o domínio britânico, foi substituída pela fábula de Paul Revere, o cavaleiro solitário que despertou os fazendeiros do seu sono. Em vez de revelar a intrincada rede de organizações de resistência patriótica em Boston, as fábulas apresentam um mentor carismático, Sam Adams. Em vez de mostrar o surto de declarações de independência estaduais e locais que demonstrou uma onda revolucionária, concentraram toda a atenção em Thomas Jefferson, o gênio criativo que supostamente conjurou "do fundo de si mesmo" as idéias das escrituras sagradas da nação.

Devemos a nossa própria existência, dizem as fábulas, à sabedoria e à coragem de alguns homens especiais. Esse grupo de elite formou quase uma junta de governo. Os americanos nunca usaram esse termo, mas é assim que os fundadores eram (e ainda são) retratados: um pequeno quadro de líderes que trabalhavam intimamente, como grupo distinto e separado, para determinar o destino da nação. Na verdade, esses homens não agiram no vácuo. Longe das câmaras oficiais, hostes de ativistas locais, trabalhando em comissões, cuidavam sem parar dos assuntos da nova nação. Enquanto isso, os homens e rapazes pobres do Exército Continental, juntamente com incontáveis milicianos locais, repeliam os ataques britânicos. Os chamados fundadores *refletiram* o fervor do povo — não o

CONCLUSÃO: PAÍS DE CONTO DE FADAS...

criaram. Quando ignoraram ou subestimaram a participação generalizada da gente comum nas ações revolucionárias, as histórias que se afirmavam patrióticas subverteram a própria essência da soberania popular —
razão explícita da existência do país. Pior ainda, quando encorajaram a
veneração de um punhado de personalidades reverenciadas, essas fábulas
promoveram um modelo cívico passivo. Ensinaram os americanos a seguir o líder, não a participar ativamente do próprio governo, como fizeram durante a Revolução.

Por mais erradas ou enganosas que sejam, essas fábulas sobrevivem até
hoje. Continuam a embasar a narrativa da Revolução Americana, apesar
dos avanços da pesquisa histórica que mostram que foram inventados e
apesar da promoção gritante que fazem do nacionalismo do século XIX.
Apesar das nossas saudades nostálgicas, os Estados Unidos do século XXI
se assemelham mais ao mundo dos nacionalistas do século XIX que ao
dos patriotas revolucionários.

Os americanos revolucionários tinham medo da concentração do poder. Os patriotas viam a presença de um exército regular que presidisse a
população civil em tempo de paz como o marco da opressão. Irritavam-se
com os favores que o nível mais alto do governo concedia aos grandes
empreendimentos: a sanção oficial ao monopólio do chá pela Companhia
das Índias Orientais deu o empurrão para a Festa do Chá de Boston e esta,
por sua vez, foi a fagulha que inflamou a Revolução. Nas declarações de
independência estaduais e locais que precederam o documento assinado
pelo Congresso, os patriotas insistiam que nenhum governo nacional poderia ter controle sobre os assuntos "internos" dos estados. Todas as con-
centrações de poder militar, econômico e político eram vistas como
anátema para a meta básica da Revolução: que o povo controlasse o seu
próprio destino. Os exércitos regulares, as empresas monopolistas e os
governos centrais intrometidos constituíam, todos, obstáculos para a prática da soberania popular.

No entanto, no século XIX essas idéias foram viradas de ponta-cabeça.
Os Estados Unidos desenvolveram o seu próprio exército regular. O poder,
seja econômico, seja político, ficou cada vez mais concentrado. Os muitos
americanos que resistiram a essa evolução foram chamados, ironicamente,

287

MITOS SOBRE A FUNDAÇÃO DOS ESTADOS UNIDOS

de "antiamericanos" e, no final do século, os imigrantes, os ativistas sindicais e os defensores da igualdade racial foram retratados como ameaças ao modo de vida americano. Enquanto isso, um roteiro revisado, com base na adoração dos heróis e no nacionalismo chauvinista, removeu todo questionamento à concentração de poder militar, empresarial e político. Os defensores do *status quo* suprimiram efetivamente toda lembrança das ações radicais que na verdade caracterizaram a Revolução Americana.[45]

Hoje, a maioria dos norte-americanos aceita implicitamente o que já foi considerado questionável: a presença de um exército regular, o domínio econômico das grandes empresas e a autoridade de um governo central forte. A narrativa oficial da criação do nosso país, transformada e reconfigurada, não constitui ameaça para essas instituições. As histórias que contamos não inspiram opiniões radicais; nada mais fazem além de instilar a reverência pelos líderes e a lealdade aos Estados Unidos. Essas fábulas inventadas, diluídas e lavadas, contrapõem-se a qualquer recorrência de um acontecimento como a Revolução Americana. Achamos confortável o nosso país de conto de fadas.

COMO AS HISTÓRIAS FRAUDAM A VERDADE: A LINGUAGEM QUE ENGANA

Além da política ou do patriotismo, as várias fábulas apresentadas neste livro resistem porque funcionam como histórias. Baseadas em elementos importantes da narrativa ocidental tradicional, prendem, excitam e agradam. Retratam o nascimento dos Estados Unidos como coisa fantasiosa, não como grave ameaça à autoridade estabelecida. É importante entender isso, pois uma história, quando é boa o bastante, em geral vai pisotear a verdade.

Muitas das nossas histórias da criação nacional apresentam heróis e heroínas que personificam os valores que consideramos importantes e exemplificam os atributos que gostaríamos de possuir. Essas fábulas, quando mascaradas de história, estão fadadas a enganar. Os heróis e heroínas, selecionados por suas características incomuns, são convocados para representar pessoas comuns, sem nada de especial. Supõe-se que a história se revele através das histórias de pessoas que na verdade não eram típicas da época. Partimos do princípio de que estamos aprendendo a respeito de muitos por meio da experiência de alguns selecionados, mas a linguagem que usamos denega a nossa intenção. Descrevemos os nossos heróis como "gigantes" ou "maiores que a vida". As suas façanhas são "espantosas" ou "inacreditáveis". "Nunca antes nem depois", gostamos de dizer, "houve homem ou mulher assim" — mas, estranhamente, apresentamos essa gente como "representativa" de movimentos históricos. George Washington, Benjamin Franklin, Thomas Jefferson — falamos desses indivíduos ilustres como sendo *os* revolucionários e os utilizamos para representar todos os outros revolucionários, embora tenhamos acabado de declarar que eles não são como os outros.

A construção das nossas frases, assim como a estrutura das nossas histórias, leva a interpretações erradas e individualistas da história. As frases escritas na voz ativa exigem sujeitos, assim como as histórias exigem protagonistas. O problema é que nem sempre sabemos a identidade exata dos sujeitos das nossas frases. Por algum tempo, sujeitos compostos bastarão, mas acabam envelhecendo. Assim, quando nos cansamos de dizer "os republicanos se opuseram" ou "os rebeldes exigiram", recorremos a uma alternativa um pouco mais personalizada: "os porta-vozes republicanos se opuseram" ou "os líderes rebeldes exigiram". Esses sujeitos ainda são genéricos, mas pelo menos se referem a *pessoas* individuais, em vez de a grupos abstratos. Gostamos disso e recorremos a isso inconscientemente. É o modo-padrão de escrever a história. "Rebeldes" e "líderes rebeldes" são usados como se fossem intercambiáveis, como se não houvesse diferença entre eles.

Mas o uso despreocupado da palavra "líderes" tem um efeito colateral perigoso: se alguns eram líderes, todos os outros se tornam seguidores. Alguns indivíduos importantes fazem as coisas acontecerem, o resto só acompanha; alguns escrevem o roteiro, o resto só decora as falas. Quando adotam e ampliam esse padrão gramatical, os escritores de história procuram "líderes" que sirvam de sujeito das suas frases e de protagonistas das suas narrativas.[46]

Com uma distorção conveniente em termos lingüísticos, os contadores de histórias viram a história de ponta-cabeça. Como toda frase precisa de

MITOS SOBRE A FUNDAÇÃO DOS ESTADOS UNIDOS

um sujeito e toda fábula, de um protagonista, os grupos são representados e englobados por seus supostos líderes. Na verdade, os ditos líderes emergem do povo — ganham influência por exprimirem opiniões que os outros também defendem. No entanto, quando se conta a história é fácil esquecer a gênese da liderança. As narrativas históricas, distorcidas por esquisitices da linguagem e pela estrutura das fábulas, deixam de retratar a grande massa da humanidade como atores ativos, que agem em seu próprio nome.

Nas narrativas populares, só os líderes são agentes da história. Dão a força motivadora; sem eles, nada teria acontecido. Dizem-nos que os famosos fundadores da nação *fizeram* a Revolução Americana. Sonharam as idéias, falaram e escreveram sem parar e, finalmente, convenceram os outros a seguir o seu comando. Mas homenagear essas pessoas como artífices da independência do nosso país é como homenagear Lyndon Johnson como artífice dos direitos civis. Em ambos os casos, homens poderosos finalizaram o acordo, mas outros colocaram o acordo na mesa e insistiram nele.

Na história do pinga-pinga, assim como na economia do pinga-pinga — aquela teoria de que enchendo bem o reservatório em cima a água acaba escorrendo para os níveis inferiores —, pressupõe-se que os interesses dos que estão por baixo sejam atendidos por processos misteriosos que não costumam ser descritos. Quando chegam a ser explicados, esses processos não convencem. Um dos modelos mostra alguns homens de Boston agitando a multidão urbana e depois indo para o campo fomentar a inquietação lá também: dizem que 37 homens, com Sam Adams à frente, deram início à Revolução Americana.[47] Segundo essa leitura da história, centenas de milhares de revolucionários arriscaram a vida pela independência simplesmente porque outras pessoas lhes disseram para assim agir.

Outro modelo divide a humanidade em seis grupos: grandes pensadores, grandes discípulos, grandes disseminadores, disseminadores menores, cidadãos participantes e politicamente inertes. As idéias vão se filtrando de um grupo a outro até finalmente chegarem ao fundo. Na Revolução Americana, os grandes pensadores foram os filósofos do Iluminismo europeu; os grandes discípulos foram homens como Thomas Jefferson, Benjamin Franklin e Tom Paine; os grandes disseminadores, os organizadores políticos regionais, como Samuel Adams e Patrick Henry; os disseminadores menores, líderes dos gru-

290

CONCLUSÃO: PAÍS DE CONTO DE FADAS...

pos de ação política, como os Comitês de Correspondência locais; os cidadãos participantes eram os integrantes desses grupos; os politicamente inertes eram o povo todo que, no início, não era patriota nem legalista. As idéias, como as ordens militares, escorreram supostamente pela cadeia de comando até que gente suficiente se dispôs a se envolver na revolução.[48] Nesse modelo, não se imagina nenhum movimento subindo a escada. Os cidadãos comuns são vistos como meros receptores passivos. O próprio modelo contradiz a meta declarada dos revolucionários: o governo deve vir de baixo para cima, dos cidadãos para os representantes escolhidos por eles.

Em ambos os modelos de disseminação, um punhado de indivíduos especiais inventam idéias celestiais, como profetas ou videntes — não há influências sociais, políticas nem econômicas que emanem do povo das ordens inferiores. Com um gesto hábil, os escritores que acreditam que a história sempre vem de cima para baixo conseguem descartar a maioria avassaladora da humanidade como historicamente irrelevante.

Embora as teorias da disseminação, quando postas a nu, pareçam bastante absurdas, também servem de padrão para a escrita da história. Os autores de livros didáticos e de divulgação histórica não pensam duas vezes antes de nos contar como um dos revolucionários famosos — Samuel Adams, Tom Paine ou Thomas Jefferson — "convenceu" os outros a fazer o que ele queria. Esses homens, é o que nos dizem, estavam com a cabeça e ombros acima do resto. Esses escritores fazem as suas histórias fluírem apresentando um punhado de agentes ativos, mas não têm uma visão muito democrática da criação do nosso país e não descrevem com exatidão o modo como de fato funcionam os movimentos históricos.

PELOS OLHOS DE UMA CRIANÇA

Esse modelo simplista de que uns poucos indivíduos fazem a história acontecer funciona bem com crianças. Por acaso, este é o principal público das histórias da criação do nosso país. O que a maioria dos americanos sabe sobre a Revolução foi aprendido no quinto ano, pois em nenhuma outra série os alunos fazem um estudo sério do assunto na maioria das escolas

MITOS SOBRE A FUNDAÇÃO DOS ESTADOS UNIDOS

públicas. Como a maior parte dos currículos dos anos posteriores e do ensino médio se concentra em acontecimentos mais recentes, não se exige mais do que uma revisão apressada e superficial da história revolucionária.

Essa esquisitice do currículo é boa por um lado, ruim por outro. De um lado, como os alunos do quinto ano estão no ponto máximo da sua curva de aprendizado, a Revolução ocupa um horário nobre. As crianças de dez anos estão com a capacidade básica de aprender intacta. Lêem e conversam com inteligência, são de uma curiosidade deliciosa e ainda não se distraíram com as aflições da puberdade. Leve-se uma criança de dez anos a Valley Forge ou ao Minuteman National Historical Park e ela, com toda a probabilidade, entrará no clima na mesma hora; leve-se um adolescente de 16 anos e é bem provável que demonstre, ou pelo menos finja, um profundo tédio. Nos círculos educacionais, todos sabem que o quinto ano é o melhor de todos.

Por outro lado, os alunos do quinto ano não são muito sofisticados. Embora astutos, ainda não acumularam muito conhecimento do mundo e ainda são fracos no raciocínio abstrato. Poucos serão capazes de comparar a Revolução Americana, a Revolução Francesa e a Revolução Russa. Para o bem ou para o mal, têm pouca experiência de entender as lutas complexas pelo poder que dominam as questões políticas passadas e presentes.

Assim, como apresentar a Revolução Americana a essas crianças de dez anos? Listamos os elementos básicos dos contos de maior sucesso: heróis e heroínas, com ênfase nos sábios; batalhas que lançam o bem contra o mal e Davi contra Golias; e, claro, finais felizes.

A história voltada para as crianças, por mais multicultural e politicamente correta que seja, ainda é dominada pelo estudo de homens e mulheres específicos retratados como "especiais". Embora os livros didáticos do quinto ano incluam uma linha narrativa, conseguem deixar os seus jovens leitores com a idéia de que a história é um tipo de amálgama das vidas de personalidades memoráveis. Isso é proposital, não casual. Já que histórias sem protagonistas resultariam em textos chatos e sem graça e já que os livros didáticos já são mesmo bastante chatos, os autores inserem o máximo de minibiografias que o espaço permite.

Os estados norte-americanos que estabeleceram "padrões de conteúdo" exigem invariavelmente que os seus alunos estudem os "indivíduos-chave"

CONCLUSÃO: PAÍS DE CONTO DE FADAS...

da Revolução. Os padrões de história do estado de Nevada só mencionam pelo nome George Washington e Benjamin Franklin; os padrões curriculares básicos de qualidade do estado da Geórgia lançam uma rede maior que inclui oito patriotas famosos, três líderes britânicos, um francês, um afro-america-no, um traidor, uma mulher de verdade e uma mulher imaginária. Na Pensilvânia, espera-se que as crianças estudem dois líderes políticos, John Adams e Thomas Jefferson; dois líderes militares, George Washington e Henry Knox; e dois "líderes culturais e comerciais", Paul Revere e Phyllis Wheatley. Embora Revere não tenha ficado famoso devido às suas realizações culturais ou comerciais e Phyllis Wheatley dificilmente possa ser classificada como um dos principais "líderes" da época revolucionária, os educadores profissionais concluíram que a história da Revolução Americana não poderia ser contada sem o estudo da vida desses indivíduos específicos.[49]

George Washington e Benjamin Franklin, John Adams e Thomas Jefferson, Samuel Adams e Patrick Henry — essas pessoas, os nossos pais fundadores, são apresentadas como homens muito sábios. Para as crianças, a palavra "pais" tem um toque especial: o pai sabe das coisas e tudo dá certo. As crianças, assim como precisam ter heróis, também querem saber que algumas pessoas conhecem as respostas. A criação do seu país, imaginada e dirigida por ho-mens grandes e veneráveis, ficou em mãos dignas de confiança.

O ensino da história posto a serviço da socialização também exige um componente ético. Os pais fundadores foram não somente sábios mas tam-bém bons, enquanto o rei Jorge III, nosso inimigo, personificava o mal. Exa-minemos este plano de aulas publicado pelo Departamento de Educação da Geórgia para acompanhar os seus padrões curriculares básicos de qualidade:

> Os alunos aprenderão as causas da Guerra Revolucionária e como o rei isolou os colonos com as suas leis e os seus impostos. Examinarão a De-claração de Independência e participarão de um tribunal fictício, acusan-do formalmente o rei da Inglaterra de "crimes". Finalmente, os alunos criarão cartazes de "procura-se" para rei da Inglaterra.

Essa aula tem o poder real e direto de interessar crianças de dez anos, seu público-alvo. Os alunos vivem o aprendizado na prática. Participam da história simulada. Aprendem a ver a história como uma batalha entre o bem e o mal e a colocar-se do lado certo.

As batalhas, manifestações mais concretas do conflito histórico, são fáceis de entender para as crianças. Têm lados bem claros ("times", como dizem algumas crianças) e ganhadores e perdedores definidos. As tensões políticas talvez pareçam abstratas, mas, se levaram à guerra, as crianças podem vir a entendê-las. Nenhum livro didático está completo sem mapas com setas que vão para cá e para lá, cada uma acompanhada do nome de um general americano ou britânico.

As batalhas da Guerra Revolucionária exercem uma atração especial sobre as crianças: os pequenos vencem os valentões. Espertos e dedicados à sua causa, os americanos esfarrapados foram mais inteligentes e venceram os rivais britânicos superconfiantes, todos bem-vestidos com lindas fardas vermelhas. Invariavelmente, os livros dedicados às crianças retratam a Revolução Americana como a história de Davi e Golias: "Descubra como alguns bravos patriotas combateram um grande império", anuncia o texto da capa de *Eyewitness: The American Revolution* (*Testemunha ocular: a Revolução Americana*), publicado em 2002. Todos os livros didáticos repetem esse tema.

Felizmente, os americanos ganharam a guerra e viveram felizes para sempre. A conclusão é importante para as crianças, e a Revolução teve o final mais feliz possível: o nascimento de um país independente, o *nosso* país.

A descrição tradicional da Revolução Americana, feita pela primeira vez a um público jovem, é reforçada periodicamente pela nossa cultura popular. As histórias contadas aos adultos continuam exibindo as mesmas formas e padrões. Não importa onde nem quando ouvimos falar do início do nosso país, ainda nos concentramos nos sábios, ainda nos vemos como Davi e ainda pressupomos que tudo acabou bem. Os pressupostos sobre o nascimento do nosso país referem-se todos a essas histórias, e as próprias histórias dependem de componentes estruturais que garantem sua capacidade de atração. Criamos histórias perfeitas para uma América perfeita — mas as histórias não são movidas pelos fatos.

Embora por si só contar a história errada já seja bastante ruim, isso gera novas conseqüências. A nossa visão da história configura o nosso modo de ver os processos políticos, tanto no presente quanto no passado. É através do estudo da história que os jovens aprendem os rudimentos da política e do poder. Na Califórnia, os alunos estudam a história do estado no quarto ano, a história do começo dos Estados Unidos no quinto ano, a história do mundo antigo no sexto ano, a história do mundo não tão antigo assim no sétimo ano e a história dos Estados Unidos, no século XIX, no oitavo ano. Depois de uma pausa no nono ano para aprender a dirigir, voltam à história do mundo moderno no décimo ano e à história moderna dos Estados Unidos no 11º ano. A maioria dos estados segue um padrão parecido. Quando os alunos finalmente chegam a estudar "política e governo" no nível médio, já leram e ouviram histórias durante sete anos sobre indivíduos e grupos sociais que lutaram pelo poder. Já aprenderam e internalizaram uma "gramática" que usarão para decifrar os acontecimentos políticos.

Assim, o que o seu estudo de história lhes ensinou sobre a política e o poder? Na medida em que o seu currículo se baseou em histórias com estrutura narrativa tradicional, os alunos terão desenvolvido uma gramática política individualista e linear. Terão aprendido que os atores históricos agem como feixes autônomos de livre-arbítrio, desprovidos de contexto. Os padrões de história e ciências sociais das escolas públicas da Califórnia exigem que os professores "descrevam as opiniões, a vida e o impacto de indivíduos importantes", enquanto o estado do Arizona quer que os professores "descrevam a influência de personalidades importantes". Exige-se que os alunos aprendam que os indivíduos causam impacto sobre os acontecimentos, mas não lhes contam que os acontecimentos provocam impacto sobre os indivíduos. As linhas de influência vão todas num só sentido. As pessoas conjuram idéias magicamente com uma ajudinha dos amigos e depois usam essas idéias para fazer a história acontecer.

Quando a dinâmica política é personalizada e simplificada dessa maneira, os futuros cidadãos não aprendem a entender o verdadeiro funcionamento do poder. Não são encorajados a examinar algumas questões importantíssimas: como alguns indivíduos conseguem determinar o destino dos outros? Como as pessoas se juntam para resistir a um domínio e para defender os próprios interesses? A história está cheia de lições

MITOS SOBRE A FUNDAÇÃO DOS ESTADOS UNIDOS

adequadas que lançariam luz sobre essas questões, mas não é possível aprender as lições se as forças que impulsionam a política são mantidas em segredo, ocultas por histórias planejadas para divulgar e promover as realizações individuais.

Na abordagem de cima para baixo da história, a experiência de alguns é forçada a substituir a de muitos. Mas não pode nem consegue fazê-lo. A escolha dos protagonistas será sempre tendenciosa, mas o que é ainda mais importante é que as realizações dessas pessoas jamais refletirão de modo adequado a dinâmica dos processos dos grupos. A história acontece porque várias pessoas se comunicam e interagem entre si. Trabalhando juntas, debatendo as suas várias idéias e energias, desenvolvem pautas e programas que impõem à arena política. Concentrar-se em indivíduos que saem desse processo como "líderes" não pode fazer justiça ao espírito da vida política que, por definição, é pública e comum a muitos.

O modo como aprendemos o nascimento do nosso país é um desses casos. As histórias nos contam que algumas pessoas especiais forjaram a liberdade americana e, pelo seu esforço, devíamos ser eternamente gratos. Isso mostra de forma errada e até contradiz o espírito da Revolução Americana. O nosso país deve sua existência às atividades políticas de grupos de patriotas dedicados que agiram em conjunto. Em todas as colônias rebeldes, os cidadãos organizaram-se numa série de comissões locais, congressos e unidades da milícia que desalojaram a autoridade britânica e lhe tomaram as rédeas do governo. Esse esforço revolucionário poderia servir de modelo para a participação política coletiva dos cidadãos comuns. As histórias que se concentram nesses modelos confirmariam o significado original do patriotismo americano: o governo deve basear-se na vontade do povo. Também mostrariam alguns perigos inerentes à democracia majoritária, principalmente a supressão das dissidências e o uso do nacionalismo chauvinista para obter apoio e garantir o poder. Refletiriam o que de fato aconteceu e revelariam, em vez de esconder, a dinâmica da luta política.

Em vez disso, a natureza democrática da criação do nosso país é escondida por histórias preparadas num molde diferente. O heroísmo individual pisoteia a ação coletiva; uns poucos tomam o lugar de muitos. Tanto a história real quanto o significado da democracia americana se perdem na tradução.

UMA HISTÓRIA SEM FIM

A história nunca consegue recriar adequadamente o passado. Naquela época, as pessoas não sabiam como as coisas terminariam; nós sabemos. Por mais que tentemos, por já sabermos o resultado, sempre leremos a história de trás para a frente. Isso, por si só, cria uma barreira intransponível entre passado e presente. Há outras barreiras também, diferenças na cultura e nas condições de vida. Somado a tudo isso, a mera multiplicidade dos eventos, sempre caótica, frustra as nossas tentativas de fazer uma bela embalagem.

Não admira, à luz da nossa inevitável perplexidade, que gostemos de reduzir a história a uma série de histórias simples e compreensíveis com inícios e finais bem definidos. Podemos não ser capazes de compreender as sutilezas e a complexidade das épocas anteriores, mas ainda podemos pôr os mortos a serviço dos vivos. Enquanto buscamos ideais para a nossa vida hoje, podemos transformar e transformamos os personagens históricos em símbolos.

Isso é não só compreensível como faz parte do que é humano. O povo de todas as culturas conta histórias sobre acontecimentos do passado, e essas histórias mostram heróis e heroínas que personificam virtudes e representam ideais considerados merecedores de louvor. O problema não está no fato de inventar histórias, mas em deixar de reconhecer o seu propósito e as suas limitações. Elas são projetadas para nós, os vivos. Contamos histórias por nossas próprias razões, não necessariamente porque correspondam a fatos históricos nem porque sirvam de descrições realistas do que na verdade aconteceu.

Contar fábulas históricas de modo acrítico, acreditando que são representações literais de eventos verdadeiros, é como tratar as pinturas nas paredes de um museu como reproduções fotográficas. A menos que ad-

MITOS SOBRE A FUNDAÇÃO DOS ESTADOS UNIDOS

mitamos a mão e a mente do artista, estaremos trocando fatos por ficção. Isso pode ser perigosamente proveitoso para nós mesmos. Quando escolhemos histórias feitas especificamente sob medida para que nos sintamos bem, transformamos pessoas que já viveram e respiraram, com as suas vidas ricas e complexas, em fantoches. Pagamos um preço elevado pela ilusão de que podemos encurralar o passado.

Às vezes, essa ilusão é aproveitada com fins políticos. A adoração de heróis que se fez passar por história no início do século XIX serviu aos interesses de um nacionalismo em formação. Contar a história tinha por si só importância histórica: as histórias compartilhadas da Revolução ajudaram as pessoas a se sentirem como "americanos".

Isso ainda acontece hoje em dia. Agora mais do que nunca, a reconfiguração do registro público é conscientemente concebida e politicamente motivada. Os marqueteiros profissionais usam técnicas sofisticadas para dar a cada acontecimento o "tom" desejado. Contar histórias virou uma ciência e não apenas uma arte, usada de forma audaciosa para manipular a opinião pública. O alcance abrangente dos meios de comunicação de massa torna essas estratégias de *marketing* especialmente insidiosas. Histórias inventadas, interpretações dos acontecimentos públicos em proveito próprio, não são apenas coisa pitoresca ou acidental; são um anátema para o funcionamento da democracia, que depende do livre fluxo de informações corretas e muitas vezes complexas.

Embora devamos nos manter sempre apreensivos, algumas histórias são mais suspeitas do que outras. Como regra básica, quanto melhor a história, mais devemos ficar em guarda. Algumas fábulas funcionam tão bem que pedem para ser contadas, sejam quais forem as provas. Histórias assim tão boas são contadas com tanta freqüência que parecem imunes a críticas. Principalmente com essas precisamos ter o máximo cuidado.

Se e quando decidirmos contar histórias mais honestas, devemos fazê-lo de um modo que convide à discussão e à crítica. O debate contencioso é mais adequado ao funcionamento de uma sociedade democrática do que à recitação decorada. Na época revolucionária, pessoas comuns deliberaram sobre questões fundamentais da época em todas as tabernas e igrejas da região. Hoje, a maneira como contamos a história deveria refletir essa herança rica e desregrada.

Quem controla a narrativa, controla a história. Essa é uma mensagem poderosa. Os que a ignoram permanecerão cegos para a manipulação dos outros, mas os que a aceitarem, como o povo na Revolução Americana, serão capazes de questionar o abuso de autoridade e assumir o controle do seu destino.

Uma nota aos professores

Embora este livro possa ser avançado demais para muitos alunos mais novos, as idéias ainda podem tornar-se acessíveis a qualquer série escolar. Para ajudar a introduzir uma abordagem mais embasada da criação do nosso país, alguns professores em regência de classe que participaram de um dos programas Teaching American History (Ensinando a História americana) se apresentaram como voluntários para montar amostras de planos de aula com base em cada capítulo de *Mitos sobre a fundação dos Estados Unidos*. Os planos estão voltados para a quinta, a oitava e a 11ª séries, em conformidade com os padrões do estado da Califórnia e com os padrões nacionais de história. Esses planos de aula foram revistos por Gayle Olson-Raymer, professor dos Departamentos de História e de Educação da Humboldt State University e pelo autor. O programa Teaching American History é administrado pela Humboldt State University e pelo Northern Humboldt Union High School District, mas as opiniões expressas nos planos de aula ou no livro não são endossadas oficialmente por nenhuma entidade ou programa.

Os planos de aula estão na página na internet do Northern Humboldt Union High School District. Os professores podem buscar no Google "northern humboldt union high school district" ou digitar http://www.nohum.kl2.ca.us/nhuhsd/nhuhsd.htm. Nessa página, encontrarão um *link* para o *site* "Teaching American History" e ali estará o *link* para os planos de aula de *Mitos sobre a fundação dos Estados Unidos*.

Os professores também podem entrar em contato com Ray Raphael (e-mail: raphael asis.com), Gayle Olson-Raymer (e-mail: gol@humboldt.edu) e Jack Bareilles (e-mail: humboldtcountyhistory@hotmail.com) se desejarem comentar os planos de aula ou acrescentar outros ao *site*.

Notas

Introdução: Inventando o passado

1. Citações de Thomson extraídas de carta de Benjamin Rush a John Adams, 12 de fevereiro de 1812, *The Spur of Fame: Dialogues of John Adams and Benjamin Rush, 1805-1813*, John A. Schutz e Douglas Adair, orgs. (San Marino, Califórnia: Huntington Library, 1966), p. 210; Benjamin Rush, *Autobiography of Benjamin Rush*, org. George W. Corner (Princeton: Princeton University Press, 1948), p. 155, citado em J. Edwin Hendricks, *Charles Thomson and the Making of a New Nation, 1729-1824* (Rutherford, New Jersey: Fairleigh Dickinson University Press, 1979), p. 189. Thomson passou a outros a sua idéia de censura voluntária; certa ocasião, exigiu que David Ramsay, que escrevia uma história da Revolução, excluísse um episódio "demasiado vil para a história" e mudasse algumas expressões "que não agradam" e pareciam "vulgares demais para combinar com a dignidade da história" (Hendricks, *Charles Thomson*, p. 164).

2. Noah Webster, *A Collection of Essays and Fugitiv Writings* (Boston: I. Thomas and E. T. Andrews, 1790; reimpressão, Scholars' Facsimiles and Reprints, 1977), p. 23.

3. O livro didático que inclui praticamente todas as fábulas é *A History of US* (Nova York: Oxford University Press, 2003), de Joy Hakim. Isso não é por acaso, já que Hakim, ao lançar-se à tarefa de tornar a história divertida, escolheu os episódios pelo seu encanto e não pela sua veracidade. No entanto, com o seu intenso desejo de tornar inclusiva a história, ela conseguiu contar a história dos afro-americanos e dos americanos nativos na época da criação do nosso país de maneira muito mais extensa e exata que a maioria dos outros livros.

4. Não pretendo, contudo, incluir no "nós" especialistas profissionais que ainda aceitam sem críticas essas fábulas. O setor acadêmico considera ser sua tarefa ler corretamente a história, não apenas criar imagens que promovam uma sensação de inclusão. Alguns especialistas fizeram um excelente trabalho de desconstrução das fábulas tradicionais e aproveito a sua obra com liberalidade, mas também aumento a sua abrangência ao examinar não só uma fábula de cada vez, mas a categoria inteira.

303

MITOS SOBRE A FUNDAÇÃO DOS ESTADOS UNIDOS

Estamos lidando aqui não apenas com a orelha ou o rabo do elefante, mas com a própria criatura. A narrativa da história foi gravemente distorcida — mais, penso eu, do que imagina a maioria dos especialistas.

5. Uso a palavra "patriotas" com alguma hesitação. Na época, tanto os legalistas quanto os rebeldes se consideravam "patriotas", pois todos achavam que defendiam o seu país. Mas, como a palavra há muito tempo denota um grupo específico — os que se opunham à política britânica e mais tarde ao exército britânico —, cedo ao uso comum e chamo os rebeldes de "patriotas".

6. Ray Raphael, *The First American Revolution: Before Lexington and Concord* (Nova York: The New Press, 2002), p. 168.

1: A cavalgada de Paul Revere

1. A batalha entre unionistas e sulistas proprietários de escravos pelos fundadores do país chegou ao ponto máximo quando Lincoln tentou usurpar o prestígio de Jefferson, dono de uns trezentos escravos, em apoio à União. (Ver capítulo 6.) Até os *"know-nothings"* ("nada-sabem") do século XIX, nativistas que se opunham a todo tipo de imigração, consideravam Washington o seu herói. "Ponha apenas naturais daqui de vigia esta noite", dissera Washington certa vez — e este tornou-se o grito de união de um partido político que recebeu muitos votos entre 1844 e 1860. (Ver Boleslaw e Marie-Louise D'Otrange Mastai, *The Stars and the Stripes: The American Flag as Art and History* [Nova York: Alfred A. Knopf, 1973], p. 27.)

2. David Hackett Fischer, *Paul Revere's Ride* (Nova York: Oxford University Press, 1994), 331. Este capítulo utiliza bastante a pesquisa de Fischer.

3. "So through the night rode Paul Revere; / And so through the night went his cry of alarm / To every Middlesex village and farm, / A voice in the darkness, a knock at the door, / And a word that shall echo forevermore! / For, borne on the night-wind of the Past, / Through all our history, to the last, / In the hour of darkness and peril and need, / The people will waken and listen to hear / The hurrying hoof-beats of that steed, / And the midnight message of Paul Revere. O poema foi republicado em Edmund S. Morgan, org., *Paul Revere's Three Accounts of His Famous Ride* (Boston: Massachusetts Historical Society, 1961).

4. O retrato de Copley, no Boston Museum of Fine Arts, está datado de 1768-1770.

5. William E. Lincoln, org., *The Journals of Each Provincial Congress of Massachusetts in 1774 and 1775, with an Appendix Containing the Proceedings of the Country Conventions* (Boston: Dutton and Wentworth, 1838), p. 148.

6. Morgan, *Paul Revere's Three Accounts*, sem número de página.

7. *Pennsylvania Gazette*, 7 de junho de 1775. Mais adiante em seu artigo, Gordon menciona Revere pelo nome, mas somente como testemunha dos primeiros tiros em Lexington.

NOTAS

8. William Gordon, *The History of the Rise, Progress, and Establishment of the Independence of the United States of America* (Freeport, Nova York: Books for Libraries Press, 1969; primeira edição, 1788), 1: p. 477.

9. David Ramsay, *The History of the American Revolution* (Filadélfia: R. Aitken and Son, 1789; republicado por Liberty Classics em 1990), 1: p. 187.

10. John Marshall, *The Life of George Washington* (Nova York: AMS Press, 1969; primeira edição, 1804-07), 2: p. 211.

11. Mercy Otis Warren, *History of the Rise, Progress and Termination of the American Revolution, Interspersed with Biographical, Political and Moral Observations* (Boston: E. Larkin, 1805; republicado por Liberty Classics em 1988), 1: p. 184. O livro de Warren foi transcrito para a internet por Richard Seltzer, 2002, em www.samizdat.com/warren/

12. Fischer, *Paul Revere's Ride*, p. 328.

13. "He raced his steed through field and wood / Nor turned to ford the river, / But faced his horse to the foaming flood / They swam across together. // He madly dashed o'er mountain and moor, / Never slackened spur nor rein / Until with shout he stood by the door / Of the Church on Concord green". *Ibid.*

14. Morgan, *Paul Revere's Three Accounts*, sem número de página.

15. Fischer, *Paul Revere's Ride*, p. 329.

16. Morgan, *Paul Revere's Three Accounts*, sem número de página.

17. Richard Frothingham, *History of the siege of Boston, and of the Battles of Lexington, Concord, and Bunker Hill* (Boston: Little, Brown and Company, 1903; republicação, Da Capo Press, 1970; primeira edição, 1849), pp. 57-61.

18. Benson J. Lossing, *Pictorial Field-Book of the Revolution* (Nova York: Harper and Brothers, 1851),1: p. 523.

19. George Bancroft, *History of the United States of America, from the Discovery of the Continent* (Boston: Little, Brown and Company, 1879; primeira edição, 1834-1874), 4: p. 517.

20. Sobre o tratamento da história a partir de relatos no século XIX antes da Guerra de Secessão, ver o capítulo 14.

21. Bancroft e Lossing escreveram aproximadamente 1.500 páginas cada sobre a Revolução. Bancroft, que constrói uma narrativa coerente, tece uma pequena história por página aproximadamente, enquanto Lossing, que usa uma abordagem inteiramente anedótica, insere várias por página. Lossing publicou 1.095 ilustrações, inclusive várias centenas de retratos e assinaturas de revolucionários famosos, mas não apresentou nenhuma imagem de Revere nem de sua cavalgada.

22. Embora Longfellow fosse bastante favorável ao abolicionismo, não participou ativamente de nenhum dos movimentos de reforma de meados do século XIX. Em vez de unir-se a outros rumo a objetivos comuns, escreveu poemas e contou histórias. Em 1842, publicou um livro, *Poems on Slavery* (*Poemas sobre a escravidão*), que refletia os seus sentimentos abolicionistas.

MITOS SOBRE A FUNDAÇÃO DOS ESTADOS UNIDOS

23. Fischer, *Paul Revere's Ride*, pp. 90-112, 124-48.
24. Edward Eggleston, *A History of the United States and its People, for the Use of Schools* (Nova York: D. Appleton and Co., 1888), p. 168.
25. Reuben Post Halleck, *History of Our Country, for Higher Grades* (Nova York: American Book Co., 1923), p. 179.
26. Ruth West e Willis Mason West, *The Story of Our Country* (Boston: Allyn and Bacon, 1935), p. 152; Gertrude Hartman, *America: Land of Freedom* (Boston: D. C. Heath and Co., 1946), pp. 154-5.
27. John Fiske, *The American Revolution* (Boston e Nova York: Houghton Mifflin, 1891), 1: p. 121. Sobre Fiske como "o Bancroft da sua geração", ver Michael Kraus e Davis D. Joyce, *The Writing of American History* (Norman: University of Oklahoma Press, 1985), p. 181.
28. Fischer, *Paul Revere's Ride*, p. 337.
29. Esther Forbes, *Paul Revere and the World He Lived In* (Boston: Houghton Mifflin, 1942); Fischer, *Paul Revere's Ride*, p. 338.
30. Joy Hakim, *A History of US* (Nova York: Oxford University Press, 2003), 3: pp. 71-73. Embora Hakim inclua Dawes e Prescott, transmite o conto do sinal de luz exatamente como Longfellow o imaginou: "Alguém tinha de avisar aquelas cidades, e depressa. Ajudaria saber por que caminho marchariam os casacos-vermelhos. Iriam pela estrada de terra passando pelo promontório de Boston? Ou escolheriam o caminho mais curto, de barco, cruzando a água até Charlestown e partindo a pé a partir daí? (...) Paul Revere mandou alguém espionar os britânicos. 'Descubra para que lado marcharão os casacos-vermelhos', foi dito ao espião. 'Então, suba no alto campanário da Igreja do Norte e mande um sinal. Acenda uma lanterna se forem por terra. Acenda duas se forem por mar'. Revere entrou num barco e remou em silêncio até o rio Charles. Havia um cavalo pronto para ele na margem, em Charlestown. Esperou, em silêncio". Neste ponto, Hakim passa para o próprio Longfellow: "E quando ele olha, no alto da torre / Um brilho e depois lá vem um clarão! / Monta na sela, a rédea ele enrista, / Mas pára e espera, e lá sob a cruz / Uma outra luz na torre se avista!". Hakim então continua: "Agora ele sabia! Os casacos-vermelhos iriam pela água, cruzando o rio Charles, assim como Paul Revere estava fazendo".
31. Michael J. Berson, org., *United States History: Beginnings* (Orlando: Harcourt, 2003), p. 291.
32. Jesus Garcia *et al.*, *Creating America: A History of the United States, Beginnings Through Reconstruction* (Evanston: McDougal Littell, 2002), pp. 156-7. Ênfase do original.
33. Os 13 livros didáticos examinados foram expostos na conferência anual de 2002 do National Council for Social Studies em Phoenix, Arizona. Eram seis livros para o ensino fundamental: Sterling Stuckey e Linda Kerrigan Salvucci, *Call to Freedom* (Austin: Holt, Rinehart and Winston, 2003); Joyce Appleby *et al.*, *The American Republic to 1877* (Nova York: Glencoe McGraw-Hill, 2003); Berson, *United States*

NOTAS

History: Beginnings; James West Davidson, *The American Nation: Beginnings Through 1877* (Upper Saddle River, Nova Jersey: Prentice Hall, 2003); Garcia, *Creating America: A History of the United States*; e Hakim, *A History of US*. Os sete livros didáticos da escola secundária são: Joyce Appleby *et al.*, *The American Vision* (Nova York: Glencoe McGraw-Hill, 2003); Gerald A. Danzer *et al.*, *The Americans* (Evanston: McDougal Littell, 2003); Daniel J. Boorstin e Brooks Mather Kelley, *A History of the United States* (Upper Saddle River, Nova Jersey: Prentice Hall, 2002); David Goodfield *et al.*, *The American Journey: A History of the United States* (Upper Saddle River, Nova Jersey: Prentice Hall, 2001); John Mack Faragher *et al.*, *Out of Many: A History of the American People* (Upper Saddle River, Nova Jersey: Prentice Hall, 2003); Robert A. Divine *et al.*, *America: Past and Present* (Nova York: Longman, 2003); e Paul Boyer, *American Nation* (Austin: Holt, Rinehart and Winston, 2003).

34. Howard H. Peckham, *The Toll of Independence: Engagements and Battle Casualties of the American Revolution* (Chicago: University of Chicago Press, 1974), p. 3.

2: Molly Pitcher

1. Ver o verbete de Karin Wolf sobre Betsy Ross em *American National Biography*, John A. Garraty e Mark C. Carnes, orgs. (Nova York: Oxford University Press, 1999), 18: 900-1.

2. Thomas Fleming, no livro de sua autoria que acompanha o programa *Liberty!*, da rede de TV PBS, incluiu a imagem de Abigail Adams como um dos cinco "retratos" fundamentais da Revolução Americana. (Thomas Fleming, *Liberty! The American Revolution* [Nova York: Viking, 1997], pp. 1-7). Joseph Ellis apresenta Abigail Adams como um dos seus oito "Irmãos fundadores", apesar da óbvia incongruência de sexo. Ela foi "um dos oito líderes políticos mais destacados do início da república", afirma ele. (Joseph Ellis, *Founding brothers: The Revolutionary Generation* [Nova York: Alfred A. Knopf, 2001], p. 17, 162-205.)

3. Holly A. Mayer, *Belonging to the Army: Camp Followers and Community During the American Revolution* (Columbia: University of South Carolina Press, 1996), p. 20. Quanto ao estudo mais recente e completo sobre Deborah Sampson, ver Alfred Young, *Masquerade: The Life and Times of Deborah Sampson, Continental Soldier* (Nova York: Alfred A. Knopf, 2004).

4. Sterling Stuckey e Linda Kerrigan Salvucci, *Call to Freedom* (Austin: Holt, Rinehart and Winston, 2003), p. 168.

5. Gerald A. Danzer *et al.*, *The Americans* (Evanston: McDougal Littell, 2003), p. 117.

6. Joyce Applyby *et al.*, *The American Republic to 1877* (Nova York: Glencoe McGraw-Hill, 2003), p. 164.

MITOS SOBRE A FUNDAÇÃO DOS ESTADOS UNIDOS

7. Os seis livros de ensino fundamental examinados foram todos exibidos na convenção anual do National Council for Social Studies em novembro de 2002. Os que contêm o caso de Molly Pitcher são Stuckey e Salvucci, *Call to Freedom*; Appleby, *The American Republic to 1877*; Michael J. Berson, org., *United States History: Beginnings* (Orlando: Harcourt, 2003); James West Davidson, *The American Nation: Beginnings Through 1877* (Upper Saddle River, Nova Jersey: Prentice Hall, 2003); e Joy Hakim, *A History of US* (Nova York: Oxford University Press, 2003). O que não menciona Molly Pitcher é Jesus Garcia *et al.*, *Creating America: A History of the United States, Beginnings through Reconstruction* (Evanston: McDougal Littell, 2002). Quatro livros didáticos para o ensino médio exibidos na conferência do NCSS também incluem o caso de Molly Pitcher: Joyce Appleby *et al.*, *The American Vision* (Nova York: Glencoe McGraw-Hill, 2003); Danzer, *The Americans*; Daniel J. Boorstin e Brooks Mather Kelley, *A History of the United States* (Upper Saddle River: Prentice Hall, 2002); e David Goldfield *et al.*, *The American Journey: A History of the United States* (Upper Saddle River, Nova Jersey: Prentice Hall, 2001). Somente *The American Journey* refere-se a Molly Pitcher como uma lenda; os outros a retratam como se fosse de carne e osso.

8. Na edição em brochura do meu livro *People's History of the American Revolution* (Nova York: HarperCollins, 2002), que afirma que Molly Pitcher nunca viveu de verdade, a sua presença marcante na capa, liderando os homens na batalha, contradiz os meus argumentos lá dentro.

9. Augusta Stevenson, *Molly Pitcher: Young Patriot* (Nova York: Macmillan, 1986; primeira edição, 1960), pp. 184-91.

10. Howard H. Peckham, *The Toll of Independence, Engagements & Battle Casualties of the American Revolution* (Chicago: University of Chicago Press, 1974), p. 52.

11. Os defensores de John citam o casamento de Casper Hays e Mary Ludwig em 1769, embora não fique claro como "Casper" virou "John". Os defensores de Mary apontam para registros tributários de 1783 que mostram que William e Mary Hays moravam com um menino de três anos (ironicamente, o seu nome era John). Registros testamentários confirmam que o pequeno John era filho de William e Mary. Se John (Casper) Hays morou em Carlisle depois da guerra, não deixou vestígios. Durante quase um século, a maioria dos historiadores acreditou que John era o marido em questão. (John B. Landis, "Investigation into American tradition of woman known as Molly Pitcher", *Journal of American History*, 5 [1911]: pp. 83-94.) Esse ponto de vista foi questionado em 1989 pelo historiador e genealogista local D. W. Thompson ("Goodbye, Molly Pitcher", *Cumberland County History*, 6 [1989]: 3-26). Na edição revista da *American National Biography*, publicada em 1999, John K. Alexander prefere John a William, embora deixe de explicar o misterioso desaparecimento de John depois da guerra e o fato de que registros posteriores indicam que William era

NOTAS

pai do filho de Mary. Poderiam então ter existido duas mulheres chamadas Mary Hays, as duas casadas com soldados? Será que Mary deixou o seu marido John Casper Hays para morar com outro Hays chamado William — e depois deu ao fiho o nome do "ex"? John Casper abandonou-a ou morreu? Talvez John tenha mesmo morrido enquanto disparava um canhão em Monmouth, deixando Mary livre para seguir a vida com o xará depois de realizar as suas façanhas no campo de batalha. Para investigar melhor a questão, entre em contato com a Cumberland County Historical Society, na Pensilvânia.

12. Uso McCauly, de acordo com a citação neste capítulo.

13. A sua pensão correspondia à metade do soldo de um soldado. A primeira redação da lei que aprovou a sua petição dizia "viúva de um soldado"; a versão revista diz "por serviços prestados". A natureza específica desses serviços não foi estipulada. Ver D. W. Thompson e Merri Lou Schaumann, "Goodbye, Molly Pitcher", *Cumberland County History*, 6 (1989): pp. 18-20.

14. *Ibid.*, p. 20.

15. *Ibid.*, pp. 21-2.

16. Eis o relato completo de Waldo: "Uma das mulheres do acampamento eu tenho de elogiar. O acompanhante dela, que ela ajudava no combate, quando foi atingido, ela imediatamente pegou a arma e os cartuchos dele e como uma heroína espartana lutou com bravura espantosa, descarregando a peça com a mesma regularidade dos outros soldados presentes. Isso um oficial ferido, de quem tratei, disse-me ter visto em pessoa, ela estando em seu pelotão, e me garantiu que eu podia acreditar em sua veracidade". (William S. Stryker, *The Battle of Monmouth* [Princeton: Princeton University Press, 1927], p.189.)

17. Como Martin não demonstrou surpresa com uma mulher a disparar um canhão, é possível que isso fosse comum. Ele só contou a história por causa do final engraçado. Eis o caso completo de Martin: "Aconteceu um pequeno incidente, no calor do canhoneio, o qual eu testemunhei, e que acho que seria imperdoável não mencionar. Uma mulher cujo marido pertencia à Artilharia, e que estava então designado para uma peça na refrega, cuidava da peça com o marido o tempo todo; enquanto no ato de passar-lhe um cartucho e tendo um dos seus pés o mais afastado possível do outro, um tiro de canhão do inimigo passou bem entre as pernas dela sem causar dano maior do que lhe arrancar toda a parte de baixo do vestido — olhando com aparente despreocupação, ela observou que teve sorte de não passar um pouco mais para cima, pois nesse caso poderia ter levado embora outra coisa, e dado fim a ela e à sua ocupação." (Joseph Plumb Martin, *A Narrative of a Revolutionary Soldier* [Nova York: Signet, 2001; primeira edição, 1830], p. 115. Cito essa edição porque é a mais fácil de encontrar.)

MITOS SOBRE A FUNDAÇÃO DOS ESTADOS UNIDOS

18. Edward Hagaman Hall, *Margaret Corbin: Heroine of the Battle of Fort Washington, 16 November 1776* (Nova York: American Scenic and Historic Preservation Society, 1932), pp. 14-5.

19. Thompson e Schaumann, "Goodbye, Molly Pitcher", pp. 15-6. Numerosos sites na internet citam outras fontes sobre a Moll Pitcher de Lynn.

20. Há duas fontes diferentes, uma da tradição oral, a outra impressa, nos *Pennsylvania Archives*; ver Hall, *Margaret Corbin*, pp. 34-5. Um poema citado em 1905 usa "Moll" e "Molly" de forma intercambiável (Carol Klaver, "An introduction into the legend of Molly Pitcher", *Minerva: Quarterly Report on Women and the Military*, 12 (1994): 52). Recentemente, em 1978, Michael Kammen confundiu a protagonista da peça com a heroína de Monmouth (Michael Kammen, *A Season of Youth: The American Revolution and the Historical Imagination* [Nova York: Alfred A. Knopf, 1978], pp. 11, 121, 132).

21. John Laffin, *Women in Battle* (Londres e Nova York: Abelard-Schuman, 1967), pp. 38-43.

22. Curtis começou a publicar em série as suas "recordações" de Washington na década de 1820. Em 1840, elas foram reunidas no *National Intelligencer* e, em 1859, depois da sua morte, saíram em forma de livro. Estas vieram da edição em livro, citada em Thompson e Schaumann, "Goodbye, Molly Pitcher", p. 11. Foram publicadas no *National Intelligencer* em 22 de fevereiro de 1840 e talvez no *United States Gazette* no final da década de 1820. Custis acrescentou um prólogo à história que depois foi abandonado: "Num dos canhões da bateria de Proctor, seis homens tinham sido mortos ou feridos. Aquele era considerado um canhão malfadado e surgiram boatos de que devia ser levado embora e abandonado." Seria este o canhão que a capitã Molly usaria. Depois que ela salvou a pátria, escreveu Curtis, "o canhão condenado não foi mais visto como aziago". Thompson e Schaumann argumentam que esse prólogo é improvável em dois pontos: a parte do leão das baixas da artilharia em Monmouth teria acontecido nesse único ponto e os americanos raramente abandonaram os seus canhões. ("Goodbye, Molly Pitcher", p. 12.)

23. Benson J. Lossing, *Pictorial Field-Book of the Revolution* (Nova York: Harper & Brothers, 1852), 2: pp. 361-2.

24. Os informantes eram a viúva idosa de Alexander Hamilton, uma certa sra. Beverly Garrison e uma certa sra. Rebecca Rose. Hamilton descreveu Molly como uma "irlandesa jovem, robusta, sardenta e ruiva, com olhos bonitos e penetrantes". Garrison recordou: "Costumava vestir-se com os vestidos do seu sexo, com um casaco de artilheiro por cima". Rose pintou um quadro menos idílico: "A sra. Rose lembra-se dela como *Kate Suja*, que morava entre Fort Montgomery e Buttermilk Falls, no final da guerra, onde teve morte horrível devido aos efeitos da doença sifilítica". (Lossing, *Pictorial Field-Book*, 2: p. 164.)

NOTAS

25. A documentação vem do "Waste book for the quartermaster stores" e do "Letter books of captain William Price, commissary of ordinance and military stores", na biblioteca de West Point. As numerosas tendas que ela recebeu possivelmente se transformaram em roupas. Ver Hall, *Margaret Corbin*, pp. 24-30.

26. Hall, *Margaret Corbin*, p. 22. Brandywine aparece num outro relato. Em 1822, depois de aprovado o pedido de pensão de Mary Hays McCauly, o *National Advocate* de Nova York publicou uma nota de louvor: "Ela era chamada de sgt. McCauly e foi ferida numa batalha, supostamente a de Brandywine, onde o seu sexo foi descoberto. Era sua prática comum girar o sabre acima da cabeça e dar hurras a 'Mad Anthony', que era como ela chamava o general Wayne". Seria a mulher que mais tarde se tornaria Molly Pitcher na verdade um travesti, como Deborah Sampson? Os mitos, assim como a sua localização, vão se confundindo e entrelaçando. Mais adiante em seu artigo, o autor homenageia a heroína de Fort Washington contando corretamente a história de Margaret Corbin mas usando um nome diferente: "Elizabeth Canning estava junto a um canhão em Fort Washington quando o marido foi morto e imediatamente tomou o seu lugar, carregou, preparou e disparou o canhão que a ele fora confiado. Foi ferida no peito por balins". (*National Advocate*, 7 de março de 1822, citado em Thompson e Schaumann, "Goodbye, Molly Pitcher", p. 21.)

27. Lossing, *Pictorial Field-Book*, 2: p. 164.

28. O historiador John Todd White observou: "Como a artilharia era imóvel e ficava longe do fogo direto, o acesso a ela era relativamente fácil para as vivandeiras". (John Todd White, "The Truth about Molly Pitcher", em James Kirby Martin e Karen R. Stubaus, orgs., *The American Revolution: Whose Revolution?* [Huntington, Nova York: Robert E. Krieger, 1977], p. 104.)

29. Lossing, *Pictorial Field-Book of the Revolution*, 2: p. 164.

30. Elizabeth Ellet, *The Women of the American Revolution* (Nova York: Haskell House, 1969; primeira edição, 1850).

31. "Searching for Molly Pitcher exhibit, 2001", site na internet dos Monmouth County Archives, visitado em 3 de fevereiro de 2004. www.visitmonmouth.com/archives/. Ironicamente, a mulher mais poderosa da América do Norte durante a época revolucionária foi provavelmente uma outra Molly, sem relação nenhuma com a "capitã Molly" nem com a fictícia "Molly Pitcher": Molly Brant, que tinha muita influência sobre os índios iroqueses.

32. *Carlisle Herald*, 18 de maio de 1876, citado em Linda Grant De Pauw, *Battle Cries and Lullabies: Women in War from Prehistory to the Present* (Norman, Oklahoma: University of Oklahoma Press, 1998), p. 128. Não há indicação, nos obituários de Mary Hays McCauly, de que ela tenha sido sepultada com honras militares.

MITOS SOBRE A FUNDAÇÃO DOS ESTADOS UNIDOS

33. Stryker, *Battle of Monmouth*, p. 192. *The Cumberland Valley Chronicle: Writings about Colonial Times and People*, num dossiê de informações reunido pela Cumberland County Historical Society, afirma que o que estava escrito nesta lápide era na verdade "McCauly".

34. Klaver, "Legend of Molly Pitcher", p. 49.

35. John B. Landis, *A Short History of Molly Pitcher, the Heroine of Monmouth* (Carlisle, Pensilvânia: Patriotic Sons of America, 1905); Thompson e Schaumann, "Goodbye, Molly Pitcher", p. 24; Klaver, "Legend of Molly Pitcher", p. 42.

36. Landis, *A Short History of Molly Pitcher*, p. 15. Citado em Klaver, "Legend of Molly Pitcher", p. 41.

37. Landis, "Investigation into American tradition of woman known as Molly Pitcher", pp. 83-96. Não foi a primeira vez que novas recordações foram apresentadas a favor de Mary Hays McCauly. Em 1856, quando a capitã Molly estava se transformando em Molly Pitcher e adquirindo uma fama maior, o filho de Mary morreu. Segundo o seu obituário, "o falecido era filho da sempre lembrada heroína, a louvada 'Molly Pitcher', cujas façanhas ousadas estão gravadas nos anais da Revolução e sobre cujos restos mortais se deveria erigir um monumento. O redator deste [será que foi Wesley Miles?] recorda bem tê-la visto com freqüência nas ruas de Carlisle, assim apontada por amigos e admiradores: 'Lá vai a mulher que disparou o canhão nos britânicos quando o marido morreu'". (*American Volunteer*, 27 de março de 1856, citado em Thompson e Schaumann, "Goodbye, Molly Pitcher", p. 22.) É curioso que nenhum dos seus "amigos e admiradores" apareceu na época da morte de Molly, antes que a história circulasse por escrito.

38. Esse não é necessariamente "o mesmo jarro levado por Molly Pitcher na batalha de Monmouth", admitiu a descendente, mas ela alegou, diante de um tabelião, que o jarro pertencera à sua tataravó. Uma imagem do jarro, juntamente com um artigo de jornal mencionando o presente à Biblioteca de Hamilton e à Cumberland County Historical Association, está no dossiê sobre Molly Pitcher que a Sociedade disponibiliza atualmente. Este dossiê também inclui o artigo de D. W. Thompson e Merri Lou Schaumann, "Goodbye, Molly Pitcher".

39. Klaver, "Legend of Molly Pitcher", p. 49.

40. Stryker, *Battle of Monmouth*, p. 192.

41. Jeremiah Zeamer, "Molly McCauley monument", *Carlisle Herald*, 5 de abril de 1905, e "Molly Pitcher story analyzed", *Carlisle Volunteer*, 20 de fevereiro de 1907. O primeiro está incluído no dossiê sobre Molly Pitcher da Cumberland County Historical Society; o segundo é citado em Klaver, "Legend of Molly Pitcher", pp. 41-2.

42. Dossiê Molly Pitcher, Cumberland County Historical Society.

43. Hall, *Margaret Corbin*, pp. 38-43.

NOTAS

44. Durante todo um século depois da comemoração em Carlisle do centenário da independência do país, Mary Hays McCauly reinou suprema como Molly Pitcher. Henry Steele Commager e Richard B. Morris, em sua compilação clássica de fontes primárias publicada em 1958, contam a história das façanhas heróicas de Mary Hays em Monmouth. À guisa de documentação, incluíram as recordações de Joseph Plumb Martin sob o título "'Molly Pitcher' guarnece um canhão em Monmouth", ainda que Martin não tenha mencionado nem Molly Pitcher nem Mary Hays e que sua heroína não tivesse perdido o marido nem servido água a homens sedentos. (Henry Steele Commager e Richard B. Morris, *The Spirit of Seventy-Six: The Story of the American Revolution as Told by Participants* [Indianápolis e Nova York: Bobbs-Merrill, 1958], pp. 710, 714-5.) Além dos golpes de raspão dados pelo recatado Zeamer, a única ameaça séria sofrida por ela surgiu no início da década de 1960. O que estava em questão na época não era a sua identidade nem o seu bom nome, mas o seu corpo. A entidade Friendly Sons of Molly Pitcher, sediada no condado de Monmouth, ameaçou roubar os ossos da heroína do seu lugar de descanso em Carlisle e colocá-los no cenário da batalha. (Klaver, "Legend of Molly Pitcher", p. 49.)

    Só na época do bicentenário dos EUA a veracidade da história foi seriamente questionada. John Todd White, em 1975, e Linda Grant De Pauw e Conover Hunt, em 1976, sugeriram que a história de "Molly Pitcher" era mais folclore do que fato e que a própria Molly devia ser tratada como uma compilação de vivandeiras. (White, "Truth about Molly Pitcher", pp. 99-105; Linda Grant De Pauw e Conover Hunt, *Remember the Ladies: Women in America, 1750-1815* [Nova York: Viking, 1976], p. 90. De Pauw aprofundou-se em "Women in combat: The revolutionary experience", *Armed Forces and Society*, 7 [1981]: p. 215, e *Battle Cries and Lullabies*, pp. 126-31.) Em 1989, Merri Lou Lou publicou a obra do falecido D. W. Thompson que destacava os pontos fracos da documentação e da genealogia de John Landis. Mary Hays, afirmava Thompson, não era a mulher que Landis pensou que era — tinha até um marido diferente. (Thompson e Schaumann, "Goodbye, Molly Pitcher", pp. 16-22.) Entretanto, ao contrário de Landis, Scribner e Thompson não obtiveram publicação nacional. Assim como os protestos anteriores de Jeremiah Zeamer, essas novas críticas mal chegaram a arranhar a blindagem de Molly.

45. Dumas Malone, org., *Dictionary of American Biography* (Nova York: Scribner's, 1948), 11: p. 574.

46. John A. Garraty e Mark C. Carnes, orgs., *American National Biography* (Nova York: Oxford University Press, 1999), 17: pp. 564-5. Todas as façanhas já atribuídas a "Molly Pitcher" são hoje atribuídas também a Mary Hays. Benson Bobrick, em seu *Angel in the Whirlwind: The Triumph of the American Revolution* (Nova York: Simon & Schuster, 1997), acompanha os relatos folclóricos recolhidos em meados do século XIX quando escreve, sem ser como citação, que "Mary Ludwig Hayes (...) prestou serviço de

MITOS SOBRE A FUNDAÇÃO DOS ESTADOS UNIDOS

igual bravura no forte Clinton, onde, em outubro de 1777, realmente disparou o último tiro antes que a fortaleza caísse" (346). Não há provas, nem sequer indícios, de que essa natural de Carlisle estivesse presente na queda do forte Clinton.

47. No original: O'er Monmouth's field of carnage drear, / With cooling drink and words of cheer / A woman passed who knew no fear, / The wife of Hays, the gunner. *Site* na internet do Military History Research Center da Virgínia, visitado em 3 de fevereiro de 2004. www.mlarc_va.com/molly_pitcher_poem.html.

48. Há uma discussão sobre as mulheres nas carroças e o desagrado geral de Washington com as mulheres no exército em Ray Raphael, *A People's History of the American Revolution* (Nova York: The New Press, 2001, pp. 121-3; reeditado por HarperCollins, 2002, pp. 153-5).

49. O pedido de pensão de Rebecca Clendenen em 1840, por exemplo, incluía uma menção à "capitã Molly", que acabara de ser divulgada pela imprensa. John, marido de Clendenen, então falecido, tinha "mencionado muitas vezes a esta solicitante a labuta e fadiga que sofreu e contou especialmente que estava na Batalha de Monmouth e sofreu muitíssimo de calor e sede, que uma mulher que os soldados chamavam de capitã Molly ocupava-se levando cantis de água aos soldados famintos [e presumivelmente sedentos]". (*Cumberland Valley Chronicle*, p. 17.)

3: O homem que fez uma revolução: Sam Adams

1. A. J. Langguth, *Patriots: The Men Who Started the American Revolution* (Nova York: Simon and Schuster, 1988), pp. 35, 57, 63, 89, 93.
2. Thomas Fleming, *Liberty! The American Revolution* (Nova York: Viking, 1997), p. 83.
3. Dennis B. Fradin, *The Signers: The Fifty Six Stories Behind the Declaration of Independence* (Nova York: Walker and Company, 2002), p. 2.
4. Pauline Maier, *The Old Revolutionaries: Political Lives in the Age of Samuel Adams* (Nova York: Alfred A. Knopf, 1980), p. 7.
5. No original: [the people] "were like the Mobility of all Countries, perfect Machines, wound up by any Hand who might first take the Winch"; Peter Oliver, *Origin and Progress of the American Rebellion*, Douglass Adair e John A. Schutz, orgs. (Stanford: Stanford University Press, 1961), pp. 65, 75.
6. Oliver, *Origin and Progress*, p. 28.
7. Thomas Hutchinson, *The History of the Colony and Province of Massachusetts-Bay* (Cambridge: Harvard University Press, 1936; primeira edição, 1828), 3: p. 63.
8. Oliver, *Origin and Progress*, pp. 39-41. Mais uma vez, Hutchinson tinha opinião semelhante a respeito de Adams, mas exprimiu-a de modo menos exuberante (ver Hutchinson, *History of Massachusetts-Bay*, 3: p. 212).

NOTAS

9. De John Andrews a William Bartell, 11 de agosto de 1774, em Massachusetts Historical Society, "Letters of John Andrews of Boston, 1772-1776", *Proceedings*, 8 (1864-1865), p. 340.

10. O documento está publicado na íntegra em James K. Hosmer, *Samuel Adams* (Boston e Nova York: Houghton Mifflin, 1885), pp. 117-9.

11. Stewart Beach, *Samuel Adams: The Fateful Years, 1764-1776* (Nova York: Dodd, Mead, and Co., 1965), pp. 171-2. Não sabemos exatamente por que as acusações foram descartadas, mas a tentativa de enquadrar Samuel Adams não parece verdadeira: o tom de Adams não é o mesmo de todas as suas palavras conhecidas; não há indícios de que conhecesse alguém chamado Sylvester; e é implausível achar que Adams visitasse essa pessoa com freqüência. Sylvester atribuiu palavras idênticas a Benjamin Church, a quem também tentou acusar de traição e que teria ainda menos probabilidade de ter dito coisa desse tipo.

12. George Bancroft, *History of the United States of America, from the Discovery of the Continent* (Boston: Little, Brown, 1879; primeira edição, 1834-74), 4: pp. 109-10.

13. William Hallahan, *The Day the American Revolution Began* (Nova York: William Morrow, 2000), p. 65.

14. De Samuel Adams a John Smith, 20 de dezembro de 1765, em Harry Alonzo Cushing, org., *The Writings of Samuel Adams* (Nova York: G. P. Putnam's Sons, 1904), 1: p. 60.

15. Louis Birnbaum, *Red Dawn at Lexington* (Boston: Houghton Mifflin, 1986), p. 25.

16. Hutchinson, *History of Massachusetts-Bay*, 3: pp. 198-9.

17. Birnbaum, *Red Dawn at Lexington*, p. 29. Ver também Langguth, *Patriots*, p. 179.

18. Embora o autor continue desconhecido, esse relato, proveniente dos documentos de Sewall em Ottawa, é aceito pelos especialistas como recordação autêntica da reunião em Old South. Depois que Francis Rotch, um dos proprietários do navio, afirmou que o governador não lhe permitira devolver o chá à Inglaterra, "o sr. Adams disse que não conseguia pensar em mais nada a ser feito". "Uns dez ou quinze minutos depois", continua o relato, "ouvi um grito horrível na rua, na esquina sudoeste da Casa da Assembléia e no Pórtico, como se de cem pessoas, algumas imitando os *powaws* dos índios e outras o apito de um contramestre, que foi respondido por alguns da Casa; de onde vários saíram correndo o mais depressa possível enquanto o sr. Adams, o sr. Hancock, o dr. Young com vários outros chamavam as pessoas para ficarem, pois diziam que ainda não tinham acabado. (...) O sr. Adams dirigiu-se ao presidente da mesa com essas palavras: 'sr. presidente da mesa, proponho que o dr. Young faça (ou seja-lhe rogado que faça) um discurso' — o que, sendo aprovado, fez o dr. Young em conformidade com cerca de 15 ou vinte minutos de duração. (...) Quando terminou, o público pagou-lhe o tributo usual de aplauso, palmas etc. e imediatamente o sr. Savage (o presidente da mesa) dissolveu a Assembléia." (L. F. S. Upton, org., "Proceeding of ye body respecting the tea", *William and Mary Quarterly*, terceira série, 22 [1965]: pp. 297-8.)

MITOS SOBRE A FUNDAÇÃO DOS ESTADOS UNIDOS

19. "Samuel Adams levantou-se e proferiu as palavras: "Esta assembléia nada mais pode fazer para salvar o país". No mesmo instante, ouviu-se um grito no pórtico; soou o canto de guerra; um grupo de homens, quarenta ou cinqüenta em número, disfarçados e vestidos de tanga como os índios, cada um segurando uma machadinha, passou pela porta; e encorajados por Samuel Adams, Hancock e outros e aumentados no caminho para até duzentos, marcharam em fila dupla para o cais de Griffin". (Bancroft, *History of the United States*, 4: p. 290.)

20. William V. Wells, *The Life and Public Services of Samuel Adams* (Freeport, Nova York: Books for Libraries Press, 1969; primeira edição, 1865-88), 2: p. iv e 2: p. 122.

21. William Gordon, *The History of the Rise, Progress, and Establishment of the Independence of the United States of America* (Freeport, Nova York: Books for Libraries Press, 1969; primeira edição, 1788), 1: p. 479.

22. Até o crítico e astuto David Hackett Fischer aceita como viável o relato de Gordon, porque supostamente se baseava "em entrevistas pessoais logo depois da batalha". (David Hackett Fischer, *Paul Revere's Ride* [Nova York: Oxford University Press, 1994], p. 399.) Mas não temos indicações de que Gordon fez uso dessas fontes em sua história, já que deixou de incluí-las na extensa descrição das entrevistas que realizou na época.

23. Edmund S. Morgan, org., *Paul Revere's Three Accounts of his Famous Ride* (Boston: Massachusetts Historical Society, 1961). Embora Revere tivesse acompanhado Adams e Hancock quando partiram de Lexington, voltou à cidade depois de viajar três quilômetros. Quando os tiros foram disparados, Adams e Hancock, sem Revere, estavam a pelo menos três quilômetros de distância.

24. A carta de Gordon de 17 de maio de 1775 foi republicada por vários jornais, inclusive a *Pennsylvania Gazette* de 7 de junho de 1775.

25. John Alexander, o biógrafo mais recente de Adams, sustenta a idéia de que Adams se alegrou com o banho de sangue usando uma citação não especificada (Alexander não forneceu a fonte) escrita no mês seguinte: "Alegro-me que meus conterrâneos tenham aderido prontamente à direção do congresso geral e tenham sido em sua maioria levados à resistência pela necessidade. Acho que agora podem com justeza reivindicar o apoio das colônias confederadas". (John K. Alexander, *Samuel Adams: America's Revolutionary Politician* [Lanham, Boulder e Nova York: Bowman and Littlefield, 2002], p. 146.) No entanto, o contexto aqui está todo errado. Desde o outono anterior, Adams vinha aconselhando o povo de Massachusetts, boa parte do qual queria começar uma guerra atacando Boston, a se segurar. Desempenhou o papel de moderado, não de radical belicoso, pois temia que, se os patriotas de Massachusetts se tornassem os agressores, perdessem o apoio das outras colônias. (Ver Ray Raphael, *The first American Revolution: Before Lexington and Concord* [Nova York: New Press, 2002], pp. 171-96.) No trecho citado por Alexander, Adams poderia "alegrar-se"

NOTAS

porque os patriotas de Massachusetts tinham seguido a cautelosa "direção do Congresso Geral", esperando com paciência até que a "necessidade" (uma ofensiva britânica) os forçasse à "resistência". Ao fazê-lo, poderiam "com justeza reivindicar o apoio das colônias confederadas". Ao escrever do Congresso para Joseph Warren meses antes, Samuel Adams afirmara especificamente que o povo das outras colônias só daria apoio "se for forçado pela necessidade de agir em defesa de suas vidas ou da sua liberdade". Isso explica o uso que Adams faz de "necessidade" no trecho citado por Alexander. (Cushing, *Writings of Samuel Adams*, 3: 159; Raphael, *First American Revolution*, p. 172.)

A interpretação errada de Alexander, bastante comum, é significativa. Na forma tradicional de contar a história, o Congresso, liderado por Sam Adams, assume um papel belicoso, com o povo se arrastando atrás; mas pelo menos em Massachusetts esses papéis se inverteram. Tanto Samuel quanto John Adams vinham insistindo com os seus eleitores para que adotassem uma postura mais defensiva, para não se isolar dos outros colonos.

26. As fontes que sugerem que Adams defendia a independência muito antes de todo mundo precisam ser examinadas criticamente. A "prova" mais direta vem de Joseph Galloway, um moderado do Primeiro Congresso Continental que se transformou em *tory* quando suas opiniões não tiveram apoio. Segundo Galloway, quando a independência foi declarada Adams gabou-se de que "trabalhara quase vinte anos para concretizar a medida". (Galloway, *Historical and Political Reflections on the Rise and Progress of the American Revolution* [Londres: G. Wilkie, 1780], pp. 109-10. Citado em Ralph Volney Harlow, *Samuel Adams Promoter of the American Revolution* [Nova York: Farrar, Straus and Giroux, 1975; primeira edição, 1923], p. 288.) Galloway, que culpava Adams pelo seu fracasso, afirmou também que Adams dirigiu a "facção" tanto no Congresso Continental quanto em Boston. (*Historical and Political Reflections*, p. 67.)

Sem dúvida, a declaração de independência alegrou Samuel Adams, assim como todos os patriotas ardentes. É provável que Adams tenha reivindicado algum crédito pelo fato histórico, como fizeram outros; vendo as coisas em retrospecto, pode ter pronunciado algum tipo de "eu não disse?" que Galloway, naturalmente, enfeitou. Mas, mesmo que o próprio Adams, olhando para trás, visse suas atividades anteriores sob uma luz diferente, nós não lemos a história olhando para trás — o que conta é o que aconteceu na época. No entanto, Adams sentiu em 1776 que não tinha pregado os méritos da independência na década de 1760.

Um *site* de consulta na internet, ABC-CLIO, www.abc-clio.com, inclui em sua lista de citações famosas: "O país será independente e não nos satisfaremos com nada menos do que isso". Essas palavras, atribuídas a Samuel Adams em 9 de março de 1774, serão, sem dúvida alguma, repetidas em incontáveis trabalhos estudantis,

MITOS SOBRE A FUNDAÇÃO DOS ESTADOS UNIDOS

junto com nome e data. A citação tão famosa vem da primeira história de William Gordon, escrita em 1788. Como recurso estilístico, Gordon escreveu no presente para simular uma narrativa contemporânea e este trecho aparece numa "página de diário" inventada de 9 de março de 1774: "Mas há alguns nesta colônia que muito desejam a independência, e provavelmente utilizariam toda a sua influência para que fosse obtida, onde quer que haja a menor ocasião favorável que lhes encoraje os esforços. À frente deles devemos colocar o sr. Samuel Adams, que há muito tempo disse em pequenos grupos de sua confiança: 'o país será independente, e não nos satisfaremos com nada menos do que isso'". (Gordon, *Rise, Progress, and Establishment of Independence*, 1: p. 347.) Essa invenção artística, combinada ao folclore posterior aos fatos, hoje passa por autenticidade histórica. Em 1788, William Gordon disse que outras pessoas disseram em 1774 que Adams disse essas palavras em particular, em algum momento não revelado do passado. Não há jeito possível de comprovar a descrição que Gordon faz de conversas particulares, supostamente acontecidas "muito tempo" antes de 1774, é de se presumir que na década de 1760 — vinte anos antes de Gordon colocá-las no papel. Embora o próprio Adams não tenha deixado textos datados de 9 de março de 1774, essa "fonte" tem sido aceita como válida simplesmente por ter sido "da época".

27. Maier, *Old Revolutionaries*, pp. 21-6. O verbete de Maier sobre Samuel Adams na *American National Biography* atualizada (1999) serve para corrigir muitos mitos tradicionais.

28. De Adams ao reverendo G. W., 11 de novembro de 1765, e de Adams a John Smith, 19 de dezembro de 1765, Cushing, *Writings*, 1: pp. 28, 45. Esses sentimentos se repetem em todos os seus textos a partir de 1765.

29. Adams, com o pseudônimo "Vindex", *Boston Gazette*, 5 de dezembro de 1768, em Cushing, *Writings*, 1: p. 259.

30. De Adams a Dennys De Berdt, 3 de outubro de 1768, em Cushing, *Writings*, 1: p. 249. Ênfase no original.

31. Adams, com o pseudônimo "Valerius Poplicola", *Boston Gazette*, 28 de outubro de 1771, em Cushing, *Writings*, 2: p. 262. Nessa época era verdade que Samuel Adams começava a se perguntar: os direitos dos colonos virão mesmo a ser respeitados? Em desespero, previu que "daqui a algum tempo", quando todos os apelos à razão tivessem fracassado, "a própria América com a graça de Deus finalmente terá de elaborar a sua própria salvação". (De Adams a Arthur Lee, 31 de outubro de 1771, e de Adams a Henry Merchant, 7 de janeiro de 1772, em Cushing, *Writings*, 2: pp. 267 e 309.) Mas, nas palavras da historiadora Pauline Maier, essa previsão apocalítica, nascida da frustração, "é praticamente uma defesa". (Maier, *Old Revolutionaries*, p. 23.)

32. De Adams a Arthur Lee, 21 de junho de 1773, em Cushing, *Writings*, 3: p. 44.

33. De Adams a Joséph Warren, 25 de setembro de 1774, em Cushing, *Writings*, 3: pp. 158-9.

NOTAS

34. De Adams a Samuel Cooper, 3 de abril e 30 de abril de 1776; de Adams a Joseph Hawley, 15 de abril de 1776; em Cushing, *Writings*, 3: pp. 276-85.

35. De Adams a John Smith, 20 de dezembro de 1765, em Cushing, *Writings*, 1: 60.

36. Adams, com o pseudônimo "Determinatus", *Boston Gazette*, 8 de agosto de 1768, em Cushing, *Writings*, 1: p. 240. Ênfase no original.

37. Adams, com o pseudônimo "Vindex", *Boston Gazette*, 5 de dezembro de 1768, em Cushing, *Writings*, 1: p. 259. Ênfase no original.

38. De Adams a Darius Sessions, 2 de janeiro de 1773, em Cushing, *Writings*, 2: p. 398.

39. De Adams a James Warren, 21 de maio de 1774, *The Warren-Adams Letters* (Boston: Massachusetts Historical Society, 1917-25), 1: p. 26. Pauline Maier afirma que essa carta está com a data errada. (Maier, *Old Revolutionaries*, p. 28.)

40. De Adams a Benjamin Kent, 27 de julho de 1776, em Cushing, *Writings*, 3: p. 304.

41. Alexander, *Samuel Adams: America's Revolutionary Politician*, p. 185.

42. Sobre o significado menos revolucionário de "revolução" que predominava antes do torvelinho da Revolução Francesa, ver Garry Wills, *Inventing America: Jefferson's Declaration of Independence* (Nova York: Doubleday, 1978), pp. 51-2.

43. John C. Miller, *Sam Adams: Pioneer in Propaganda* (Stanford: Stanford University Press, 1936), pp. 53, 136-8, 141, 144-5.

44. Como afirmado na nota 2, essa citação não vem das obras de Hutchinson nem de Oliver, mas do livro de Thomas Fleming que acompanhou a recente série *Liberty!*, da rede de TV PBS.

45. George Bancroft, apesar de toda a crença que professava ter na democracia, com certeza seguia esse modo de pensar. "'Abram caminho para o comitê!', foi o grito da multidão quando Adams saiu da câmara do conselho e, desnudando a cabeça, que já estava ficando grisalha, moveu-se entre as suas fileiras, inspirando confiança. (...) Em ocasiões comuns parecia igual aos homens comuns; mas, em momentos de crise, elevava-se de forma natural e sem afetação à posição mais elevada e falava como se a esperança da humanidade dependesse de suas palavras." (Bancroft, *History of the United States*, 4: p. 192.)

46. John W. Tyler, *Smugglers and Patriots: Boston Merchants and the Advent of the American Revolution* (Boston: Northeastern University Press, 1986), p. 17.

47. Gordon, *Rise, Progress, and Establishment of Independence*, 1: p. 178.

48. Wills, *Inventing America*, pp. 20-4.

49. Ver Richard D. Brown, *Revolutionary Politics in Massachusetts: The Boston Committee of Correspondence and the Towns, 1772-1774* (Nova York: W. W Norton, 1970), pp. 48, 62-64.

50. Alfred Young, "Liberty tree: Made in America?", Seminário da Biblioteca Newberry sobre história americana antiga, 25 de setembro de 2003 (a ser incluído numa coletânea de ensaios de Alfred Young, a ser publicada).

MITOS SOBRE A FUNDAÇÃO DOS ESTADOS UNIDOS

51. Há um estudo mais recente que trata da eficácia de Adams nessa categoria política: Alexander, *Samuel Adams: America's Revolutionary Politician*.
52. Mercy Otis Warren, *History of the Rise, Progress and Termination of the American Revolution, Interspersed with Biographical, Political and Moral Observations* (Boston: E. Larkin, 1805; republicado por Liberty Classics em 1988), 1: p. 211.

4: O tiro ouvido no mundo inteiro: Lexington e Concord

1. David Hackett Fischer, *Paul Revere's Ride* (Nova York e Oxford: Oxford University Press 1994), p. 327.
2. A. J. Langguth, *Patriots: The Men who Started the American Revolution* (Nova York: Simon and Schuster, 1988), p. 240. Joy Hakim, mesmo quando cita "Concord hymn" ao pé da letra, diz que Emerson aplicou "o tiro ouvido no mundo inteiro" a Lexington. (*A History of US* [Nova York: Oxford University Press, 2003], 3: p. 73.)
3. Alfred F. Young, *The Shoemaker and the Tea Party* (Boston: Beacon Press, 1999), pp. 108- 33.
4. A história da derrubada da autoridade britânica em 1774 em todo o Massachusetts, delineada nos próximos parágrafos, é contada em Ray Raphael, *The First American Revolution: Before Lexington and Concord* (Nova York: The New Press, 2002).
5. De Joseph Clarke a destinatário desconhecido, 30 de agosto de 1774, em James R. Trumbull, *History of Northampton, Massachusetts, from its Settlement in 1654* (Northampton: Gazette Printing Co., 1902), pp. 346-8; republicada em Raphael, *First American Revolution*, pp. 98-101.
6. Raphael, *First American Revolution*, pp. 112-30.
7. Raphael, *First American Revolution*, pp. 130-8.
8. De John Andrews a William Bartell, 6 de outubro de 1774, em Massachusetts Historical Society, "Letters of John Andrews of Boston, 1772-1776", *Proceedings*, 8 (1864-1865), pp. 373-4; Raphael, *First American Revolution*, pp. 155-6.
9. De Andrews a Barrell, 29 de agosto de 1774, Massachusetts Historical Society, "Letters", p. 348; Raphael, *First American Revolution*, p. 94.
10. Jonathan Judd, Jr., *Diary*, vol. 2 (1773-82), Forbes Library, Northampton, registro de 7 de setembro de 1774; Raphael, *First American Revolution*, p. 168.
11. Muito se diz em muitas narrativas sobre o "Dia de Oração e Jejum" realizado na Virgínia, a colônia mais populosa, em 1º de junho de 1774. Isso supostamente revelou como os naturais da Virgínia eram dedicados ao povo de Massachusetts, já que levou os britânicos a dissolver a Câmara dos Burgueses [a assembléia estadual] da Virgínia. Na verdade, muitos virginianos, ao se decidirem por esse curso, agiam em proveito próprio e não por caridade. No ano anterior, os produtores de fumo (base

NOTAS

da economia da Virgínia) tinham anunciado que em 1775 retirariam a safra do mercado. Esperavam que, então, os mercadores britânicos comprassem fumo a preço mais alto, prevendo a escassez que viria. No entanto, como muitos produtores de fumo estavam endividados, temeram que os credores, em retaliação, os processassem nos tribunais e, se o seu esquema falhasse, os tribunais poderiam tomar-lhes as propriedades. Apoiar Boston com um "Dia de Oração e Jejum" e com a promessa de boicotar o comércio britânico resolvia todos os seus problemas. Não só essas ações davam à manipulação do mercado uma cobertura patriótica como também levaram o governo britânico a dissolver a assembléia — e, como a assembléia ainda não tinha aprovado as taxas cobradas pelos tribunais, isso fez com que estes também tivessem de fechar. O plano dos produtores funcionou com perfeição: o preço do fumo não parou de subir com a previsão de escassez futura e os produtores venderam a safra antes que o boicote da exportação começasse. Enquanto isso, nenhum mercador britânico podia processar nenhum virginiano pelas contas não pagas.

Boston pedira a outras colônias que interrompessem o comércio tanto com a Grã-Bretanha quanto com as Índias Ocidentais. Pelas razões já mencionadas, os grandes fazendeiros da Virgínia estavam mais que dispostos a obedecer no que dizia respeito à Grã-Bretanha, mas recusaram-se a suspender o seu comércio lucrativo com as Antilhas. Do mesmo modo, a Carolina do Sul acompanhou boa parte do boicote, mas insistiu numa isenção para o arroz, sua principal fonte de renda. Essas ações, tradicionalmente elogiadas como gestos solidários de apoio, tinham uma decisiva nuança de interesse próprio. (Woody Holton, *Forced Founders: Indians, Debtors, Slaves and the Making of the American Revolution in Virginia* [Chapel Hill: University of North Carolina Press, 1999], 115-29.)

12. Uma "revolução", segundo o *Random House Webster's College Dictionary*, é "uma derrubada completa e forçada do governo ou sistema político estabelecido, seguida de sua substituição, pelo povo governado". Segundo essa definição, o povo de Massachusetts realizou um exemplo perfeito de revolução.

13. Citado em Thomas A. Bailey e David M. Kennedy, orgs., *The American Spirit: United States History as Seen by Contemporaries* (Lexington, Massachusetts: D. C. Heath and Co., 1994), 1: p. 143.

14. American Political Society, *Records*, American Antiquarian Society, Worcester, Massachusetts.

15. Ata da convenção do condado de Worcester, 30-31 de agosto de 1774, em William E. Lincoln, org., *The Journals of Each Provincial Congress of Massachusetts in 1774 and 1775, with an Appendix Containing the Proceedings of the County Conventions* (Boston: Dutton and Wentworth, 1838), p. 634.

16. Ata da convenção do condado de Worcester, 20-21 de setembro de 1774, em Lincoln, *Journals of Each Provincial Congress*, pp. 642-3.

MITOS SOBRE A FUNDAÇÃO DOS ESTADOS UNIDOS

17. Lincoln, *Journals of Each Provincial Congress*, p. 30.
18. Há uma boa descrição do ataque ao forte William e Mary em Fischer, *Paul Revere's Ride*, pp. 52-8. As fontes documentais foram publicadas em Charles L. Parsons, "The capture of fort William and Mary, December 14 and 15, 1774", *New Hampshire Historical Society Proceedings*, 4 (1890-1905), pp. 18-47.
19. *Providence Gazette*, 23 de dezembro de 1774; Fischer, *Paul Revere's Ride*, p. 57; J. L. Bell, "Behold, the guns were gone!", apresentado nos Boston Area Early American History Summer Seminars, Massachusetts Historical Society, 26 de julho de 2001.
20. *The Annual Register for the Year 1775* (Londres: J. Dodsley, 1776), pp. 2-3, 16-7.
21. David Ramsay, *The History of the American Revolution* (Filadélfia: R. Aitken and Son, 1789; republicado por Liberty Classics em 1990), 1: pp. 106-7.
22. William Gordon, *The History of the Rise, Progress, and Establishment of the Independence of the United States of America*, republicação (Freeport, Nova York: Books for Libraries Press, 1969; primeira edição, 1788), 1: pp. 382, 380, 377.
23. Mercy Otis Warren, *History of the Rise, Progress and Termination of the American Revolution, Interspersed with Biographical, Political and Moral Observations* (Boston: E. Larkin, 1805; republicado por Liberty Classics e, 1988), 1: pp. 145-6. Em 1776 o próprio Samuel Adams ressaltou a virada radical dos acontecimentos "desde o fechamento do Tribunal de Berkshire". Nesse contexto, parecia estar marcando o início da Revolução com este fato. (De Samuel Adams a Joseph Hawley, 15 de abril de 1776, em Cushing, *Writings of Samuel Adams*, 3: p. 281.)
24. Paul Allen, *A History of the American Revolution: Comprising All the Principal Events both in the Field and in the Cabinet* (Baltimore: Johns Hopkins, 1819) 1: pp. 180-98.
25. Salma Hale, *History of the United States, From Their First Settlement as Colonies, to the Close of the War with Great Britain in 1815* (Nova York: Collins and Hannay, 1830; primeira edição, 1822), pp. 142-4.
26. Charles A. Goodrich, *A History of the United States of America* (Hartford: Barber and Robinson, 1823), p. 154.
27. Richard Snowden, *The American Revolution Written in the Style of Ancient History* (Filadélfia: Jones, Hoff and Derrick, 1793), 1: p. 14.
28. George Bancroft, *History of the United States of America* (Boston: Little, Brown, and Co., 1879; primeira edição, 1854), 4: pp. 379, 389, 390.
29. William V. Wells, *The Life and Public Services of Samuel Adams* (Freeport, Nova York: Books for Libraries Press, 1969; primeira edição, 1865).
30. De lorde Dartmouth a Thomas Gage, 27 de janeiro de 1775, em *Correspondence of General Thomas Gage*, Clarence E. Carter, org. (New Haven: Yale University Press, 1931), 2: p. 179.
31. Henry Steele Commager e Richard B. Morris, *The Spirit of Seventy-Six, The Story of the Revolution as Told by its Participants* (Indianápolis e Nova York: Bobbs-Merrill Co., 1958), pp. 31-8, 45-56, 66-97.

NOTAS

32. Os livros didáticos examinados foram todos exibidos na convenção anual do National Council for Social Studies em Phoenix, em novembro de 2002: *Call to Freedom* (Austin: Holt, Rinehart and Winston, 2003); *The American Republic to 1877* (Nova York: Glencoe McGraw-Hill, 2003); *United States History: Beginnings* (Orlando: Harcourt, 2003); *The American Nation: Beginnings Through 1877* (Upper Saddle River, Nova Jersey: Prentice Hall, 2003); *Creating America: A History of the United States, Beginnings through Reconstruction* (Evanston: McDougal Littell, 2002); e *A History of US*, de Joy Hakim (Nova York: Oxford University Press, 2003).

33. Esses também estavam na convenção de 2002 do NCSS. Os oito que ignoram a Revolução de 1774 são: Gerald A. Ranzer *et al.*, *The Americans* (Evanston: McDougal Littell, 2003); Daniel J. Boorstin e Brooks Mather Kelley, *A History of the United States* (Upper Saddle River: Prentice Hall, 2002); David Goodfield *et al.*, *The American Journey* (Upper Saddle River: Prentice Hall, 2001); Mary Beth Norton *et al.*, *A People and a Nation* (Boston: Houghton Mifflin, 2000); Paul Boyer, *The American Nation* (Austin: Holt, Rinehart and Winston, 2003); John Mack Faragher *et al.*, *Out of Many* (Upper Saddle River: Prentice Hall, 2003); James L. Roark *et al.*, *The American Promise* (Boston: Bedford/St. Martins, 2002); e Robert A. Divine *et al.*, *America: Past and Present* (Nova York: Longman, 2003).

34. Gary B. Nash e Julie Roy Jeffrey, *The American People* (Nova York: Addison-Wesley, 2001), p. 149.

35. Joyce Appleby *et al.*, *The American Vision* (Nova York: Glencoe McGraw-Hill, 2003), p. 129.

36. Langguth, *Patriots*, pp. 188-203.

37. Thomas Fleming, *Liberty! The American Revolution* (Nova York: Viking, 1997), p. 98.

38. Benson Bobrick, *Angel in the Whirlwind — The Triumph of the American Revolution* (Nova York: Simon and Schuster, 1997), p. 103. As Resoluções de Suffolk tiveram de fato um papel fundamental ao conquistar a aceitação da revolução de Massachusetts pelas outras colônias, pois foi endossada pelo Congresso Continental em 17 de setembro. Mas foi só um dos muitos documentos radicais oriundos das convenções dos condados de Massachusetts; e Suffolk, que incluía Boston, foi o único condado da parte contígua e continental de Massachusetts a não derrubar a autoridade britânica. Joseph Warren, enquanto isso, dificilmente seria o revolucionário mais radical. Na verdade, ele fez o que pôde para retardar o ritmo da Revolução. (Raphael, *First American Revolution*, pp. 117-9, 149-51, 172.)

39. Até mesmo especialistas sérios que realizam pesquisas históricas deixam de dar o merecido destaque a essa revolução democrática. Robert Middlehauff enfatiza as Resoluções de Suffolk, que atribui ao "dr. Joseph Warren, escudeiro de Sam Adams". Também cita datas erradas para o fechamento dos tribunais no oeste de Massachusetts

MITOS SOBRE A FUNDAÇÃO DOS ESTADOS UNIDOS

e para a entrega das Resoluções de Suffolk ao Congresso, e subestima a revolução de 1774 com a sua escolha de palavras: foi de "pequena escala", declara, e o Primeiro Congresso da Província, que na verdade foi um ato radical de desafio, apenas "se instalou". (Robert Middlekauff, *The Glorious Cause: The American Revolution, 1763-1789* [Nova York: Oxford University Press, 1982], pp. 246, 252-4.) Gordon Wood, do mesmo modo, faz as ações dos revolucionários de 1774 parecerem menores do que foram. Embora Wood nada diga especificamente sobre a revolução de Massachusetts, admite que "as Leis de Coerção de 1774 produziram a rebelião declarada na América do Norte". Mas a sintaxe que Wood usa ao descrever esta rebelião desvaloriza os revolucionários anônimos da região rural de Massachusetts. "Assembléias de massa que às vezes *atraíam* milhares de colonos revoltados *endossaram* resoluções e *exigiram* novas organizações políticas [ênfase nossa]". Esses verbos são passivos ou hesitantes. Na verdade, os colonos revoltados *organizaram* assembléias, *redigiram* resoluções e *criaram* novas organizações políticas. (Gordon Wood, *The American Revolution: A History* [Nova York: Modern Library, 2002), p. 47.) A única pesquisa da Revolução Americana, em quase um século e meio, a dar destaque à Revolução de Massachusetts de 1774 é *The Founding of a Nation: A History of the American Revolution, 1763-1776*, de Merrill Jensen (Nova York: Oxford University Press, 1968), pp. 553-67.

5: O inverno em Valley Forge

1. F. Van Wyck Mason, *The Winter at Valley Forge* (Nova York: Random House, 1953), pp. 1, 6, 7, 8.
2. Howard Peckham, em sua tabulação das baixas nos campos de batalha, cita apenas 15 mortes de americanos durante os três meses de inverno em que o Exército Continental ficou acampado em Valley Forge — e nenhuma delas aconteceu na Pensilvânia. A escaramuça mais mortal desse período foi um ataque indígena a Dunkard Creek, no oeste da Virgínia. (Peckham, *The Toll of Independence* [Chicago: University of Chicago Press, 1974], pp. 46-8.)
3. De Washington a John Hancock, 24 de setembro de 1776, em *The Writings of George Washington from the Original Manuscript Sources*, John C. Fitzpatrick, org. (Washington, DC: United States Government Printing Office, 1931-44), 6: pp. 107-8.
4. John Shy, *A People Numerous and Armed: Reflections on the Military Struggle for American Independence* (Ann Arbor: University of Michigan Press, 1990), p. 173.
5. Soldados John Brooks e Isaac Gibbs, citados em Wayne Bodle, *The Valley Forge Winter: Civilians and Soldiers in War* (University Park: Pennsylvania State University Press, 2002), pp. 127, 202.

NOTAS

6. Citação do diário de Albigence Waldo em Charles Royster, *A Revolutionary People at War: The Continental Army and the American Character, 1775-1783* (Chapel Hill: University of North Carolina Press, 1979), p. 191.

7. Bodle, *Valley Forge Winter*, p. 134.

8. Joseph Plumb Martin, *Narrative of a Revolutionary Soldier* (Nova York: Signet, 2001; primeira edição, 1830), p. 245.

9. Bodle, *Valley Forge Winter*, pp. 165-9; de Washington a Nathanael Greene, 12 de fevereiro de 1778, em Fitzpatrick, *Writings of George Washington*, 10: pp. 454-5.

10. Martin, *Narrative*, p. 90.

11. Royster, *A Revolutionary People at War*, p. 196.

12. Bodle, *Valley Forge Winter*, p. 180; de Washington a Thomas Wharton, 12 de fevereiro de 1778, em Fitzpatrick, *Writings of George Washington*, 10: pp. 452-3.

13. De Washington ao presidente do Congresso, 23 de dezembro de 1777, em Fitzpatrick, *Writings of George Washington*, 10: p. 193.

14. De Washington a William Smallwood, 16 de fevereiro de 1778, e de Washington a George Clinton, 16 de fevereiro de 1778, em Fitzpatrick, *Writings of George Washington*, 10: pp. 467, 469.

15. De Washington a John Banister, 21 de abril de 1778, em Fitzpatrick, *Writings of George Washington*, 11: p. 285.

16. Thomas Fleming, *Liberty! The American Revolution* (Nova York: Viking, 1997), p. 280.

17. Edmund Lindop, *Birth of the Constitution* (Hillside, Nova Jersey: Enslow Publishers, 1987), p. 16.

18. Martin, *Narrative*, p. 157.

19. *Ibid.*

20. *Ibid.*, pp. 161-2.

21. David M. Ludlum, *The Weather Factor* (Boston: Houghton Mifflin, 1984), pp. 50-1.

22. As temperaturas do inverno de 1777-8 vêm de Thomas Coombe, que morava na região que hoje é a zona oeste de Filadélfia, perto da rua 63 e da rua do Mercado, uns 27 quilômetros a sudeste de Valley Forge. Coombe fez pelo menos duas leituras por dia num termômetro ao ar livre, uma às 8:00 da manhã e outra às 2:00 ou 3:00 horas da tarde, correspondendo mais ou menos às temperaturas mínima e máxima do dia. Na maioria das noites, também registrou as temperaturas às 21:00 ou 22:00. A maior parte das temperaturas "baixas" marcadas em seu gráfico vem das leituras das 8:00 da manhã. (David M. Ludlum, *Early American Winters, 1604-1820* [Boston: American Meteorological Society, 1966], 1: p. 101.) A média histórica baseou-se nas temperaturas mínimas diárias registradas na internet por CityRatings.com.

23. Ludlum, *Weather Factor*, p. 57.

MITOS SOBRE A FUNDAÇÃO DOS ESTADOS UNIDOS

24. Joseph Lee Boyle, "The weather and the Continental Army, august 1777-june 1778", manuscrito não publicado, disponível em forma digital através de contato com o Valley Forge National Historical Park, www.nps.gov/vafo/. A obra magistral de Boyle é uma compilação cronológica de fontes primárias que mencionam o clima e o seu impacto sobre o exército, tanto no inverno de 1777-8 quanto no de 1779-80. Como o original é transmitido em forma eletrônica, a paginação não é confiável. No entanto, os verbetes de Boyle vêm em ordem cronológica e assim a citação abaixo deve ser fácil de localizar. A seção sobre o inverno de 1779-80 em Morristown está no final da obra.

25. Boyle, "Weather and the Continental Army". Em Elizabethtown, perto de Morristown, a temperatura *dentro de casa* pela manhã nunca subiu acima do ponto de congelamento durante o mês inteiro. (Ver "The hard winter of 1779-1780", disponível em forma digital no Morristown National Historical Park, www.nps.gov/morr/.)

26. Ludlum, *Weather Factor*, p. 57.

27. Ludlum, *Early American Winters*, 1: p. 115.

28. Ludlum, *Weather Factor*, p. 56.

29. Ludlum, *Early American Winters*, 1: pp. 114-6; Ludlum, *Weather Factor*, pp. 56-8; Boyle, "Weather and the Continental Army".

30. Martin, *Narrative*, pp. 147-8.

31. Boyle, "Weather and the Continental Army".

32. *Ibid.*

33. De Washington a magistrados da Virgínia, 8 de janeiro de 1780, em Fitzpatrick, *Writings of George Washington*, 17: pp. 362-3; citado em Boyle, "Weather and the Continental Army".

34. Boyle, "Weather and the Continental Army".

35. *Ibid.*

36. De Washington a Lafayette, 18 de março de 1780, em Fitzpatrick, *Writings of George Washington*, 18: pp. 124-5. Citado em Ludlum, *The Weather Factor*, p. 59, e Boyle, "Weather and the Continental Army".

37. Eric P. Olsen, guarda-florestal e historiador do Morristown National Historical Park, escreve:

Partes do Exército Continental passaram quatro invernos perto de Morristown durante a Guerra Revolucionária. Nos dois primeiros invernos, estiveram ali o general Washington e o grosso do Exército Continental "principal". Nos dois últimos invernos, Washington não esteve incluído e só ficaram ali setores pequenos do Exército Continental.

NOTAS

1. De janeiro de 1777 a maio de 1777 — Washington fica na Taberna de Arnold em Morristown [o prédio não existe mais]. Os soldados ficam em casas particulares e prédios públicos espalhados de Princeton a Morristown até as Hudson Highlands.
2. De dezembro de 1779 a junho de 1780 — Washington fica no Ford Mansion [parte do Parque Histórico Nacional de Morristown] e até 13 mil soldados acampam oito quilômetros ao sul de Morristown, em Jockey Hollow [também parte do Parque Histórico Nacional de Morristown].
3. De novembro de 1780 a janeiro de 1781 — A Linha da Pensilvânia acampa em Jockey Hollow enquanto Washington está em New Windsor, no estado de Nova York. A Linha da Pensilvânia se amotina em 1º de janeiro de 1780 e a maioria dos soldados abandona Jockey Hollow. Mais tarde, em janeiro/fevereiro de 1781, a Linha da Pensilvânia é substituída em Jockey Hollow pela Brigada de Nova Jersey. A Brigada de Nova Jersey estivera acampada mais ao norte, em Nova Jersey, e também se amotinara, mas o seu motim, ao contrário do da Linha da Pensilvânia, fora sufocado. A Brigada de Nova Jersey fica em Jockey Hollow até algum momento da primavera/verão de 1781.
4. Inverno de 1781-2 A Brigada de Nova Jersey volta a Jockey Hollow para este inverno. (Correspondência pessoal com o autor; setembro de 2003.)

38. Segundo o historiador militar Howard Peckham, cerca de 7 mil soldados americanos perderam a vida em combate, enquanto 10 mil soldados americanos morreram por doenças. (Peckham, *Toll of Independence*, p. 130.)
39. De Washington ao Congresso, 22 e 23 de dezembro de 1777, em Fitzpatrick, *Writings of George Washington*, 10: pp. 183, 195-6.
40. De Washington ao Congresso, 22 de dezembro de 1777, em Fitzpatrick, *Writings of George Washington*, 10: p. 183. Washington também foi a fonte da metáfora que definiu o sofrimento dos soldados. Em 21 de abril de 1778, escreveu que, como os soldados não tinham sapatos, "as suas marchas podem ser rastreadas pelo sangue dos seus pés". (De Washington a John Banister, 21 de abril de 1778, em Fitzpatrick, *Writings of George Washington*, 11: p. 291.) William Gordon, em sua história da Revolução de 1788, afirmou que Washington lhe contara o caso pessoalmente num jantar depois da guerra: "Por causa da falta de sapatos e meias e do chão duro de gelo, era possível rastrear o exército de White Marsh até Valley-Forge pelo sangue dos seus pés." (William Gordon, *The History of the Rise, Progress, and Establishment*

MITOS SOBRE A FUNDAÇÃO DOS ESTADOS UNIDOS

of Independence of the United States of America, republicação [Freeport, Nova York: Books for Libraries Press, 1969; primeira edição, 1788], 3: pp. 11-2.) Os escritores, durante mais de dois séculos, seguiram a linha de Gordon, usando esta imagem atraente para resumir a experiência de Valley Forge. Perder-se na interpretação tem sido um aspecto prático dessa observação pitoresca: rastrear pegadas naquela época era uma questão de suprema importância militar.

41. John Marshall, *Life of George Washington* (Londres e Filadélfia: Richard Phillips, 1804-7), 3: pp. 279-82.

42. Mercy Otis Warren, *History of the Rise, Progress and Termination of the American Revolution, Interspersed with Biographical, Political and Moral Observations* (Boston: E. Larkin, 1805; republicado por Liberty Classics em 1988), 1: p. 389; 3: pp. 268-9.

43. Em John Resch, *Suffering Soldiers: Revolutionary War Veterans, Moral Sentiment, and Political Culture in the Early Republic* (Amherst: University of Massachusetts Press, 1999), p. 72.

44. Mason L. Weems, *The Life of Washington* (Cambridge: Belknap Press, 1962; republicação da nona edição de 1809), pp. 181-2.

45. Resch, *Suffering Soldiers*, p. 75.

46. *Ibid.*, pp. 73-4.

47. Salma Hale, *History of the United States, from Their First Settlement as Colonies, to the Close of the War with Great Britain in 1815* (Nova York: Cothins and Hannay, 1930; primeira edição, 1822), pp. 188-9.

48. Charles A. Goodrich, *A History of the United States of America* (Hartford: Barber and Robinson, 1823), p. 193.

49. *Tri-Weekly Post*, Springfield, Massachusetts, 7 de março de 1848. Citado em Boyle, "Weather at Valley Forge", introdução.

50. Benson Lossing, *The Pictorial Field-Book of the Revolution* (Nova York: Harper & Brothers, 1851), 2: p. 331. George Bancroft, que escreveu na mesma época, cimentou o lugar de Valley Forge na memória coletiva norte-americana. Bancroft dedicou um capítulo inteiro ao "aquartelamento de inverno em Valley Forge", mas apenas meio parágrafo ao acampamento de inverno de 1779-80, sem sequer mencionar Morristown pelo nome. Para Bancroft, o segredo do sucesso dos soldados em Valley Forge foi a lealdade filial: "A vigilância insone de Washington (...) os protegia contra surpresas; o amor ao país e o apego ao seu general sustentaram-nos sob os seus sofrimentos sem paralelo; com qualquer outro líder, o exército teria se dissolvido e desaparecido". Bancroft usou com insistência o contraste entre os exércitos britânico e americano: enquanto os soldados continentais passavam fome e congelavam em Valley Forge, os casacos-vermelhos dançavam, jogavam e assistiam a produções teatrais na Filadélfia. (George Bancroft, *History of the United States of America, from*

NOTAS

the Discovery of the Continent [Boston: Little, Brown, 1879; primeira edição, 1834-74], 6: pp. 41, 46.) Richard Hildreth, que escreveu na mesma época que Lossing e Bancroft, fez uma descrição mais objetiva do inverno em Valley Forge, de acordo com o seu estilo costumeiro. Embora detalhasse a escassez e lamentasse a necessidade de os soldados procurarem a própria comida, não lhes enalteceu o sofrimento nem o usou para afundar em demonstrações efusivas de patriotismo. (Richard Hildreth, *The History of the United States of America* [Nova York: Harper & Brothers, 1849; republicação por Augustus Kelly da edição de 1880, 1969], 3: pp. 231-2.)

51. Lorett Treese, *Valley Forge: Making and Remaking a National Symbol*, publicado no *site* na internet do Valley Forge National Historical Park, www.nps.gov/vafo/.

52. Allen Bowman, *The Morale of the American Revolutionary Army* (Port Washington, Nova York: Kennikat Press, 1943), p. 30; Broadus Mitchell, *The price of independence: A Realistic View of the American Revolution* (Nova York: Oxford University Press, 1974), pp. 117-8.

6: A Declaração de Independência de Jefferson

1. Thomas Fleming, *Liberty! The American Revolution* (Nova York: Viking, 1997), pp. 170- 1.

2. Joseph Ellis, *American Sphinx: The Character of Thomas Jefferson* (Nova York: Alfred A. Knopf, 1997), pp. 56-7.

3. *Ibid.*, p. 58.

4. *Ibid.*, p. 59.

5. Locke era lido pelas classes mais instruídas. Os exemplares do *Segundo Tratado Sobre o Governo*, que os patriotas chamavam de "livros da liberdade", circulavam principalmente entre pregadores, que contribuíram para a disseminação das idéias de Locke.

6. Franklin P. Rice, org., *Worchester Town Records from 1753 to 1783* (Worchester: Worchester Society of Antiquity, 1882), p. 244; Ray Raphael, *The First American Revolution, before Lexington and Concord* (Nova York: New Press, 2002), p. 159.

7. De Samuel Adams a Joseph Warren, 25 de setembro de 1774, Harry Alonzo Cushing, org., *Writings of Samuel Adams* (Nova York: G. P. Putnam & Sons, 1907), 3: p. 159.

8. De John Adams a Joseph Palmer, 26 de setembro de 1774, e de John Adams a William Tudor, 7 de outubro de 1774, em Robert J. Taylor, org., *Papers of John Adams* (Cambridge: Harvard University Press, 1977), 2: p. 173 e 2: p. 187.

9. Woody Holton, *Forced Founders: Indians, Debtors, Slaves, and the Making of the American Revolution in Virginia* (Chapel Hill: University of North Carolina Press, 1999), pp. 106-29, 191-205.

MITOS SOBRE A FUNDAÇÃO DOS ESTADOS UNIDOS

10. Holton, *Forced Founders*, pp. 200-5. A renovação da Convenção da Virgínia foi de 38%, comparada a apenas 10% na legislatura anterior. (Holton cita Michael A. McDonnell, "The politics of mobilization in revolutionary Virginia: Military culture and political and social relations, 1774-1783" [tese de doutorado em Filosofia, Balliol College, Oxford University, 1995], pp. 95-96.)

11. De Charles Lee a Patrick Henry, 7 de maio de 1776, em Holton, *Forced Founders*, p. 199.

12. De Jefferson a Thomas Nelson, 16 de maio de 1776, em Julian P. Boyd, org., *Papers of Thomas Jefferson* (Princeton: Princeton University Press, 1950), 1: p. 292.

13. O texto de Mason foi extraído de *Pennsylvania Gazette*, 12 de junho de 1776; o de Jefferson, de Pauline Maier, *American Scripture: Making the Declaration of Independence* (Nova York: Vintage, 1998; primeira edição, 1997), pp. 236-46. Na época, Jefferson achou que o trabalho da Convenção da Virgínia na criação de uma nova constituição era ainda mais importante que o do Congresso Continental e sugeriu que a Virgínia chamasse de volta os seus representantes no congresso. (De Jefferson a Thomas Nelson, 16 de maio de 1776, em Lyman H. Butterfield e Mina R. Bryan, orgs., *Papers of Thomas Jefferson* [Princeton: Princeton University Press, 1950], 1: p. 292.) Com certeza, Jefferson deve ter examinado todos os relatórios da Convenção da Virgínia, principalmente todas as notícias relativas à questão da independência.

14. Há uma lista destes documentos em Maier, *American Scripture*, pp. 217-23.

15. Peter Force, org., *American archives, fourth series: A Documentary History of the English Colonies in North America from the King's Message to Parliament of March 7, 1774, to the Declaration of Independence by the United States* (Nova York: Johnson Reprint Corporation, 1972; primeira edição 1833-46), 6: p. 933.

16. Do Congresso da Carolina do Norte, 12 de abril de 1776, em Force, *American Archives, Fourth Series*, 5: p. 860.

17. *Ibid.*, 6: p. 933.

18. *Ibid.*, 5: pp. 1208-9.

19. Eis aqui, por exemplo, uma lista de queixas da "Declaração dos delegados de Maryland":

> O Parlamento da Grã-Bretanha tem reivindicado ultimamente o direito incontrolável de restringir estas colônias em todos os casos, sejam quais forem. Para impor a submissão incondicional à sua pretensão, os poderes Legislativo e Executivo daquele estado seguiram invariavelmente, nesses últimos dez anos, um sistema estudado de opressão, aprovando muitas leis importunas, severas e cruéis para extrair receita dos colonos; privando-os em muitos casos de julgamento pelo júri; alterando a Constituição

aprovada da colônia e a total suspensão do comércio de sua capital; impedindo todo relacionamento entre as colônias; impedindo-as de pescar em suas próprias águas; ampliando os limites e criando um governo arbitrário na província de Quebeck; confiscando as propriedades dos colonos tomadas nos mares e obrigando os tripulantes das suas embarcações, sob pena de morte, a agir contra o seu país natal e os seus melhores amigos; declarando todos os confiscos, detenções ou destruição de pessoas ou propriedades dos colonos como legais e justos. (Force, *American Archives, Fourth Series*, 6: p. 1506.)

20. Force, *American Archives, Fourth Series*, 6: pp. 557, 603. Embora as outras declarações variassem em estilo e tamanho, eram semelhantes na intenção: chegara a hora de os Estados Unidos realizarem o rompimento total. Um exemplo representará o resto:

Aos honrados representantes da província de Nova York, no Congresso Provincial convocado. O humilde discurso da Comissão Geral de Artesãos Unidos, da Cidade e do Condado de Nova York, em nome de si mesmos e de seus constituintes:

SENHORES: Nós, como parte de seus eleitores, e amigos dedicados do nosso país que sangra, pedimos permissão, na forma devida, nesta hora, de abordá-los, nossos deputados, e solicitar-lhes a sua gentil atenção para este nosso humilde discurso.

Quando lançamos o olhar sobre o nosso amado continente, onde há muito gozamos a justa liberdade, civil e religiosa, cujos campos fecundos alegraram o mundo e cujo comércio tornou abundantes todas as coisas, a tristeza enche os nossos corações quando o vemos hoje lutando sob a carga pesada da opressão, da tirania e da morte. Mas, quando lançamos o nosso olhar um pouco mais para longe e vemos a mão de ferro levantada contra nós, atenção, *é o nosso rei*; ele que, por seu juramento e posição, é obrigado a nos apoiar e defender no gozo tranquilo de todos os nossos direitos gloriosos de homens livres, e cujos domínios foram sustentados e enriquecidos pelo nosso comércio. Deveremos ficar ainda sentados em silêncio e continuar a ser súditos contentes de tal príncipe, que é surdo às nossas petições para interpor a sua real autoridade a nosso favor e para atender às nossas queixas, mas, pelo contrário, parece ter prazer com a nossa destruição? Quando vemos que um ano inteiro não é o bastante para satisfazer a raiva de um cruel ministério, que queima as nossas cidades, toma os nossos navios e assassina os nossos preciosos filhos da liberdade;

MITOS SOBRE A FUNDAÇÃO DOS ESTADOS UNIDOS

que faz chorar viúvas pela perda dos que lhes são mais queridos que a vida, e órfãos desamparados lamentar a morte do pai afetuoso; mas que ainda prossegue no mesmo intuito sangrento; e por nenhuma razão além desta, de não nos tornarmos seus escravos, e sermos tributados por eles sem o nosso consentimento — portanto, como preferimos nos separar a continuar mais tempo ligados a tais opressores, nós, o Comitê de Artesãos Unidos, por nós e por nossos constituintes, declaramos aqui publicamente que, se os senhores do honrado Congresso Provincial, considerarem adequado instruir os nossos mui honrados delegados no Congresso Continental a envidar os seus maiores esforços naquela augusta assembléia para fazer essas Colônias Unidas se tornarem independentes da Grã-Bretanha, isso nos daria a maior das satisfações; e portanto aqui prometemos sinceramente nos esforçar para apoiar o mesmo com nossas vidas e fortunas.

Assinado por ordem do Comitê,

Lewis Thibou, Presidente.

Mechanick-Hall, Nova York, 29 de maio de 1776.

(Force, *American Archives, Fourth Series*, 6: pp. 614-5.)

21. Philip F. Detweiler, "The changing reputation of the Declaration of Independence: The first fifty years", *William and Mary Quarterly*, terceira série, 19 (1962): pp. 559-61.

22. Maier, *American Scripture*, pp. 165-7; Detweiler, "Changing reputation", p. 561.

23. Detweiler, "Changing reputation", p. 562.

24. David Ramsay, *The History of the American Revolution* (Filadélfia: R. Aitken & Son, 1789; republicado por Liberty Classics em 1990), 1: pp. 340-6; William Gordon, *The History of the Rise, Progress, and Establishment of Independence of the United States of America* (Freeport, Nova York: Books for Libraries Press, 1969; primeira edição, 1788), 2: pp. 274-97.

25. Charles Warren, "Fourth of July myths", *William and Mary Quarterly*, terceira série, 2 (1945): p. 263.

26. John Marshall, *The Life of George Washington* (Nova York, AMS Press, 1969; primeira edição, 1804-7), 2: p. 405.

27. Ironicamente, Marshall descreveu o ato da declaração de independência com um viés populista. "A independência americana se tornou o tema geral das conversas e, cada vez mais, o desejo geral", escreveu esse importante federalista. "As medidas do Congresso assumiram a sua forma com base na disposição do povo." Marshall, *Life of George Washington*, 2: pp. 396-404.

28. Mercy Otis Warren, *History of the Rise, Progress and Termination of the American Revolution, Interspersed with Biographical, Political and Moral Observations* (Boston: E. Larkin, 1805; republicado por Liberty Classics em 1988), 3: pp. 307-8. Esse tre-

NOTAS

cho pertence às suas observações finais. Num ponto anterior do texto, Warren escreveu que a Declaração foi "redigida pela pena engenhosa e filosófica de Thomas Jefferson, Esquire". (1: p. 309.)

29. Irma B. Jaffe, *Trumbull: The Declaration of Independence* (Nova York: Viking, 1976), p. 69.

30. Maier, *American Scripture*, pp. 175-6; Detweiler, "Changing reputation", p. 572.

31. Jaffe, *Trumbull*, pp. 62-6.

32. Maier, *American Scripture*, p. 186.

33. De Jefferson ao Dr. James Mease, 26 de setembro de 1825, em Paul Leicester Ford, org., *Writings of Thomas Jefferson* (Nova York: G. P. Putnam's Sons, 1899), 10: p. 346.

34. De John Adams a Benjamin Rush, 21 de junho de 1811, em John A. Schutz e Douglass Adair, orgs., *The Spur of Fame: Dialogues of John Adams and Benjamin Rush, 1805-1813* (San Marino, Califórnia: Huntington Library, 1966), p. 182.

35. As defesas mais vigorosas que Adams faz do seu argumento estão em sua *Autobiography* e na carta a Timothy Pickering nela incluída, 6 de agosto de 1822, em Charles Francis Adams, org., *The Works of John Adams* (Boston: Charles Little and James Brown, 1850), 2: pp. 510-5. Embora a lembrança que Adams guardava do comitê de fato tivesse falhas, o fato de que o comitê se reuniu e que cada membro fez revisões é indicado pela correspondência do próprio Jefferson na época. (Ver Robert E. McGlone, "Deciphering memory: John Adams and the authorship of the Declaration of Independence", *Journal of American History*, 85 [1998]: pp. 411-38; e Maier, *American Scripture*, pp. 101-2.) Eis a peça básica de prova da época: "De Th. J. a Doctr. Franklyn. Manhã de sexta. O texto incluído foi lido e com algumas pequenas alterações aprovado pelo comitê. Poderá o Doctr. Franklyn fazer a gentileza de examiná-lo e sugerir as alterações que a sua visão mais ampla do assunto ditarem? O texto, tendo sido a mim devolvido para alterar um sentimento específico ou outro, proponho apresentá-lo de novo ao comitê amanhã de manhã, caso o Doctr. Franklyn possa pensar nele antes disso." (Boyd, *Papers of Jefferson*, 1: p. 404.) Não há prova definitiva de que o bilhete de Jefferson a Franklin se refira à Declaração de Independência, mas segundo Julian Boyd, organizador da obra, as outras possibilidades são implausíveis, enquanto todos os indícios circunstanciais e corroboradores apontam para a Declaração.

36. Boyd, *Papers of Jefferson*, 1: p. 414.

37. De Jefferson a James Madison, 30 de agosto de 1823, em Ford, *Writings of Thomas Jefferson*, 10: pp. 266-8.

38. Maier, *American Scripture*, pp. 203-4.

39. Citado em Garry Wills, *Inventing America: Jefferson's Declaration of Independence* (Nova York: Doubleday, 1978), pp. xix-xx.

MITOS SOBRE A FUNDAÇÃO DOS ESTADOS UNIDOS

40. Maier, *American Scripture*, p. 202.

41. O livreto de Wilson, *Considerations on the Nature and Extent of the Legislative Authority of the British Parliament* [*Considerações sobre a natureza e o alcance da autoridade legislativa do Parlamento britânico*], foi escrito em resposta aos impostos de Townshend, mas, como estes foram rejeitados em 1770, Wilson só achou adequado publicá-lo em 1774. Um parágrafo mostra semelhança notável com a redação de Jefferson para a Declaração de Independência: "Todos os homens são, por natureza, iguais e livres; ninguém tem direito a nenhuma autoridade sobre outro sem o seu consentimento; todo governo legal está baseado no consentimento dos que a ele estão sujeitos; este consentimento foi dado com vistas a garantir e aumentar a felicidade dos governados, além da que gozariam num estado de natureza independente e sem ligações". (Wills, *Inventing America*, p. 248; Carl Becker, *The Declaration of Independence: A Study in the History of Political Ideas* [Nova York: Alfred A. Knopf, 1948; primeira edição, 1922], p. 108.)

42. Force, *American Archives, fourth series*, 6: p. 514.

43. *Ibid.*, 5: p. 1206.

44. Wills, *Inventing America*, xxi. O argumento de Lincoln seria mais forte se Jefferson tivesse ficado com a expressão de Mason "igualmente livres e independentes", em vez de parafrasear as palavras de James Wilson, que afirmara vários anos antes que "todos os homens são, por natureza, iguais e livres". Para os críticos da época de Lincoln, a noção vaga e indefinida de "igualdade" era absurda: obviamente as pessoas não eram iguais com relação a todo tipo de atributo físico, menos ainda em termos de posição social ou postura política. A terminologia de Mason teria eliminado esta refutação superficial: "igualmente livres e independentes" deixa claro que as pessoas devem ser consideradas iguais exatamente porque são livres e independentes. Isso teria permitido um argumento muito mais vigoroso contra a escravidão, embora Mason, assim como Jefferson, provavelmente não pretendesse que as suas palavras fossem usadas com tal fim. A Declaração de Direitos de Mason, no entanto, perdera o brilho — não devido à redação inferior, mas porque a Declaração do Congresso a suplantara na mente do público.

45. Sobre a atitude de Jefferson quanto à miscigenação, ver o seu *Notes on the State of Virginia* (Chapel Hill: University of North Carolina Press, 1955; escrito em 1781), pp. 138-40. A reprodução de escravos que Jefferson promovia comercialmente pode ser deduzida de suas cartas. Em 17 de janeiro de 1819, ele escreveu ao supervisor de sua fazenda: "Considero o trabalho da mulher reprodutora nada pequeno, e que uma criança a cada dois anos é mais lucrativa que a colheita do melhor trabalhador". No ano seguinte, reiterou esta pequena peça de filosofia financeira: "Considero uma mulher que tenha um filho a cada dois anos como mais lucrativa que o melhor homem da fazenda. O que ela produz é um acréscimo ao capital, enquanto

NOTAS

o trabalho dele desaparece no mero consumo". (De Jefferson a Joel Yancy, 17 de janeiro de 1819, e de Jefferson a John W. Eppes, 30 de junho de 1820, em Edwin Morris Betts, org., *Thomas Jefferson's Farm Book* [University Press of Virginia, 1976] pp. 43, 46). Sempre que Jefferson se endividava, o que era freqüente, podia vender e vendia escravos para atender às exigências dos seus credores. (Betts, *Jefferson's Farm Book, 5.*) Comprometido ética e politicamente, Jefferson tentou esconder essas transações embaraçosas com carne humana: "Não gosto (enquanto na vida pública) de ver meu nome ligado em documentos públicos à venda de propriedade", escreveu — "propriedade", neste caso, sendo um eufemismo para escravos. (De Jefferson a Bowling Clarke, 21 de setembro de 1792, em Betts, *Jefferson's Farm Book, 13.*)

46. Há uma discussão sobre a relação entre Lincoln e os outros que usaram esse argumento antes dele em Maier, *American scripture*, pp. xix-xx, 202-3.

47. Vivian Bernstein, *America's History: Land of liberty — Beginning to 1877* (Austin: Steck-Vaughn, 1997), p. 81.

48. Joy Hakim, *A History of US* (Nova York: Oxford University Press, 2003) 3: pp. 98-100. Essa é a pedra fundamental do tratamento que Hakim dispensa à Revolução Americana. O texto da capa do volume 3, *From Colonies to Country*, diz: "Leia tudo sobre o assunto! Como as pessoas de treze pequenas colônias venceram uma nação grande e muito poderosa, libertaram-se e chegaram a escrever algumas palavras espantosas que inspiraram o mundo inteiro".

49. Ver James West Davidson, *The American Nation* (Upper Saddle River: Prentice Hall, 2003), p. 173; Michael J. Berson, org., *United States History: Beginnings* (Orlando: Harcourt, 2003), p. 302; Sterling Stuckey e Linda Kerrigan Salvucci, *Call to Freedom* (Austin: Holt, Rinehart and Winston, 2003), p. 158. *Common Sense* foi mesmo um sucesso e vendeu mais de 100 mil exemplares no inverno e na primavera de 1776. É estranho que esse número avassalador — um livro para cada quatro famílias — não seja considerado suficiente.

50. De Jefferson a Henry Lee, 8 de maio de 1825, em Ford, *Writings of Thomas Jefferson*, 10: p. 343. Ver também: de Jefferson para James Madison, 30 de agosto de 1823, em Ford, *Writings of Thomas Jefferson*, 10: p. 268.

51. De Jefferson ao dr. James Mease, 26 de setembro de 1825, em Ford, *Writings of Thomas Jefferson*, 10: p. 346.

7: Os fundadores: a maior de todas as gerações

1. Gordon Wood, "The Greatest Generation", *New York Review of Books*, 29 de março de 2001.

MITOS SOBRE A FUNDAÇÃO DOS ESTADOS UNIDOS

2. David McCullough, "The Argonauts of 1776", *New York Times*, 4 de julho de 2002.
3. Joseph Ellis, *Founding Brothers: The Revolutionary Generation* (Nova York: Alfred A. Knopf, 2001), pp. 13, 17.
4. Gordon Wood, o mais estimado especialista em Revolução Americana no país, percebe a necessidade de aplicar algum tipo de padrão. Em seu ensaio intitulado "The greatest generation" ("A maior de todas as gerações"), mostra primeiro as fraquezas dos fundadores:

> Com certeza não eram imunes às tentações do interesse pessoal que atraíam a maioria dos seres humanos comuns. Queriam riqueza e posição e muitas vezes especularam muito para realizar os seus objetivos. Não eram democratas, com certeza não democratas à moda moderna. Nunca se envergonhavam de dizer que eram uma elite e nunca esconderam sua superioridade em relação ao povo comum.

Assim, o que faz desses esnobes gananciosos, na estimativa de Woods, "a maior de todas as gerações"?

> Lutaram para internalizar os novos padrões liberais, criados por homens, que tinham passado a definir o que significava ser verdadeiramente civilizado — boa educação, bom gosto, sociabilidade, cultura, compaixão e benevolência — e o que significava ser um bom líder político — virtude, desinteresse, aversão à corrupção e comportamento cortês.
>
> É claro que nem sempre seguiam esses padrões; mas, depois de internalizados, esses ideais e valores esclarecidos e classicamente republicanos circunscreveram e controlaram até certo ponto seu comportamento. Os integrantes dessa geração revolucionária buscaram, muitas vezes sem sucesso, ser o que Jefferson chamava de "aristocratas naturais" — aristocratas que não mediam o seu *status* pelo berço ou pela família, mas pelos valores esclarecidos e pelo comportamento benevolente. Significava, em resumo, ter todas as características que hoje se resumem na idéia de uma educação versada em humanidades. ("The greatest generation", *New York Review of Books*, 29 de março de 2001.)

Os padrões de Woods são mínimos: os fundadores eram "grandes" porque internalizavam os valores de uma educação em humanidades e externalizavam as boas maneiras de uma escola de etiqueta. A emoção sumiu. Será que os integrantes da "maior de todas as gerações" merecem a nossa adulação simplesmente porque tentaram (mas muitas vezes não conseguiram) ser virtuosos?

NOTAS

5. Charles Murray, em *Human Accomplishment: The Pursuit of Excellence in the Arts and Sciences, 800 B. C. to 1950* (Nova York: HarperCollins, 2003), tenta quantificar e classificar as pessoas que "realizaram grandes coisas". Pelo exame de quantas vezes tais pessoas são mencionadas em obras básicas de referência e índices remissivos, Murray afirma distinguir "grandes realizações de realizações menores". Somente ao igualar "grandeza" a "influência" tal método poderia pretender alguma validade objetiva. Não é por acaso que Murray não leva a sua análise à arena política. Se o fizesse, Hitler surgiria com toda a certeza como um dos maiores seres humanos que já caminharam sobre a Terra.

6. American Heritage, *Great Minds of History: Interviews with Roger Mudd* (Nova York: Wiley, 1999).

7. Ellis, *Founding Brothers*, p. 13.

8. A carreira de Burr estava em declínio e Hamilton, alijado do poder. As idéias de Hamilton realmente configuraram a história de forma bastante significativa, mas, se poderia ter influenciado as políticas públicas caso chegasse a uma idade avançada, é pura conjectura. Também é conjectural se Alexander Hamilton, que deu o primeiro tiro no duelo, queria atingir ou não Aaron Burr. Ellis mergulha profundamente nesse assunto — uma questão interessante mas certamente periférica nos anais da história americana.

9. Ellis, *Founding Brothers*, p. 51.

10. Ellis designa especificamente as experiências dos escravos como periférica. Chama às falas especialistas que se concentram nos escravos da época revolucionária, como Venture Smith, enquanto "ignoram a linha principal da política". Ironicamente, ao reivindicar a primazia para o seu próprio estilo de história política em oposição à história social de escravos "marginais ou periféricos", ele retrata pessoas "no centro da história nacional" que falam *sobre* a escravatura como os únicos atores importantes da história da escravidão. (Ellis, *Founding Brothers*, pp. 12-3.)

11. David McCullough, *John Adams* (Nova York: Simon and Schuster, 2001), p. 129.

12. McCullough, *John Adams*, texto da capa externa (redigido por McCullough).

13. John Ferling, *Setting the World Ablaze: Washington, Adams, Jefferson, and the American Revolution* (Nova York: Oxford University Press, 2000), p. 306. Eis a citação completa, parágrafo final do livro de Ferling: "Washington e Adams conquistaram a grandeza histórica na Revolução Americana. De certa forma, a realização de Adams foi a mais impressionante. A sua luta foi a mais solitária. Antes de 1778, lutou em prol de objetivos impopulares mas necessários contra um Congresso recalcitrante. Mais tarde, quando enfrentou um isolamento ameaçador na Europa, lutou contra o diplomata e cidadão mais famoso da América do Norte e recusou-se a ceder diante de um aliado autoritário em cujas garras parecia descansar a própria sobrevivência da Revolução Americana. Era um 'espírito ousado', como afirmou Daniel

Webster num discurso no Faneuil Hall, em Boston pouco depois da morte de Adams, um líder 'resoluto e enérgico' que possuía as qualidades de 'talento natural e temperamento natural' que a crise revolucionária exigia. A geração revolucionária foi mesmo afortunada por ter Washington e Adams como seus maiores administradores e guias."

14. McCullough, *John Adams*, p. 78.

15. *Ibid.*, 90. McCullough também observa que os delegados de seis estados no Congresso Continental "seguiam instruções específicas de não votar a favor da independência". Isso era verdade no início da primavera de 1776, mas no decorrer dos meses seguintes todos os estados, com exceção de Nova York, instruíram seus delegados a votar a favor da independência ou permitiram-lhes que assim votassem. Essa mudança das instruções não se deveu aos debates no Congresso, mas à pressão externa.

16. De John Adams a Benjamin Rush, 19 de março de 1812, em The Rare Books and Manuscripts Department, ms nº 229 (44), Boston Public Library.

17. John Adams, com a sua prática divisão em 3/3, costuma ser citado como fonte definitiva sobre a força de *tories*, patriotas e neutros durante a Revolução Americana. Em 1815, em carta a James Lloyd, ele afirmou que "1/3 completo era contrário à Revolução. (...) O terço oposto concebeu o ódio pelos ingleses. (...) O terço do meio (...) era bastante morno." (Charles Francis Adams, org., *The Works of John Adams* [Boston: Charles Little and James Brown, 1850], 10: p. 110.) Aqui, contudo, Adams não falava da Revolução Americana, mas das atitudes dos americanos em face da Revolução Francesa, em 1797. Adams tinha a tendência de dividir a população em terços; os escritores de livros de história, por sua vez, têm demonstrado preferência por aceitar como fato essas avaliações improvisadas, colocadas no papel várias décadas depois por um homem idoso e utilizadas totalmente fora de contexto.

18. De John Adams a Abigail Adams, 3 de julho de 1776, em Charles Francis Adams, org., *Familiar Letters of John Adams and His Wife Abigail Adams, during the Revolution* (Boston: Houghton Mifflin, 1875), p. 193.

19. De John Adams a Joseph Palmer, 26 de setembro de 1774, e de John Adams a William Tudor, 7 de outubro de 1774, em Robert J. Taylor, org., *Papers of John Adams* (Cambridge: Belknap Press, 1977), 2: pp. 173, 187.

20. De Samuel Adams a Joseph Warren, 25 de setembro de 1774, em *Writings of Samuel Adams*, Harry Alonzo Cushing, org. (Nova York: G. P. Putnam's Sons, 1904), 3: pp. 158-159.

21. De Abigail Adams a John Adams, 16 de outubro de 1774, em Adams, *Familiar Letters of John and Abigail Adams*, p. 48.

22. McCullough, "Argonauts of 1776", 4 de julho de 2002.

23. Ellis, *Founding Brothers*, p. 18.

24. *Ibid.*, p. 16.

NOTAS

8: "Dai-me a liberdade ou dai-me a morte"

1. William Wirt, *Sketches of the Life and Character of Patrick Henry* (Filadélfia: James Webster, 1818), pp. 121-3. Acrescentou-se a descrição dos parágrafos, omitiram-se os interlúdios descritivos de Wirt. Ênfase no original.
2. Richard R. Beeman, *Patrick Henry: A Biography* (Nova York: McGraw-Hill, 1974), p. XI; Andrew Burstein, *America's Jubilee* (Nova York: Alfred A. Knopf, 2001), pp. 35, 39. Wirt continua: "[O] estilo da narrativa, acorrentado por uma atenção escrupulosa aos fatos reais, é para mim o mais difícil do mundo. É como tentar correr amarrado dentro de um saco. A minha pena quer perpetuamente galopar e cabriolar para fora dele".
3. De Wirt a Adams, 12 de janeiro de 1818, em Burstein, *America's Jubilee*, p. 46.
4. As citações aqui se baseiam na terceira edição, publicada em 1818 por James Webster na Filadélfia.
5. Há uma lista de várias edições dessas em Judy Hample, "The textual and cultural authenticity of Patrick Henry's 'Liberty or death' Speech", *Quarterly Journal of Speech*, 63 (1977): p. 299. O discurso propriamente dito foi publicado alguns meses antes do livro em *Port Folio*, dezembro de 1816.
6. De Wirt a Tucker, 16 de agosto de 1815, *William and Mary Quarterly*, primeira série, 22 (1914), p. 252. Citado em Hample, "Textual authenticity", p. 300. Infelizmente, a palavra *"verbatim"* nesta frase não é clara: refere-se ao próprio discurso ou apenas ao efeito que causou em Tucker, que Wirt, com efeito, inclui numa nota de rodapé em sua biografia? (Wirt, *Patrick Henry*, p. 122.)
7. Hample, "Textual authenticity", pp. 298-310; Stephen T. Olsen, "A study in disputed authorship: the 'Liberty or death' Speech", dissertação de doutorado, Pennsylvania State University, 1976; Charles I. Cohen, "The 'Liberty or death' speech: A note on religion and revolutionary rhetoric", *William and Mary Quarterly*, terceira série, 38 (1981), pp. 702-17; David A. McCants, "The authenticity of William Wirt's version of Patrick Henry's 'Liberty or death' speech", *Virginia Magazine of History and Biography*, 87 (1979), pp. 387-402.
8. Moses Coit Tyler, *Patrick Henry* (Boston: Houghton, Mifflin, 1887), p. 126; Hample, "Textual authenticity", p. 301.
9. Graças ao registro escrito (e, neste caso, também ao registro audiovisual), conhecemos as palavras exatas da emocionante conclusão de Kennedy:

> Meus concidadãos: que ninguém duvide que é um empreendimento difícil e perigoso este que iniciamos. Ninguém pode prever com exatidão que rumo tomará ou que custos ou baixas serão provocados. Muitos meses de sacrifício e disciplina pessoal nos esperam — meses em que tanto a nossa

339

MITOS SOBRE A FUNDAÇÃO DOS ESTADOS UNIDOS

paciência quanto a nossa vontade serão testadas —, meses em que muitas ameaças e acusações nos manterão conscientes dos perigos que corremos. Mas o maior de todos os perigos será não fazer nada.

O caminho que escolhemos para o presente é cheio de riscos, como são todos os caminhos; mas é o mais coerente com o nosso caráter e coragem como nação e com os nossos compromissos no mundo inteiro. O custo da liberdade é sempre alto, mas os americanos sempre o pagaram. E um caminho que nunca escolheremos, que é o caminho da rendição ou da submissão.

A nossa meta não é a vitória do poder, mas a defesa do direito; não a paz à custa da liberdade, mas tanto paz quanto liberdade, aqui neste hemisfério e, esperamos, no mundo todo. Se Deus quiser, esse objetivo será alcançado. Obrigado e boa noite.

10. Hample, "Textual authenticity", p. 308. A carta foi publicada pela primeira vez no *Magazine of History*, março de 1906, p. 158.

11. Do *South Carolina Gazette and Country Journal*, 6 de junho de 1775, citado em Woody Holton, "Rebel against rebel: Enslaved virginians and the coming of the American Revolution", *Virginia Magazine of History and Biography*, 105 (1997): pp. 171, 176; Woody Holton, *Forced Founders, Indians, Debtors, Slaves, and the making of the American Revolution in Virginia* (Chapel Hill: University of North Carolina Press, 1999), pp. 149-51; Peter Wood, "'Taking care of business' in revolutionary South Carolina: Republicanism and the slave society", em Jeffrey J. Crow e Larry E. Tise, orgs., *Southern Experience in the American Revolution* (Chapel Hill: University of North Carolina Press, 1978), p. 282; Ray Raphael, *People's History of the American Revolution: How Common People Shaped the Fight for Independence* (Nova York: New Press, 2001), p. 246.

12. William J. Van Schreeven, Robert L. Scribner e Brent Tarter, orgs., *Revolutionary Virginia: The Road to Independence, a Documentary Record* (Charlottesville: University Press of Virginia, 1973-83), 3: p. 6.

13. Holton, "Rebel against rebel", p. 174.

14. Segundo os registros tributários de 1787 e 1788, Patrick Henry possuía 66 escravos nos anos que se seguiram à Revolução. No entanto, isso era modesto pelos padrões do estado: George Washington possuía 390. (Jackson T. Main, "The one hundred", *William and Mary Quarterly*, terceira série, 11 (1954), pp. 376 e 383.)

15. Holton, "Rebel against rebel", p. 174; Beeman, *Patrick Henry*, p. 70.

16. Há uma fotocópia do aviso de Henry reproduzida em Beeman, *Patrick Henry*, inserida entre as pp. 57 e 59. Alguns historiadores retratam Henry como indulgente em relação à escravidão, com base numa única carta que escreveu em 1773: "Não é es-

NOTAS

pantoso que, numa época, em que os direitos da humanidade são definidos & compreendidos com precisão, num país acima de todos os outros amante da liberdade, que numa época assim, & num país assim, encontremos homens, que professam uma religião a mais humana, suave, paciente, gentil & generosa; e adotam um princípio tão repugnante para a humanidade quanto incoerente com a bíblia e destrutivo para a liberdade? (...) Alguém acreditaria que sou senhor de escravos que eu mesmo comprei! Sou levado pela inconveniência geral de viver sem eles, não posso nem devo justificá-lo. Por mais culpada que seja a minha conduta, pagarei até agora meus deveres à virtude, como a admitir a excelência e a retidão dos seus preceitos, & lamentarei a minha incapacidade de ajustar-me a eles. (Robert D. Meade, *Patrick Henry: Patriot in the Making* [Filadélfia e Nova York: J. B. Lippincott Co., 1957], pp. 299-300.)

Claramente, Henry entendia os males inerentes à escravidão, mas no decorrer de três décadas de serviço público — como legislador estadual, governador e deputado do estado no Congresso Continental — não tomou providências para promover os sentimentos que declarou em 1773, mas atuou para defender a instituição da escravatura. Em maio de 1776, participou da comissão que redigiu a Declaração de Direitos da Virgínia, que afirmava em seu primeiro artigo que "todos os homens nascem igualmente livres e independentes". Alguns delegados mais astutos ficaram incomodados com essas palavras perigosas, que temiam que fossem usadas no futuro para justificar a abolição da escravatura. A lei foi devolvida à comissão "para variar a linguagem, de modo a não envolver a necessidade de emancipar os escravos". A comissão logo deu resposta: embora todos os homens nasçam livres e independentes, só podem exigir os seus direitos "quando entram num estado de sociedade" — e os escravos, claro, não eram "parte da sociedade à qual se aplicava a declaração". Aparentemente, esse pequeno sofisma acalmou os dissidentes. (Henry Mayer, *Son of Thunder* [Nova York: Franklin Watts, 1986], pp. 300-1; Beeman, *Patrick Henry*, pp. 101-2.)

Henry se opôs ao comércio de escravos africanos, mas a sua posição, apoiada pela maioria dos senhores de escravos da Virgínia, servia a interesses econômicos: como a Virgínia era o principal fornecedor de escravos para o restante dos estados, era natural que se opusesse à competição estrangeira. Em 1785, Patrick Henry apoiou um projeto de lei que proibia a importação de escravos; tal projeto, aprovado por e para a aristocracia da Virgínia, incluía uma determinação que impedia os escravos de prestar testemunho em tribunais e outra que permitia que fossem punidos "com golpes" por se reunir em grupos ou sair de casa sem um passe. O efeito líquido foi aumentar o controle sobre os escravos que já estavam ali.

Em 1788, durante os debates para a ratificação, Henry queixou-se de que a Constituição proposta não tinha salvaguardas suficientes contra a alforria. A escravi-

MITOS SOBRE A FUNDAÇÃO DOS ESTADOS UNIDOS

dão, insistia ele, era uma questão estritamente local, mas a Constituição deixava de garantir que assim seria tratada. Temia que, com uma cláusula "necessária e adequada", o Congresso pudesse tributar tão pesadamente a escravidão que os senhores seriam forçados a libertar os seus escravos.

Em seu testamento, Henry permitiu à esposa Dolly, "se ela quiser", "libertar um ou dois dos meus escravos" — palavras realmente cautelosas para um defensor tão extravagante da liberdade. (Henry Mayer, *Son of Thunder*, p. 473.) Por outro lado, Elizabeth, irmã de Patrick, afirmou como seus últimos desejos: "Considerando que pelos maus atos do homem foi o destino infeliz dos seguintes negros serem escravos pela vida toda, ou seja, Nina, Adam, Nancy senr., Nancy, Kitty e Selah. E considerando acreditar que os mesmos ficaram sob minha posse pelos desígnios da providência, e concebendo a partir da mais clara convicção da minha consciência auxiliada pelo poder de Deus bom e justo, que é ao mesmo tempo pecador e injusto, já que por natureza eles são tão livres quanto eu, que continuem eles na escravidão, eu, portanto, pelo presente, sob a influência de um dever não só para com a minha consciência, mas para com o Deus justo que a todos nos fez, liberto os ditos negros, esperando que embora estejam livres do homem sirvam fielmente ao seu CRIADOR através dos méritos de CRISTO". (Meade, *Patrick Henry*, pp. 312-3.) Aqui havia uma certa chama, o tipo de paixão que o seu irmão só conseguiu utilizar em nome da "liberdade" dos brancos livres.

17. Holton, "Rebel against rebel", p. 173.
18. Beeman, *Patrick Henry*, pp. 25-8; Holton, *Forced Founders*, pp. 10, 32, 37; Alan Taylor, " 'To man their rights': The frontier revolution", em Ronald Hoffman e Peter J. Albert, orgs., *The Transforming Hand of Revolution: Reconsidering the American Revolution as a Social Movement* (Charlottesville: University Press of Virginia, 1995), p. 238.
19. Randolph C. Downes, *Council Fires on the Upper Ohio: A Narrative of Indian Affairs in the Upper Ohio Valley until 1795* (Pittsburgh: University of Pittsburgh Press, 1968), p. 209; Louise P. Kellogg, org., *Frontier Advance on the Upper Ohio, 1778-1779* (Madison: State Historical Society of Wisconsin, 1916), p. 100.
20. Colin C. Calloway, *The American Revolution in Indian Country* (Nova York: Cambridge University Press, 1995), p. 202.
21. Beeman, *Patrick Henry*, p. 123.
22. Wirt, *Patrick Henry*, p. 65.
23. McCants, *Patrick Henry*, pp. 121-2.
24. Joy Hakim, *A History of US* (Nova York: Oxford University Press, 2003), 3: 62. A descrição impressionante de Hakim baseia-se num relato em segunda mão, uma conversa com um homem de mais de noventa anos que supostamente se recordou

342

NOTAS

do fato 59 anos depois de acontecido. Hakim e muitos outros aceitaram este relato, sem questionamentos, como verídico e exato. Em 1834, quando a conversa foi descrita, Wirt já conseguira criar uma "recordação" oficial do discurso, o que claramente influenciou John Roane, o informante. (Tyler, *Patrick Henry*, 129-33; Hample, "Textual authenticity", 301-2.)

9: "Não atirem antes de ver o branco dos olhos deles"

1. Richard Frothingham, *History of the Siege of Boston, and of the Battles of Lexington, Concord, and Bunker Hill* (Boston: Little, Brown, and Company, 1903; republicação de Da Capo Press, 1970; primeira edição, 1849), p. 140.
2. Paul F. Boller Jr. e John George, *They Never Said It* (Nova York: Oxford University Press, 1989), p. 106; Tom Burnham, *Dictionary of Misinformation* (Nova York: Crowell, 1975), pp. 69-70; Lyman C. Draper, *King's Mountain and Its Heroes* (Cincinnati: Peter G. Thomson, 1881), p. 107.
3. Howard H. Peckham, *Toll of Independence: Engagements & Battle Casualties of the American Revolution* (Chicago: University of Chicago Press, 1974), pp. 130-4.
4. Charles Royster, *A Revolutionary People at War: The Continental Army and American Character, 1775-1783* (Chapel Hill: University of North Carolina Press, 1979), p. 225.
5. William Moultrie, *Memoirs of the American Revolution* (Nova York: David Longworth, 1802), 2: pp. 96-7; citado em John Buchanan, *The Road to Guillford Courthouse: The American Revolution in the Carolinas* (Nova York: John Wiley and Sons, 1997), p. 69.
6. Joseph Plumb Martin, *A Narrative of a Revolutionary Soldier* (Nova York: Signet, 2001; primeira edição, 1830), pp. 79-80.
7. De John Chester a Joseph Fish, 22 de julho de 1775, em Frothingham, *Siege of Boston*, p. 391.
8. De Peter Brown à sua mãe, 25 de junho de 1775, em Frothingham, *Siege of Boston*, p. 392.
9. De William Prescott a John Adams, 25 de agosto de 1775, em Frothingham, *Siege of Boston*, p. 395.
10. De William Tudor a John Adams, 26 de junho de 1775, em Frothingham, *Siege of Boston*, p. 396.
11. Issachar Bates, *The Revolutionary War* (Old Chatham, Nova York: Shaker Museum Foundation, 1960; primeira edição, 1833), sem indicação de página.
12. Ray Raphael, *A People's History of the American Revolution: How Common People Shaped the Fight for Independence* (Nova York: New Press, 2001), p. 161.
13. Bates, *The Revolutionary War*, sem indicação de página.

MITOS SOBRE A FUNDAÇÃO DOS ESTADOS UNIDOS

14. "O ten. Dana me conta que foi o primeiro homem a disparar, e que o fez sozinho, e com o fim de provocar o fogo do inimigo, e obteve o seu fim inteiramente, sem nenhum dano para o nosso lado." (De John Chester a Joseph Fish, 22 de julho de 1775, em Frothingham, *Siege of Boston*, p. 390.)

15. De Peter Brown à sua mãe, 25 de junho de 1775, em Frothingham, *Siege of Boston*, p. 393.

16. Esses números são das contas oficiais britânicas. Ver Frothingham, *Siege of Boston*, p. 389.

17. *Ibid.*, pp. 382-4.

18. John Marshall, *The Life of George Washington* (Nova York: AMS Press, 1969, primeira edição, 1804-7), 2: p. 239.

19. David Humphreys, *An Essay on the Life of the Honorable Major Israel Putnam* (Hartford: Hudson and Goodwin, 1788). Putnam, na época, era quase tão famoso quanto Washington. Esta foi a primeira biografia de um americano escrita por um americano.

20. Humphreys, *Israel Putnam*, p. 103.

21. Mason L. Weems, *The Life of George Washington* (Cambridge: Belknap Press, 1962; reimpressão da nova edição, publicada 1809), pp. 74-5. Ênfase do original. Weems não teve de inventar essa história; muito provavelmente, ela já fazia parte da tradição folclórica. O protagonista, general-de-brigada Israel Putnam, era um herói lendário, um dos homens mais famosos do país. Não só o "Velho Put" tinha servido com distinção na guerra contra franceses e índios como também naufragara perto de Havana, fora aprisionado pelos franceses e quase queimado na fogueira pelos índios.

22. Paul Allen, *A History of the American Revolution, Comprising all the Principle Events Both in the Field and the Cabinet* (Baltimore: Johns Hopkins, 1819), 1: p. 259; Charles A. Goodrich, *History of the United States of America* (Hartford: Barber and Robinson, 1823), p. 158; Salma Hale, *History of the United States, from Their First Settlement as Colonies, to the Close of the War with Great Britain in 1815* (Nova York: Collins and Hannay, 1822), p. 151; Noah Webster, *History of the United States* (New Haven: Durric & Peck, 1833).

23. Richard Hildreth, *The History of the United States of America* (Nova York: Harper & Brothers, 1880; primeira edição, 1849), 3: p. 83.

24. George Bancroft, *History of the United States of America, from the Discovery of the Continent* (Boston: Little, Brown, and Company, 1879; primeira edição, 1834-74), 4: p. 615.

25. Frothingham, *Siege of Boston*, pp. 154-64.

26. David Saville Muzzey, *The United States of America* (Boston: Ginn and Co., 1933) 1: p. 111. O livro didático de Muzzey foi o mais lido de sua geração, ou talvez de todas as gerações.

NOTAS

27. Louis Birnbaum, *Red Dawn at Lexington* (Boston: Houghton Mifflin, 1986), p. 241.
28. Robert Lieke, *George Washington's War — The Saga of the American Revolution* (Nova York: HarperCollins, 1992), p. 159.
29. A. J. Langguth, *Patriots: The Men Who Started the American Revolution* (Nova York: Simon and Schuster, 1988), p. 281; Fleming, *Liberty!*, p. 140. Tanto Langguth quanto Fleming observam que a ordem fora usada no passado.
30. Benson Bobrick, *Angel in the Whirlwind: The Triumph of the American Revolution* (Nova York: Simon and Schuster, 1997), p. 141.
31. George Canning Hill, *American Biography: General Israel Putnam* (Boston: E. O. Libby and Co., 1858), p. 148.
32. John A. Garraty e Mark C. Carnes, *American National Biography* (Nova York: Oxford University Press, 1999), 18: pp. 11-2 e 17: p. 564. A citação no verbete sobre Putnam baseia-se numa nota de rodapé de Frothingham: "Philip Johnson afirma sobre Putnam: 'Ouvi-o dizer distintamente: — Homens, sois bons atiradores —; que nenhum de vós atire antes de ver o branco dos seus olhos'". (Frothingham, *Siege of Boston*, p. 140.)
33. Os escritores da segunda metade do século XX que declararam a distância em geral a encurtaram bastante. Richard Ketchum e Francis Russell, por exemplo, falaram em 15 metros, ou três varas — bem menos que as 10-12 varas do Comitê de Segurança. (Ketchum e Russell, *Lexington, Concord, and Bunker Hill* [Nova York: Harper and Row, 1963], p. 108.) Mesmo a 15 metros, no entanto, os patriotas não conseguiriam ver o branco dos olhos dos casacos-vermelhos que avançavam.
34. Exemplar promocional da Amazon.com.

10: Escravos patriotas

1. Há uma discussão sobre a declaração de Dunmore em Ray Raphael, *A People's History of the American Revolution: How Common People Shaped the Fight for Independence* (Nova York: New Press, 2001), pp. 254-61.
2. Há uma discussão da oferta de Clinton e da reação que provocou; ver Raphael, *People's History of the American Revolution*, pp. 261-70.
3. As estimativas da época situam a "perda" de escravos da Carolina do Sul na faixa entre 20 mil e 25 mil. Ver Abbott Hall, *Custom House Report*, 31 de dezembro de 1784, *Papers of Thomas Jefferson*, Julian P. Boyd, org. (Princeton: Princeton University Press, 1950), 8: p. 199; David Ramsay, *History of the Revolution in South Carolina* (Trenton: Isaac Collins, 1785), 2: p. 382. Provavelmente esses números são exagerados. Há estimativas mais realistas na nota 30.
4. W. W. Abbot e Dorothy Twohig, orgs., *Papers of George Washington* (Charlottesville: University Press of Virginia, 1983), Revolutionary War Series, 2: pp. 125, 354.

MITOS SOBRE A FUNDAÇÃO DOS ESTADOS UNIDOS

5. George D. Massay, "The limits of antislavery thought in the revolutionary lower South: John Laurens and Henry Laurens", *Journal of Southern History*, 63 (1997): p. 517.

6. O tempo médio de serviço para negros no exército era na verdade de quatro anos e meio, não o ano único insinuado por esse cartaz. (Robert Ewell Greene, *Black Courage, 1775-1783: Documentation of Black Participation in the American Revolution* [Washington, DC: Daughters of the American Revolution, 1984], p. 2, citado em Charles Patrick Neimeyer, *America Goes to War: A Social History of the Continental Army* [Nova York: New York University Press, 1996], p. 82.)

7. Sobre o nome e a idade de 17 escravos que fugiram da fazenda de Washington, ver Raphael, *People's History of the American Revolution*, pp. 262, 361. Além disso, sabe-se que mais três escravos fugiram para o lado britânico em 1776. Ver Casandra Pybus, "Negotiating Freedom in the Revolutionary South", conferência sobre "Class and class struggles in North America and the Atlantic World, 1500-1820", Montana State University, setembro de 2003; Charles Lincoln, org., *Naval Documents of the American Revolution* (Washington, D.C.: Government Printing Office, 1906), 5: pp. 1250-1. Quanto ao número de escravos que Washington possuía, ver Jackson T. Main, "The one hundred", *William and Mary Quarterly*, Terceira Série, 11 (1954).

8. Benson Lossing, *Pictorial Field-Book of the Revolution* (Nova York: Harper Brothers, 1851), 2: p. 779. Ver também Ramsay, *History of the Revolution in South Carolina*, 2: p. 382.

9. William C. Nell, *Colored Patriots of the American Revolution* (Boston: Robert F. Wallcut, 1855; Arno Press e republicação pelo *New York Times*, 1968), pp. 7-8. As observações de Phillips foram redigidas como introdução de uma redação anterior da obra de Nell, publicada como folheto em 1852.

10. Nell, *Colored Patriots*, pp. 5-6.

11. *Ibid.*, pp. 236-7.

12. As opiniões dos abolicionistas mais ferrenhos foram reproduzidas por George Bancroft, que sempre dava um viés nortista à sua história da Revolução. Bancroft contou que "mais de setecentos americanos negros lutaram lado a lado com os brancos" em Monmouth e fez questão de incluir negros em sua análise de Bunker Hill. "Nem a história deveria esquecer de recordar que, assim como no exército de Cambridge, também nesse bando galante os negros livres da Colônia tinham os seus representantes; pois o direito dos negros livres de portar armas na defesa pública era, naquela época, tão pouco contestado na Nova Inglaterra quanto seus outros direitos. Ocuparam o seu lugar não numa tropa separada, mas nas fileiras junto aos brancos; e seu nome pode ser lido nas listagens de pensionistas do país, lado a lado com os de outros soldados da revolução." (George Bancroft, *History of the United States of America, from the Discovery of the Continent* [Boston: Little, Brown, and

Company, 1879; primeira edição, 1834-74], 6: p. 142 e 4: p. 614. Bancroft provavelmente baseou os números que cita sobre Monmouth nas contas de Alexander Scammell, ajudante-geral do Exército Continental, de 24 de agosto de 1778, que identificava 755 soldados negros. [Neimeyer, *America Goes to War*, p. 83].) O orgulho regional de Bancroft era brioso: enquanto a escravidão predominava no Sul, os direitos dos "negros livres" nunca eram questionados em sua Nova Inglaterra nativa. Mas Bancroft deixou de mencionar o capítulo seguinte dessa saga: um mês depois do desempenho heróico dos soldados afro-americanos em Bunker Hill, Horatio Gates, ajudante-de-ordens das forças rebeldes, proibiu o recrutamento de "qualquer errante, negro ou vadio". (Benjamin Quarles, *The Negro in the American Revolution* [Chapel Hill: University of North Carolina Press], p. 15.)

13. John Fiske, *The American Revolution* (Boston: Houghton Mifflin, 1891), 1: p. 178.
14. Edward Eggleston, *The Ultimate Solution of the American Negro Problem* (Boston: Gorham Press, 1913), pp. 127-128.
15. Edward Eggleston, A *History of the United States and its People* (Nova York: D. Appleton, 1888) e *The New Century History of the United States* (Nova York: American Book Company, 1904).
16. Eis os livros didáticos disponíveis na Northern Regional Library Facility da Universidade da Califórnia, em Richmond: D. H. Montgomery, *The Leading fact of American History* (Boston: Ginn and Co., 1891); D. H. Montgomery, *The Student's American History* (Boston: Ginn and Co., 1897); D. H. Montgomery, *The Beginner's American History* (Boston: Ginn and Co., 1899); Roscoe Lewis Ashley, *American History, for Use in Secondary Schools* (Nova York: Macmillan, 1907); David Saville Muzzey, *An American History* (Ginn and Co., 1911); Willis Mason West, *American History and Government* (Boston: Allyn and Bacon, 1913); Henry Eldridge Bourne e Elbert Jay Benton, *A History of the United States* (Boston: D. C. Heath and Co., 1913); William Backus Guitteau, *Our United States: A History* (Nova York: Silver, Burdett and Co., 1919); Reuben Post Halleck, *History of our Country for Higher Grades* (Nova York: American Book Company, 1923); Rolla Tryon e Charles R. Lingley, *The American People and Nation* (Boston: Ginn and Co., 1927); William A. Hamm, Henry Eldridge Bourne e Elbert Jay Benton, *A Unit History of the United States* (Boston: D. C. Heath and Co., 1932); David Saville Muzzey, *The United States of America* (Boston: Ginn and Co., 1933); David Saville Muzzey, *An American History* (Boston: Ginn and Co., 1933); David Saville Muzzey, *History of the American People* (Boston: Ginn and Co., 1934); Harold Underwood Faulkner e Tyler Kepner, *America: Its History and People* (Nova York: Harper and Brothers, 1934); Ruth West e Willis Mason West, *The Story of our Country* (Boston: Allyn and Bacon, 1935); James Truslow Adams e Charles Garrett Vannest, *The Record of America* (Nova York: Charles Scribner's Sons, 1935); Harold Rugg e Louise Krueger, *The Building of America* (Boston: Ginn and Co., 1936);

MITOS SOBRE A FUNDAÇÃO DOS ESTADOS UNIDOS

William A. Hamm, *The American People* (Boston: D. C. Heath and Co., 1942); George Earl Freeland e James Truslow Adams, *America's Progress in Civilization* (Nova York: Charles Scribner's Sons, 1942); Gertrude Hartman, *America: Land of Freedom* (Boston: D. C. Heath and Co., 1946); Robert E. Riegel e Helen Haugh, *United States of America: A History* (Nova York: Charles Scribner's Sons, 1953).

17. A falta de atenção dada aos negros durante os primeiros anos da época Jim Crow não surpreende, mas é espantoso que o silêncio tenha continuado nos livros subseqüentes dos progressistas. Apesar do seu interesse na "revolução" social travada na frente interna, historiadores como Carl Becker, Charles e Mary Beard e John Franklin Jameson deram pouca atenção ao mais básico de todos os conflitos de classe: aquele entre escravos e senhores. Os Beard fizeram a crônica da "luta desesperada" na Virgínia "entre os grandes fazendeiros do litoral e os pequenos roceiros do interior, luta que envolveu nada menos que uma revolução da ordem social do antigo domínio" — mas os escravos devem ter ficado de fora daquela revolução, pois não são incluídos na narrativa. O fato de que a instituiçã3o da escravatura se enrijeceu no Sul vai contra a tese dos Beard de que a Revolução Americana provocou "a abertura de uma nova época humana". (Charles A. Beard e Mary R. Beard, *The Rise of American Civilization* [Nova York: Macmillan, 1927] 1: pp. 267, 296.) Numa linha semelhante, Jameson afirmou que "se fez um progresso muito substancial" durante a Revolução rumo "à remoção ou ao melhoramento da escravidão" (J. Franklin Jameson, *The American Revolution Considered as a Social Movement* [Princeton: Princeton University Press, 1940; primeira edição em 1926], p. 26). A fuga de escravos para o lado britânico não foi incluída como parte do "melhoramento" da escravidão nem da "nova época humana". Embora a versão nortista da fábula revolucionária negra tivesse aparições instantâneas e ocasionais, a versão sulista foi inteiramente deixada de fora.

18. George W. Williams, *History of the Negro Race in America, from 1619 to 1880* (Nova York: G. P. Putnam's Sons, 1883; reimpressão, Arno Press, 1968), p. 326. Entre Nell e Williams, houve outro historiador negro que conquistou algum público leitor. Em 1867, William Wells Brown recapitulou a obra de Nell num livro intitulado *The Negro in the American Rebellion: His Heroism and His Fidelity* (Boston: Lee and Shepard, 1867). Como Nell, Brown engraçou-se com o público branco ao ressaltar o serviço patriótico dos negros; a sua única grande mudança foi usar a palavra *"negro"* em vez de *"colored"* ["de cor"].

19. Williams, *History of Negro Race*, 1: pp. 355-9. Embora incluísse a afirmação de David Ramsay de que 25 mil escravos tinham fugido para o lado britânico na Carolina do Sul e a declaração de Thomas Jefferson de que 30 mil tinham escapado na Virgínia, Williams aceitou sem questionar a versão de Jefferson: os que escaparam tinham sido cruelmente maltratados.

NOTAS

20. *Ibid.*, 1: p. 384.
21. Carter G. Woodson, *The Negro in our History* (Washington: Associated Publishers, 1922), pp. 60-1.
22. *Ibid.*, p. 71.
23. W. E. B. Du Bois, *The Gift of Black Folk: The Negroes in the Making of America* (Boston: Stratford Co., 1924; republicação, 1975), p. 82.
24. John Hope Franklin, *From Slavery to Freedom: A History of American Negroes* (Nova York: Alfred A. Knopf, 1947), pp. 132-4.
25. Benjamin Quarles, *The Negro in the American Revolution* (Chapel Hill: University of North Carolina Press, 1961).
26. Gary Nash, comunicação pessoal, novembro de 2003. Sobre a importância do livro de Quarles, ver a introdução de Nash à republicação de 1996 pela University of North Carolina Press.
27. Thomas Fleming, *Liberty! The American Revolution* (Nova York: Viking, 1997), pp. 1-2, 6.
28. Para saber mais sobre o Black Revolutionary War Patriots Memorial Project, consulte o seu *site* na internet: www.blackpatriots.org.
29. Os 13 livros didáticos examinados foram expostos na conferência anual de 2002 do National Council for Social Studies, em Phoenix, Arizona. Eram seis livros para o ensino fundamental: Sterling Stuckey e Linda Kerrigan Salvucci, *Call to Freedom* (Austin: Holt, Rinehart and Winston, 2003); Joyce Appleby *et al.*, *The American Republic to 1877* (Nova York: Glencoe McGraw-Hill, 2003); Michael J. Berson, *United States History: Beginnings* (Orlando: Harcourt, 2003); James West Davidson, *The American Nation: Beginnings Through 1877* (Upper Saddle River, Nova Jersey: Prentice Hall, 2003); Jesus Garcia, *Creating America: A History of the United States* (Evanston: McDougal Littell, 2003); e Hakim, *A history of US*. Os sete livros didádicos de nível secundário são: Joyce Appleby *et al.*, *The American Vision* (Nova York, Glencoe McGraw-Hill, 2003); Gerald A. Danzer *et al.*, *The Americans* (Evanston: McDougal Littell, 2003); Daniel J. Boorstin e Brooks Mather Kelley, *A History of the United States* (Upper Saddle River, Nova Jersey: Prentice Hall, 2002); David Goodfield *et al.*, *The American Journey: A History of the United States* (Upper Saddle River, Nova Jersey: Prentice Hall, 2001); John Mack Faragher *et al.*, *Out of Many: A History of the American People* (Upper Saddle River, Nova Jersey: Prentice Hall, 2003); Robert A. Divine *et al.*, *America: Past and Present* (Nova York: Longman, 2003); e Paul Boyer, *American Nation* (Austin: Holt, Rinehart and Winston, 2003).
30. No final da década de 1780, Jefferson recordou que trinta escravos seus tinham fugido. (Boyd, *Papers of Thomas Jefferson*, 9: pp. 388-90, 11:p. 16 e 13: pp. 362-4.) A historiadora Cassandra Pybus documentou cuidadosamente 23. (Pybus, "Negotiating freedom in the revolutionary South".) Gary Nash afirma que 23 fugi-

349

MITOS SOBRE A FUNDAÇÃO DOS ESTADOS UNIDOS

ram para o lado britânico. (Gary Nash, comunicação pessoal e livro a ser publicado, com o título provisório *The Unknown American Revolution*.) Lucia Stanton, em *Free Some Day: The African American Families of Monticello* [Chapel Hill: University of North Carolina Press, 2002] reproduz uma página do *Farm Book* (*Diário da fazenda*), de Jefferson, que lista os 23 que fugiram. (Três nomes estão riscados e mais dez são dados como mortos de varíola.) Sabemos, por um relatório do capataz de Washington, que 17 escravos fugiram da sua fazenda em 1781 e mais três em 1776. (Ver nota 7.) Segundo estimativas feitas por patriotas depois da guerra, 60 mil escravos de três estados fugiram para o lado britânico, mas sem dúvida esse número foi exagerado para dar mais destaque às perdas dos senhores, que queriam evitar o pagamento de dívidas a mercadores britânicos alegando que os britânicos tinham "roubado" a sua propriedade. As estimativas eram, também, muito grosseiras: Jefferson, por exemplo, recordou que trinta escravos tinham fugido da sua própria fazenda e 27 deles haviam morrido de varíola; acrescentando o número adequado de zeros, isso o levou a conjecturar que, na Virgínia como um todo, 30 mil tinham fugido e 27 mil, morrido. (Boyd, *Papers of Thomas Jefferson*, 13: p. 363; Raphael, *People's History of the American Revolution*, pp. 261-2; Pybus, "Negotiating freedom in the revolutionary South".) Apesar desses exageros grosseiros, até as estimativas mais conservadoras de especialistas modernos indicam que bem mais de 10 mil escravos fugiram para o lado britânico em busca de liberdade, enquanto o número total aproximado de negros que serviram no exército continental foi de apenas 5 mil — e muitos deles, talvez a maioria, eram livres, não escravos. (Pybus, "Negotiating freedom in the revolutionary South"; Allan Kulikoff, "Uprooted peoples: Black migrants in the age of the American Revolution, 1790-1820", em Ira Berlin e Ronald Hoffman, orgs., *Slavery and Freedom in the Age of the American Revolution* [Charlottesville: University Press of Virginia, 1983], pp. 143-5.) Quanto aos patriotas que foram devolvidos à escravidão com o fim da guerra, ver Raphael, *People's History of the American Revolution*, pp. 284-92.

31. Berson, *United States History: Beginnings*, p. 310; Hakim, *History of US*, 3: p. 121; Davidson, *American Nation*, p. 188. O número trezentos vem da estimativa de Andrew Sprowel cinco dias depois da declaração ou do número dos que partiram com lorde Dunmore depois que o "regimento etíope" foi dizimado pela doença. O próprio Dunmore afirmou que 2 mil vieram para o seu lado. (Raphael, *People's History of the American Revolution*, pp. 256-60.) O êxodo em massa de dezenas de milhares aconteceu mais tarde na guerra, quando os escravos acharam mais viável fugir, mas nenhum dos livros didáticos menciona o êxodo nesse período mais tardio.

32. Hakim, *History of US*, 3: p. 121.

NOTAS

33. Raphael, *People's History of the American Revolution*, pp. 293-5. Os realizadores de *O patriota* foram de tal modo levados pela versão nortista da saga afro-americana que a usaram na Carolina do Sul, onde não se aplicava. Não quiseram contar a história sulista, ainda que o seu filme fosse ambientado no Sul.

34. Trigésimo sétimo Congresso, segunda sessão, documento executivo 116, *Preliminary Report of the Eighth Census, 1860* (Washington: Government Printing Office, 1862), pp. 12, 137. Esses números foram fornecidos por proprietários de escravos.

35. Ver notas 3 e 30.

36. Gary B. Nash, *Race and Revolution* (Madison: Madison House, 1990), p. 57.

37. A narrativa de Boston King, publicada originalmente em 1798, foi republicada em Vincent Carretta, org., *Unchained Voices: An Anthology of Black Authors in the English-Speaking World of the Eighteenth Century* (Lexington: University of Kentucky Press, 1996), pp. 351-66. As partes que tratam especificamente da Revolução Americana foram reproduzidas em Raphael, *People's History of the American Revolution*, pp. 272-6.

38. A narrativa de David George, publicada originalmente em 1793, também foi republicada em Carretta, *Unchained Voices*, pp. 333-6. As partes que tratam especificamente da Revolução Americana estão reproduzidas em Raphael, *People's History of the American Revolution*, pp. 276-80. Raphael inclui citações de fontes primárias tanto no caso da narrativa de Boston King quanto no de David George.

39. Há um estudo mais profundo do caso de Thomas Peters em Gary B. Nash, "Thomas Peters: Millwright and deliverer", em David G. Sweet e Gary B. Nash, orgs., *Struggle and Survival in Colonial America* (Berkeley: University of California Press, 1981), pp. 69-85; republicado em Gary B. Nash, *Race, Class, and Politics: Essays on American Colonial and Revolutionary Society* (Urbana: University of Illinois Press, 1986), pp. 269-82. Nash baseia a sua história em dois estudos sobre negros que ficaram do lado da Grã-Bretanha: Ellen Gibson Wilson, *The Loyal Blacks* (Nova York: Capricorn, 1976), e James W. St. G. Walker, *The Black Loyalists: The Search for a Promised Land in Nova Scotia and Sierra Leone, 1783-1870* (Nova York: Africana, 1976).

11: Britânicos brutais

1. John Buchanan, *The Road to Guilford Courthouse: The American Revolution in the Carolinas* (Nova York: John Wiley and Sons, 1997), pp. 60, 81-84.

2. Robert M. Weir, "'The violent spirit', The reestablishment of order, and the continuity of leadership in post-revolutionary South Carolina", em Ronald Hoffman, Thad W. Tate e Peter J. Albert, orgs., *An Uncivil War: The Southern Backcountry During the American Revolution* (Charlottesville: University Press of Virginia, 1985), p. 74. Tarleton explicou mais tarde a chacina de Waxhaws pelo fato de que apeara quando o seu cavalo fora atingido, "o que levou os soldados a uma aspereza vingativa nada fácil de conter". (Buchanan, *Road to Guilford Courthouse*, p. 85.)

MITOS SOBRE A FUNDAÇÃO DOS ESTADOS UNIDOS

3. Kevin Phillips, *The Cousins' Wars: Religion, Politics, and the Triumph of Anglo-America* (Nova York: Basic Books, 1999), pp. 162, 638.

4. A. Roger Ekirch, "Whig authority and public order in backcountry North Carolina", em Hoffman, Tate e Albert, *Uncivil War*, pp. 107-8.

5. De William Pierce a St. George Tucker, 20 de julho de 1781, em Sylvia R. Frey, *Water from the Rock: Black Resistance in a Revolutionary Age* (Princeton: Princeton University Press, 1991), p. 133.

6. John C. Dann, org., *The Revolution Remembered: Eyewitness Accounts of the War of Independence* (Ann Arbor: University of Michigan Press, 1990), pp. 188-9. Esta punição, chamada *"spicketing"*, era uma variação violenta da prática comum do *"picketing"*, na qual o prisioneiro, como um cavalo, era amarrado a uma estaca no chão.

7. Edward J. Cashin, *The King's Ranger: Thomas Brown and the American Revolution on the Southern Frontier* (Athens: University of Georgia Press, 1989), pp. 27-8.

8. Dann, *Revolution Remembered*, pp. 202-3.

9. Buchanan, *Road to Guilford Courthouse*, p. 237.

10. A declaração de Shelby, extraída de conversas de 1815 e 1819, aparece em Lyman C. Draper, *King's Mountain and Its Heroes* (Cincinnati: Peter G. Thomson, 1881), p. 545. Draper republica a narrativa completa de Shelby, assim como o diário de um *tory* huguenote de Nova York, o tenente Anthony Allaire, que registrou o enforcamento e os prisioneiros pisoteados. (Draper, *King's Mountain*, pp. 511-3.)

11. William Gordon, *The History of the Rise, Progress, and Establishment of the Independence of the United States of America* (Freeport, Nova York: Books for Libraries Press, 1969; primeira edição, 1788), 3: pp. 231, 456.

12. *Ibid.*, 4: pp. 27, 99-100, 174.

13. David Ramsay, *History of the Revolution in South Carolina* (Trenton: Isaac Collins, 1785).

14. Cashin, *The King's Ranger*, pp. 120, 127, 219.

15. David Ramsay, *The History of the American Revolution* (Filadélfia: R. Aitken & Son, 1789; republicado por Liberty Classics em 1990), 2: p. 249.

16. *Ibid.*, 2: pp. 293, 324.

17. Mercy Otis Warren, *History of the Rise, Progress and Termination of the American Revolution, Interspersed with Biographical, Political and Moral Observations* (Boston: E. Larkin, 1805; republicado por Liberty Classics in 1988), 3: pp. 428-9. Há uma discussão do tratamento que Warren dá às barbaridades, com citações adicionais, em William Raymond Smith, *History as Argument: Three Patriot Historians of the American Revolution* (Haia: Mouton and Co., 1966), pp. 87-8.

18. Salma Hale, *History of the United States, from Their First Settlement as Colonies, to the Close of the War with Great Britain in 1815* (Nova York: Collins and Hannay, 1830; primeira edição, 1822), p. 210.

NOTAS

19. John Frost, *History of the United States of North America* (Londres: Charles Tilt, 1838), p. 261.

20. George Bancroft, *History of the United States of America, from the Discovery of the Continent* (Boston: Little, Brown, and Company, 1879; primeira edição, 1834-74), 6: pp. 458, 427, 295, 289, 293.

21. Richard Hildreth, *The History of the United States of America* (Nova York: Harper & Brothers, 1880; primeira edição, 1849), 3: p. 329.

22. John Fiske, *The American Revolution* (Boston: Houghton-Mifflin, 1891), 2: p. 182.

23. Claude Halstead Van Tyne, *The American Revolution, 1776-1783* (Nova York: Harper and Brothers, 1905), p. 255. Este é o volume 9 de uma série de 27 volumes intitulada *The American Nation*, organizada por Albert Bushnell Hart.

24. Citado em Gary B. Nash, "The concept of inevitability in the history of European-Indian relations", em Carla Gardina Pestana e Sharon V. Salinger, orgs., *Inequality in Early America* (Hanover: University Press of New England, 1999), p. 280.

25. David Hackett Fischer, "*The patriot* is to history as Godzilla was to biology", *Minneapolis Star Tribune*, 4 de julho de 2000. Publicado originalmente pelo *New York Times*.

26. Thomas Fleming, *Liberty! The American Revolution* (Nova York: Viking, 1997), p. 311. Como em *O patriota*, Fleming concentra boa parte da sua atenção em Banastre Tarleton, a quem se refere como a "arma" mais potente da Grã-Bretanha.

27. Para uma desconstrução desta e de outras mitologias relacionadas a Thomas Brown, ver Cashin, *The King's Ranger*, pp. 120-1, 127, 219-28.

28. Robert Leckie, *George Washington's War: The Saga of the American Revolution* (Nova York: HarperCollins, 1992), pp. 587-8.

29. *Ibid.*, pp. 583-4.

30. Michael Norris, "Army awards veterans who stopped My Lai massacre", Army News Service, 11 de março de 1998.

12: A batalha final em Yorktown

1. Joy Hakim, *A History of US* (Nova York: Oxford University Press, 2003), 3: p. 146.

2. A. J. Langguth, *Patriots: The Men Who Started the American Revolution* (Nova York: Simon and Schuster, 1988), p. 544. Grifo nosso.

3. Robert Harvey, *A Few Bloody Noses: The American War of Independence* (Londres: John Murray, 2001), p. 412.

4. De Washington ao presidente do Congresso, 27 de outubro de 1781, em John C. Fitzpatrick, org., *The Writings of George Washington, from the Original Manuscript Sources* (Washington: United States Government Printing Office, 1931-44), 23: p. 297.

5. Fitzpatrick, *Writings of George Washington*, 23: pp. 271, 297, 302, 347, 352, 359, 361, 365, 367, 390, 443, 447, 477.

MITOS SOBRE A FUNDAÇÃO DOS ESTADOS UNIDOS

6. De Washington a Nathanael Greene, 16 de novembro de 1781, em Fitzpatrick, *Writings of George Washington*, 23: p. 347.

7. Douglas Southall Freeman, *George Washington: A Biography* (Nova York: Charles Scribner's Sons, 1952), 5: pp. 405, 415.

8. *Ibid.*, p. 415.

9. Fitzpatrick, *Writings of George Washington*, 24: p. 315.

10. Em 10 de agosto de 1782, Washington escreveu a Chevalier de Chastellux: "O inimigo fala de Paz em voz alta e com toda a confiança; mas, se é sincero ou se isso é para divertir e ganhar tempo até que consiga se preparar para uma ação mais vigorosa na Guerra, o tempo revelará." (Fitzpatrick, *Writings of George Washington*, 24: p. 496.)

11. *Ibid.*, 25: p. 42.

12. De Washington a James McHenry, 12 de setembro de 1782, em Fitzpatrick, *Writings of George Washington*, 25: p. 151. Quatro dias depois, escreveu de novo: "Não tenho dúvida em minha mente de que o rei deseja travar a guerra (...) enquanto a nação aprovar homens ou dinheiro para continuá-la." (De Washington a John Mitchell, 16 de setembro de 1782, em Fitzpatrick, *Writings of George Washington*, 25: p. 166.)

13. *Ibid.*, 25: p. 265.

14. Freeman, *George Washington*, p. 438; De Washington a Chevalier de la Luzerne, 19 de março de 1783, em Fitzpatrick, *Writings of George Washington*, 26: p. 236; de Washington ao presidente do Congresso, 19 de março de 1783, Fitzpatrick, *Writings of George Washington*, 26: p. 238.

15. Freeman, *George Washington*, 5: p. 513; Piers Mackesy, *The War for America, 1775-1783* (Cambridge: Harvard University Press, 1965), pp. 524-5.

16. Mackesy, *War for America*, p. 404; De Washington ao marquês de Lafayette, 15 de novembro de 1781, em Fitzpatrick, *Writings of George Washington*, 23: p. 341.

17. Mackesy, *War for America*, p. 461.

18. Howard H. Peckham, *The Toll of Independence: Engagements and Battle Casualties of the American Revolution* (Chicago: University of Chicago Press, 1974), pp. 3-16, 91-2.

19. William Gordon, *The History of the Rise, Progress, and Establishment of Independence, of the United States of America* (Freeport, Nova York: Books for Libraries Press, 1969; primeira edição em 1788), 4: pp. 196-392.

20. David Ramsay, *The History of the American Revolution* (Filadélfia: R. Aitken & Son, 1789; republicado por Liberty Classics em 1990), 2: pp. 290, 293.

21. Mercy Otis Warren, *History of the Rise, Progress and Termination of the American Revolution, Interspersed with Biographical, Political and Moral Observations* (Boston: E. Larkin, 1805; republicado por Liberty Classics em 1988), 3: pp. 42-436.

22. John Marshall, *The Life of George Washington* (Nova York: AMS Press, 1969; primeira edição, 1804-7), 4: pp. 532-7.

NOTAS

23. Esses quatro primeiros historiadores entendiam bem que o que começara como Guerra pela Independência da América do Norte se espalhara para as Antilhas e até para Gibraltar, passara a envolver as grandes potências da Europa e a conclusão daquela guerra só poderia ser compreendida neste contexto mais amplo. É estranho que só Gordon, que publicou na Inglaterra, incluísse um relato contínuo dos acontecimentos nas Índias Orientais — estas ficavam simplesmente longe demais, ainda que tenham causado grande impacto sobre a política britânica em relação aos Estados Unidos.

24. Mason L. Weems, *The Life of Washington* (Cambridge: Belknap Press, 1962; republicação da nona edição, 1809), p. 113.

25. Noah Webster, *History of the United States* (New Haven: Durrie & Peck, 1833), p. 242.

26. John Frost, *History of the United States of North America* (Londres: Charles Tilt, 1838), pp. 255-257. Embora o livro tenha sido publicado em Londres, Frost era americano de Filadélfia.

27. George Bancroft, *History of the United States of America, from the Discovery of the Continent* (Boston: Little, Brown, and Company, 1879; primeira edição, 1834-74), pp. 432-484.

28. Examinei 23 livros didáticos publicados entre 1890 e 1955, disponíveis na Northern Regional Library Facility da Universidade da Califórnia, em Richmond: D. H. Montgomery, *The Leading Fact of American History* (Boston: Ginn and Co., 1891); D. H. Montgomery, *The Student's American History* (Boston: Ginn and Co., 1897); D. H. Montgomery, *The Beginner's American History* (Boston: Ginn and Co., 1899); Edward Eggleston, *The New Century History of the United States* (Nova York: American Book Company, 1904); Roscoe Lewis Ashley, *American History, for Use in Secondary Schools* (Nova York: Macmillan, 1907); David Saville Muzzey, *An American History* (Boston: Ginn and Co., 1911); Willis Mason West, *American History and Government* (Boston: Allyn and Bacon, 1913); Henry Eldridge Bourne e Elbert Jay Benton, *A History of the United States* (Boston: D. C. Heath and Co., 1913); William Backus Guitteau, *Our United States: A History* (Nova York: Silver, Burdett and Co., 1919); Reuben Post Halleck, *History of Our Country for Higher Grades* (Nova York: American Book Company, 1923); Rolla Tryon e Charles R. Lingley, *The American People and Nation* (Boston: Ginn and Co., 1927); William A. Hamm, Henry Eldridge Bourne e Elbert Jay Benton, *A Unit History of the United States* (Boston: D. C. Heath and Co., 1932); David Saville Muzzey, *The United States of America* (Boston: Ginn and Co., 1933); David Saville Muzzey, *An American History* (Boston: Ginn and Co., 1933); David Saville Muzzey, *History of the American People* (Boston: Ginn and Co., 1934); Harold Underwood Faulkner e Tyler Kepner, *America: Its History and People* (Nova York: Harper and Brothers, 1934); Ruth West e Willis Mason West, *The Story of Our Country* (Boston: Allyn and Bacon, 1935); James Truslow Adams

MITOS SOBRE A FUNDAÇÃO DOS ESTADOS UNIDOS

e Charles Garrett Vannest, *The Record of America* (Nova York: Charles Scribner's Sons, 1935); Harold Rugg e Louise Krueger, *The Building of America* (Boston: Ginn and Co., 1936); William A. Hamm, *The American People* (Boston: D. C. Heath and Co., 1942); George Earl Freeland e James Truslow Adams, *America's Progress in Civilization* (Nova York: Charles Scribner's Sons, 1942); Gertrude Hartman, *America: Land of Freedom* (Boston: D. C. Heath and Co., 1946); Robert E. Riegel e Helen Haugh, *United States of America: A History* (Nova York: Charles Scribner's Sons, 1953).

29. Bourne and Benton, *A History of the United* States, p. 220.

30. West and West, *The Story of Our Country*, p. 171.

31. Os 13 livros didáticos examinados foram expostos na conferência anual de 2002 do National Council for Social Studies em Phoenix, Arizona. Eram seis livros para o ensino fundamental: Sterling Stuckey e Linda Kerrigan Salvucci, *Call to Freedom* (Austin: Holt, Rinehart and Winston, 2003); Joyce Appleby *et al.*, *The American Republic to 1877* (Nova York: Glencoe McGraw-Hill, 2003); Michael J. Berson, *United States History: Beginnings* (Orlando: Harcourt, 2003); James West Davidson, *The American Nation: Beginnings Through 1877* (Upper Saddle River, Nova Jersey: Prentice Hall, 2003); Jesus Garcia, *Creating America: A History of the United States*, e Hakim, *A History of US*. Os sete livros do ensino médio são: Joyce Appleby *et al.*, *The American Vision* (Nova York: Glencoe McGraw-Hill, 2003); Gerald A. Danzer *et al.*, *The Americans* (Evanston: McDougal Littell, 2003); Daniel J. Boorstin e Brooks Mather Kelley, *A History of the United* States (Upper Saddle River, Nova Jersey: Prentice Hall, 2002); David Goodfield *et al.*, *The American Journey: A History of the United States* (Upper Saddle River, Nova Jersey: Prentice Hall, 2001); John Mack Faragher *et al.*, *Out of Many: A History of the American People* (Upper Saddle River, Nova Jersey: Prentice Hall, 2003); Robert A. Divine *et al.*, *America: Past and Present* (Nova York: Longman, 2003); e Paul Boyer, *American Nation* (Austin: Holt, Rinehart and Winston, 2003).

32. Boyer, *American Nation*, p. 129.

33. Boorstin and Kelley, *A History of the United States*, p. 97.

13: Marcha do povo americano

1. Henry S. Commager e Richard B. Morris, *The Spirit of Seventy-Six: The Story of the American Revolution as Told by the Participants* (Indianápolis e Nova York: Bobbs-Merrill, 1958), p. 1295.

2. Esta imagem vem de Daniel K. Richter, *Facing East from Indian Country* (Cambridge: Harvard University Press, 2001).

3. Para um tratamento mais completo da política interna dos iroqueses durante a Revolução, ver Ray Raphael, *People's history of the American Revolution: How Common People Shaped the Fight for Independence* (Nova York: New Press, 2001), pp. 193-209.

NOTAS

4. James H. Merrell, "Declarations of independence: Indian-white relations in the new nation", em Jack P. Greene, org., *The American Revolution: Its Character and Limits* (Nova York: New York University Press, 1987), p. 198.

5. Frederick Cook, org., *Journals of the Military Expedition of Major General John Sullivan Against the Six Nations of Indians in 1779* (Auburn, Nova York: Knapp, Peck, and Thomson, 1887), p. 303. Este volume contém vários relatos em primeira mão contra a "guerra às hortaliças" encenada pelas tropas de Sullivan. (pp. 112-3, 70-7, 172-5). Sullivan segue o uso da época quando se refere aos iroqueses como "as cinco nações", ignorando a incorporação dos *tuscaroras* no início do século XVIII.

6. C. A. Weslager, *The Delaware Indians: A History* (New Brunswick, Nova Jersey: Rutgers University Press, 1972), p. 305. O texto completo do tratado que apresentou essa idéia sugestiva foi republicado em Colin G. Calloway, org., *The World Turned Upside Down: Indian Voices From Early America* (Boston: St. Martin's Press, 1994), pp. 190-3.

7. Raphael, *People's History of the American Revolution*, pp. 221-2.

8. Citado em Tom Hatley, *The Dividing Paths: Cherokees and South Carolinians Through the Era of Revolution* (Nova York e Oxford: Oxford University Press, 1993), pp. 199-200.

9. De William Drayton a Francis Salvador, 24 de julho de 1776, em R. W. Gibbes, org., *Documentary History of the American Revolution* (Nova York: D. Appleton, 1857), 2: p. 29.

10. De Williamson a Drayton, 22 de agosto de 1776, em Gibbes, *Documentary History*, 2: p. 32.

11. John W. Caughey, *McGillivray of the Creeks* (Norman: University of Oklahoma Press, 1938), pp. 91-2.

12. Os treze livros didádicos examinados foram expostos na conferência anual de 2002 do National Council for Social Studies em Phoenix, Arizona. Eram seis livros para o ensino fundamental: Sterling Stuckey e Linda Kerrigan Salvucci, *Call to Freedom* (Austin: Holt, Rinehart and Winston, 2003); Joyce Appleby *et al.*, *The American Republic to 1877* (Nova York: Glencoe McGraw-Hill, 2003); Michael J. Berson, *United States History: Beginnings* (Orlando: Harcourt, 2003); James West Davidson, *The American Nation: Beginnings Through 1877* (Upper Saddle River, Nova Jersey: Prentice Hall, 2003); Jesus Garcia, *Creating America: A History of the United States*; e Hakim, *A History of US*. Os sete livros para o ensino médio são: Joyce Appleby *et al.*, *The American Vision* (Nova York, Glencoe McGraw-Hill, 2003); Gerald A. Danzer *et al.*, *The Americans* (Evanston: McDougal Littell, 2003); Daniel J. Boorstin e Brooks Mather Kelley, *A History of the United States* (Upper Saddle River, Nova Jersey: Prentice Hall, 2002); David Goodfield *et al.*, *The American Journey: A History of the United States* (Upper Saddle River, Nova Jersey: Prentice Hall, 2001); John Mack

MITOS SOBRE A FUNDAÇÃO DOS ESTADOS UNIDOS

Faragher *et al.*, *Out of Many: A History of the American People* (Upper Saddle River, Nova Jersey: Prentice Hall, 2003); Robert A. Divine *et al.*, *America: Past and Present* (Nova York: Longman, 2003); e Paul Boyer, *American Nation* (Austin: Holt, Rinehart and Winston, 2003).

13. São estes os livros didáticos disponíveis na Northern Regional Library Facility da Universidade da Califórnia, em Richmond: D. H. Montgomery, *The Leading Fact of American History* (Boston: Ginn and Co., 1891); D. H. Montgomery, *The Student's American History* (Boston: Ginn and Co., 1897); D. H. Montgomery, *The Beginner's American History* (Boston: Ginn and Co., 1899); Edward Eggleston, *The New Century History of the United States* (Nova York: American Book Company, 1904); Roscoe Lewis Ashley, *American History, for Use in Secondary Schools* (Nova York: Macmillan, 1907); David Saville Muzzey, *An American History* (Ginn and Co., 1911); Willis Mason West, *American History and Government* (Boston: Allyn and Bacon, 1913); Henry Eldridge Bourne e Elbert Jay Benton, *A History of the United States* (Boston: D. C. Heath and Co., 1913); William Backus Guitteau, *Our United States: A History* (Nova York: Silver, Burdett and Co., 1919); Reuben Post Halleck, *History of Our Country for Higher Grades* (Nova York: American Book Company, 1923); Rolla Tryon e Charles R. Lingley, *The American People and Nation* (Boston: Ginn and Co., 1927); William A. Hamm, Henry Eldridge Bourne e Elbert Jay Benton, *A Unit History of the United States* (Boston: D. C. Heath and Co., 1932); David Saville Muzzey, *The United States of America* (Boston: Ginn and Co., 1933); David Saville Muzzey, *An American History* (Boston: Ginn and Co., 1933); David Saville Muzzey, *History of the American People* (Boston: Ginn and Co., 1934); Harold Underwood Faulkner e Tyler Kepner, *America: Its History and People* (Nova York: Harper and Brothers, 1934); Ruth West e Willis Mason West, *The Story of Our Country* (Boston: Allyn and Bacon, 1935); James Truslow Adams e Charles Garrett Vannest, *The Record of America* (Nova York: Charles Scribner's Sons, 1935); Harold Rugg e Louise Krueger, *The Building of America* (Boston: Ginn and Co., 1936); William A. Hamm, *The American People* (Boston: D. C. Heath and Co., 1942); George Earl Freeland e James Truslow Adams, *America's Progress in Civilization* (Nova York: Charles Scribner's Sons, 1942); Gertrude Hartman, *America: Land of Freedom* (Boston: D. C. Heath and Co., 1946); Robert E. Riegel e Helen Haugh, *United States of America: A History* (Nova York: Charles Scribner's Sons, 1953). Os três que mencionam Sullivan são Eggleston (1904), Guitteau (1919) e Halleck (1923). Os dois últimos dedicam-lhe apenas uma única frase; somente Eggleston descreve a natureza da sua campanha.

14. Halleck, *History of Our Country*, p. 206.

15. Muzzey, *History of the American People*, p. 145.

16. Freeland e Adams, *America's Progress in Civilization*, p. 189.

17. Guitteau, *Our United States*, p. 191.

358

NOTAS

18. Esses livros estão listados na nota 12.

19. Richard White, *The Middle Ground: Indians, Empires, and Republics in the Great Lakes Region, 1650-1815* (Cambridge e Nova York: Cambridge University Press, 1991), p. 376. Citação de *Memoir*, de Clark. Uma versão um pouco modificada de *Memoir* foi publicada recentemente com o título *The Conquest of the Illinois*, Milo Milton Quaffe, org. (Carbondale e Edwardsville: Southern Illinois University Press, 2001), p. 147.

20. Colin G. Calloway, *The American Revolution in Indian Country: Crisis and Diversity in Native American Communities* (Cambridge e Nova York: Cambridge University Press, 1995), p. 54.

21. Hakim, *History of US*, 3: p. 133.

22. Os livros universitários são James L. Roark *et al.*, *The American Promise: A History of the United States* (Boston: Bedford/St. Martin's, 2002); Gary B. Nash e Julie Roy Jeffrey, *The American People: Creating a Nation and a Society* (Nova York: Addison Wesley, 2001); e Mary Beth Norton *et al.*, *A People and a Nation: A History of the United States* (Boston: Houghton Mifflin, 1990).

23. Roark, *American Promise*, p. 205.

24. Bourne and Benton, *History of the United States*, p. 211.

25. Montgomery, *Beginner's American History*, p. 131.

26. Appleby *et al.*, *American Republic*, p. 196.

27. Hakim, *History of US*, 3: p. 151.

28. Tecnicamente, a lei só se aplicava a terras "que foram compradas dos habitantes indígenas". Essa exigência foi cada vez mais ignorada. Em 1851, por exemplo, quando os agentes do governo da Califórnia negociaram 18 tratados de compra de terras indígenas, todos foram rejeitados por unanimidade no Senado. A terra já pertencia ao governo, argumentavam os adversários dos tratados, por um tratado com o México, que supostamente abrira mão de um território que jamais povoara e nem sequer controlara. Como a posse do governo era simplesmente *pressuposta*, a terra podia ser dividida e vendida à vontade. (Ver Ray Raphael, *Little White Father: Redick McKee on the California Frontier* [Eureka, Califórnia: Humboldt Country Historical Society, 1993].)

29. Essas obras são os livros didáticos da conferência de 2002 do NCSS listados na nota 12. Um deles, *The American Journey* (Prentice Hall), menciona Alexander McGillivray, mas apenas como aliado da Espanha. Os autores fazem uma prolongada discussão sobre as lutas entre a Espanha e os Estados Unidos pelo controle do Mississippi, mas, além da breve menção de McGillivray, não citam os índios nem suas tentativas de manter as próprias terras.

30. De Washington a John Posey, 24 de junho de 1767. W. W. Abbott e Dorothy Twohig, orgs., *The Papers of George Washington* (Charlottesville: University Press of Virginia, 1993), série colonial, 8: p. 3. Citado em Woody Holton, *Forced Founders, Indians, Debtors, Slaves, and the Making of the American Revolution in Virginia* (Chapel Hill: University of North Carolina Press, 1999), p. 3.

MITOS SOBRE A FUNDAÇÃO DOS ESTADOS UNIDOS

31. Quando escreveu a Charles Washington em 31 de janeiro de 1770, Washington deu instruções detalhadas a respeito de sua compra secreta de terras no Oeste: "Eu gostaria muito que visse (de brincadeira, em vez de começar a sério) que valor parecem atribuir às suas terras, e se puder compre alguns direitos (...) ao preço de umas cinco, seis ou sete libras cada mil acres, ficarei muito grato e pagarei o dinheiro assim que pedir". (Abbott e Twohig, *Papers of Washington,* 8: p. 301.) Há uma descrição detalhada do interesse de Washington pelas terras em Abbott e Twohig, *Papers of Washington,* série Confederation, 1: pp. 91-100. Para mais informações sobre o interesse em terras de Washington, ver Holton, *Forced Founders,* pp. 8, 11.

32. Holton, *Forced Founders,* pp. 3-13. Sobre as aquisições de terra de Henry, ver o capítulo 8.

33. Ruth Miller Elson, *Guardians of Tradition: American Schoolbooks of the Nineteenth Century* (Lincoln: University of Nebraska, 1964), p. 73.

34. Citado em Gary Nash, "The concept of inevitability in the history of European-Indian relation", em Carla Gardina Pestana e Sharon V. Salinger, orgs., *Inequality in Early America* (Hanover: University Press of New England, 1999), pp. 275-6.

35. Citado em Nash, "Concept of inevitability", p. 277.

Conclusão: País de conto de fadas ou porque contamos histórias fantasiosas

1. Ver Michael McDonnell, "National identity and the American War for Independence: A reappraisal", *Australasian Journal of American Studies,* 20 (2001), pp. 3-17.

2. John Shy, *A People Numerous and Armed: Reflections on the Military Struggle for American Independence* (Ann Arbor: University of Michigan Press, 1990), p. 26.

3. De John Adams a Abigail Adams, 3 de julho de 1776, em Adams, *Familiar Letters of John Adams and His Wife Abigail Adams, during the Revolution,* Charles Francis Adams, org., (Boston: Houghton Mifflin, 1875), pp. 193-4.

4. Charles Warren, "Fourth of July myths", *William and Mary Quarterly,* terceira série, 2 (1945): p. 246. Eis aqui os registros originais do diário, não incluídos na primeira versão publicada: "19 de julho. 1776. Resolvido que a Declaração aprovada no dia 4 será copiada com letras decoradas em pergaminho com o título e estilo de 'A Declaração Unânime dos 13 Estados Unidos da América' e que a mesma depois de copiada será assinada por todos os membros do Congresso. — 2 de ago. 1776. A declaração de independência sendo copiada & comparada na mesa foi assinada pelos membros". (John H. Hazelton, *The Declaration of Independence: Its History* [Nova York: Dodd, Mead and Co., 1906], p. 204.) O manuscrito original das minutas, nos diários do Congresso Continental, foi consultado pela primeira vez por Mellen Chamberlain em 1884. (Warren, "Fourth of July myths", p. 245.)

NOTAS

5. Os americanos comuns foram levados a comemorar em 4 de julho e não em 2 de julho porque o cartaz da Declaração, que circulou amplamente em julho de 1776, trazia o cabeçalho: "No CONGRESSO, 4 de julho de 1776". O registro foi alterado para combinar com essa preferência.

6. Pelo menos sete signatários, e talvez vários outros, não estavam presentes em 2 de agosto: Matthew Thornton, Thomas McKean, Elbridge Gerry, Oliver Wolcott, Lewis Morris, Richard Henry Lee e George Wythe. (Hazelton, *Declaration of Independence*, pp. 210-9.) Thomas McKean, o último a assinar, é testemunha convincente de que nunca houve um ato único de assinatura. (De McKean a John Adams, janeiro de 1814, *The Works of John Adams*, Charles Francis Adams, org., [Boston: Little, Brown and Co., 1856], 10: pp. 87-9.) Há alguma dúvida sobre se foi mesmo George Wythe quem assinou o seu nome. "É improvável que ele tenha assinado pessoalmente ao voltar no outono, como fizeram alguns delegados; provavelmente, autorizou um funcionário a fazê-lo por ele quando o documento foi copiado", escreve Robert Kirtland em *American National Biography* (24: p. 93).

7. John A. Garraty e Mark C. Carnes, orgs., *American National Biography* (Nova York: Oxford University Press, 1999), 4: p. 468; 11: p. 146; 13: p. 772; 15: pp. 903-4; 18: pp. 911-2; 19: p. 73; 21: p. 609; 23: pp. 514, 721; 24: p. 93; Dumas Malone, org., *Dictionary of American Biography* (Nova York: Scribner's, 1943), 4: p. 235; 17: p. 284; 18: p. 325. Até hoje todos esses nomes são citados como signatários da Declaração de Independência no registro de 4 de julho de 1776 dos *Journals of the Continental Congress, 1774-1789*, disponíveis na internet: http://memory.loc.gov.ammem/hlawquery.html. No caso de Samuel Chase, de Maryland, a idéia de que esses homens assinaram a Declaração em 4 de julho de 1776 criou uma historieta popular e interessante. Alguns dias antes, Chase estava em Maryland, comparecendo à convenção estadual. Como supostamente assinou a Declaração de Independência em 4 de julho, as pessoas acharam que devia ter feito uma cavalgada heróica que ainda é imortalizada hoje em dia: "Nos dois dias seguintes, percorreu 160 quilômetros e chegou à Filadélfia bem na hora de assinar a Declaração de Independência". (Verbete de Margaret Horsnell sobre Samuel Chase, em Garraty e Carnes, *American National Biography*, 4: p. 743.) Na verdade, Chase adoeceu e só voltou a Filadélfia em 17 de julho. (James Haw, Francis F. Beirne, Rosamond R. Beirne, R. Samuel Jett, *Stormy Patriot: The Life of Samuel Chase* [Baltimore: Maryland Historical Society, 1980], p. 68.)

8. Wills, *Inventing America*, pp. 341, 351. Ênfase do original.

9. *Independent Gazetteer*, 11 de julho de 1789; citado em Len Travers, *Celebrating the Fourth: Independence Day and the Rites of Nationalism in the Early Republic* (Amherst: University of Massachusetts Press, 1997), p. 43.

10. Travers, *Celebrating the Fourth*, p. 49. Em geral esses discursos eram publicados e alguns se tornaram sucessos de vendagem.

MITOS SOBRE A FUNDAÇÃO DOS ESTADOS UNIDOS

11. *Independent Gazetteer*, 8 de julho de 1786; citado em Travers, *Celebrating the Fourth*, pp. 56-7.

12. Sarah J. Purcell, *Sealed with Blood: War, Sacrifice, and Memory in Revolutionary America* (Filadélfia: University of Pennsylvania Press, 2002), p. 20.

13. Ver William Gordon, *The History of the Rise, Progress, and Establishment of the Independence of the United States of America*, republicação (Freeport, Nova York: Books for Libraries Press, 1969; primeira edição, 1788). Embora só tenha chegado a Boston em 1770, Gordon era ardente defensor dos princípios republicanos. Em 1772, foi eleito ministro da congregação de Roxbury; em 1774, fez o sermão do Dia de Ação de Graças no Congresso da Província de Massachusetts e, no ano seguinte, foi nomeado seu capelão oficial. A sua chegada à fama dentro dos círculos patrióticos foi meteórica — meteórica demais para John Adams. "Parson Gordon, de Roxbury, passou a noite aqui", escreveu Adams em seu diário no dia 16 de setembro de 1775. "Temo que a sua tagarelice indiscreta prejudique essa cidade. É um falador eterno, e um tanto vão, e não exato nem judicioso; muito zeloso da causa, e homem bem intencionado, mas incauto e (...) gosta de ser visto como homem com influência no quartel-general, e em nosso Conselho e Câmara, e entre os oficiais generais do exército, e também entre os *gentlemen* desta cidade e de outras Colônias" (Adams, *Works of John Adams*, 2: pp. 423-4.)

Gordon tomou notas copiosas durante toda a guerra, sempre com a intenção de publicá-las. Ambicioso e falador, colocou a serviço da história toda a sua energia para fazer contatos: escrevia e falava sem cessar com "aqueles que sabiam", depois incorporava o que lhe contavam em sua narrativa. Quando Gordon terminou a sua obra em meados da década de 1780, os editores de Boston disputaram o direito de publicar a primeira crônica da Guerra de Independência produzida no local. Mas o autor preferiu publicar a sua obra magna na Inglaterra em vez dos Estados Unidos e provocou a ira tanto de editores invejosos quanto de ideólogos impiedosos. "Um escrevinhador mercenário", disse dele um crítico. (David D. Van Tassel, *Recording America's Past: An Interpretation of the Development of Historical Studies in America, 1607-1884* [Chicago: University of Chicago Press, 1960], p. 40.) Depois de rejeitar o público americano, Gordon não conseguiu interessar o público leitor britânico. A sua história foi um fracasso — mas não deixou de ter a sua influência. Gerações subseqüentes de escritores e historiadores citariam William Gordon como fonte conclusiva. Como Gordon vivera durante a Revolução e falara com todas as pessoas certas, as suas palavras seriam aceitas como reprodução fiel e exata de acontecimentos reais.

14. Ver David Ramsay, *The History of the American Revolution* (Filadélfia: R. Aitken & Son, 1789; republicado por Liberty Classics em 1990). Ramsay era não só escritor quanto ativista e político revolucionário. Foi legislador estadual da Carolina do Sul, presidente do senado do estado e delegado no Congresso Continental na década de 1780.

NOTAS

15. David Ramsay, *History of the Revolution in South Carolina* (Trenton: Isaac Collins, 1785), 1: p. 231; citado em William Raymond Smith, *History as Argument: Three Patriot Historians of the American Revolution* (Haia: Mouton & Co., 1966), p. 56.

16. Ver John Marshall, *The Life of George Washington* (Nova York: AMS Press, 1969; primeira edição, 1804-7).

17. Ver Mercy Otis Warren, *History of the Rise, Progress and Termination of the American Revolution, Interspersed with Biographical, Political and Moral Observations* (Boston: E. Larkin, 1805; republicado por Liberty Classics em 1988).

18. Embora Warren e Gordon se concentrassem mais na "virtude", enquanto Ramsay e Marshall queriam fortalecer a nação, os seus objetivos se entrelaçavam. Os quatro escritores promoveram um sentimento unificado de "América" como personificação da virtude republicana.

19. *Columbian*, IV (março de 1789), p. 50, citado em Van Tassel, *Recording America's Past*, p. 36.

20. Van Tassel, *Recording America's Past*, p. 39; Harvey Wish, *The American Historian: A Social-Intellectual History of the Writing of the American Past* (Nova York: Oxford University Press, 1960), p. 41; Michael Krause e Davis D. Joyce, *The writing of American History* (Norman: University of Oklahoma Press, 1985), pp. 56-60; George H. Callcott, *History in the United States, 1800-1860: Its Practice and Purpose* (Baltimore: Johns Hopkins Press, 1970), pp. 134-8.

21. Marshall teve melhor resultado que os outros talvez porque o seu título levasse todos a acreditar que estariam lendo sobre o tão idolatrado Washington. Os críticos, no entanto, chamaram-no às falas por desperdiçar dois volumes inteiros antes de chegar ao assunto prometido no título.

22. Sydney Fisher, "Legendary and myth-making process in histories of the American Revolution", *American Philosophical Society Proceedings*, 51 (1912): p. 64.

23. Mason L. Weems, *The Life of Washington* (Cambridge: Belknap Press, 1962; republicação da nona edição, 1809), introdução de Marcus Cunliffe, p. XIV.

24. Introdução de Cunliffe para Weems, *Life of Washington*, xiv; Van Tassel, *Recording America's Past*, p. 71.

25. Há alguma controvérsia se a primeira edição deste livreto foi *The Life and Memorable Actions of George Washington*, publicado por George Keating de Baltimore, ou *A History of the Life and Death, Virtues and Exploits of General George Washington*, publicado em Georgetown "para o Rev. M. L. Weems de Lodge Nº 50, Dumfries." (Lewis Leary, *The Book Peddling Parson* [Chapel Hill: Algonquin Books, 1984], p. 84.)

26. Lester H. Cohen, *The Revolutionary Histories: Contemporary Narratives of the American Revolution* (Ithaca: Cornell University Press, 1980), p. 166.

MITOS SOBRE A FUNDAÇÃO DOS ESTADOS UNIDOS

27. Fisher, "Myth-making Process", p 65. Fisher continuava: "Temerário nas declarações, indiferente a fatos e pesquisas, os seus livros são cheios de heroísmo popular, religião e moralidade, que a princípio chamamos de lixo e depois, achando-os extremamente divertidos, declaramos com uma risada: que patife esperto".

28. Weems, *Life of Washington*, pp. 109-10.

29. Ver David Ramsay, *The Life of George Washington* (Boston: D. Mallory and Co., 1811; primeira edição, 1807).

30. Anônimo, *Stories of the Revolution; Comprising a Complete Anecdotal History of that Great National Event* (Filadélfia: Grigg and Elliot, 1847).

31. Fisher, "Myth-making Process", p. 56; John Spencer Basset, *The Middle Group of American Historians* (Nova York: Macmillan, 1917), p. 103.

32. Noah Webster, *A Collection of Essays and Fugitiv Writings* (Boston: I. Thomas and E. T. Andrews, 1790; republicado por Scholars' Facsimiles & Reprints, 1977), pp. 24-5.

33. Ver Richard Snowden, *The American Revolution Written in the Style of Ancient History* (Filadélfia: Jones, Hoff & Derrick, 1793), 2 volumes.

34. Van Tassel, *Recording America's Past*, p. 90.

35. Ver Salma Hale, *A History of the United States from Their First Settlement as Colonies, to the Close of the War with Great Britain in 1815* (Nova York: Collins and Hannay, 1830; primeira edição, 1822), prefácio.

36. Ver Garry Wills, *Inventing America: Jefferson's Declaration of Independence* (Nova York: Doubleday, 1978), pp. 51-52. Wills citou um dos verbetes da *Chambers Cyclopaedia* de 1741: "A REVOLUÇÃO, usada para dar destaque, denota a grande virada dos fatos na Inglaterra em 1688".

37. Paul Allen, *A History of the American Revolution, Comprising All the Principle Events Both in the Field and the Cabinet* (Baltimore: Johns Hopkins, 1819), 1: pp. iv-v.

38. Benson Lossing, *The Pictorial Field-Book of the Revolution* (Nova York: Harper & Brothers, 1851), 1: pp. iv-v.

39. Ver Peter Force e M. St. Clair Clarke, *American Archives* (Washington, DC, 1833-1853).

40. Ver George Bancroft, *History of the United States of America, from the Discovery of the Continent* (Boston: Little, Brown, and Company, 1879; primeira edição, 1834-74).

41. Richard Hildreth, *The History of the United States of America* (Nova York: Harper & Brothers, 1880; primeira edição, 1849), 1: ou "aviso introdutório".

42. John Fiske, *The American Revolution* (Boston: Houghton Mifflin, 1891), 1: p. vii.

43. Ann Arnold Hunter, *A Century of Service: The Story of the DAR* (Washington, DC: National Society Daughters of the American Revolution, 1991), pp. 15-6.

44. Citado em Arthur Johnston, *Myths and Facts of the American Revolution* (Toronto: William Briggs, 1908), pp. 27-8.

45. Para uma crônica detalhada e uma análise da batalha sobre "patriotismo" entre forças progressistas e conservadoras no final do século XIX, ver Cecelia Elizabeth

NOTAS

O'Leary, *To Die For: The Paradox of American Patriotism* (Princeton: Princeton University Press, 1999).

46. Se a escolha de um líder não é evidente de imediato, costumamos inventar um. Quase todos os livros didáticos americanos de história, por exemplo, discutem um levante de fazendeiros que chamam de "Rebelião de Shays", que aconteceu na esteira da Revolução Americana. Naturalmente, os leitores supõem que esta rebelião foi comandada por um homem chamado Shays, que deve ter sido uma pessoa muito carismática para ter cedido o nome a um grande movimento de protesto. Não foi bem assim. Daniel Shays, um personagem modesto, nem deu início à insurreição nem exerceu influência controladora sobre ela. Nem sequer estava presente nos primeiros estágios do levante. Teve papel importante devido à sua experiência militar, mas de modo algum foi o dono nem o comandante do movimento, como sugere o nome "Rebelião de Shays". O próprio Shays admtiu isso quando disse a um dos seus adversários, o general Rufus Putnam: "Eu, o seu cabeça! Não sou. (...) Nunca tive cargo nenhum senão aquele de Springfield, nem nunca comandei homem nenhum a não ser aqueles do condado de Hampshire; não, general Putnam, o senhor está enganado, nunca tive nem metade da participação no caso que o senhor imagina". (Robert A. Feet, *Shays's Rebellion* [Nova York: Garland, 1988; republicação de dissertação de doutorado, Harvard University, 1958], p. 212.) O nome "Rebelião de Shays", usado a primeira vez pelas autoridades que se opunham a ela, sugere algum tipo de comando do indivíduo sobre o grupo. Amesquinha a importância dos próprios rebeldes, já que conota uma massa de gente que simplesmente obedece ao comandante. Implicitamente, desvia-nos para longe de suas reivindicações concretas. Essa distorção é ampliada quando os fazendeiros rebeldes são rotulados de "shaysistas", como se pertencessem a algum tipo de seita.

47. Sobre as primeiras formulações desse modelo, ver John C. Miller, *Sam Adams: Pioneer in Propaganda* (Boston: Little, Brown, and Co., 1936); Philip Davidson, *Propaganda and the American Revolution* (Chapel Hill: University of North Carolina Press, 1941). Embora os especialistas atuais considerem o modelo simplista e enganoso, ele continua a servir de base para as obras de divulgação histórica e os livros didáticos.

48. Esse modelo é adotado por Linda Grant DePauw, "Politicizing the politically inert", em *The American Revolution: Changing Perspectives*, William M. Fowler Jr. e Wallace Coyle, orgs. (Boston: Northeastern University Press, 1979), pp. 3-25.

49. Todos os padrões estaduais aqui mencionados podem ser encontrados na internet. Segundo os padrões da Geórgia, entre os "indivíduos-chave" deve haver "homens, mulheres e minorias". (As "minorias", nesse caso, parecem constituir um terceiro sexo.) Os padrões da Califórnia exigem que os alunos do quinto ano aprendam a "identificar os papéis diferentes que as mulheres desempenharam durante a Revolução (p. ex., Abigail Adams, Martha Washington, Molly Pitcher, Phyllis Wheatley, Mercy Otis Warren)." A redação aqui revela uma abordagem individualista, já que a palavra "papéis" é igualada à vida de personagens específicos.

Índice remissivo

abolicionistas
    e a Ferrovia Subterrânea, 210
    e textos sobre patriotas negros, 201, 346 nota 12
    Longfellow e, 305 nota 22
Adams, Abigail, 43, 157, 158, 206, 271, 307 nota 2
Adams, John, 168, 183
    a Moda dos Fundadores e, 147, 153-154, 155-159, 337 nota 13
    amizade entre Adams e Jefferson, 153-154
    e a Declaração de Independência, 136, 156-157, 333 nota 35
    e as comemorações de Quatro de Julho, 270-271
    e o movimento de "independência" de Massachusetts, 128, 158
    e os padrões de conteúdo curricular, 293
    e Samuel Adams, 61, 316-317 nota 25
    sobre William Gordon, 362 nota 13
Adams, Samuel, 18, 61-78
    adversários *tories* de, 63-66, 69, 73, 77
    atributos pessoais de, 65
    como artífice da independência, 69-71, 317 nota 26
    como maior estrategista revolucionário, 63-66, 69, 73, 77
    e a Batalha de Lexington, 68-69, 316 nota 23, 316 nota 25
    e a cavalgada de Paul Revere, 27, 28, 29, 34, 35
    e a Festa do Chá de Boston, 64, 67-68, 315 nota 18, 316 nota 19
    e a resistência coletiva em Boston, 74-78
    e a Revolução de Massachusetts, 95, 96, 128, 158
    e o Massacre de Boston, 64, 67
    e os Distúrbios da Lei do Selo, 64, 66-67, 71, 74
    fábulas de Sam Adams, 61-63, 64-74, 95, 96
    fuga de Lexington, 68-69, 316 nota 23
    historiadores e , 61-63, 67, 68, 70, 73, 318 nota 31, 319 nota 45
    oposição à violência e às rebeliões, 71-74
    tentativas de ser acusado de traição, 65-66, 315 nota 11
"Alarme da Pólvora", 87
Alexander, John K., 55, 308 nota 11, 316 nota 25
Ali, Hyder, 242
Allen, Paul, 94, 188, 281
American Historical Association, 284
American Journey, The (livro didático da editora Prentice Hall), 359 nota 29

American National Biography, 55, 190, 359
nota 6
American Political Society, 90
American Promise, The (livro didático das editoras Bedford/St Martin), 261
American Revolution Written in the Style of Ancient History (livro didático de 1793), 280
American Sphinx (Ellis), 125
americanos nativos. *Ver* índios
Andrews, John, 65, 88
Angel in the Whirlwind (Bobrick), 96, 190, 313-314 nota 46
Annual Register, britânico, 93, 275
antifederalistas, 134
Antilhas (Índias Ocidentais), 234-235, 236, 237, 240-241, 242-243
Aptheker, Herbert, 203
aquisição e ocupação da terra. *Ver* expansão para o Oeste
arte. *Ver* artes visuais e Revolução Americana
artes visuais e Revolução Americana, 16-17
assinatura da Declaração de Independência, 17, 135, 136
Batalha de Bunker Hill, 61062, 190
Batalha de Lexington, 83
brutalidade britânica, 218
cavalgada de Paul Revere, 25
marcha de Valley Forge, 101
Molly Pitcher, 52
Samuel Adams, 61
Washington cruza o Delaware, 17

Bancroft, George
como historiador da Revolução, 30-31, 282-284, 305 nota 21
e a cavalgada de Paul Revere, 30-31

e a guerra depois de Yorktown, 244
e a história de Molly Pitcher, 51
e a revolução do povo, 95
e Bunker Hill, 189, 346 nota 12
sobre a brutalidade britânica, 223-224
sobre o inverno em Valley Forge, 328 nota 50
sobre os escravos e a Revolução, 346 nota 12
sobre Samuel Adams, 66, 68, 95, 316 nota 19, 319 nota 45
Barnstable, Massachusetts, 87
Batalha dos Santos, 242-243
Bates, Issachar, 184, 185
Beard, Charles, 95, 348 nota 17
Beard, Mary, 348 nota 17
Becker, Carl, 95, 348 nota 17
Beginner's American History (Montgomery), 262
Belknap, Jeremy, 29
Bernard, Thomas, 34
Bigelow, Timothy, 127
Binney, Barnabas, 273
Biografia dos signatários da Declaração de Independência (Sanderson), 135, 278
Birchtown, Nova Escócia, 211
Birnbaum, Louis, 67, 189
Black Patriots Foundation, 206
Bobrick, Benson
sobre a revolução em Massachusetts, 96
sobre Bunker Hill, 190
"sobre Molly Pitcher", 313 nota 46
Body of the Trade, 74
Boston Caucus, 65, 75, 76
Boston Gazette, 72, 75
Boston Society for Encouraging Trade and Commerce, 74
Boston, Massachusetts

ÍNDICE REMISSIVO

declaração local de independência, 132
e a cavalgada de Paul Revere, 39
Samuel Adams e, 62078
Ver também Revolução de Massachusetts de 1774
Bourn, Melatiah, 74
Boyd, Julian, 136
"branco dos olhos", ordem sobre, *ver também* Bunker Hill, Batalha de, 18, 179-181, 184, 185, 186, 188, 189-191
Brandywine, Batalha de, 51, 57, 182, 311 nota 26
Brant, Joseph, 259
Brant, Molly, 311 nota 31
Breed's Hill, Batalha de, 184-185
Brigada de Nova Jersey, 112, 326-327 nota 37
Brown, Peter, 183, 186
Brown, Solomon, 34
Brown, Thomas, 220, 222, 223, 226
Brown, William Wells, 348 nota 18
brutalidade britânica, mito da, 215-218
    acadêmicos da década de 1960 e, 225
    e a brutalidade da guerra no Sul, 219-226
    e o incidente de Waxhaws, 181, 218-219, 351 nota 2
    e *O patriota* (filme), 215-218, 220, 225, 227, 228
    e os "casacos-vermelhos", 218, 219
    escritores populares da época, 225-227
    historiadores do século XIX sobre, 223-224
    historiadores progressistas sobre, 225
    primeiros historiadores sobre, 222-223
    Ver também Sul, Guerra Revolucionária no
Buchanan, John, 219
Buckingham, condado de, Virgínia, 132

Buford, cel. Abraham, 180, 218
Bunker Hill, Batalha de, 91, 179-181
    criação do mito da, 187-191
    e a distância em que o fogo começou, 183-184, 187-189, 191, 345 nota 33
    e a identidade do comandante, 189, 190-191
    e a ordem do "branco dos olhos", 18, 179-181, 184, 185, 186, 188, 189-191
    e mortes de perto/à distância, 183-184
    e o mito da guerra íntima e personalizada, 179-180, 191-192
    historiadores da época, 189-191
    livros didáticos e, 189, 191
    mortes na batalha em, 186
    negros na, 346 nota 12
    primeiros historiadores e, 186-189
    Putnam e, 188-191, 344 nota 21
    relatos em primeira mão de, 183-184, 185, 186
    representações artísticas da, 61-62, 191
    verdadeira batalha de, 183-186
Burke, Edmund, 275
Burr, Aaron, 153, 337 nota 8. *Ver* duelo de Burr e Hamilton

caiugas, índios, 253, 254
Câmara de Representantes de Massachusetts, 65, 76
Câmara dos Burgueses da Virgínia, 173-174, 264, 320 nota 11
Cambridge, Massachusetts, 87
Campbell, cel. William, 221, 224
Canning, Elizabeth, 311 nota 26
"Capitã Molly", nome e lenda, 48-51, 52, 55, 56-57, 310 nota 24, 314 nota 49. *Ver também* "Molly Pitcher"
Carey, Matthew, 276, 277

Carlisle, Pensilvânia, 44, 46, 50, 52-54, 55, 56, 312 nota 37

Carlos da Prússia, príncipe, 180

Carolina do Norte e o rigoroso inverno, 109

Carolina do Sul
e a Revolução de Massachusetts, 320 nota 11
e as campanhas patriotas contra os índios, 256
escravos e Guerra Revolucionária na, 137-138, 197-198, 201-202, 210-212, 348 nota 19
violência da Revolução na, 219, 220

Carroll, Charles, 272

Carter, Dennis Malone, 52

"Cavalgada de Paul Revere, A" (Longfellow), 25, 31-34, 38, 306 nota 30

Charleston, Batalha de, 182, 235, 236

Charlestown, Massachusetts, 27, 34, 35, 37, 185

Chase, Samuel, 272, 361 nota 7

cherokee, índios, 173, 224, 255-258, 264

Chester, John, 183

chickamauga, índios, 173, 257

choctaw, índios, 257-258

Church, Benjamin, 30, 315 nota 11

Clark, George Rogers, 258-262

Clarke, Jonas, 35

Clendenen, Rebecca, 314 nota 49

Clinton, gen. Henry, 197, 219, 236

Clube Long Room, 75, 76

Clymer, George, 272

Colored Patriots of the American Revolution, The (Nell), 201

Columbian (periódico), 275

combate na Guerra Revolucionária, 179, 181-186
e a Batalha de Bunker Hill, 184-186

mito da guerra íntima e personalizada, 179-180, 191-192
morte à distância, 181-184
mortes em batalha, 181-183, 186
Ver também brutalidade britânica, mito da; Bunker Hill, Batalha de

Comitê de Correspondência de Boston, 75, 76

Comitê de Segurança da Província (Massachusetts), 34

Comitê de Segurança de Massachusetts, 187, 189

Comitês de Correspondência, 75, 76, 90

Commager, Henry Steele, 95, 251-252, 313 nota 44

Common sense (Paine), 140, 155, 335 nota 49

Companhia das Índias Orientais, 85, 243, 287

Companhia do Ohio, 172

Companhia Transilvânia, 173

Conant, coronel, 20

Concord, Massachusetts
e a cavalgada de Paul Revere, 31, 33, 34, 35, 36
e a revolução do povo, 88, 93
e o "tiro ouvido no mundo inteiro", 83, 84

Congressional Journal, 249

Congresso Continental
e a campanha de Sullivan contra os iroqueses, 258-260
e a Declaração de Independência, 136, 156-157, 333 nota 35, 338 nota 15
e o Exército Continental, 103, 104, 114, 115, 198-199, 234
e o movimento de "independência" de Massachusetts, 128, 158

e os negros no Exército Continental, 198-199

John Adams e, 155-157

Primeiro, 39, 71, 317 nota 26, 323 nota 38

Segundo, 128, 129, 158

Washington e, 114

Congresso da Província de Massachusetts, 27, 28, 83, 89, 91, 92, 96, 127-128, 362 nota 13

Congresso dos EUA

e a comemoração da Declaração de Independência, 135

e a questão da escravatura, 153

e as comemorações de Quatro de Julho, 271

sobre a expansão para oeste e os assentamentos, 262

Ver também Congresso Continental

Congresso Nacional de Estudos Sociais, convenção de 2002, 246, 259, 260

"Conspiração de Newburg", 106

Constituição, EUA

a questão da escravatura e, 137, 340-341 nota 16

e a Declaração de Independência, 133

noções de igualdade na, 137

contexto global da Revolução Americana, 236, 239-245, 355 nota 23

atenção dos primeiros historiadores ao, 244-245, 355 nota 23

e as Antilhas (Índias Ocidentais), 234-235, 236, 237, 240, 241

e as muitas frentes da Grã-Bretanha, 236, 239-244

Espanha e, 240-241

França e, 234-235, 237, 239-241, 244

historiadores do século XIX e, 245

simplificação dos historiadores posteriores, 245-247

Convenção Constitucional, 133

Convenção da Virgínia, 128, 133, 165, 330 nota 13

Coombe, Thomas, 325 nota 22

Cooper, William, 74

Copley, John Singleton, 27

Corbin, Margaret, 48, 50-51, 55, 311 nota 26. *Ver também* "Molly Pitcher"

Cornwallis, general, 216, 243

rendição em Yorktown, 233, 234, 236, 241-242, 246-247, 254

Cowpens, Batalha de, 216

creek, índios, 257-258

Currier, Nathaniel, 51

Custis, George Washington Parke, 49, 50, 310 nota 22

Daniels, Bruce, 190

Daughters of the American Revolution, 55, 284

Daughters of the Colonial Wars, 225

Davis, Solomon, 74

Dawes, Charles, 37

Dawes, William, 28, 30, 34, 36, 37, 38, 306 nota 30

Day the American Revolution Began, The (Hallahan), 66

de Grasse, almirante, 242

de Kalb, Johann, 111

De Pauw, Linda Grant, 313 nota 44

Declaração de Direitos da Virgínia, 125, 129-131, 133, 140, 334 nota 44, 340 nota 16

Declaração de Independência

Adams e, 136, 156-157, 333 nota 35

assinatura, comemorações da, 17, 135, 146, 175, 271, 361 nota 5 atenção do público do século XIX à, 135-136, 146, 279

comissão de redação da, 133, 333 nota 35

Congresso Continental e, 136, 156-157, 333 nota 35, 338 nota 15

Declaração de Direitos da Virgínia e, 125, 129-130, 132-134, 141, 334 nota 44

e "outras" declarações de independência, 127-132, 133, 136, 140, 155-156, 330-331 nota 19, 331-332 nota 20

e a atitude dos colonos diante dos índios, 265

e a soberania popular, 126-127, 128, 141

e o movimento de "independência" de Massachusetts, 127

e o temor de insurreições nacionais, 172

federalistas e, 133-134

influências sobre a criação da, 126, 129-131, 141

Jefferson e, 125-141, 333 nota 35

Lincoln e, 137-140, 334 nota 44

livros didáticos e, 140-141

Locke e, 126, 127

noções de igualdade na, 136-140, 334 nota 41, 334 nota 44

primeiros historiadores e, 133-135, 332 nota 28

questões de autoria, 125-127, 133, 134-136, 139, 140-141, 333 nota 35

recepção inicial da, 133-136

representações artísticas da assinatura da, 17, 134-135, 146

signatários da, 146, 271-272, 279, 361 notas 6-7

delaware, índios, 254-255

Devens, Richard, 34

Devlin, Dean, 198

Dictionary of American Biography (*DAB*), 55

distúrbios da Lei do Selo, 64, 66-67, 71

doença e mortes na Guerra Revolucionária, 113, 181, 209

Domonech, Augustina, 48

"Donzela de Saragoça", 49, 52

Douglas, Stephen, 136

Drayton, William H., 256

Du Bois, W. E. B., 205

duelo de Burr e Hamilton, 153, 154, 337 nota 8

Dunmore, lorde

e os índios, 172

levante na Virgínia contra, 170-171

oferecimento de liberdade aos escravos, 171, 197, 203, 204, 208, 350 nota 31

East Cambridge, Massachusetts, 35

Edes, Benjamin, 75

Eggleston, Edward, 202

Ellet, Elizabeth, 51

Ellis, Joseph

e a Moda dos Fundadores, 147-148, 151-154, 159, 337 nota 8, 337 nota 10

sobre Abigail Adams, 307 nota 2

sobre Jefferson e a Declaração, 126

Emerson, Ralph Waldo, 84, 320 nota 2

Escolas públicas da Califórnia, padrões de história e ciências sociais, 295, 365 nota 49

escravos e a Guerra Revolucionária

abolicionistas na, 201, 346 nota 12

Congresso e, 153

e a ameaça da Revolução à escravatura, 201

e noções de igualdade na Declaração, 136-140, 334 nota 44

e o oferecimento de liberdade de Dunmore, 171, 197, 203, 204, 207, 350 nota 31

escravos que fugiram para o lado britânico, 197, 202, 204, 205-209, 210-212, 348 nota 19, 349 nota 30, 350 nota 31

Exército Continental e, 198-200, 204-206, 346 nota 12, 349 nota 30

experiências reais na Revolução e no pós-guerra, 208-212

Henry e, 171, 172, 340 nota 16

historiadores da época Jim Crow e, 202

historiadores da época progressista sobre, 348 nota 17

historiadores do século XIX sobre, 200, 346 nota 12

historiadores negros sobre, 204-206, 348 notas 18-19

historiadores sobre, 201-206, 347 nota 12, 348 notas 17-19

Lincoln e, 136-140, 334 nota 44

livros didáticos e, 203, 207, 210

mito dos escravos patriotas, 197-212

Moda dos Fundadores e marginalização dos, 153, 337 nota 10

número de escravos fugidos, 210

O *patriota* (filme) e, 197-201, 208, 210, 351 nota 33

posse de escravos pelos pais fundadores, 25, 139-140, 199, 207, 304 nota 1, 334 nota 45, 349-350 nota 30

Espanha, 240-241, 359 nota 29

Exército Continental, 102-108

civis no, 103-104

depois de Yorktown, 234

deserções no, 105, 106-107

dificuldades verdadeiras do, 107-108, 110-112, 114-115

e a campanha de Sullivan contra os iroqueses, 253-154, 258-261

e o inverno em Valley Forge, 102-103, 109, 111-113, 114, 120

e o rigoroso inverno em Morristown, 108-113, 326 nota 37

falta de provisões no, 104-105, 114-115, 327 nota 40

incentivos e recrutamento no, 103

motins e outras formas de resistência no, 105-107, 108

negros no, 198-200, 204-207, 346 nota 12, 349-350 nota 30

pilhagem do, 104-105, 115

Ver também Valley Forge, inverno em

Washington e, 103, 105, 114-115, 198-199, 234, 326 nota 37, 327 nota 40

expansão para o Oeste, 252, 256-257, 262-268

como objetivo da Revolução, 264

e a atitude dos colonos diante dos índios, 264-267

e as leis sobre os direitos à terra, 262, 264-265, 359 nota 28

livros didáticos da época e, 262-263, 267

política britânica a respeito, 264

primeiros livros didáticos sobre, 261-262, 265-266

resistência indígena à, 257-258

tratados de terras *cherokees* e, 256-257

Ver também índios

Eyewitness: The American Revolution (livro didático de 2002), 294

Fallen Timbers, 258
"Famous Americans Series", editora Macmillan, 44-46
Federalist Papers, The, 133
federalistas, 134
Ferling, John, 147, 156, 337 nota 13
Ferrovia Subterrânea, 210
Festa do Chá de Boston, 64, 67-68, 85, 286, 287, 315 notas 18-19
Filadélfia, Pensilvânia, 108-109, 325 nota 22
Filhos da Liberdade, 75
Fischer, David Hackett, 33, 38, 225, 316 nota 22
Fisher, Sydney, 278, 364 nota 27
Fiske, John, 37, 202, 224, 284
Fleming, Thomas
    sobre a Revolução de Massachusetts, 96
    sobre a violência da Guerra Revolucionária, 226
    sobre Abigail Adams, 307 nota 2
    sobre Bunker Hill, 190
    sobre Jefferson e a Declaração de Independência, 125
    sobre Samuel Adams, 61, 96
Forbes, Esther, 38
Force, Peter, 283
Ford, Roger, 191
Forte Clinton, 51, 57, 313 nota 46
Forte Mifflin, 183
Forte Washington, 48, 50-51, 55, 57, 311 nota 26
Forte William and Mary, 91
Founding Brothers (Ellis), 147-148, 153
Fowle, Joshua, 29
Fowler, William, 190
Fradin, Dennis, 61

França
    e as Antilhas (Índias Ocidentais), 234-235, 237, 240, 241, 242-243
    papel na Revolução, 234-235, 237, 238, 239-241, 244
Franklin, Benjamin, 136, 146, 147, 206, 293, 333 nota 35
Franklin, John Hope, 205
Frederick, Condado de, Maryland, 131, 132
Fredericksburg, Virgínia, 171
Frederico, o Grande, 180
From Slavery to Freedom (Franklin), 205
Frost, John, 223, 245
Frothingham, Richard, 30, 189

Gadsden, Christopher, 199
Gage, gen. Thomas, 33, 77, 87, 88, 92, 97
Gage, Margaret Kemble, 33
Galloway, Joseph, 317 nota 26
Galphin, George, 211
Garrison, Beverly, 310 nota 24
Gates, Horatio, 146, 346 nota 12
George Washington's War (Leckie), 189
George, David, 211, 212
Georgetown, Carolina do Sul, 138
Germain, lorde George, 237
Gerry, Elbridge, 34, 361 nota 6
Gibraltar, 240, 241, 242, 243
Gift of Black Folk, The (DuBois), 205
Gill, John, 75
Gipson, William, 220
Goodrich, Charles, 94, 117, 135, 188, 223
Gordon, Mark, 200
Gordon, William
    como um dos primeiros historiadores da Revolução, 274-275, 278, 362 nota 13, 363 nota 18
    e a cavalgada de Paul Revere, 28-29

e a Declaração de Independência, 133

e a revolução do povo, 94

e Bunker Hill, 186-188

e o inverno em Valley Forge, 114-115, 327 nota 40

e Samuel Adams, 69, 74, 316 nota 22, 317 nota 26

sobre a guerra depois de Yorktown e o contexto global, 244, 355 nota 23

sobre a Revolução no Sul, 221

Grã-Bretanha e a Guerra Revolucionária

e a guerra depois de Yorktown, 234-237, 242, 243

e a revolução do povo, 85-89, 94

e as Antilhas (Índias Ocidentais), 234-235, 237, 240, 241, 242-243

e as nações indígenas pró-britânicas, 252-254, 255-256

e as nações indígenas, 252-254

e as questões de terra e da expansão para oeste, 262, 264

e os escravos que fugiram para o lado britânico, 197, 202, 204, 205-210, 211-212, 348 nota 19, 349 nota 30, 350 nota 31

guerra global em muitas frentes, 236, 239-244

rendição em Yorktown, 233, 234, 236, 241-242, 246-247, 254

tratados de paz britânicos, 235-236, 242, 243

Ver também brutalidade britânica

Great Barrington, Massachusetts, 87, 88, 98

Great Minds of History: Interviews with Roger Mudd, 149

Greene, gen. Nathanael, 111, 146, 219, 221, 235-236

Greenleaf, Joseph, 76

Guerra Civil, 25, 210, 285, 304 nota 1

guerra contra franceses e índios, 239-240, 344 nota 21

Guerra de 1812, 117, 279

Guerra depois de Yorktown. *Ver* índios; expansão para o Oeste; Yorktown, Batalha de

Guerra do Vietnã, 227

Guerras Napoleônicas, 48, 209

Guias e Pioneiros Negros, 212

Guitteau, William Backus, 260

Hakim, Joy

A History of US, 38, 139, 176, 261, 303 nota 3, 306 nota 30, 335 nota 48, 342 nota 24

e "o tiro ouvido no mundo inteiro", 320 nota 2

e a cavalgada de Paul Revere, 38, 306 nota 30

e a promessa de igualdade da Declaração, 140, 335 nota 48

e o discurso "liberdade ou morte" de Henry, 176, 342 nota 24

sobre a batalha final de Yorktown, 233

sobre a expansão para o Oeste, 260-261, 262

Hale, Salma, 94, 117, 189, 280-281

Hall, Moses, 220

Hallahan, William, 66

Hamilton, Alexander, 146, 153, 337 nota 8

Hamilton, Alexander, viúva de, 310 nota 24

Hamilton, Henry, 260

Hancock, John

e a cavalgada de Paul Revere, 27, 28, 29, 34

e a Festa do Chá de Boston, 315-316 notas 18-19

e Samuel Adams, 68, 77-78, 315-316
notas 18-19, 316 nota 23
fuga de Lexington, 68, 316 nota 23
Hanover, condado de, Virgínia, 171
Harmar, Josiah, 258
Hartford, Connecticut, 109
Hays, Casper, 46, 308 nota 11
Hays, John, 46, 308 nota 11
Hays, Mary. *Ver* McCauly, Mary Ludwig
Hays; "Molly Pitcher"
Hays, William, 46, 308 nota 11
Hemings, Sally, 125
Henry, Patrick, 71, 165-166
discurso "liberdade ou morte", 18,
165-167, 168-173, 175
discurso da Lei do Selo, 174
e a Convenção da Virgínia, 134, 165-
167, 340 nota 16
e a questão da escravatura, 171, 340
nota 16
interesse expansionista de, 173
resposta à acusação de traição, 174
sentimentos antiindígenas de, 173
talento oratório de, 174
Wirt e, 167, 170, 174, 175, 279, 339
nota 2, 342 nota 24
Herrick, dr. Martin, 35
Hersh, Seymour, 227
Hildreth, Richard, 188, 224, 283-284, 328
nota 50
Hill, George Canning, 190
"Hino de concórdia" ("Concord hymn")
(Emerson), 84, 320 nota 2
História dos Estados Unidos da América
(Goodrich), 94
historiadores da época progressista, 37, 96,
225, 348 nota 17
historiadores
abolicionistas, 202, 346-347 nota 12

acadêmicos do século XIX, 31, 189,
223-224, 245, 280, 282-284, 285,
305 nota 21, 328 nota 50
biografias heróicas escritas por, 277-
279, 280
da década de 1960, 205-206, 225
e a Batalha de Bunker Hill, 187-191
e a brutalidade britânica, 221-227
e a cavalgada de Paul Revere, 28-29,
30-31, 33-34, 37, 305 nota 21
e a Declaração de Independência, 132-
135, 332 nota 28
e a divisão entre popular e acadêmico,
285
e a época de Jim Crow, 202
e a guerra depois de Yorktown, 244-
247, 251-252
e a guerra no Sul, 221-226
e a história de Molly Pitcher, 48-51,
310 nota 22, 313 nota 44
e a Moda dos Fundadores, 146-160
e a noção de patriotismo "de cor", 201,
346-347 nota 12
e a Revolução de Massachusetts, 94,
96, 281-282, 323 nota 39
e Bunker Hill, 187-191
e o "sofrimento paciente" em Valley
Forge, 116-118, 328 nota 50
e o contexto global da Revolução, 244-
246, 255 nota 23
e o inverno em Valley Forge, 115-119,
328 nota 50
e o papel dos negros na Revolução,
201-206, 346-347 nota 12, 348 notas 17-19
e Samuel Adams, 61-62, 67, 68, 69-70,
73, 318 nota 31, 319 nota 45
época progressista, 37, 96, 225, 348
nota 17

linguagem e mitos da criação de, 281, 289-291, 365 nota 46

negros, 204-206, 348 notas 18-19

opções dos, 17-18, 281-283, 289-291

populares do século XIX, 30-31, 116-119, 188-189, 202, 245, 281-282, 284-285, 305 nota 21

primeiros acadêmicos, 29, 94, 115-116, 133-135, 187-188, 221-223, 244-245, 274-276, 362 nota 13, 363 nota 18, 363 nota 21

primeiros populares, 28-29, 116-117, 276-279, 355 nota 23, 364 nota 27

sobre a Revolução como guerra civil, 221-223

History of Our Country, for Higher Grades, A (livro didático de 1923), 37, 260

History of the American Revolution (Ramsay), 222, 274

History of the Negro Race in America, from 1619 to 1880 (Williams), 203

History of the Revolution in South Carolina (Ramsay), 222

History of the Rise, Progress, and Establishment of the Independence of the United States of America, The (Gordon), 274

History of the United States and Its People, for the Use of Schools, A (livro didático de 1888), 37

History of US, A (Hakim), 38, 139, 176, 261, 303 nota 3, 306 nota 30, 335 nota 48, 342 nota 24

Holland, 241

Hooper, William, 272

Horizons (livro didático da editora Harcourt), 261

Hull, Isaac, 35

Humphreys, David, 187

Hunt, Conover, 313 nota 44

Huntington, Ebenezer, 11

Hutchinson, Thomas, 63-64, 65, 66, 67, 70, 74, 77

Independent Gazetteer, 273

Índia, tropas britânicas na, 241, 242, 243, 355 nota 23

Índias Ocidentais, *ver* Antilhas

índios, 152, 251-268

agressão americana aos, 173, 253-256, 259-261

batalhas pela independência dos, 255-256

campanha de Sullivan contra os, 253-254, 259-262

Clark e, 259-261

depois da guerra, 251-252, 254-255, 257-159, 261-268

divisão entre nações, 253, 254-255

e a expansão para o Oeste, 252, 256-257, 261-268

e os livros didáticos sobre a Revolução no Oeste, 259-261, 262, 263, 266

escravização dos, 256

garantias dos patriotas aos, 254-255

Henry e, 172-174

opinião dos colonos sobre os, 265-266

pró-britânicos, 252-254, 255-256

resistência dos, 252-254, 255-256, 257-259, 263

instrução em história e currículos escolares, 291-297

e os padrões estaduais de conteúdo, 293-294, 295, 365 nota 49

foco na vida de indivíduos importantes, 292-293, 295-296, 365 nota 49

foco nas batalhas, 294

iroqueses, índios, 252-254, 259

Jameson, John Franklin, 95, 348 nota 17

Jefferson, Thomas

  amizade entre Adams e Jefferson, 153-154

  como um dos Pais Fundadores da Nação, 146

  desacordo entre Adams e Jefferson sobre a autoria da Declaração, 134-136, 333 nota 35

  e a Declaração de Direitos da Virgínia, 129-131, 330 nota 13, 334 nota 44

  e a Declaração de Independência, 125-141, 333 nota 35

  e noções de igualdade, 137, 138-140, 334 nota 44

  e os padrões de conteúdo curricular, 293

  Lincoln e, 18, 136-140, 334 nota 44

  posse de escravos por, 137-139, 207, 304 nota 1, 334 nota 45, 349-350 nota 30

  Ver também Declaração de Independência

Jim Crow, época, 202, 348 nota 17

John Adams (McCullough), 154

Jorge III, rei, 233, 245, 246, 293-294

Journal of American History, 54

"Kate Suja", 51, 310 nota 24

Kennedy, John F., 169, 339 nota 9

Ketchum, Richard, 345 nota 33

Khruschov, Nikita, 169

King, Boston, 211, 212

King's Mountain, 219, 221, 224, 226-227

Kirkland, Robert, 361 nota 6

Kirkland, Samuel, 252

"Know-Nothings" (Nada-Sabem), 304 nota 1

Knox, Henry, 146, 293

Lafayette, General, 112

Lafayette, James, 206

Landis, John B., 53, 55, 313 nota 44

Langguth, A. J.

  e a guerra depois de Yorktown, 234

  e a revolução do povo, 95-96

  e Bunker Hill, 190

  e Samuel Adams, 61

Larkin, John, 35

Laurens, Henry, 238

Leckie, Robert, 226-227

Lee, Charles, 34, 128

Lee, Richard Henry, 361 nota 6

legalistas, 304 nota 5. *Ver também tories*

Legree, Simon, 210

Lei de Quebec, 265

Lei do Escravo Fugido, 210

Lei do Governo de Massachusetts, 86-88, 89, 94, 95

Lei do Porto de Boston, 85-86, 89, 94

Lei do Selo, 64, 66-67, 72, 74, 174

Lei Kansas-Nebrasca (1854), 139

"Leis de Coerção", 85-89, 324 nota 39

  Lei do Governo de Massachusetts, 86-88, 89, 94, 95

  Lei do Porto de Boston, 85-86, 89, 94

"Leis Intoleráveis", 85

Lesher, John, 104

Leutze, Emanuel, 17

Lexington, Batalha de

  e "o tiro ouvido no mundo inteiro", 18, 83-84, 89, 320 nota 2

  e a revolução do povo, 90-93

  fuga de Adams e Hancock da, 68-69, 316 nota 23

  Samuel Adams e, 68-69, 316 nota 23, 316 nota 25

Lexington, Massachusetts, e a cavalgada de Paul Revere, 27, 31, 33, 34-35, 36

ÍNDICE REMISSIVO

Lexington, milícia de, 35
Libby, Orin, 275
Liberty! (livro que acompanha a série da emissora de TV PBS)
  contexto de medo e, 170-173
  discurso "liberdade ou morte" de Patrick Henry, 18, 165-176
  exatidão de, 168-169, 175
  livros didáticos e, 175, 342 nota 24
  relatos em primeira mão e, 170
  sobre a violência da Guerra Revolucionária, 226
  sobre Jefferson e a Declaração, 125
  sobre os escravos e a Guerra Revolucionária, 205-206
  sobre Samuel Adams, 61
  sobre Valley Forge, 106
  Wirt e, 167, 169, 176, 279, 342 nota 24
Liberty, distúrbios do, 64, 65, 72
Library of American Biography, The (Sparks, org.), 280
Lieke, Robert, 189
Liga das Seis Nações, 253
Lincoln e Douglas, debates entre, 136-137
Lincoln, Abraham, 18, 136-140, 304 nota 1, 334 nota 44
linguagem e mitos da criação, 281, 288-291, 304 nota 5
Linha da Pensilvânia, 326-327 nota 37
Livingston, Philip, 272
livros didáticos, 18, 280-282, 291-297
  A history of US, de Hakim, 38, 139, 176, 261, 303 nota 3, 306 nota 30, 335 nota 48, 342 nota 24
  Batalha de Bunker Hill nos, 189, 191
  cavalgada de Paul Revere nos, 36-29, 306 nota 30
  Declaração de Independência nos, 140-141

discurso "liberdade ou morte" de Henry nos, 175, 342 nota 24
  e a instrução histórica, 291-297
  e a Revolução como guerra de conquista, 262
  e a Revolução no Oeste, 259-263, 26
  e a vida de indivíduos importantes, 292-293, 295-296, 365 nota 49
  e os padrões estaduais de conteúdo, 292-293, 295, 365 nota 49
  história de Molly Pitcher nos, 44-46
  índios nos, 262-263, 266
  Jefferson nos, 140-141
  o inverno em Valley Forge nos, 101-102
  primeiros, 262, 265-266, 280-281
  rendição de Yorktown nos, 246
  Revolução de Massachusetts nos, 94-95, 96
  sobre a expansão e o povoamento do Oeste, 262, 263, 266
  sobre escravos e a Revolução, 203, 207, 210
Locke, John, 126, 127, 329 nota 5
Loja Maçônica St. Andrews, 76
Longfellow, Henry Wadsworth
  e a cavalgada de Paul Revere, 18, 25, 28, 32-34, 37, 306 nota 30
  e o abolicionismo, 305 nota 22
Loring, Jonathan, 35
Lossing, Benjamin
  como historiador da Revolução, 31, 282, 284, 305 nota 21
  e a cavalgada de Paul Revere, 31, 305 nota 21
  e a história de Molly Pitcher, 49-51
  Pictorial Field-Book of the Revolution, 31, 49-50, 201, 282
  sobre o inverno em Valley Forge, 118

sobre os escravos e a Guerra Revolucionária, 201

Ludlum, David, 108-110

Ludwig, Mary, 46, 308 nota 11. *Ver também* "Molly Pitcher"

Lynn, Massachusetts, 35, 48

Lyon, E. B., 37

Maier, Pauline
  e outras declarações de independência, 130, 155-156
  sobre Samuel Adams, 70, 318 nota 31

Malden, Massachusetts, 132

Marion, Francis, 221, 278

Marshall, John
  como um dos primeiros historiadores da Revolução, 274-275, 277, 363 nota 18, 363 nota 21
  e a Declaração de Independência de Jefferson, 134, 332 nota 27
  e a guerra depois de Yorktown, 245
  e a Suprema Corte dos EUA, 274
  e Bunker Hill, 186, 187
  e o inverno em Valley Forge, 114-115
  sobre a cavalgada de Paul Revere, 29

Martin, Benjamin, 197, 200, 208, 215-218, 219

Martin, Gabriel, 200, 215-216

Martin, Joseph Plumb
  e as dificuldades do Exército Continental em Morristown, 110
  e as dificuldades do exército em Valley Forge, 105, 107-108
  relatos da batalha em primeira mão, 47, 183, 309 nota 17
  sobre as mulheres em Monmouth, 47, 57, 309 nota 17, 313 nota 44

Maryland, 330 nota 19

Mason, F. Van Wyck, 101

Mason, George, 125, 129-131, 133, 334 nota 44

Massachusetts
  declaração local de independência, 133
  primeiro movimento de "independência" em, 127, 158
  Ver também Revolução de Massachusetts de 1774

Massacre de Boston, 64, 67

Matlack, Timothy, 109

McCalla, John, 46

McCauly, Mary Ludwig Hays, 43, 46, 48, 50, 52-55
  identidade de, 46-47, 50, 53, 55, 308 nota 11, 311 nota 26, 312 nota 37, 313 nota 44, 313 nota 46
  pensão de, 47, 309 nota 13, 311 nota 26
  Ver também "Molly Pitcher"

McCrady, Edward, 219

McCrae, Jane, 265

McCullough, David
  e a Moda dos Fundadores, 147, 155-159, 338 nota 15
  sobre John Adams, 155-159

McGillivray, Alexander, 257-258, 359 nota 29

McKean, Thomas, 272, 361 nota 6

Medford, milícia de, 35

Menotomy, Massachusetts, 35

Menotomy, milícia de, 35

Merchants and Traders (Mercadores e Comerciantes), 74

miami, índios, 258

Middlehauff, Robert, 323 nota 39

Miles, Wesley, 52-53

Milícia da Pensilvânia, 255

militarismo na cultura americana, 279

ÍNDICE REMISSIVO

Military Journal of the American Revolution (Thacher), 52
Miller, John, 73
Minutemen National Historical Park, 83
Minutemen, 91, 92, 93
Mississippi Land Company, 264
mohawk, índios, 253, 254
Molineaux, William, 74
"Molly Pitcher", 18, 43-58
  "Capitã Molly", nome e lenda, 48-51, 52, 54-55, 56-57, 310 nota 24, 314 nota 49
  artistas e, 43, 51-52
  e "Kate Suja", 51, 310 nota 24
  e a "Donzela de Saragoça", 49, 52
  e a Batalha de Monmouth, 43, 44, 45-48, 49, 53, 54, 309 notas 16-17, 313 nota 44, 314 nota 49
  e as "vivandeiras", 43, 46, 56-57, 314 nota 49
  e Carlisle, Pensilvânia, 43, 46, 50, 52-54, 55, 56, 312 nota 37
  e Margaret Corbin, 48, 50-51, 52-54, 55, 56, 311 nota 26
  e Mary Ludwig Hays McCauly, 43, 46, 48, 50, 52-55, 308 nota 11, 309 nota 13, 311 nota 26, 312 nota 37, 313 nota 44, 313 nota 46
  e Moll Dimond Pitcher, 48
  e mulheres guarnecendo canhões, 47-48, 51, 57, 311 nota 28
  evolução da lenda, 49-56
  fatos reais da história, 46-49
  historiadores e, 49-55, 310 nota 22, 313 nota 44
  livros didáticos e, 44-46
  primeiras referências ao nome, 51-52
Monmouth, Batalha de
  "Molly Pitcher" e, 43, 44, 45-48, 49, 53, 54, 309 notas 16-17, 313 nota 44, 314 nota 49
  mulheres na, 46, 47, 57, 309 notas 16-17, 313 notas 44, 314 nota 49
  negros na, 346 nota 12
  relatos em primeira mão da, 47, 309 notas 16-17
  vivandeiras na, 44, 46, 57, 309 nota 16, 314 nota 49
Montgomery, D. H., 262
Montgomery, gen. Richard, 119
Morris, Lewis, 272, 361 nota 6
Morris, Richard B., 95, 251-252, 313 nota 44
Morristown e o "rigoroso inverno" (1779-80), 108-114, 118, 254, 326 nota 37
  motins e outros atos de resistência em, 112, 326-327 nota 37
  temperaturas de inverno em, 108-109
  Washington e, 110, 111-112, 326 nota 37
Morristown National Historical Park, 326 nota 37
Morte de Jane McCrae, A (quadro de Vanderlyn), 265
Morte do General Warren na Batalha de Bunker's Hill, A (quadro de Trumbull), 61, 191
mortes na Guerra Revolucionária
  depois de Yorktown, 237-238
  doença e, 113-114, 181, 210
  e o inverno em Valley Forge, 102, 324 nota 2
  em Yorktown, 237-238
  na batalha, 181-183, 186
Moultrie, William, 182
Mudd, Roger, 150
mulheres e a Revolução Americana
  "vivandeiras", 43, 46, 56-57, 309 nota 16, 314 nota 49

381

como "irmãs fundadoras", 152
e a revolução do povo, 90
e padrões de conteúdo curricular, 293,
    365 nota 49
guarnições de canhões, 48, 51, 57, 311
    nota 28
na Batalha de Monmouth, 46-48, 57,
    309 notas 16-17, 313 nota 44, 314
    nota 49
Ver também "Molly Pitcher"
Munroe, William, 30, 34
Murray, Charles, 337 nota 5
Muzzey, David Saville, 260, 266
My Lai, massacre de (1968), 227

*Narrative of the excursion and ravages of
    the king's troops, A,* 28, 83-84
Nash, Gary, 210, 349 nota 30
Negro in Our History, The (Woodson), 204
Negro in the American Revolution, The
    (Quarles), 206, 207
negros americanos. *Ver* escravos e a Guer-
    ra Revolucionária
Nell, William, 201, 348 nota 18
Nelson, Josiah, 35
New Hampshire, 91, 133
Newman, Robert, 34
North, lorde Frederick, 233, 246
Nova Escócia, 211
Nova York
    declaração local de independência,
        331-332 nota 20
    e o rigoroso inverno, 109
    presença britânica depois de Yorktown
        em, 236-237
Nove Leais, 66, 75

Old North, Igreja de (Boston), 25, 27, 35,
    37

Oliver, Andrew, 66
Oliver, Peter, 63, 65, 70, 74
Olsen, Eric P., 326 nota 37
oneida, índios, 253, 254
onondaga, índios, 253, 254
Ordenação de Terras de 1785, 262, 359
    nota 28
Oriskany, Nova York, 253
Orne, Azor, 34
Otis, James, Jr., 63, 65, 77
Otis, James, Sr., 63

pacifistas, 184
Pacto do trabalho forçado, 264
padrões curriculares básicos da Geórgia,
    293-294, 365 nota 49
padrões históricos de Nevada, 293
Paine, Thomas, 71, 140, 155
pais fundadores, 145-160, 286-287, 290
    a moda dos fundadores e os historia-
        dores populares, 146-160
    a moda dos fundadores e suas falhas e
        fraquezas, 146-148, 336 nota 4
    como "a maior de todas as gerações",
        147, 148-151, 336 nota 4, 337 nota 5
    e a marginalização das pessoas comuns,
        151-154, 155, 159-160
    e a soberania popular, 97, 286-287
    e os padrões de conteúdo curricular,
        293
    personagens reconhecidos como, 145-
        146
    posse de escravos por, 25, 137-140,
        199, 206-208, 304 nota 1, 334 nota
        45, 349-350 nota 30
    primeiras biografias populares dos, 25,
        277-278, 280
    sensação de sua própria importância
        histórica, 159-160

transformados em atores principais da Revolução, 151-160, 337 nota 8, 337 nota 10

Parker, James, 170

Parque Histórico Nacional de Valley Forge, 119

Partido Democrata-Republicano, 134

Patriota, O (filme)

    e o mito da brutalidade britânica, 215-218, 220, 225, 226, 227

    e os escravos na Guerra Revolucionária, 197-201, 208, 209, 351 nota 33

Patriotic Sons of America, 53, 54

patriotismo e mitos da criação, 19-20

Patriots: The Men Who Started the American Revolution (Langguth), 61, 96, 233

Paul Revere and the World He Lived in (Forbes), 38

Paul Revere's Ride (Fischer), 38

Payne, Edward, 74

Peale, Charles Willson, 159

Peckham, Howard, 181, 238, 324 nota 2, 327 nota 38

Pennsylvania Gazette, 129

Pensilvânia

    declarações locais de independência, 133

    e a história de Molly Pitcher, 44, 46, 50, 52-54, 55, 56, 312 nota 37, 313 nota 44

    fim da escravidão na, 207

    inverno de 1777-8 na Filadélfia, 107-108, 325 nota 22

    padrões de conteúdo curricular, 293

    Ver também Linha da Pensilvânia; Milícia da Pensilvânia

Peters, Thomas, 212

Phillips, Wendell, 202

Pictorial Field-Book of the Revolution (Lossing), 30, 50, 201, 282

Pierce, maj. William, 219

Pinckney, Charles, 202

Pitcher, Moll Dimond, 48

"Pitcher, Molly". *Ver* "Molly Pitcher"

Plymouth, Massachusetts, 87

Portsmouth, New Hampshire, 91

Prescott, Samuel, 31, 36, 38, 306 nota 30

Prescott, William, 179, 183, 189, 190, 191

Preston, Levi, 89

Primeiro Congresso Continental, 39, 71, 317-318 nota 26, 323 nota 38. *Ver também* Congresso Continental

Pulling, John, 34

Putnam, Israel, 146, 179, 188-191, 344 nota 21

Pybus, Cassandra, 349 nota 30

quacres, 104

Quarles, Benjamin, 205-206, 207

Quatro de Julho, comemorações de, 270-274

Quincy, Josiah, 76

Ramsay, David

    como patriota da Carolina do Sul, 256, 362 nota 14

    como um dos primeiros historiadores da Revolução, 274-275, 278, 303 nota 1, 363 nota 18

    sobre a brutalidade britânica, 221-222, 226

    sobre a cavalgada de Paul Revere, 29

    sobre a Declaração de Independência, 133

    sobre a guerra depois de Yorktown, 243-244

    sobre a revolução do povo, 94

    sobre Bunker Hill, 187

sobre o inverno em Valley Forge, 114-115, 117

sobre os escravos e a Revolução, 202, 348 nota 19

Rand, Elizabeth, 35

Reading, Massachusetts, 35

Rebelião de Shays, 72, 98, 365 nota 46

Rebelião do Uísque, 72

Red Dawn at Lexington (Birnbaum), 67, 189

Reed, Joseph, 109

"Regimento Inválido", 48, 50

Regnier, Claude

   Batalha de Bunker Hill, 183-184, 185, 186

   Batalha de Monmouth, 47, 309 notas 16-17

   cavalgada de Paul Revere, 27-28, 30, 33, 69

   discurso "liberdade ou morte" de Henry, 170

relatos em primeira mão, 17, 282

Resoluções de Suffolk, 96, 323 notas 38-39

Revere, Paul

   captura e detenção de, 27, 30, 32, 36

   e os padrões de conteúdo curricular, 292-293

   morte de, 30

   Ver também Revere, Paul, cavalgada de

Revere, Paul, cavalgada de, 18, 25-39

   e a captura/detenção de Revere, 28, 30, 33, 35-36

   e a fuga de Adams e Hancock de Lexington, 69, 316 nota 23

   erros históricos na história da, 32-34

   história real e personagens envolvidos na, 27-31, 34-36, 38-39

   historiadores e a lenda da, 28-29, 31, 33-34, 37, 305 nota 21

   livros didáticos e, 36-39, 306 nota 30

   Longfellow e, 18, 25, 28, 32-34, 37, 306 nota 30

   o relato do próprio Revere sobre, 27-28, 30, 33

   primeiros relatos populares / surgimento do folclore sobre, 29-31

   questionamentos progressistas da lenda da, 37

Revolução de Massachusetts de 1774, 85-98, 158, 320 nota 11, 321 nota 12, 323 notas 38-39

   colônia da Virgínia e, 95, 320 nota 11

   desdém histórico sobre, 93-98, 281-282, 323 nota 39

   e a mobilização antes da Batalha de Lexington, 90-93

   e democracia, 98

   e o movimento de "independência", 126-127, 158

   e reações às Leis de Coerção, 85-89, 94, 95, 323-324 nota 39

   livros didáticos e, 94-95, 96

   Samuel Adams e, 95, 96, 128, 157-158

revolução do povo. *Ver* Revolução de Massachusetts de 1774

"revolução", definição de, 281

Richmond, Virgínia, 165

"rigoroso inverno". *Ver* Morristown e o "rigoroso inverno" (1779-1780)

Rockingham, Lord, 235, 242

Rodat, Robert, 200, 216

Roosevelt, Theodore, 266

Rose, Rebecca, 310 nota 24

Ross, Betsy, 43

Ross, George, 272

Rotch, Francis, 315 nota 18

Rowe, John, 74

Rush, Benjamin, 272

Rush, Richard, 117, 156-157
Russell, Francis, 345 nota 33
Rússia, 241

Salem, Massachusetts, 88, 92
Sam Adams: Pioneer in Propaganda (Miller), 73
Sampson, Deborah, 43, 311 nota 26
Sanderson, Elijah, 35
Sanderson, John, 135, 278
Saratoga, Batalha de, 113, 236, 240
Scammell, Alexander, 347 nota 12
Schaumann, Merri Lou, 310 nota 22, 313 nota 44
Scott, Deborah, 218
Segundo Congresso Continental, 128, 158. *Ver também* Congresso Continental
Segundo tratado sobre o governo (Locke), 126, 329 nota 5
seneca, índios, 253, 254
Serra Leoa, 210, 212
shakers, 184
shawnee, índios, 254-255
Shays, Daniel, 365 nota 47
Shelby, cel. Isaac, 221
Shy, John, 103, 270
Sketches of the Life and Character of Patrick Henry (Wirt), 167
Smith, James, 272
Smith, Venture, 337 nota 10
Smithsonian Institution, 200
Snowden, Richard, 94
soberania popular, 20, 98, 269, 286-289
    Declaração de Independência e, 126, 128, 141
    pais fundadores e, 97-98, 286-287
    transformações no século XIX da, 269, 288
Sociedade Histórica de Massachusetts, 29

Sparks, Jared, 280, 283
Springfield, Massachusetts, 87, 88, 98
Sprowel, Andrew, 350 nota 31
Stanton, Lucia, 349 nota 30
Steuben, barão Friedrich Wilhelm von, 104, 113
Stevens, Elisha, 182
Stewart, Charles, 170
Stiles, Eb., 29
Stiles, Ezra, 132
Stoneham, Massachusetts, 35
Stowe, Harriet Beecher, 202
Stryker, William, 54
Stuart, Gilbert, 159
Stuart, Henry, 255
Sul, Guerra Revolucionária no
    como guerra civil, 219-226, 245-246
    e o mito da brutalidade britânica, 219-226
    historiadores sobre, 221-226
    resistência indígena e, 257-258, 263-264
Sullivan, gen. John, 252-253, 259-261
Summary View of the Rights of British American (Jefferson), 130-131
Sumner, George, 25
Sumter, Thomas, 278
Sylvester, Richard, 65-66, 73, 315 nota 11

Tarleton, cel. Banastre, 180, 216, 218, 224, 351 nota 2
Taunton, Massachusetts, 87
Taylor, George, 272
Tewksbury, Massachusetts, 35
Thacher, dr. James, 52
Thompson, D. W., 308 nota 11, 310 nota 22, 313 nota 44
Thomson, Charles, 17, 303 nota 1

Thornton, Matthew, 272, 361 nota 6

"tiro ouvido no mundo inteiro", 18, 83-84, 88, 320 nota 2. *Ver também* Lexington, Batalha de

tories

  e a Revolução no Sul, 219-226

  e Samuel Adams, 63-66, 69, 73, 77

  no Congresso, 157

tradição oral e Revolução Americana, 16, 17, 282

Tratado de Paris, 263, 359 nota 28

Trull, capitão John, 35

Trumbull, John, 17, 61-62, 135, 146, 159, 191

Tucker, St. George, 168, 169, 219

Tudor, William, 183

Tufts, Samuel, 35

tuscarora, índios, 252, 254

Valley Forge, inverno em, 18, 101-119

  comemoração do, 118

  deserções em, 105, 106

  e a mão cruel da natureza, 102, 118, 119

  e as baixas no campo de batalha, 102, 324 nota 2

  e o "sofrimento resignado", 102, 112, 116-119, 120, 279, 328 nota 50

  e o rigoroso inverno em Morristown, 108-114, 117-118, 254

  Exército Continental e, 102-108, 109, 111-112, 114-115, 120

  historiadores e, 115-118, 328 nota 50

  histórias a respeito nos livros didáticos, 101-102

  independência e espírito dos soldados no, 120

  mitos das dificuldades do, 101-102, 105-107, 112-120

  mortes causadas por doenças, 114

  motins e outras formas de resistência no, 105-107, 108

  pilhagens no, 105, 114-115

  temperaturas no, 108-109

  Ver também Morristown e o "rigoroso inverno" (1779-80)

  verdadeiras dificuldades do, 107-108, 111-113, 114

  Washington e o mito do, 105-107, 114, 328 nota 50

Vanderlyn, John, 265

Vermont, 133, 208

veteranos da Guerra Revolucionária, 117, 279

Vida de George Washington (Ramsay), 116

Vida de Washington (Weems), 116

Vida dos signatários da Declaração de Independência (Goodrich), 135

Vincennes, Batalha de, 260

Virgínia

  Dunmore e a Revolução na, 170-171

  e a primeira declaração de independência, 128

  e a questão da escravatura, 137-138, 171, 203, 340 nota 16, 348 nota 19

  e a revolução de Massachusetts, 94, 320 nota 11

  Rigoroso inverno na, 109

  temor de insurreições indígenas na, 172

"vivandeiras", 43, 46, 56-57, 309 nota 16, 314 nota 49

Wade, Benjamin, 139

Waldo, Albigence, 47, 309 nota 16

Warren, dr. Joseph

  e a cavalgada de Paul Revere, 27, 28-29, 33, 34

e a revolução do povo, 95, 96, 323 nota
38
e Samuel Adams, 61062, 71, 75-76
Warren, James Otis, 274
Warren, James, 72, 76, 274
Warren, Mercy Otis
como um dos primeiros historiadores
da Revolução, 274-275, 363 nota 18
sobre a cavalgada de Paul Revere, 29
sobre a Declaração de Independência
de Jefferson, 134, 332 nota 28
sobre a guerra depois de Yorktown e o
contexto global, 244-245
sobre a revolução do povo, 94
sobre a violência da Guerra Revolucionária, 222-223, 226
sobre Bunker Hill, 188
sobre o inverno em Valley Forge, 116
sobre Samuel Adams, 77
Washington, George
biografia sua de Weems, 25, 277-278
como pai fundador, 19, 146, 147, 206
e a guerra contra os índios, 258-259
e a guerra depois de Yorktown, 233-
238, 246
e a história de Molly Pitcher, 44, 45-
46, 50, 57
e negros no Exército, 198-199
e o Exército Continental, 103, 105-
107, 110, 111, 114, 198-199, 234,
326 nota 37, 327 nota 40
e o mito do inverno em Valley Forge,
105-107, 114, 328 nota 50
e o rigoroso inverno em Morristown,
110, 111, 326 nota 37
e propostas britânicas de paz, 235-236
e vivandeiras, 57
moda dos fundadores e, 147

nos padrões de conteúdo curricular,
293
posse de escravos por, 25, 199, 207,
208, 304 nota 1, 349 nota 30
pretensões a terras no Oeste, 264-264,
360 nota 31
Washington, Martha, 49
Watertown, Massachusetts, 54
Watson, Abraham, 34
Waxhaws, incidente de, 180-181, 218-
219, 351 nota 2
Webster, Noah, 188, 280
Weems, Mason
como um dos primeiros historiadores
populares, 276, 364 nota 27
e Washington, 25, 277-278
sobre a guerra depois de Yorktown,
244-245
sobre Israel Putnam, 188, 344 nota 21
sobre o inverno em Valley Forge, 117,
119
Wells, William V., 68, 95
Wheatley, Phyllis, 293
White, John Todd, 311 nota 28, 313 nota
44
*Whites of Their Eyes: Close-Quarter Com-
bat, The* (Ford), 191
Whittier, John Greenleaf, 48
Williams, George W., 204, 348 nota 19
Williams, William, 272
Williamsburg, Virginia, 171, 172
Williamson, cel. Andrew, 256
Wills, Garry, 76, 272
Wilson, James, 137, 334 nota 41, 334 nota
44
Winning of the West (Roosevelt), 266
Winter at Valley Forge, The (Mason), 101
Wirt, William, 167, 170, 175, 176, 279,
339 nota 2, 342 nota 24

Wolcott, Oliver, 272, 361 nota 6

Wood, Gordon
   e a moda dos fundadores, 147, 149-150, 336 nota 4
   sobre a revolução do povo, 323 nota 39

Worcester, Massachusetts, 87, 88, 90, 97, 127

Worcester, milícia do condado de, 90

Wythe, George, 272, 361 nota 6

Yorktown, Batalha de, 233-247
   baixas pós-Yorktown, 237-238
   e a guerra no Sul, 245-246
   e o contexto global da Revolução, 236, 239-245, 355 nota 23

   e o mito da batalha final decisiva, 233-247
   e os tratados de paz britânicos, 235-236, 242, 243
   guerra depois de Yorktown, 233-239, 244-247
   historiadores e, 244-247, 355 nota 23
   livros didáticos e, 246
   negros na, 209-210
   rendição de Cornwallis na, 233, 234, 236, 241-242, 246-247, 254

Young, Thomas, 76, 315 nota 18

Zeamer, Jeremiah, 54, 313, nota, 44

*O texto deste livro foi composto em Sabon,
desenho tipográfico de Jan Tschichold de 1964
baseado nos estudos de Claude Garamond e
Jacques Sabon no século XVI, em corpo 11/15.
Para títulos e destaques, foi utilizada a tipografia
Frutiger, desenhada por Adrian Frutiger em 1975.*

*A impressão se deu sobre papel off-white 80g/m²
pelo Sistema Cameron da Divisão Gráfica
da Distribuidora Record.*

Seja um Leitor Preferencial Record
e receba informações sobre nossos lançamentos.
Escreva para
RP Record
Caixa Postal 23.052
Rio de Janeiro, RJ – CEP 20922-970
dando seu nome e endereço
e tenha acesso a nossas ofertas especiais.

Válido somente no Brasil.

Ou visite a nossa *home page*:
http://www.record.com.br